C. Valerii Catulli Opera

Gaius Valerius Catullus

C. VALERII CATULLI OPERA,

Ex recensione

ISAACI VOSSII

Cum ejusdem notis ac

OBSERVATIONIBUS.

Editio Secunda.

Cum indicibus necessariis.

LUGDUNI BATAVORUM,

Apud { CORNELIUM BOUTESTEYN, DANIELEM à GAESBEECK, JOANNIS de VIVIE, PETRUM VANDER AA, } MDC XCI.

TYPOGRAPHUS
BENEVOLO
LECTORI
SALUTEM.

Niſi amicus harum ad Catullum obſervationum majorem quam ipſe auctor curam habuiſſet, nunquam forſan in lucem prodiiſſent. Per integros triginta & plures annos in tenebris jacuere, longoque tandem ſitu periiſſent, niſi amicus iſte laceras jamdudum char-

tas in ordinem digeßißet & ab interitu vindicaßet. Huic itaque gratias habeas, mi Lector, & fruere quicquid hoc libelli est.

CAI VALERI CATULLI VERONENSIS AD CORNELIUM NEPOTEM LIBER.

QUOI dono lepidum novum libellum,
Arida modo pumice expolitum?
Corneli, tibi. nanque tu solebas
Meas esse aliquid putare nugas
Jam tum, quum ausus es unus Italorum
Omne ævum tribus explicare chartis
Doctis, Iuppiter, & laboriosis.
Quare habe tibi quicquid hoc libelli &
Qualecunque: quod, ô patroa Virgo,
Plus uno maneat perenne sæclo.

ISAACI VOSSII AD C. VALERIUM CATULLUM OBSERVATIONES.

CAI. prænomen in Quinti mutavit vir summus Jos. Scaliger, tum quod sic scriptum invenerit in libro quodam Cujacii, tum quoque autoritate ipsius Catulli, cujus versum carmine in Januam sic reformandum esse putabat; *Verum isti populo nania, Quinte, facit.* Neutra tamen hic succedit ratio. Versiculum enim hunc longe aliter legendum esse infra docebimus. Exemplar vero scriptum Cujacianum cum recentissimum fuerit, tanti videri non debet, ut propterea in dubium vocentur testimonia Apuleii in Apologia priore, & Hieronymi in Chronico, qui Cajum, non Quintum appellant. Nec est obscura causa unde factum sit, ut Quinti prænomen in prædicto Codice Catullo tribuatur. Quisquis nempe ille fuit qui Codicem istum descripsit, is Quintum Catulum, cujus versus exstant apud Gellium, & hunc nostrum Catullum, eundem esse credidit. Non, ut puto, fugit hoc Scaligerum, sed vitiosam scripturam, adstruendæ conjecturæ suæ idoneam, avide, ut videtur, est amplexus.

Arida modo pumice expolitum] Cum ex Servio & Atilio Fortunatiano constet sic scripsisse Catullum, recte hanc lectionem reduxerunt viri docti non *arido*, quemadmodum habent libri manu exarati. Pumicem feminino genere reperias quoque in Priapeis, nisi fallor. Nam quo loco legitur vulgo;

Quæ succo caret atque putris pumex.

metrica ratio exigit ut *putra* legatur. Ut enim *hilaris* & *hilarus*, *pronis* & *pronus*, *sterilis* & *sterilus*, ac complura alia adjectiva in IS & US simul exeunt, ita quoque *putris* & *putrus*. Porrò quod Muretus putat, ut nunc ita quoque olim libros pellibus obtegi & pumice poliri solitos, eoque adducit locum Ovidii, *Nec fragili gemina poliantur pumice frontes*: in eo omnino fallitur. Longe enim alia ratio voluminum, a libris hodiernis. Quod enim in cylindris bases, id in voluminibus sunt frontes. Itaque semper ut gemina cornua, ita quoque geminas frontes habent volumina. At vero libris quadratis, quibus olim rarius, nunc passim & fere solis utuntur, si pari ratione ac voluminibus in rutulum convolutis frontes adsignare velimus, sicque appellare partes quæ circumciduntur, utique non duas, sed tres frontes habebunt, cum a totidem partibus charta seu pergamena incidatur.

Meas esse aliquid putare nugas] Ut paulo ante trochæum in prima sede, ita hic jambum posuit, contra morem Latinorum, quorum auribus displicuisse hanc libertatem, facile colligas è Plinio, qui statim in præfatione, ut obiter emolliret hunc versum, *nostras* maluisse videtur quam *meas*, quamvis in vulgatis Plinii exemplaribus id deprehendere non possis, utpote quæ cum Catullo conspirent. Multis tamen non displicuisse insolentes istius modi Syllabas, scimus è Mar-

Martiale, *Verona docti Syllabas amat vatis.* Græcis præterea familiare fuisse ut in hendecasyllaborum principio jambum aut trochæum collocarent, docet Attilius Fortunatianus, qui Anacreontem & Sappho, cujus imprimis studiosus fuit Catullus, ipsum hoc factitasse scribit. Notum quoque Musicos cantibus suis sæpe miscere falsas voculas, ut loquitur Cicero III. de Oratore, ut nempe contraria contrariis apposita magis elucescant. Ipsum hoc affectasse videtur Catullus & hic, & sæpe alibi.

Omne ævum tribus explicare chartis.] Id est tribus voluminibus, ut monuimus in scripto de LXX. interpretibus. Sic quoque accipi debet locus Sereni Samonici; *Tertia namque Titi simul & centesima Livi Charta.* Volumina namque etiam a Græcis χάρται dicuntur. Quamvis enim è diversis compingerentur & jungerentur paginis; unum tamen, volumen, seu unam tantum constituebant chartam. Aliter contingebat, si non in voluminibus, sed in quadratis codicibus describerentur libri: illi quippe plura continebant volumina, fiebantque non è papyro, sed è multis membranis, utrinque scripturam admittentibus, secus ac volumina, quæ quod ex facili papyro ut plurimum essent contexta, nunquam erant ὀπισθόγραφα. Ex istiusmodi quadratis codicibus tota fere constabat Martialis bibliotheca, nisi fallor, utpote qui recenseat, Homerum in pugillaribus membranis, Virgilium in brevi membrana, Ovidium è multiplicibus tabellis, & denique Livii aliquot decadas conscriptas pellibus exiguis. De ratione vero compingendorum voluminum, vide quæ infra sumus dicturi.

Quare habe tibi quidquid hoc libelli Et qualecunque quod o Patroa virgo] Non vehementer solum, sed & seditiose de hoc loco litigant inter sese Grammatici, nec tamen quidquam proficiunt. Ego veterem reduxi lectionem, quam licet alii quoque ante nos in suis repererint libris, non admisere tamen propterea quod eam non intellexerint. Patroa virgo non hic est Minerva, uti Athenis, sed Vesta, sub cujus tutela Romani. Recte autem à Vesta secundum proverbium incipit, huic enim omnium rerum primitiæ offerebantur, solebantque precantes hanc primo implorare. Unde Fast. VI. sic legitur;

Hinc quoque Vestibulum dici reor, hincque precantes
Præfamur Vestam quæ loca prima tenet.

Nec in principio tantum sed & in fine sacrificiorum & conviviorum optima quæque Vestæ libabant veteres. Homerus hymno in Vestam;

οὐ γὰρ ἄτερ σοῦ
Εἰλαπίνας. θνητοῖσιν, ἵν' οὐ πρώτῃ πυμάτῃ τε
Ἑστίῃ δεχόμενος σπένδει μελιηδέα οἶνον.

Isæus apud Harpocrationem in dictione Ἀφ' Ἑστίας. Ὁ ἀφ' Ἑστίας μυούμενος Ἀθηναῖος ἦν πάντως, καὶ ὁρῶ ὅτι Λάκων ἐμυεῖτο. Proculdubio Scribendum σκαιῷ ρῶ ὅτι Λάκων ἐμυεῖτο. Σκαιὸν ρῶ est Scæva canina Plauto, R nempe litera. Perperam de latratu accipiunt. Dicit itaque Isæus, Atheniensem utique fuisse qui a Vesta Sacrorum initium faceret, cum Laco a litera canina auspicaretur. Quam frequens sit litera R in dialecto Laconum, utpote qua omnes pene dictiones terminentur etiam pueris notissimum. Eodem nomine male quoque audiebant Eretrienses. Causam porro quamobrem in plerisque deorum Sacrificiis primitiæ Vestæ cesserint explicat Aristocritus apud Schol. Aristophanis in Vespis. Non autem solus fuit Catullus qui Librum suum huic deæ inscripsit, sed & Cratetem Comicum olim carmen suum a Vesta exorsum fuisse testantur vetusta Scholia ad Aratea Germanici. Jam verò Vestam virginem dici notissimum, licet Virgilius matrem appellet. Cujus rei causa est, quod ipse Vestam eandem esse senserit ac sit Terra, quemadmodum etiam plerique posteriores tam Græci quam Romani existimarunt. Unde demum duæ prodierunt Vestæ, si Grammaticis credamus. At vero vetustissimis temporibus absque ulla controversia Vesta semper pro sole fuit habita, ideoque hanc Deam in medio seu centro mundi fixam & stabilem collocarunt. Hanc sententiam non solum Pythagorei, sed & complures alii & ipse quoque Plato ætate provectior amplexi sunt, Solem appellantes cor mundi, focum universi, & thronum numinis. Hinc quoque factum ut plerique olim foci, non in angulis aut lateribus parietum, uti camini, sed in medio ædium aut atriorum ad similitudinem foci universalis statuerentur. Patroa vero quare Vesta dicatur, satis ut puto intelligunt ii, qui sciunt, quinam θεοὶ πατρῷοι vocentur, illi nempe qui a longa progenitorum serie sunt relicti.

ecti. Est quippe πατρῷος à πάτρως. Græci vero genarchas seu generis autores πατρώας vocant, uti ex Stesichoro testantur Eustathius & Pollux, licet apud hunc posteriorem πατρώνας vulgo legatur, quod Græcum non est. Porro ut apud Athenienses Minerva patroa dicebatur, ita apud Romanos Vesta. Itaque recte Dionysius Halicarnassensis Veturiam Coriolani matrem Ἑστία πατρῴα valedicentem introducit, Ὑμεῖς ὦ θεοὶ κτήσιοι καὶ Ἑστία πατρῴα, καὶ δαίμονες οἱ κατέχοντες τοῦτον τὸν τόπον χαίρετε.

AD PASSEREM LESBIÆ.

PASSER delitiæ meæ puellæ,
Quicum ludere, quem in sinu tenere,
Quoi primum digitum dare ac patentis
Et acris solet incitare morsus:
Cum desiderio meo nitenti
Carum nescio quid lubet jocari,
Et solatiolum sui doloris
Credo, ut gravis acquiescat ardor.
Tecum ludere, sicut ipsa, posse
Et tristis animi levare curas,
Tam gratum est mihi, quam ferunt puellæ
Pernici aureolum fuisse malum,
Quod zonam solvit diu ligatam.

Putant viri docti quia à passere incipit Catullus, totum ejus libellum Passeris nomine designari à Martiale cum dicit, *Sic forsan tener ausus est Catullus Magno mittere passerem Maroni*, & alibi, *Donabo tibi passerem Catulli*, item, *ipsa est passere nequior Catulli*. Carrionem sic sentientem stellionem vocat Ios. Scaliger in posterioribus suis ad Eusebium curis. Attamen non primus fuit Scaliger, cui hæc observatio accepta ferri debeat, ipsum quippe hoc jam diu antea annotarat Parthenius. Hæc opinio ideo potissimum placuit, quia vix aliter effici possit, quominus aliquid turpiculi Catullianis istis subsit versiculis. Ego quidem Laudo horum castimoniam, sed vereor ut illa intempestiva sit, præsertim apud Lesbiam, cui hæc scribuntur. Nisi enim in ambiguitate vocabuli passeris luserit Catullus, quænam quæso erit nequities passeris? Quid denique frigidius eo, *Tecum ludere sicut ipsa possem* & quæ sequuntur, si hæc simpliciter & ad literam, ut loquuntur, intelligi debeant? Quod autem dicunt si hoc Catulli epigramma obsceni aliquid contineat, non multum salis ex eo accedere versibus Martialis, sequens vero epigramma Catulli omnem prorsus leporem exuere, in eo omnino falluntur, ut puto. Audiamus Martialem,

Da nunc basia, sed Catulliana,
Quæ si tot fuerint, quot ille dixit,
Donabo tibi passerem Catulli.

An non longe insipidius fuerit acumen Martialis si basia Catulliana remuneretur libello, quam ea ratione qua Venus apud Moschum,

Οὐ γυμνὸν, τὸ φίλαμα, τὺ δ' ὦ ξένε κ᾽ πλέον ἑξεῖς.

Esto tamen ut hoc epigramma non multum habeat Salis & acuminis, habet tamen epigrammatum linguam. Ecquis enim nesciat vel solam obscænitatem sæpe constituere epigramma? Festi vero testimonium luculentius est, quam ut quidquam huic opponi possit, cum strutheum pro obscæna parte accipi affirmat. Simili ratione ab aliis avibus sumta appellatione Græci utuntur vocabulis χελιδὸνος, κορώνης & ἀηδόνος, hirundinis nempe, cornicis & lusciniæ, quod ultimum hodie quoque apud Italos usitatum est. Notandum vero plerasque istiusmodi voces promiscue pro virili & muliebri μορίῳ a Græcis accipi.

Quoi primum digitum dare adpetenti] Melior est lectio quam ex librorum veterum auctoritate reposuimus, *ac patentes.* Sic quoque locutus est Lucretius lib. v. ubi canes cum suis catulis colludentes describit.

Aut ubi eos lactant pedibus, morsuque patente
Suspensis teneros imitantur dentibus haustus.

In vulgatis tamen Lucretii exemplaribus etiam hæc male concipiuntur.

Credo ut quom gravis acquiescat ardor] *Quom* abest a nostris exemplaemplaribus, & omnino expungendum. Istiusmodi hiatus amat passim & affectat Catullus, quod cum non intelligerent scioli librarii, & hunc & complura alia in Catullo loca interpolarunt. Constructio vero & sensus hujus loci est istiusmodi; Credo te, ô passer, nescio quid carum jocari cum desiderio meo nitenti, id est cum puella mea, & similiter credo te solatiolum esse sui doloris, ut gravis ejus ardor acquiescat. Scaliger non bene hæc interpretatur, & frigidam elegantissimo poëtæ affundit, licet ipse inusitatæ elegantiæ ea esse existimet.

Tam gratum est mihi] Plerique expunxere τὸ *est*, cum tamen in omnibus compareat vetustis exemplaribus, etiam fatente Achille Statio. Ego omnino retinendum sentio, & *possem* mutandum in *posse*. Tecum, inquit, ô passer, posse ludere pari conditione ac ludat puella mea, & hac ratione tristitiam animi levare, tam est mihi gratum & jucundum, quam jucundum fuit malum Hippomanis, quod Zonam solvit Atalantæ. Vocabulum pomi & mali accipi etiam obscœno sensu, notum, ut puto, plerisque qui Latine sciunt. Nullum itaque est dubium, quin epigramma hoc licet verbis scriptum sit verecundis, magnam tamen contineat nequitiam, quam planis & dilucidis explanare vocabulis non est nostri instituti.

Quod zonam soluït diu ligatam] Zonam vel mitram solvere etiam apud Græcos accipi non tantum pro parere, sed etiam pro diminuere virginitatem, recte observatum Scaligero. Patet hoc etiam ex Idyll. XXVII. quod Theocrito tribuitur;

φεῦ φεῦ καὶ τὰν μίτραν ἀπέσιχες· ἐς τί δ' ἔλυσας;

Quo loco Scaliger legebat ἀπέχιοις, quod non probo, dicendum enim erat ἀπέχιους: Omnino scribendum ἀπέσικες. Ab ἀποσίζειν nempe, id est acum fibulæ solvere, seu defibulare. Istiusmodi autem zonæ non solum e corio & pellibus, quod minus tutum; verum etiam ex ære, argento & chalybe compingebantur, iisque non puellarum tantum pudenda, sed & puerorum nates muniebantur, uti nunc apud varias fit gentes. Docet hoc non uno loco Etymologici magni auctor, & complures alii Grammatici, qui & intus lanatas fuisse addunt.

F U-

FUNUS PASSERIS.

LUGETE o Veneres, Cupidinesque,
Et quantum est hominum venustiorum.
Passer mortuus est meæ puellæ,
Passer delitiæ meæ puellæ;
Quem plus illa oculis suis amabat.
Nam mellitus erat, suamque norat
Ipsa tam bene, quam puella matrem:
Nec sese à gremio illius movebat,
Sed circunsiliens modo huc, modo illuc,
Ad solam dominam usque pipiabat.
Qui nunc it per iter tenebricosum
Illuc, unde negant redire quenquam.
At vobis male sit malæ tenebræ
Orci, quæ omnia bella devoratis:
Tam bellum mihi passerem abstulistis.
O factum male! ô misselle passer!
Cuja nunc opera meæ puellæ
Flendo turgiduli rubent ocelli.

Nihilominus flagitiosum est hoc carmen quam præcedens. Non me fugit viros eruditos longe aliter sentire, & credere nihil hic esse quod non castissimæ matronæ mitti possit; sed vero si existimemus Catullum confectum & exhaustum lucta venerea & funerata, ut cum Petronio loquar, ea parte quæ virum facit, Lesbiæ suæ hoc epigramma scripsisse, tanto utique plus leporis hos versiculos habituros existimo, quanto fuerint nequiores. Et sane quid passeri cum gremio puellæ, si nihil dictu turpe hic subintelligi debeat? Si quis tamen aliter existimet, per me licet ut unusquisque suo fruatur ingenio.

Suamque norat Ipsam tam bene quam puella matrem] Cum in vetustis libris habeatur *ipsa*, non *ipsam*, non dubitavimus eam lectio-

nem

nem reducere. Notum est Catullum in hendecasyllabis suis sæpe trochæum ponere in prima sede. Passer, inquit, tam bene suam norat puellam seu dominam, quam ipsa puella suam norat matrem.

Pipilabat] Mediolanense exemplar legit *piplabat*, unde fecimus *pipiabat*. Pipo enim & pipio utrumque dicitur. Sic Tertullianus in libro contra Valentinianos, *calestes imbres pipiavit Achamoth*, ac item scripto de monogamia *infantes pipiantes*. Sic quoque carmen Anonymi de vocibus avium. *Hinc pipiare cupit diversa per avia passer*. Licet alibi passeres *titiare* dicantur. Nec tamen soli passeres, sed & accipitres pipiant, unde pipiunculi in vetustis passim vocantur glossariis.

Tua nunc opera] Censuerunt nonnulli *Vestra* rescribi debere pro *Tua*. Ego vero cum in veteribus quibusdam exemplaribus invenerim *Qua nunc opera*, non dubito quin Catullus scripserit, *Cuja nunc opera*. Sic quoque Lucilius xxx. Satyrarum; apud Nonium.

Cuja opera ἀνδρόγυνος πάλληξ *per castra cluebat*.

Ita reformavimus hunc versum qui gemino apud Nonium loco vitiose admodum sic concipitur, *cuja opera troginus calix per castra cluebat*. Ἀνδρόγυνος πάλληξ est scortum masculum utrique sexui inserviens. Hæc eo libentius monemus, quod & Turnebus, & Scaliger, & complures alii, infeliciter admodum hunc Lucilii locum emendare conati sint.

DEDICATIO PHASELI.

PHASELUS ille, quem videtis hospites, 4
Ait fuisse navium celerrimus,
Neque ullius natantis impetum trabis
Nequisse præterire, sive palmulis
Opus foret volare, sive linteo.
Et hoc negat minacis Adriatici
Negare litus, insulasque Cycladas,
Rhodumue nobilem, horridamue Thraciam,
Propontida, trucemue Ponticum sinum:

Ubi iste post phaselus antea fuit
Comata silva. nam Cytorio in jugo
Loquente sæpe sibilum edidit coma.
Amastri pontica, & Cytore buxifer,
Tibi hæc fuisse, & esse cognitissima
Ait phaselus. ultima ex origine
Tuo stetisse dicit in cacumine:
Tuo imbuisse palmulas in æquore:
Et inde tot per impotentia freta
Herum tulisse: leva, sive dextera
Vocaret aura, sive utrunque Juppiter
Simul secundus incidisset in pedem.
Neque ulla vota litoralibus Deis
Sibi esse facta, quum veniret a mare
Novissimo hunc ad usque limpidum lacum.
Sed hæc prius fuere: nunc recondita
Senet quiete, seque dedicat tibi
Gemelle Castor, & gemelle Castoris.

Phaselum quo è Ponto Bythiniaque ad suum revectus est larem Castori & Polluci legitimis navigantium numinibus consecrat Catullus. Non verò id ita accipiendum est, ac si totum navigium suspendisset, hoc enim absurdum fuerit existimare, sed proculdubio acrostolium aut aplustria tantum consecravit. Hunc enim veterum morem fuisse satis liquet ex Diodoro Siculo, cum in eorum qui supersunt librorum postremo scribit Rhodios captarum Demetrii Poliorcetæ navium ἀκροστόλια diis consecrasse. Usitatum id jam fuisse Homericis temporibus patet ex Iliad. I. ubi de Hectore dicitur,

Στεῦται γὰρ νηῶν ἀποκόψειν ἄκρα κόρυμβα.

Romani & ante eos Carthaginenses captarum navium rostra diis dedicabant, quod in phaselis fieri non potuit, utpote qui rostris carerent, & quorum virtus in sola sita esset celeritate, cui plurimum obsunt rostra. Longi quippe & simul angusti erant faseli, instar leguminis

φασης

φασήλων, quos phaseolos vocant, sive illi dederint, sive potius acceperint nomen a navigio. Nec tamen in eo solo phaselorum consistebat celeritas, sed & præcipue in forma proræ, longe & obliquè supra aquam porrectæ. Sane & horum & similium navigiorum velocitas effecit, ut a quindecim seculis desierint omnino construi triremes, vixque aliæ in mediterraneo mari compareant naves præter liburnicas & phaselos, adeoque omnibus prælati sint illi, ut quævis etiam navigia phaseli, seu ut vulgo loquuntur, vasselli appellentur. Verum de his pluribus agemus in scripto de τεχνυπολοΐα. Quod vero attinet locum ubi phaselum hunc consecravit Catullus, is proculdubio fuit ipsum Castorum seu templum seu nemus, cujus mentionem faciunt Tacitus aliique, è quibus satis colligi potest, istud haud procul à Padi fluminis abfuisse ripa, inter Bedriacum nempe & Placentiam.

Et hoc negat minacis Adriatici Negare litus] Cum in nonnullis libris scriptis legatur *negant*, manifeste adparet reponendum esse *nec aut*. Leve quidem haud mendum, sed tamen quod haud parum officiat elegantiæ Catullianæ. Idem error est in parodia Sabini, qui & ipse scripserat, *Et hoc nec aut Tryphonis æmuli domum Negare nobilem, insulamve Caruli.*

Horridamve Thraciam] Vel quod Marti sacra est, vel quod horridum sit mare Thracium. Quamvis vero id intelligi possit, de illa ora quæ à Salmydesso usque ad Cyaneas & Hellespontum extenditur, adeo obnoxia tempestatibus, ut de ea sic loquatur Æschylus;

> Τραχεῖα πόντου Σαλμυδησσία γνάθος
> Ἐχθρόξενος ναύταισι μητρυιὰ νεῶν.

Tamen ordo exigit ut de eo potius mari accipiamus, quod Athonem alluit, quod & ipsum procellosum esse satis doceat epistola, quam Græci monti huic Xerxem scripsisse fabulantur. Sed neque sequentia *trucemve Ponticum sinum* de hoc litore accipi debere, sed vero de toto Ponto Euxino, trucemque hic valere inhospitalem, satis declarant sequentia.

Rhodumve nobilem] Rhodum quoque accessisse hinc apparet. Sed cum hic memoret loca tempestatibus obnoxia, quæritur quamobrem hujus fecerit mentionem. Sciendum itaque petentibus Rhodum, sitam in Orientali hujus insulæ latere, necesse esse ut navigent per mare Lycium haud minus sæpe periculosum, quam Pamphilium. Nam certe totus ille tractus qui à Rhodo usque ad Chelidonias protenditur omnibus seculis fuit formidabilis navigantibus.

Sive utrunque Juppiter simul secundus incidisset in pedem] Pedes sunt funes, quibus interiores veli anguli puppim versus adducuntur. Religatis itaque ad utrumque latus pedibus, & vento pone adflante, tum navigatio maxime erat secunda, tumque navis currit *ἀμφοτέροισι πόδεσσι*, ut habet C. Smyrnæus, vel ut habet Aristophanes in Avibus *ἐξ ἀμφοῖν ποδοῖν*. Uno autem pede navigabant, si ventus esset obliquus, quippe si à sinistra flaret, tum dextrum adducebant pedem; sin autem à dextra, sinistro solum pede utebantur. Quod si obliquior etiamnum ventus incideret, adeo ut pene esset contrarius, tum puppim versus producebatur pes alteruter, & quidem quanto magis ventus esset adversus, tanto longius producebatur pes, tantoque fortius intendebatur velum, cum ratio nautica exigat, ut quanto obliquius & acutiori angulo ventus aspiret, tanto minor esse debeat veli sinus. Quod si nimius esset ventus & periculum esset ut navis everteretur, tum laxabant pedem, quod Græci dicunt *χαλᾶν* aut *ἐνδιδόναι πόδα*. Cautiores tamen nautæ in tali periculo neglecto pede totum demittebant velum secus enim si facerent, jam merito illis aptabatur paroemia, *ἀφέντες τὸν ὑπέρακν τὸν πόδα διώκουσιν*, id est, *neglecto eo fune, cui antenna suspenditur, pedem persequuntur*. Hæc cum ita sint & infinitis veterum testimoniis confirmari possint, mirum videri possit quod unus Euripides in Iphigenia Taurica pedem veli ad proram, ubi erat *στόλος* & *ἀκροστόλιον* religatum fuisse scribat; *προτόνοι κατὰ πρῶραν, ὑπὲρ στόλον ἐκπετάσουσι πόδα ναὸς ὠκυπόμπου*. Hæc sane stultitia est, & merito Lucianus in Jove Tragœdo ridet nautam quendam qui adeo esset stupidus, ut *προτόνους* ad puppem, utrumque vero pedem ad proram adduceret. Idem si sensisset Euripides, quos non sibilos & cachinnos movisset plebi nasutissimæ, & *ναυτικωτάτῃ*; Sciendum itaque *στόλον* in hoc Euripidis loco, non notare id quod vulgo existimant sed accipi pro clavo gubernaculi, prope quem pes veli adstringebatur.

Sic

Sic primitus acceptam fuisse hanc vocem sed postmodum cum multis aliis nauticis vocabulis à puppi in proram migrasse alibi monuimus. Insigniter etiam nugatur Isidorus, cum *Saphonem* scribit funem fuisse in prora collocatum, cui nempe pes vel esset vel vicinus, vel contiguus idque ex hoc Cæcilii loco adstruere conatur. *Venerio cursu veni prolato pede usque ad Saphonem*, Sapho vel Safo aut etiam Savo est flumen Campaniæ inter Lirim & Vulturnum ad quem prolato pede, & vento non quidem omnino favente, sed tamen Venereo cursu, id est placido & tranquillo mari se pervenisse scribit Cæcilius. Reverendus iste Hispalensium præsul pro flumine funem accepit, quo nihil fingi possit ineptius, & miror non suboluisse hoc Scaligero. Cæterum ad hunc Catulli locum hæc sufficiant, quæ ideo monere operæpretium censuimus, quia complures hac nostra ætate existimant artem eam qua naves per crebros flexus contra ventum obluctando proficiunt, veteribus plane ignotam fuisse. Nam certe prolato pede *nunc sinistros nunc dextros solvere sinus*, ut Virgilius inquit, ipsum hoc est, quod vulgo *loeveren* vel *laveren* dicimus. Et sane aliter fieri non posset id quod Plinius scribit Lib. II. *Iisdem ventis in contrarium navigatur prolatis pedibus, ut noctu plerumque vela concurrant.*

Nec ulla vota Litoralibus diis] Quæsivere multi quinam sint isti Dii quos hic litorales vocat Catullus. Muretum marinos & Litorales deos confundere jam alii annotarunt. Non desunt qui solum Apollinem Actæum & Hellespontiacum numen hoc nomine censendos esse existiment. Sed sane nullus fere est deorum majorum minorumve, cui fana in litoribus sacrata non fuerint, cuique navigantes vota non fecerint. Tædiosum esset & longum, ne dicam futile, singulorum nomina & templa commemorare, cum quot promuntoria & sinus maris, ac denique litorales essent civitates; totidem quoque & plura Αἰγιαλίων θεῶν fana passim occurrerent. Vel solum Jovis Urii templum in Bospori faucibus situm, & navigantibus sacrum simul quoque omnium erat deorum. Quod autem Catullus dicit nulla sibi vota esse facta in reditu è Ponto, non hoc neglectui cultus divini adscribendum est, sed quod opus non habuerit ad Maleatem Apollinem, aut Neptunum Tænarium aut crebra in iisdem litoribus Dianæ Noctilucæ fana divertere, cum secunda semper usus sit navigatione. Jovis autem Urii templum, quamvis proxime prætervectus sit, si non frequentarit, id propterea factum, quod redeuntibus è Ponto moris non esset, aut certe rarissime, fanum hoc adire. Solis quippe Pontum ingressuris fanum hoc consecratum fuisse constat.

Cum veniret a mari Novissimo] Quamvis plerique fere libri veteres pro hac stent lectione, veriorem tamen esse alteram scripturam, quam secuti sumus, recte judicat Scaliger. Mare novissimum est Pontus Euxinus. Perpetuus est Catullus in imitatione antiquissimorum Græciæ scriptorum, uti passim ex iis quæ postea dicentur, palam fiet. Plerique vero vetustiores Græci ante bella Persica & victorias Alexandri Pontum Euxinum & Colchorum terras longe adeo ad orientem remotas esse credebant, ut horum regione & intimo hujus Ponti recessu, terrarum mariumque mensuram terminarent, ita ut Colchica regio principium ipsius esset terræ habitatæ. Hinc est quod Mimnermus solis cubile in Colchis posuerit. Hinc quoque Aeeten & Medeam solis sobolem fabulata est antiquitas. Hinc quoque est quod Lucretius Lib. VI. quatuor partes seu cardines mundi recensens, ut Gades pro occasu, ita pontum pro oriente nominarit. Et sane in antiquis Geographicis tabulis Colchis & Caucasus erant termini telluris ad orientem cognitæ. Nec defuere etiam post victorias Alexandri, qui ut huic inscitiæ patrocinarentur Colchos etiam apud Indos invenerint, & ut illos cum aliis conjungerent Colchis, Indos & Sinas Ponto Euxino vicinos esse adfirmarint. Talia cum legunt fatui, seipsos mirantur plurimumque in se gaudent, adeoque quidem ut antiquitatis eos etiam miseret. Qua quidem in re similes mihi videntur pueris, qui, si quot in sacculis gestent talos, soli norint, solos etiam se sapere existimant. Adeo libenter homines sibi ipsis placent, ut nihil tam futile sit, unde non avide superbiam sumant.

Gemelle Castor & gemelle Castoris] In quibusdam nostris libris scriptum inveni, *gemelle Castorum & gemelle Castoris*, quomodo tamen Catullus non scripsit. Dioscoros dici Castoras, notum est omnibus. Sed & Polluces pari ratione dixit infra; *Jam prece Polluces, jam Castoras implorante.* Jocum Bibuli in Cæsarem leges apud Dionem lib. XXXVII. Optime itaque interpres vetus in Actis Apostolorum capite ultimo παράσημον Διοσκούρων, vertit insigne Castorum, quod male reprehendit vir doctus.

A D

AD LESBIAM.

VIVAMUS, mea Lesbia, atque amemus,
Rumoresque senum severiorum
Omnis unius æstimemus assis.
Soles occidere & redire possunt:
Nobis, quum semel occidit brevis lux,
Nox est perpetua una dormienda.
Da mihi basia mille, deinde centum,
Dein mi altera da secunda centum,
Dein usque altera mille, deinde centum,
Dein cum millia multa fecerimus,
Conturbabimus illa, ne sciamus,
Aut nequis malus invidere possit,
Cum tantum sciat esse basiorum.

Dein mille altera, dein secunda centum] Cum in melioris notæ exemplaribus legatur, *Dein mi altera da secunda centum*, non dubitavimus eam Scripturam reducere, tum & elegantior & magis sit Catulliana.

Conturbabimus illa, ne sciamus,] Duo nempe sunt causæ quamobrem velit ut nec sibi, nec aliis basiorum numerus innotescat. Prior est, ut conturbato numero, novam rationem & novum cogantur instituere calculum, ut sic lusus fiat perpetuus. Alios vero vult nescire ne fascinatio noceat, quæ tum demum nocere nequit si vel nomen rei, vel denique numerus ignoretur.

AD FLAVIUM.

FLAVI delicias tuas Catullo,
Ni sint illepidæ, atque inelegantes,
Velles dicere, nec tacere posses.
Verum nescio quid febriculosi

Scor-

Scorti diligis: hoc pudet fateri,
Nam, te non viduas jacere noctes,
Nequidquam tacitum cubile clamat.
Sertis, ac Syrio fragrans olivo,
Pulvinusque perinde & hic, & illic
Attritus, tremulique quassa lecti
Argutatio, inambulatioque.
Nam ni istapte, valet nihil tacere.
Cui non jam latera exfututa pandant
Noctu quid facias ineptiarum?
Quare quidquid habes boni, malique,
Dic nobis. Volo te ac tuos amores
Ad cœlum lepido vocare versu.

Nam ni prævalet ista nihil taceres] Hunc locum corruptissimum in omnibus Vaticanis exemplaribus sic legi adfirmat Achilles Statius. *Nam in ista prævalet nihil tacere, Cur non tam latera & futura panda. Nec tu quid facias ineptiarum.* Cum hac lectione conveniunt exemplaria quæ nos vidimus, nisi quod pro *panda* habeant *pandas* vel *pandat.* Proculdubio sic scripserat Catullus;

Nam ni istapte, valet nihil tacere.
Cui non jam latera exfututa pandant
Noctu quid facias ineptiarum?

Ni enim ista ipsa vera sint, nihil prodest silentium tuum; id est, nisi turpe & febriculosum aliquod scortillum depereas, non puderet amores tuos palam profiteri. Sed frustra taces, cum ipsa tua latera testentur quid noctu facias. *Istapte* pro *ista ipsa*, ut *mihipte* & *mepte* pro mihi ipsi & meipsum. *Valere* autem sæpe accipitur pro prodesse, ut apud Ciceronem, *hæc res mihi valet ad Gloriam*, & passim apud Nepotem & optimos quosque scriptores.

AD LESBIAM.

Quæris quot mihi basiationes 7
Tuæ, Lesbia, sint satis, superque?
Quam magnus numerus Libyssæ arenæ
Laserpiciferis jacet Cyrenis
Oraclum Jovis inter æstuosi,
Et Batti veteris sacrum sepulchrum:
Aut quam sidera multa, cum tacet nox,
Furtivos hominum vident amores:
Tam te basia multa basiare,
Vesano satis, & super Catullo est,
Quæ nec pernumerare curiosi
Possint, nec mala fascinare lingua.

Laserpiciferis jacet Cyrenis] Sic scribendum non *laserpitiferis*. Sive enim laserpicium dictum sit quasi lac serpicium, sive potius nomen ex eo traxerit, quod sit laseris spica; laser enim vocatur succus; laserpicium vero ipse caulis, seu ferula quæ succum gignit, planum fit vocabulum hoc per C non vero per T scribi debere. Per Battum Veterem intellige primum Battiadarum, qui & Aristæus & Aristoteles dictus fuit. Hujus sepulcrum quod imprimis coluere Cyrenæi, cum in ipsa fuerit Pentapoli Cyrenaica. Oraculum vero Jovis Ammonis, quadringentis minimum millibus inde remotum, patet Catullum, qui magnum inter utrumque statuit intervallum, rectius sensisse, atque illi qui Oraculum hoc Pentapolitanæ provinciæ vicinum esse crediderunt. Errorem illum non aliunde provenisse quam ex diversa acceptione Cyrenes & Cyrenaicæ, ex iis quæ ad Melam scripsimus, satis colligi potest. Nam certe tota aliquando Marmarica Cyrenes nomine censebatur. Nec aliter sensisse Catullum patet ex eo, quod & ipse Ammonis oraculum in Cyrenis ponat.

Cyrenis] Non solus inter Latinos est Catullus, qui primam in Cyrenis corripiat, sic quoque Virgilius in Elegia ad Valeriam Messallam;

Si laudem aspirem, humiles & adire Cyrenas
Si patrio Grajos carmine adire sales
Possumus: optatis plus jam procedimus ipsis.

Per humiles Cyrenas intellige musas humiles Callimachi. Frustra sese hic torquent viri docti.

Nec mala fascinare lingua.] Exemplar manu exaratum quod olim fuit Hieronymi Commelini, pro *mala* habet *maha*, unde aliquis suspicabatur Catullum scripsisse *maga*, ego tamen vulgarem malui servare lectionem, quæ nisi fallor verior & Catullo dignior, cum altera nescio quid putidum saboleat.

AD SEIPSUM.

Miser Catulle desinas ineptire,
Et quod vides periisse, perditum ducas.
Fulsere quondam candidi tibi soles,
Quum ventitabas, quo puella ducebat
Amata nobis, quantum amabitur nulla.
Ibi illa multa tam jocosa fiebant,
Quæ tu volebas, nec puella nolebat.
Fulsere vere candidi tibi soles.
Nunc jam illa non volt, tu quoque ipse te refer
Nec quæ fugit sectare, nec miser vive:
Sed obstinata mente perfer, obdura.
Vale puella, jam Catullus obdurat:
Nec te requiret, nec rogabit inuitam.
At tu dolebis, quum rogaberis nullam
Scelesta noctem. Quæ tibi manet vita?
Quis nunc te adibit? quoi videberis bella?
Quem nunc amabis? cujus esse diceris?
Quem basiabis? quoi labella mordebis?
At tu Catulle obstinatus obdura.

Nunc jam illa non vult tu quoque haud potes, quare?] Vitiosus & muti-

mutilus iste versus qua ratione emendari debeat, multum hactenus sollicitos habuit eruditos. Codex Commelini qui haud paucis in locis cæteris est integrior, ita hunc versum concipit; *Nunc jam illa non vult, tuque inepte & impote*, Alia exemplaria habent *impotens*; Unde conjiciebam;

> *Nunc jam illa non vult, tuque inepte & impos ne-*
> *-que quæ fugit, sectare, nec miser vive.*

Impos est non potens animi ut Festus & alii Grammatici interpretantur. Nec offendere debet quod vocula dimidiata absorbeatur a sequenti versu, cum id ipsum quoque fiat in *ulti-mosque Britannos*. Sic passim Sappho, quam ubique imitatur, & eleganter quidem, ut mirer reperiri hoc seculo, qui hypermetros & hypercatalecticos istiusmodi carpant versus. Nec tamen me fugit, etiam olim fuisse, qui reprehenderint Homerum, quod Ξ ΙΛ. sic diviserit Ζῆ-ν' ut posterior litera cum sequenti versu copuletur: sed profecto nimium sibi tribuunt, qui Homerum artem volunt docere poëticam. Audivi nonnullos, qui quasvis etiam in medio versuum improbarent cæsuras, unde tamen præcipua carminum venustas. Verum ut horum spernenda sunt judicia, ita quis non Græcorum miretur ingenium, quod cæsuræ beneficio etiam eas voces, quas lex metrica respueret, versibus suis felicissime inseruerint. Non patiebatur metrum Heroicum aut elegiacum ut Ἀρισογείτων aut Ἀπολλόδωρος nominentur. Illi tamen viam invenere qua id ipsum commodissime fiat. Itaque Simonides,

> Ἦ μέγ' Ἀθηναίοισι φόως γένεθ' ἡνίκ' Ἀρισο-
> γείτων Ἵππαρχον κτεῖνε καὶ Ἁρμόδιος.

Item alius,

> Οὗτος δή σοι ὁ κλεινὸς ἀν' Ἑλλάδα πᾶσαν Ἀπολλό-
> δωρος. γινώσκεις τοὔνομα τοῦτο κλύων.

Felices nostræ ætatis poëtæ, qui adeo laxas & patulas habent aures, ut Melchisedechum, Nabuchodonosorem, Maximilianum simul juxtaque positos, & majora etiam nominum portenta, unico deglutiant hauſtu & concoquant. Quolibet enim in loco iſtiuſmodi admittunt vocabula, cum prorſus negligant metrum, utpote qui pedeſtri ſermone pleraque abſolvant carmina, uno tantum decurrentia pede, dummodo is pulcre reſonet. Verum de his aptior alibi erit dicendi locus. Ut ad Catullum redeam, quamvis ea quam exhibuimus lectio libri antiqui auctoritate quodammodo fulciatur pro conjectura tamen habeatur velim, idque eo magis quod in aliis libris ſic ſcriptum invenerim,

Nunc illa non vult, tu quoque ipſe te ....

Pro *ipſe te* emendatum in quibuſdam libris *impote*, in aliis *inepte*, quorum neutrum jam placet. Ampliato itaque judicio, omnino arbitror excidiſſe *refer* vel *reduc*. Sic ipſe Catullus infra;

Quin tu animum offirmas atque iſtinc te reducis
Et dis invitis deſinis eſſe miſer.

Qui neſcirent ancipitem eſſe primam in *referre* & *reducere*, illi proculdubio offenſi modulo Syllabæ aut iſtam aut alteram vocem expunxere.

At tu dolebis cum rogaberis nulli, Sceleſta tene? Plerique fere libri ſic ſcribunt, *nulla ſceleſta nec te*. Unde facile vera eruitur lectio,

At tu dolebis cum rogaberis nullam
Sceleſta noctem.

Scaligeri conjectura frigida eſt.

At tu Catulle obſtinatus obdura] Cum hæc ſit conſtans omnium librorum ſcriptura, fruſtra ſunt illi qui locum hunc reformare conantur. Paſſim Catullus iſtiuſmodi amat hiatus.

AD VERANNIUM.

9 VERANNI omnibus è meis amicis
Antiſtans mihi millibus trecentis:
Veniſtine domum ad tuos penatis,
Fratreſque unanimos, anumque matrem?
Veniſti? ô mihi nuncii beati.

Vi-

Visam te incolumen, audiamque Hiberum
Narrantem loca, facta, nationis,
Ut mos est tuus: applicansque collum,
Jucundum os, oculosque suaviabor.
O quantum est hominum beatiorum,
Quid me lætius est, beatiusve?

Antistans mihi millibus trecentis] Non dubitavi lectionem hanc omnium antiquorum librorum auctoritate munitam admittere, quum & Lucretius ea utatur, & apud Gellium ex Quadrigario habeamus, *virtute cæteris antistabat.* Pauso post pro eo quod est in libris *sunamque matrem*, rescripsimus *anumque matrem.* Sic infra *charta anus*, & *fama anus*, & *natalis anus* apud Tibullum: Græci similiter loquuntur, cum apud Homerum legamus *οἶνον γέροντα*, & Æschylus dixerit *γέροντα γράμματα*, & alius *γέροντα μῦθον*, ut est apud auctorem Etymologici. Huic contrarium *charta virgo* apud Martialem, & *rosa uirgines* apud Apulejum & complura istiusmodi.

DE VARII SCORTO.

VARUS me meus ad suos amores 10
Visum duxerat è foro otiosum:
Scortillum ut mihi tum repente visum est,
Non sane illepidum, nec invenustum.
Huc ut venimus, incidere nobis
Sermones varii: in quibus, quid esset
Jam Bithynia, quomodo ops se haberet,
Et quantum mihi profuisset è re:
Respondi, id quod erat: nihilmet ipsis
Nec prætoribus esse, nec cohorti,
Cur quisquam caput unctius referret:
Præsertim quibus esset irrumator
Prætor, non faceret pili cohortem.

At certe, tamen inquiunt, quod illic
Natum dicitur esse comparasti
Ad lecticam homines: ego, ut puellæ
Unum me facerem beatiorum:
Non inquam, mihi tam fuit maligne,
Ut, provinciæ quod mala incidisset,
Non possem octo Midas parare rectos.
At mi nullus erant nec hic, nec illic,
Fractum qui veteris pedem grabati
In collo sibi collocare posset.
Hic illa, ut decuit cinædiorem;
Quæso, inquit, mihi mi Catulle paulum
Istos commoda, nam volo ad Serapin
Deferri. Mane me, inquii puellæ:
Istud, quod modo dixeram me habere,
Fugit me ratio. meus sodalis
Cinna est Cajus, is sibi paravit.
Verumne illius, an mei, quid ad me?
Utor tam bene, quæ mihi paravit.
Sed tu invisa, male & molesta vivis,
Per quam non licet esse negligentem.

Varus me meus] Accipiendum de Alfeno Varo Jurisconsulto, de cujus perfidia infra conqueritur, cum prius fuerit amicissimus, ut ex eodem constat epigrammate. Sed cum in aliquot meis libris scriptum invenerim *Varius*, fieri potest ut hæc verior sit lectio, & ut sit synecphonesis, quales complures apud Catullum, ut *Aquinios*, *Veronensium* &c. Id si sit, non dubitandum quin hic sit insignis ille vates, quem Virgilius, Horatius & alii tot cumulant laudibus, ut omnibus aliis præponere videantur.

Quomodo se haberet] Multum ab hac lectione recedunt libri veteres, in quibus constanter legitur, *quomodo posse haberet*. uti etiam testatur Achilles Statius. Nos vero nullius literæ detrimento veram exsculp-

exsculpsimus lectionem, *quomodo ops se haberet.* Ops est terra, quod & mediocriter docti non ignorant. Similiter quoque infra in epithalamio; *Æmathiæ tutamen opis.* Varro IV. de LL. *Terra ops, quod heic omne opus, & hac opus ad vivendum: & ideo dicitur Ops mater, quod terra mater.* Sic enim legunt vetera exemplaria, quod perperam immutarunt. Bene autem Varro vocabulum hoc interpretatur, sed falsum, ut solet, addit etymum. Est enim a Græco ὦπις seu Οὖπις. Hæc quippe Græcis antiquitus eadem erat quæ Rhea. Sive autem Opem pro magna matre, Phrygum & Bithynorum dea, sive pro ipsa accipias terra, utrumque recte se habet.

Et quantum mihi profuisset ære] Sic Scaliger in suo libro reperisse videtur, & sic quoque habebat antiquum exemplar, in reliquis enim pro *ære* scriptum inveni *habere*, & pro quantum *qm.* vel *quoniam*, ut videri possit fuisse, *Et quonam mihi profuisset ære.* Sed nescio unde in plerisque exemplaribus *habere* compareat. An scripserat Catullus *Et quanam mihi profuisset ab re?* Apud Martialem simile mendum, sed cujus medicina non tam ambigua. Nam quo loco apud eum lib. XI. Ep. CVII. legitur *Albi Maxime si vacat habere*, manifeste legendum est, *Albi Maxime si vacat ab ære*, non *vacabit hora* ut vulgo, neque *vacat avere*, ut Salmasius. Iste enim Albius Maximus præfectus erat ærarii.

Respondi id quod erat nihil neque ipsi] Recte concipitur hic locus in vetusto libro qui olim fuit Hieronymi Commelini. *Respondi id quod erat nihilmet ipsis. Nec prætoribus esse.* Hinc patet falli Grammaticos, qui putant Syllabicam adjectionem *met*, non affigi nisi post *ego*, *tu*, *sui*. Sic quoque infra in carmine ad Mallium *Quamet.* Quod autem viri docti locum hunc mendosum esse existiment, ideo, quod in singulas Provincias singuli tantum mittantur Prætores, in eo omnino fugit illos ratio. Siquidem quod alibi sæpe contigit ut una Provincia in duas aut tres divideretur præturas, ipsum quoque hoc in Ponto & Bithynia contigit, quæ sæpe non plures provincias pluresque partitæ fuerunt metropoles; quæ licet ab uno aliquando administratæ fuerint proconsule, adeo tamen id non fuit perpetuum, ut contra sæpius quot metropoles, totidem quoque vel prætores, vel proconsules mitterentur. Pontica provincia duas habebat metropoles Amasiam & Neocæsaream. Duas similiter Cappadocia, Cæsaream neam & Tyanam, ad quas totidem mittebantur prætores, audeoque affirmare, in toto imperio Romano nullam exstitisse provinciam cujus termini & regiminis ratio toties à Romanis immutata sit, ac Ponti & Bithyniæ, & attributis huic Paphlagoniæ Asiæque proprie dictæ portionibus. Similiter Syria duas habebat Metropoles Tyrum & Berytum, idemque in aliis factum provinciis, verum de his plura alibi diximus.

Non faceret pili cohortem] Ellipsis, pro, qui non faceret pili cohortem idest suos comites.

At certe tamen inquiunt quod illic Natum dicitur esse comparasti Ad lecticam homines] Cum hæc sit constans omnium librorum lectio, male omnino de Catullo merentur qui istæc immutarunt, & pro *inquiunt*, *inquiit*, pro *esse*, *are* substituerunt. Meras agunt nugas viri docti, cum interpretari conantur, quid sit æs natum in provincia. Nihil planius hoc Catulli loco & miror hic hæsitasse eruditos. Verba sunt scortilli dicentis; Attamen ô Catulle, vulgo inquiunt te comparasse tibi lecticarios, seu lecticam, rem natam in Bithynia. Bithynorum enim inventum credebatur esse lectica, unde Cicero v. in Verrem; *Nam ut mos fuit Bithyniæ Regibus lectica octaphoro ferebatur*. Idem quoque ex verbis Caii Gracchi, quæ exstant apud Gellium lib. x. colligit Lipsius, & sane jam ab antiquissimis temporibus consuetudo ista apud omnes fere orientis populos obtinuit, ut principes & honoratiores quivis sellis aut lecticis vectarentur, translatusque est hic mos ab Indis ad Persas & Medos, ab his ad Cappadocas & Bithynos, ab illis demum ad Romanos. In Cappadocia adeo communes fuere lecticæ, ut postmodum, cum Christiani illic rerum potirentur, ipsi quoque Episcopi illis uterentur, cujus rei causam reddit Basilius Elachistus Cæsariensis Episcopus in suis ad Nazianzenum Scholiis, quod cum Cappadocum saxosa & aspera sit regio, vixque rhedis & carpentis pervia, necesse sit sellis ferri aut lecticis. Nempe fastui & pompæ, cujus nomine male audiebant Cappadocum Episcopi, nunquam deest prætextus. Porro lecticarum usum non ad Romanos tantum, sed & diu antea ad Græcos fuisse translatum, mox dicemus.

Non possem octo homines parare rectos] Lecticarios promiscue appellari tam sellæ quam lecticæ bajulos notum est. In his vero eligendis &

dis & comparandis id præcipue observatum fuisse, ut recto & procero essent corpore, patet non tantum ex hoc Catulli loco, verum etiam ex Suetonio in Cæsare Cap. XLVII, cum scribit ipsum comparasse *Servitia rectiora politioraque immenso pretio, & cujus ipsum quoque puderet, sic ut rationibus vetaret inferri.* Sic libri antiqui, non *recentiora*, ut vulgo, vel *decentiora*, ut Lipsius arbitrabatur. Sed & Tertullianus huc facit lib. II. Ad uxorem Cap. VIII. *Difficile in domo Dei dives, ac siquis est, difficile cœlebs. Quid ergo faciant, idoneum nisi a diabolo maritum petant, idoneum exhibenda sella ac mulabus & cinerariis peregrina proceritatis.* Ita ex Codice Agobardi refingendus hic locus, qui vulgo non recte concipitur. Porro omittendum non est hunc versum Catulli non similiter legi in vetustis libris. In exemplari quod mihi suppeditavit vir eruditus Marquardus Gudius, non *octo homines*, sed *octo literas* scriptum inveni. In alio est, *octo litas*. Mediolanensis codex habet, *octomines*. Omnino existimo Catullum scripsisse *octo Midas*. Ut Paphlagonica mancipia Tibii, ita Phrygiaca & Bithynica vel Manes, vel Midæ olim appellabantur, non quod vocabula istæc in Phrygia Bithyniave sint servilia, sed quod nomen hoc frequens esset in illis tractibus, unde mancipia advehebantur. Græci enim & Romani, non tantum ὁμωνύμως τοῖς ἔθνεσιν ἐκάλουν τοὺς οἰκέτας, ὡς Λυδὸν καὶ Σύρον, sed & ἐπιπολάζουσι ἐκεῖ ὀνόμασι προσηγόρευον ὡς Μάνην ἢ Μίδαν τὸν Φρύγα, Τίβιον ἢ τὸν παφλαγόνα. Idem quoque è Luciano, Plutarcho, Aristophane aliisque passim colligere est.

Fractum qui veteris pedem grabati] Romanis & Syromacedonibus grabati vocabulum frequentius usurpatum fuisse quam vetustioribus Græcis, vel ex eo colligi potest, quod Pollux id apud solum Rinthonem occurrere scribat, cujus tamen drama se vidisse negat. Nec mirum id videri debet, cum plurimas iidem voces habuerint, eandem prorsus rem significantes, ut κλίνην, φόρτρον, χαμεύνην, σκίμποδα, σιβάδα, ἀσκάντην & multa alia, quæ à Grammaticis recensentur. Nec dubitandum quin sit Græcum vocabulum κράββατος, vel παρὰ τὸ ἐπὶ κάρα βαίνειν quasi καραβατόν, vel potius quasi καραβαστόν quod capite gestetur. Spartanis est Ακχαλίβαρ, quod κράββατον exponit Hesychius. Ratio nominis

minis minime obſcura, cum *ἀκχὸς* humerus vocetur à Laconibus; Ἀ'λίϐας vero ſeu *ἀλίϐαρ* mortuum ſignificat, feretrum nempe mortui qui humero effertur. Sed & *χάλανδρον*, ſeu potius *χάλαδρον* ut literarum poſtulat ordo idem exponit *κράϐϐατον*, videlicet *παρὰ τὸ χαλᾶν ἄνδρα*; Nam pro *ἄνδρα* Pamphylii & alii dicebant *ἄδρα*, teſte eodem Heſychio. Promiſcue autem pleraque hæc vocabula accipiuntur & pro lecto pauperum, & pro feretro ſeu ſandapila, ut mirum non ſit à Catullo grabatum opponi lecticæ, qua ſoli utebantur divites, quamvis & hanc quoque pro ſandapila acceptam fuiſſe patet non tantum ex epigrammatis Martialis, ſed & ex plurium aliorum teſtimoniis, cum notiſſimum ſit cadavera lectis vel lecticis efferri ſolita fuiſſe. Nec multum errabit ſiquis grabatum dixerit lecticam pauperum, lecticam vero divitum grabatum. Non vero recte ſentiunt, qui putant Græcis ignotum fuiſſe lecticæ uſum. Etiam apud illos homines erant hominum bajuli. Sed cum tantus apud hos non fuerit luxus, atque apud Romanos geſtabantur à duobus tantum, nec niſi mortui demum ferebantur à pluribus. Porro non divites tantum, qui geſtabantur; ſed & lecticarii ſeu bajuli, qui iſtiuſmodi ſellas ſeu feretra portabant, communi utriſque nomine dicebantur *βάσταγες*, ut ex Heſychio & Etymologici colligas auctore. Hinc *νεκροβάσταξ* pro veſpillone, & *λιτροβάσταξ* pro eo qui obolo conducebatur. Βάσταγες vero Phrygum ſeu Lydorum lingua dicebantur *βάσικες*, unde apud Heſychium; Βάσιξ ἀκρόλεα, θᾶσσον ἔρχου· Λυδιςί. Et ſic quidem ſi unus advocandus eſſet bajulus. Si vero duo ad lecticam homines eſſent advocandi, his verbis citabantur, Βάσικε ἐπικρολέαζε, id eſt, *Vos duo bajuli, cito accedite.* Pro eo vero contracte dicebant Βάσκε 'πικρολέαζε, ut habet idem Heſychius, cum hac expoſitione πλησίον ἐξελθέαζε. Λυδιςί. Sed & idem alibi, Κρολίαζε, πληρίαζε θᾶττον.

Iſtos commoda nam volo ad Serapin] Fruſtra hunc locum ſollicitant viri docti, ac ſi Syllabæ modulus repugnaret. Eſt enim ſciendum ancipites apud veteres fuiſſe iſtiuſmodi imperativos. Itaque poſtrema in *puta* paſſim corripitur. Similiter quoque corripitur poſtrema in *tempera*, in veteri Inſcriptione, *Tempera jam genitor lacrimas tuque optima*

optima mater Desine; ut jam aliis notatum. Pari ratione Imperativi secundi ordinis brevem nonnunquam habent ultimam, uti liquet in *cave, vale, jube, vide, responde*, & similibus.

Nam volo ad Serapin Deferri] Recte monet Scaliger ideo lecticam postulasse, quod Serapis fanum eo tempore esset extra urbem: erat quippe in regione urbis XIV. Fanum istud adibatur vel valetudinis, vel scortandi gratia. Inde *Isiaca lena sacrarium* vocat Juvenalis. Ovidius;

Nec fuge Niliaca Memphitica templa juvenca,
Multas illa facit, quod fuit ipsa Jovi.

Nota quoque est historia Mundi & Paulinæ apud Josephum. Qui vero medicinæ ergo Serapidem frequentabant, illi paratis in templo ejus ad hos usus incumbebant stratis, rogato prius deo, ut quid ipsorum conduceret valetudini, somnio sibi significaret. Latini incubare, Græci ἐγκοιμᾶν vocabant, unde æque Serapidis, ac Æsculapii fana dicebantur μαντεῖα τῶν ἐγκοιμωμένων. Pleni hujus moris sunt veterum libri. Somnio moniti χρηματισθέντες appellabantur. Vide inscriptiones in templo Æsculapii Romæ repertas apud Mercurialem & alios. Sic quoque in Evangeliis vox hæc accipienda est. Nonius in *Precantur. Ego medicina Serapi utor, cotidie precantur (intelligo recte scriptum esse Delphis)* θεῖα ὄνειρος. Ex iisdem Eumenidibus producit Nonius in *Cepe*, hæc quoque quæ de ejusdem Serapidis apparitione sunt accipienda.

- - - - In Somnis venit.
Jubet me cepam esse & sesaminum.

Sed & ex eodem Varronis scripto hæc etiam profert in *Miras*.

Hospes quid miras nummo curare Serapin,
Quid quasi non curat tantidem Aristoteles:

Idem iisdem;

Aut ambos mira aut noli mirare de eodem.

Immensum hac fraude faciebant ubique quæstum isti Serapidis sacerdotes,

dotes, ut non immerito qui Serapis, idem quoque creditus fuerit Plutus. Hinc quoque est, quod Alexandrini felices dicti fuerint in somniando, quemadmodum nos docet Photius. Sed non pro Pluto tantum, verum etiam pro Apolline seu sole habitus fuit idem Serapis. Ut enim antiquissimi Ægyptii omnia sua Sacra a Chaldæis, id est Judæis in Ægypto habitantibus, hauserunt, ita quoque posteriores Ægyptii suum Serapin ab iis quibuscum habitabant accepisse videntur Judæis. שרף enim ignem notat, unde Seraphim angeli seu spiritus ignei. Itaque sub specie solis Serapidem radiato effingebant capite. Quare vero a nonnullis pro Æsculapio habitus fuerit, ex iis, quæ jam diximus, satis patet. Sed nec illi male, qui Serapin cum Josepho comparant Patriarcha, optimo videlicet ὀνειροκρίτῃ & annonæ curatore, in cujus rei signum modium in capite gestabat. Vide quam variis formis & figuris cultus fuerit Serapis, quamque omnia illi affinxerint & tribuerint ejus Sacerdotes, ut merito de isto, æque ac de cæteris Ægyptiorum diis dici possit, omnes Protei instar fuisse μυριομόρφους & μυριωνύμους, & quascunque avaritia suaderet potuisse induere personas. Recte itaque Adrianus in epistola ad Servianum, quam apud Vopiscum in vita legas Saturnini, nummum Ægyptiorum vocat deum. Sed quandoquidem verba illius non recte accepta fuere a viris doctis, operæpretium fuerit illa adscribere; *Ægyptum quam mihi laudabas, Serviane charissime, totam didici, levem, pendulam, & ad omnia famæ momenta volitantem. Illi qui Serapin colunt, Christiani sunt: & devoti sunt Serapi, qui se Christi episcopos dicunt. Nemo illic archisynagogus Judæorum, nemo Samarites, nemo Christianorum presbyter: non mathematicus, non aruspex, non aliptes. Ipse ille Patriarcha quum Ægyptum venerit, ab aliis Serapidem adorare, ab aliis cogitur Christum. Genus hominum seditiosissimum, vanissimum, injuriosissimum: civitas opulenta, dives, fœcunda, in qua nemo vivat otiosus. Alii vitrum conflant, ab aliis charta conficitur: alii linyphiones sunt: omnes certe cujuscunque artis & videntur & habentur. Podagrosi quod agant habent: habent cæci quod faciant: ne chiragrici quidem apud eos otiosi vivunt. Unus illis deus est. hunc Christiani, hunc Judæi, hunc omnes venerantur & gentes: & utinam melius esset morata civitas, digna profecto, quæ pro sui magnitudine in profunditate totius Ægypti teneat principatum.* Male omnino Patriarchæ vocem viri magni interpretantur.

tantur de Pontifice seu Christiano seu gentili, cum certum sit Patriarchæ nomen nulli hoc tempore attributum fuisse Christiano. Soli Judæi & Ægyptii Patriarchas habebant. De Judæis quidem notum. Apud Ægyptios vero Serapidis cultores, ut in plerisque ritibus Sacris, ita quoque in eo, ut summum suum Sacerdotem vocarent Patriarcham, Judæorum secutos fuisse exemplum, luculentus testis est Tarasius Patriarcha, in epistola ad Alexandrum Papam, cum in verbis quæ producit e vita Chrysostomi, Ægyptiorum Patriarcham vocat ζηλωτὴν Patriarchæ Judæorum. Quamvis vero absurdum sit Adriani Cæsaris verba de Ægyptiorum accipere Patriarcha, ut tamen omne tollatur dubium, neminem fore puto cordatum, qui non probet Thomæ Brunonis magnæ eruditionis viri, certissimam emendationem, scribentis hoc loco; *Ipse Illel Patriarcha, cum Ægyptum venerit.* Adriani enim tempore Illel seu Hillel erat Judæorum Patriarcha. Quam crebrum inter Judæorum patriarchas fuerit hoc nomen, patet ex Origene, Hieronymo & Rabbinorum scriptis, quamvis non eadem semper ratione expressum occurrat, nonnunquam enim Illus, Ullus, Huillus, sæpius tamen Illel appellatur. Sed & Juliani Cæsaris tempore, qui Judæorum erat Patriarcha sic vocabatur, uti patet ex epistolis ejus, in quibus tamen non Οὔιλλος, sed Ἴουλλος, vocatur. Nec vitium subesse exinde constat, quod simili quoque ratione Alexandriæ appellata fuerit Synagoga Ἰούλλου, Græcis & Romanis vocabulum hoc varie adeo detorquentibus. Meminit hujus Synagogæ Anastasius Sinaita in Hexahemero, conjungens hanc cum Ammonis, Mercurii Trismegisti aliisque Serapicorum Synagogis. Sensus vero verborum Adriani clarus est, dicit enim ipsos quoque Christianos Serapin, id est plutum, coluisse, & devotos fuisse huic, qui se Christi vocarent Episcopos. Neminem illic Judæorum Archisynagogum fuisse, neminem Samariten, neminem Christianorum presbyterum, qui non simul quæstus gratia fuerit mathematicus, aruspex aut aliptes. Quin & ipsum quoque Illelem Judæorum Patriarcham, cum relicta Alexandria, præcipua Judæorum statione, Ægyptum peragraret, ab Ægyptiis ad adorandum Serapidem, in illis vero locis ubi prævalerent Christiani, ad adorandum compulsum fuisse Christum. Demum concludit; *Unus illis deus est*, qui ab omnibus colatur Ægyptiis. Pro quo tamen rectius legas; *Nummus illis deus est*, aut si vulgata retinenda sit lectio, idem intelligendum, ut nempe per unum illum deum intelligatur Serapis, seu Plutus, quatenus divitiarum Deus. Quod autem viris doctis parum videtur verisimile id quod Adrianus hoc loco scribit, plerosque Alexandriæ aut in Ægypto habitantes Christianos fuisse olim mathematicos, aruspices & aliptas; in eo omnino illos falli, vel crebra illa quæ supersunt Ægyptiaca, non Judæorum & Serapicorum modo, sed & Christianorum satis testantur amuleta. Ipsum quoque hoc satis evincit liber cestorum Julii Africani, qui clarissime ostendit, quales hic vocentur aliptæ, illi nempe qui unguentis superstitiosis, veneficiis & magicis uterentur emplastris, quorum descriptio longe maximam cestorum consttiuebat partem. Vide Suidam in voce Ἀφρικανός, unde facile cognoscas eum dictum fuisse Sextum Julium Africanum, sed errat cum Africanum Λίβυν interpretatur, quia nempe Africa Libya vocatur. Constat enim Syrum fuisse ex Emmaunte. Idem vero est Africanus Chronologus, & ille qui cestos scripsit, quod & Eusebius confirmat in historia Ecclesiastica, neque enim delenda sunt illa verba, quemadmodum doctus existimat interpres: qui & in hoc peccat, quod tres faciat Africanos, cum unus tantum fuerit, qui & Chronographiam, & cestos & στρατηγικὰ scripserit. Nam quæ supersunt στρατηγικῶν fragmenta illa constituebant sextum & septimum cestorum librum. Cestorum vero erant lib. XXIV. sic dicti a cesto Veneris, quo illa ad varia artificia & θελκτήρια utebatur, ut ex Homero constat. & revera tales fuisse istos Africani libros, vel ex iis quæ supersunt satis patet strategicis. In Eusebianis tamen excerptis, quæ Scaliger collegit, liber iste dicitur fuisse ἐννεάβιβλος. Nec obstat quod Christianus fuerit Africanus. Multos enim Christianos magicis artibus, genethliacis & aruspicinæ nimium fuisse addictos, vel ex hac ipsa Adriani ad Servianum patet epistola. Ex illis ipsis porro Africani strategicis, quæ ut diximus desumta sunt è Cestis, liquet Syrum fuisse & familiarem Bardesani Partho & Enancaro filio Manni Arabum regis, ut dubitandum non sit, quin idem fuerit Cestorum & Chronologiæ scriptor, cum & ætas, & patria & testimonia conspirent veterum. Quamvis autem hæc nihil ad Catullum, quia tamen scitu digna existimavimus, libenter scripsimus.

Mane inquii puella] *Mane me* plerique libri veteres, quod non erat mutandum. *Me* enim παρέλκειν uti sæpe apud Plautum, Terentium, & alios. Absque libris esset, ut abesse mallem. Amat enim istius modi hiatus Catullus.

Verum utrum illius] Ex libris melioribus rescripsimus, *Verumne illius*. Quod sequitur, *quam mihi pararim*, merito doctis displicet. Itque libenter amplector lectionem libri mei: non quidem admoduma vetusti, sed tamen emendatius exarati, quam reliqui, in quo manifeste versiculus hic a prima manu sic scriptus adparet; *Utor tam bene quæ mihi paravit.*

Sed tu insulsa male & molesta vivis] Profecto nihil minus quam insulsa erat hæc Vari puella. Libri omnes constanter habent *insula*, quemadmodum & infra in epigrammate ad Thallum. Inde fecimus *invisa*, id est odiosa, importuna. *Vivis* pro vivas, ut passim.

AD FURIUM ET AURELIUM.

FURI, & Aureli comites Catulli: 11
Sive in extremos penetrabit Indos,
Litus ut longe resonante Eoa
Tunditur unda:
Sive in Hircanos, Arabasque mollis,
Seu Sacas, Sagittiferosque Parthos,
Sive qua septem geminus colorat
Æquora Nilus:
Sive trans altas gradietur Alpis,
Cæsaris visens monumenta magni
Gallicum Rhenum, horribilis, & ultimosque Britannos:
Omnia hæc, quæcunque feret voluntas
Cælitum, tentare simul parati,
Pauca nunciate meæ puellæ
Non bona dicta;

Cum suis vivat, valeatque moechis,
Quos simul complexa tenet trecentos,
Nullum amans vere, sed identidem omnium
Ilia rumpens.
Nec meum respectet, ut ante, amorem:
Qui illius culpa cecidit, velut prati
Ultimi flos, prætereunte postquam
Fractus aratro est.

Furi & Aureli comites Catulli] Quisnam fuerit iste Aurelius, quem inferius vocat patrem esuritionum, non satis constat. Putant nonnulli esse hunc L. Aurelium Cottam, quod an verum sit alii arbitrentur, ego in re tam incerta nolo divinare. Furium quod attinet, is omnino videtur fuisse Furius Bibaculus. Iste nihil minus fuit quam esuritor, erat quippe obesus, & vorax ut ex Horatio constat. Amœni & elegantis ingenii fuisse testantur ejus carmina. Quod male erga Cæsarem esset affectus, acerbaque in illum scripserit carmina ut ex Tacito & Suetonio cognoscere est, hoc quoque commune habuit cum Catullo. Cæterum non helluonem tantum, sed & bibaculum fuisset, docet nos Plinius in præfatione magni operis, cujus verba quia vulgo non recte se habent, & infeliciter admodum ea corrigere conatus sit, vir magnus in præfatione exercitationum ad Solinum, emendata adscribam. *Nostri crassiores Antiquitatum, Exemplorum, Artiumque. Facetissimi Lucubrationum: puto quia Bibaculus erat & vocabatur. Paulo nimis adserit Varro in Satyris suis Sesquiulisse & πλάξ tabulis.* Quia iste Bibaculus non nomine tantum, sed & re ipsa esset bibaculus, & lucubrationes pergræcandi gratia amaret, ideo dicit illum aliquanto facetius quam reliquos lucubrationum titulo libros suos inscripsisse.

Sive in extremos penetrarit Indos] Melior est lectio antiquorum exemplarium *penetrabit.* Sequitur enim *gradietur.*

Sive qua septem geminus colorat Æquora Nilus] Libri antiqui habent, *Sive quis septem geminus* &c. *Quis* pro *quibus.* Intelligit autem hoc loco Ægyptios, non mare Ægyptium.

Prætereunte postquam Tactus aratro est] Vetustissimum exemplar Thu-

Thuanæum in quo hoc Catulli carmen variorum epigrammatis subjungitur, legit *fractus*, non *tactus*. Et hoc probo, nisi malis *stratus*, nam in quibusdam libris *tractus* legebatur.

IN ASINIUM.

Marrucine Asini, manu sinistra 12
Non belle uteris in loco, atque vino.
Tollis lintea negligentiorum.
Hoc salsum esse putas? fugit te inepte,
Quamvis sordida res, & invenusta est.
Non credis mihi? crede Pollioni
Fratri, qui tua furta vel talento
Multari velit: est enim leporum
Disertus puer ac facetiarum.
Quare aut hendecasyllabos trecentos
Expecta, aut mihi linteum remitte:
Quod me non movet æstimatione,
Verum est μνημόσυνον mei sodalis.
Nam sudaria Sætabe ex Ibera
Miserunt mihi muneri Fabullus
Et Verannius, hæc amem, necesse est,
Ut Veramniolum meum & Fabullum.

Marrucine Asini] Asinium hunc fratrem Asinii Pollionis domo Marrucinum fuisse, clare satis ex hoc Catulli loco cognoscitur. Sed & alterius Asinii Marrucini mentionem facit epitome Livii lib. LXXIII. Insigniter itaque errat Scaliger, qui hoc ipsum negat, & pertendit Marrucinum hic convitii loco poni & accipi pro stupido. Adstruere hoc conatur ex istoc Tertulliani loco adversus Marcionem lib. V. cap. XVII. *Sicubi alibi dixi, & hic, non Marrucine, sed Pontice, cujus supra sanguinem confessus es, hic negas carnem.* Adhæc Scaliger, *Marrucine id est* ἀναίσθητε καὶ ἀμαθής. Nihil profecto alienius a mente Tertulliani fingi possit. Marrucinus hic opponitur

ponitur Pontico, quia Marrucini fide & probitate conspicui, Ponticis vero seu Cappadocibus nihil fallacius. Itaque Marcionem Ponto oriundum, dicit non esse Marrucinum, utpote fidei desertorem; sed vere Ponticum, id est, perfidum & nequam. Marrucinorum fidem laudat quoque Silius lib. VIII.

Marrucina simul Frentanis æmula pubes.

Et clarius lib. XV.

Quaduri bello gens Marrucina, fidemque
Exuere indocilis sociis Frentanus in armis.

At vero Ponticis seu Cappadocibus nihil perfidum & perjurum magis. Cui non nota τρία κάππα & epigrammata in Cappadoces? Traducit quoque illorum fidem Juvenalis Satyra VII. & Cicero horum negat valere testimonium. Et sane notatu dignum, id quod de illis prodit vetus interpres Persii, nempe *Cappadoces habere studium naturale ad falsa testimonia proferenda; quia nutriti in tormentis a pueritia, equuleum sibi facere dicuntur, ut in eo se invicem torqueant, & cum in pœna perdurarent, ad falsa testimonia se bene venundarent.* Satis vero manifestum quid sibi velit Persius cum sic canit, ---- *Ne sit præstantior alter Cappadocas rigida pingues pavisse catasta.* Dicit nempe si tibi divitiæ sint cordi, ne sit alter liberalis & prodigus magis in conducendis calumniatoribus & falsis testibus, adsuetis equuleum pati: in documentum artis suæ jam quidem pinguibus & divitibus, sed quos porro tamen rigida pascat catasta. Tale divitationis genus frequentasse Cappadoces & Bithynos & alios Asiaticos & hac ratione multos ex iis factos esse equites constat ex Juvenali. Persii locum male admodum interpretati sunt viri eruditi. Paulini qui adducitur locus nihil ad rem facit. Manifeste autem hoc loco Asinium sugillat Catullus, quod cum Marrucinus esset, nihil tamen Marrucinum haberet, utpote qui esset κλεπτίστατος.

Qui tua furta vel talento Mutari velit] Mutari pro redimi a Latinis accipi scio, sed æquum non erat ut Asinius Pollio furtorum fratris sui pœnam lueret, itaque rectior & elegantior est lectio libri Vaticani, ni, qui habet *multari*, non *mutari*, quod indubitanter admittendum esse censuimus. Notat autem Catullus hoc loco morbum Asinii, omnibus sane solemnem seculis, quo nobiles & affluentes etiam opibus multi tenentur & præsertim juvenes, ut pessimæ artis exercitio apud similes sodales ingenii laudem obtineant, & si aliter non possint, furandi saltem dexteritate clarescant. Hunc ipsum morbum describit quoque Lucilius apud Nonium in *stare*, cujus ideo adscribam locum, quod in vulgatis Nonii exemplaribus, admodum vitiose Legatur.

-- -- -- -- Quis denique sanus & est avarus, cui si stet terrai traditus orbis,
Furando tamen ac morbo stimulatus eodem
Ex sese ipse aliquid quærat cogatque peculi.

Est enim leporum Disertus puer & facetiarum] Disertus leporum & facetiarum, nusquam ut puto reperias. Rectius legas *disertus*, id est *differtus* seu plenus: notum est veteres non geminasse literas. Pollio vero iste est C. Asinius Pollio poëta & orator eximius. Adiit iste consulatum anno urbis DCCXIII, unde apparet Catullum diu ante hoc tempus epigramma hoc scripsisse, utpote qui Pollionem vocet puerum. Corruit itaque opinio Scaligeri de tempore quo Catullus istæc scripsit, quod & alibi fusius declaramus. Male vero in quibusdam libris legitur *pater* pro *puer*.

Nam sudaria Sataba ex Hiberis] Veterum librorum lectio est *Sataba exhibere*. Utique scribendum *Satabe ex Ibera*. Memoratur hoc linum etiam Silio lib. III.

Satabis & telas Arabum sprevisse superba
Et Pelusiaco filum componere linum.

Gratius;

At contra nostris imbellia lina Faliscis.
Hispanaque alio spectantur Satabis usu.

Sic legendum. Dicit lina quæ proueniunt in Sætabi Hispana, non esse apta retibus texendis, utpote quæ nimium essent tenuia, ideoque aliis usibus destinanda, nempe sudariis, ut hic dicit Catullus, & similibus textis.

AD FABULLUM.

13 CÆNABIS bene, mi Fabulle, apud me
Paucis, si tibi dii favint, diebus:
Si tecum attuleris bonam, atque magnam
Cœnam, non sine candida puella,
Et vino, & sale, & omnibus cachinnis.
Hæc si inquam attuleris, venuste noster,
Cœnabis bene, nam tui Catulli
Plenus sacculus est aranearum.
Sed contra accipies meros amores:
Seu quid suavius elegantiusve est.
Nam unguentum dabo, quod meæ puellæ
Donarunt Veneres, Cupidinesque:
Quod tu cum olfacies, deos rogabis
Totum ut te faciant, Fabulle, nasum.

Paucis, si tibi dii favent, diebus.] *Faxint* est in quibusdam veteribus libris, unde fecimus *favint*, id est faverint.

Nec si inquam attuleris Fabulle noster] Reposuimus lectionem, quam & Achilles Statius in Vaticanis, nos vero in nostris invenimus exemplaribus, *Quæ si inquam attuleris venuste noster.* Non enim solent in epigrammatis bis poni nomina eorum, ad quos scribuntur epigrammata, præsertim si brevia fuerint. Quod sicubi id aliter se habeat, non laudatur. A Martiale tamen lib. VII. Ep. XLV. hoc negligitur, in postremo quippe versiculo, nomen Prisci quod præcesserat, repetitur.

Divitibus poteris musas elegosque sonantes
Mittere, pauperibus munera, Prisce, dato.

Licet

Licet in omnium quotquot vidi librorum antiquiſſimo ita concipiatur hic locus, magis tamen probo aliam lectionem *munera plena dato*. Plena id eſt non ornata & polita inſtar elegorum ſonantium, ſed craſſa, pinguia, & incondita quidem, magni attamen ponderis; ſimilitudine ducta ab illis qui pituita & muco redundant, ac propterea pro ſtupidis habentur, quales Græci βλέννυς, πλέννυς & φλέννυς, Latini plenos, blennos & flenos vocant, unde apud Suetonium in Domitiano *fleno ingenio* pro *pleno*, id eſt pingui, & apud Plautum *pleni dentes* pro ſtupidis. Sed hæc obiter, multo enim plura de his alibi diximus, oſtendimuſque ipſum quoque φλέγματος vocabulum ab hac origine petendum.

Unguentum dabo quod meæ puellæ] Alludit ad unguentum Veneris quod κάλλος vocat Homerus Οδ. Σ. de quo multa nugantur Grammatici, qui etiam alterum locum Οδ. Θ. Ναυσικάα δὲ θεῶν ἄπο κάλλος ἔχουσα, inepte de hoc ipſo accipiunt unguento. Dictum quoque fuit κῦδος Αφροδίτης. Unde compoſitum fuerit unguentum iſtud, non olim magis, quam nunc conſtabat. Aliqui finxere eſſe anchuſam, quod merito exploditur. Plures brenthium aut baccharin, quæ ſunt genera τῶν παχέων μύρων. Heſychius: Βρενθινὰ ῥιζάρια τινὰ οἷς ἐρυθραίνονται αἱ γυναῖκες τὰς παρειάς, οἱ δὲ αἴσχυσιν, ὡς καί. οἱ δὲ φῦκος περιμφορεῖς κῦδος ἀφροδίτης. Sic lege.

AD CALVUM.

Ni te plus oculis meis amarem, 14
Jucundiſſime Calue, munere iſto
Odiſſem te odio Vatiniano.
Nam quid feci ego, quidue ſum locutus,
Qur me tot male perderes poëtis?
Iſti dii mala multa dant clienti,
Qui tantum tibi miſit impiorum,
Quod ſi, ut ſuſpicor, hoc novum, ac refertum

 Mu-

Munus dat tibi Sulla literator:
Non est mi male, sed bene, ac beate,
Quod non dispereunt tui labores.
Dii magni horribilem, & sacrum libellum,
Quem tu scilicet ad tuum Catullum
Misti, continuo ut die periret
Saturnalibus optimo dierum.
Non modo hoc tibi, salse, sic abibit.
Nam si luxerit, ad librariorum
Curram scrinia. Cæsios, Aquinios,
Suffenum, omnia colligam venena,
Ac te his suppliciis remunerabor.
Vos hinc interea valete, abite
Illuc, unde malum pedem tulistis,
Sæcli incommoda, pessimi poëtæ.

Isti dii mala multa dant clienti] Nihilo deterior; imo etiam melior est scriptorum exemplarium lectio; *isti dii mala multa dant clienti.* Nulla est enim ratio, quamobrem Calvi clientibus succenseat, aut male ominetur; Sed potius ipsi succenset Calvo, remittentis sibi mala carmina, quæ dii irati clientibus ejus tribuissent.

Quod si, ut suspicor, hoc novum ac repertum Munus] Strenue nugantur qui hoc loco legunt *auripendum.* Omnino pro *repertum* scribendum est *refertum.* Refertum munus, ut refertum ærarium, pro opulento & pleno & denso. Simili fere ratione suffertum apud Suetonium in Nerone; *si paullum subbibisset, aliquid se sufferti tinnitu-rum Græco sermone promisit.* Quomodo Homero πυκινὸν ἔπος.

Sylla literator] Pro hac lectione stat Marcianus Capella lib. III. quæ si vera est, omnino hæc accipienda sunt de Cornelio Epicado Grammatico, qui ut ex Suetonio constat Syllæ fuit libertus. Notum enim libertos patronorum sibi adsciscere cognomina. Optimum nihilominus exemplar Palatinum habet *Sillo* vel *Silo.* Hoc posterius verum esse potest, cum & infra Silonis fecerit mentionem, nec obstat Syllabæ modulus, cum constet in rectis casibus ancipites esse istius-

istiusmodi syllabas. Complures vero Silones inter Rhetoras & Grammaticos invenias. Apud Senecam Rhetorem sæpius occurrit Abronius Silo pater filiusque, Pompejus Silo, aliusque ab hoc Gavius Silo, sed plerique hi posteriores hoc Catulliano Silone. Silonis quoque Grammatici mentionem facit Virgilius in Epigrammate; *Ite hinc inanes Rhetorum manipli ite hinc*, Si lectionem viri eruditi sequi velimus;

Et vos Silo, Albuti, Arquitique Varroque,

Sed vero in veteri nostro libro sic concipitur iste versiculus,

Et vos Ælique Tarquitique Varroque.

Omninoque accipiendum de Ælio Stilone.

Saturnalibus optimo dierum] Sic Plautus, *die festo celebri, nobilique Afrodisiis*. Et alibi, *die bono Afrodisiis*. Passim apud Græcos & Romanos singulares construuntur cum pluralibus si singularis significationem habeant, & contra. Notandum præterea festum Saturnalium tempore Catulli uno tantum apud Romanos patuisse die, non septem, ut postea. Attamen etiam apud vetustiores Romanos totis septem diebus celebrata nonnunquam fuisse Saturnalia docet Macrobius, quem vide sis, uti & Lucianum in Saturnalibus.

Non non hoc tibi salse sic abibit] Reduxi priscam scripturam, quam in melioribus inveni exemplaribus. *Non modo hoc tibi salse sic abibit*. *Modo* non tantum de præterito, sed & de præsenti accipi tempore, idemque valere quod *nunc*, notissimum est. Quod trochæum ponat in prima sede, & hoc quoque Catullianum.

Casios, Aquinos] In libro Marquardi Gudii scriptum inveni *Sosios*: Sed cætera exemplaria cum vulgata conveniunt lectione. Cæsii velut mali poëta mentio fit in Rhetorica ad Herenn. Aquinos vero in Aquinios recte mutant viri docti.

*

Si qui forte mearum ineptiarum
Lectores eritis manusque vostras

Non horrebitis admovere nobis,
Pædicabo ego vos & irrumabo.

Siqui forte mearum ineptiarum] Hoc loco in plerisque veteribus libris constituuntur tres isti sequentes versiculi, quos solos ex epigrammate aliquo Catulli superesse existimant docti. Qui eos epigrammati ad Aurelium & Furium ante ultimum versiculum inserendos censuerunt, intempestivo prorsus eos collocarunt loco, neque enim cum præcedentibus cohærent. Sed quandoquidem optime conveniunt cum ultimo, *Pædicabo* &c. omnino illum huc quoque revocandum esse existimavimus; tum quod sensus requirat, tum quoque, quod si sic sentiamus, jam manifesta fiat ratio vitii, quod omnia occupat exemplaria. Nempe propter similem versum, quo hoc epigramma terminatur & alterum incipit, omissum a librariis fuit id, quod medium est inter utrunque, idemque postea additum, omisso eo quem reduximus versu. Millies hac in re peccari, nullumque errorem frequentiorem esse eo, qui ex omissione oritur, norunt quotquot veteres tractant libros, Cæterum epigramma hoc ἀνεπίγραφον reliquimus, & fieri potest ut sit integrum, nihilque ei desit præter lemma ad lectores. Ego sane sic libenter existimo. Nam ut sæpe alias, ita quoque hic, sola obscœnitas facit epigramma.

AD AURELIUM.

16 Commendo tibi me, ac meos amores,
Aureli. veniam peto pudentem,
Ut si quicquam animo tuo cupisti,
Quod castum expeteres, & integellum:
Conserves puerum mihi pudice:
Non dico à populo: nihil veremur
Istos, qui in platea modo huc, modo illuc
In re prætereunt sua occupati:
Verum a te metuo, tuoque pene
Infesto pueris bonis, malisque.

Quem

Quem tu, qualubet, ut lubet, moveto
Quantum vis, ubi erit foris, paratum.
Hunc unum excipio, ut puto, pudenter.
Quod si te mala mens, furorque vecors
In tantam impulerit, sceleste, culpam,
Ut nostrum insidiis caput lacessas:
Ah tum te miserum, malique fati,
Quem atratis pedibus, patente porta,
Percurrent raphanique, mugilesque.

Quem attractis pedibus patente porta] Attractis pro diductis & divaricatis accipit Muretus. Sed rectius intelligas de more quo sæpe rei ad supplicium pedibus trahuntur. Cicero VII. Epist. ad Volumnium; *Trahantur per me pedibus omnes rei.* Græcis ποδόρ[illegible], & ποδόρρυτος Hesychio τὸ τῶν ποδῶν ἕλκεσθαι. Sic lege. Hinc pedibus trahi dicuntur illi, qui plane victi in potestate sunt victoris. Attamen lectio hæc ut ut videatur satis commoda, non tamen omnium est librorum, cum aliqui habeant *adstrictis*, alii vero *atratis*, quod postremum & ipsum quoque minime rejiciendum. Moechis enim apud Athenienses atra pice evellebantur pili, & vocabatur supplicium hoc καταπίττωσις seu παρατιλμὸς, ut docent veteres Grammatici. Non autem soli moechi, sed & alii sontes eadem pœna afficiebantur. Tradebantur primo πιττωταῖς qui emplastra pice calida oblita pilosæ cuti adhibebant. Illis frigefactis una cum pice detrahebantur pili. Lucianus itaquè in Δραπέταις jubet servum fugitivum παραδοθῆναι τοῖς πιττωταῖς, ὡς ἀπόλοιτο παρατιλλόμενος τὰ πρῶτα ῥυπώσῃ πρόσετι καὶ γυναικείᾳ τῇ πίττῃ. Picem ῥυπῶσαν & γυναικείαν vocat quam Martialis *turpem resinam*. Notandum tamen καταπίττωσιν quoque fieri solitam absque παρατιλμῷ, in illis nempe qui vivi comburebantur, quemadmodum in πισσοκωνίᾳ apud Græcos, & tunica molesta apud Romanos. Quo supplicio crebro olim afficiebantur Christiani, nec dubito quin de illis accipiendus sit locus Martialis, lib. X. Ep. 25. ubi negat Mutium pro forti viro esse habendum, quod manum jussus urere, paruerit. Longe ge enim fortiores esse illos, qui *tunica præsente molesta*, audent dicere, *non facio*, ut solebant Christiani respondere, cum Sacrificare juberentur. De hac ipsa tunica capiendus locus Juvenalis Sat. I.

> - - - *tæda lucebis in illa*
> *Qua stantes ardent, qui fixo gutture fumant*
> *Et latum media sulcum deducit arena.*

Vulgo hæc male interpretantur. Dicit enim ab incensa hac tunica tantam liquefactæ tædæ seu picis defluxisse copiam, ut latus etiam in media arena duceretur sulcus, & ardens quasi formaretur rivus. Ut vero ad moechos redeam, illorum pœna non subsistebat in παρατιλμῷ, ita enim affectis, tum demum prægrandis raphanus, quale[illegible]pe proveniebant in Laciadis Atticæ horum inserebatur podici. Quod si ille ad manum non esset idem officium præstabant aut mugil, aut scorpius piscis, aut scapus ligneus securis, seu pertica quâ à bajulis gestantur onera, quam Græci ἀλλαβαστὸν appellant vel ἀναβαστὸν, utrunque enim rectum. Tali supplicio Alcæum poetam periisse docet epigramma in Anthologia hactenus inedita. Est autem istiusmodi;

> Ἀλκαίου τάφος οὗτος ὃν ἔκτανεν ἡ πλατύφυλλος
> Τιμωρὸς μοιχῶν γῆς θυγάτηρ ῥάφανος.

Accipi debet hoc distichon non de Alcæo lyrico, sed comico, in quem lepidum Philippi regis epigramma habes apud Plutarchum in vita Flaminii. Est enim verisimile poetam hunc incidisse tandem in manus Philippi, ab eoque tam diro supplicii genere excarnificatum interiisse. Scholiastes tamen vetustus ad Lucianum de morte Peregrini, dicit non nisi jam mortuis aut certe morientibus raphanos inseri solitos; ἐπὰν γὰρ ἑάλω μετὰ πολλὰς ἄλλας αἰκίας τελευτῶντος ῥαφανῖδα τῇ πυγῇ τοῦ μοιχοῦ πάνυ ἀδρὰν ἐνεῖρον. Sed vero Lucianus ipse aliud hoc loco indicare videtur, utpote qui Theagenem

nem istum fartis raphano natibus aufugisse dicat. Unde liquet non semper lethale fuisse hoc supplicium, & ipsum hoc videtur significare versus Comici cujusdam, apud Hesychium in ῥαφανιδωθῆναι.

Τὶς ἀντὶ ῥαφανῖδος ἰδὼν ὀξυθυμίαν
Ἔλθοι πρὸς ἡμᾶς.

Sic concipiendus locus. Verba sunt moechae dicentis ad aliam, si pro raphano poena moechis statuatur crux, nemo nos accedet.

AD AURELIUM ET FURIUM.

PAEDICABO ego vos, & inrumabo 17
Aureli pathice, & cinaede Furi:
Qui me ex versiculis meis putatis,
Quod sint molliculi, parum pudicum.
Nam castum esse decet pium poetam
Ipsum. versiculos nihil necesse est:
Qui tum denique habent salem, ac leporem,
Si sunt molliculi, ac parum pudici,
Et quod pruriat incitare possunt,
Non dico pueris, sed his pilosis,
Qui duros nequeunt movere lumbos:
Vos, quod millia multa basiorum
Legistis, male me marem putatis:
Paedicabo ego vos, & inrumabo.

Legistis male me marem putatis] Hoc loco perperam in editis exemplaribus collocantur tres versiculi *Si cui forte* &c. reluctante sensu & invitis omnibus antiquis libris, in quibus sequuntur statim post epigramma ad Licinium Calvum, ut paulo ante monuimus.

AD COLONIAM.

O Colonia quæ cupis ponte ludere ligneo
Et salire paratum habes : sed vereris inepta
Crura ponticuli asculis stantis, irredivivus
Ne supinus eat, cavaque in palude recumbat:
Sic tibi bonus ex tua pons libidine fiat,
In quo vel Salii ipsulis sacra suscipiunto:
Munus hoc mihi maximi da, colonia, risus.
Quendam municipem meum de tuo volo ponte
Ire præcipitem in luium per caputque, pedesque:
Verum totius ut lacus putidæque paludis
Lividissima, maximeque est profunda vorago.
Insulsissimus est homo, nec sapit pueri instar
Bimuli, tremula patris dormientis in ulna.
Quoi quum sit viridissimo nupta flore puella,
Ut puella tenellulo delicatior hœdo,
Asservanda nigerrimis diligentius uvis:
Ludere hanc sinit, ut lubet, nec pili facit uni,
Nec se sublevat ex sua parte : sed vel ut alnus
In fossa Liguri jacet subpernata securi,
Tantundem omnia sentiens, quam si nulla sit usquam:
Talis iste meus stupor nil videt, nihil audit.
Ipse quis sit, utrum sit, an non sit, id quoque nescit.
Nunc eum volo de tuo ponte mittere pronum,
Si pote stolidum repente excitare veternum,
Et supinum animum in gravi delinquere cœno:
Ferream ut soleam tenaci in voragine mula.

O Colonia] Nonnulli Coloniam hic interpretantur oppidulum aliquod prope Veronam, quod hodieque nomen servat; alii vero de Mantua hæc accipienda esse contendunt, ac si illa unquam Romana fuisset.

fuisset Colonia. Non deerunt etiam qui existimabunt intelligi hic prædium aliquod rusticum, cum non tantum apud Juris consultos, colonia pro quavis villa rustica accipiatur, sed etiam apud Columellam Lib. XI. cap. I. Rectius vero Scaliger coloniam hanc Comum interpretatur, utpote quæ paulo ante, quam hæc scriberet Catullus, facta sit a Cæsare Colonia Romana sub nomine Novicomi. Et sane videtur etiam hic aut domum, aut villam habuisse Catullus, ut ex iis, quæ infra dicentur, fiet manifestum.

Qua cupis ponte ludere longo] In optimis membranis invenimus *ligneo* non *longo*, & rectius omnino. Si enim ponticulus, ut sequitur, quomodo longus?

Crura ponticuli adsulitantis] Ita Scaliger locum hunc emendare conabatur, non satis feliciter. Dactylum in tertia sede posuit, ubi tamen requiritur Creticus; quem si sustuleris, simul quoque tolles rhythmum, id est totam vim carminis. Motus enim hujus cantici penitus est jocosus & ridiculus, idque propter pausam quam in ipso versus medio currenti metro injicit Creticus, qui cum ultimam longam habeat, sitque pes maxime gravis & serius, ægre conjungitur cum dactylis & trochæis, quorum levis & volubilis est natura. Quamvis & ex hoc epigrammate & præterea ex altero Priapeio, *Hunc ego juvenes locum* &c. lex hujus carminis satis colligi possit, multo tamen clarius istam cretici necessitatem deprehendet, siquis musicæ non imperitus motum rhythmi observet, id enim si fiat, utique sentiet, in prima & quarta sede alios quoque pedes admitti, sed in secunda & tertia sede nisi Creticus dactylo copuletur, totam & vim & formam carminis perire. Ut itaque metri legibus satisfiat, reduximus veram lectionem rescribendo *asculis stantis*, pro eo quod est in omnibus libris *ac sulcientantis*. Asculis pro assiculis seu axiculis & sic non uno loco apud Vitruvium in veteribus libris scriptum invenimus. Porro axes seu asses & asseres & reliqua quæ exinde fiunt accipi non debent pro tabellis ligneis, ut vulgo existimant, sed pro perticis & minoribus tignis, sive illæ quadratæ sive rotundæ fuerint, ut jam sæpe ab aliis monitum. Sensus itaque perspicuus, Vos inquit Coloni Novicomenses, qui paratum habetis ἐν ἑτοίμῳ ἔχετε ludere & saltare in ponte vestro ligneo, sed timetis crura pontis inepta, utpote stantis in asculis id est minutis asseribus seu perticis, non

 uti

uti moris est sublicis seu tignis majoribus, quique proinde talis sit, ut si supinus cadat, irredivivus & irreparabilis fiat &c.

In quo vel Salisubsuli sacra suscipianto] Salisubsulum hic vocari Martem dicit Muretus, adducitque hunc Pacuvii versum; *Pro imperio sic Salisubsulus vestro excubet.* Mera hæc est impostura, cum iste versiculus nusquam alibi exstet, nec Pacuvium, sed Muretum habeat autorem. Mirum fraudem hanc non detectam fuisse a Scaligero, cui merito suspectæ esse debuerant merces sub quocunque demum titulo è tam dolosa prodeuntes officina; utpote qui adulterinis hujus viri versibus deceptum se fuisse optime nosset. Sed profecto tanti apud Scaligerum ponderis fuit Mureti facundia, ut bis quoque ab eo passus sit se decipi. Quod autem hunc Catulli locum adtinet, illum sic legi in plerisque manuscriptis exemplaribus monet Statius; *In quo vel Salisubsuli sacra suscipiunt.* Nec aliter nostræ membranæ. Omnino sic scripserat Catullus; *In quo vel Salii ipsulis Sacra suscipiunto.* Ipsilæ & ipsules, ut flutæ & flutes, sublicæ & sublices & sexcenta similia. Quid vero illæ sint docet Festus; *Subsiles sunt quas aliter ipsiles vocant, lamella necessaria sacris, qua ad rem divinam conferre dicuntur maxime specie virorum & mulierum.* Dicuntur etiam Ipsulices ut ex eodem constat Festo. *Ipsulices bractea in virilem muliebremque speciem expressa.* Minime hoc loco audiendus Scaliger, qui *ipsiplices* legit: est enim vocabulum Saliare, cujus rationem ne ipsi quidem potuissent reddere Salii, utpote quorum carmina obsoletis & nemini intellectis vocabulis erant refertissima. Ut vero rem ipsam teneamus sciendum Pontifices & Salios in ponte Sublicio saltantes Sacris suis adhibuisse istiusmodi bracteas seu lamellas in quibus expressæ essent deorum heroumque imagines, quemadmodum apud Athenienses in peplo Minervæ. Θεῶν ἐκτυπώματα & δείκηλα istas imagines vocat Zozimus lib. IV. qui docet ritum istum apud Thessalos in ponte Penei fluminis olim obtinuisse, & inde ad Romanos translatum; Τῶν γὰρ ἀνθρώπων οὐδέπω τὴν διὰ τῶν ἀγαλμάτων ἐπισταμένων τιμὴν, ἐν Θεσσαλίᾳ πρῶτον ἐδημιουργήθη θεῶν δείκηλα. ἱερῶν δὲ οὐκ ὄντων ἄγνωστος γὰρ ἦν καὶ τούτων ἡ χρεία, τὰ τῶν θεῶν ἐκτυπώματα τῇ κατὰ τὸν Πηνειὸν γεφύρᾳ καθίδρυσαν, τοὺς ἱερωμένους τοῖς θεοῖς λαχόντας ἐκ τῆς πρώτης καθιδρύσεως γεφυρεῖς ὀνομάσαντες.

αντης. Ipsum hoc, non de Penei, sed Sperchii fluminis ponte memorat Joannes Laurentius Lydus in scripto de mensibus. Ὅτι ποντίφικες οἱ ἀρχιερεῖς παρὰ Ῥωμαίοις ἐλέγοντο, καθάπερ ἐν Ἀθήναις τὸ πάλαι γεφυραῖοι πάντες, οἱ περὶ τὰ πάτρια ἱερὰ ἐξηγηταὶ καὶ ἀρχιερεῖς διοικηταὶ τῶν ὅλων ὠνομάζοντο διὰ τὸ ἐπὶ τῆς γεφύρας τοῦ Σπερχείου ποταμοῦ ἱερατεύειν τῷ παλλαδίῳ. πόντην γὰρ οἱ Ῥωμαῖοι τὴν γέφυραν καλοῦσι, καὶ ποντίλια τὰ γεφύρια ξύλα. Nec aliter sensit Varro cujus verba hæc sunt lib. IV. de L.L. *Pontifices, ut Q. Scævola Pontifex maximus dicebat a posse & facere, ut potifices. Ego a ponte arbitror: nam ab iis sublicius est factus primum & restitutus sæpe, cum ideo & uls & cis Tiberim non mediocri ritu fiant.* Hæc est prisca lectio quæ non erat mutanda. Pontificibus nempe incumbebat cura reficiendi & conservandi pontis sublicii ab utraque ripa, ideoque cum magna pompa electio eorum fiebat non tantum in cis, sed & transtiberina regione. Patet itaque quare Catullus Coloniæ suæ optet pontem tam firmum, quam sit pons sublicius Romæ, in quo Salii subsulis vel subsilibus suis Sacra possint celebrare.

Ut puella tenellulo] Ut hic est admirantis particula, dummodo sincera sit lectio: nam in quibusdam libris scriptum invenimus *Et puella.* Sciendumque & in initio sæpe redundare.

In fossa Liguri jacet supernata Securi] Recte observatum Politiano & aliis legendum esse *subpernata* id est succisa, ex Festo. Verum errant in eo, quod fossam Liguri accipiant de fossis Liguriæ. Sane in tota Liguria, ut nunc, ita quoque olim nulla fuit fossa sed amnes & torrentes complures. At vero in veronensi tractu & regionibus Pado adsitis crebræ semper fuere fossæ. Itaque fossam Liguri interpretor de fossa Ligurii alicujus. Frequens enim olim Liguriorum erat nomen apud Veronenses, uti patet ex inscriptionibus, quas consule.

Si pote stolidum repente excitare veternum] Hæc lectio Victorio debetur, estque longe melior illa altera *Si potest olidum* &c. quam exinde interpretari conantur, quod hircis tussi laborantibus præsens remedium sit, si nares eorum fimo oblinantur. Sed inepta hæc est expositio: Plenius satisfaciet Celsus qui lethargos monet curari fœtoribus, aut si hoc non succedat aquæ frigidæ aspersione. Utrumque quæ hic posuit Catullus, cum veternosum illum suum municipem in putidissimam & virosissimam paludem deiici postulat.

Ferream ut Soleam] Ex hoc loco adparet quam antiquum sit soleis ferreis equorum mulorumque ungulas substernere. Et tamen multo vetustiorem esse hunc ritum colligo ex Xenophonte περὶ ἱππικῆς. qui jubet equorum ungulas muniri ferro περιχηλῶσαι σιδήρῳ, licet vulgo περιχειλῶσαι legatur, quæ ridicule prorsus interpretes accepere, ac si lapides cui insistant equi ferreo labro sint includendi, ne diffundantur. Idem mendum apud Pollucem occurrit lib. I. c. XI, ubi hunc Xenophontis locum adducit. Quod si etiam altius hunc morem inquirere libeat, invenies illum etiam apud Homerum. Quum enim equos χαλκόποδας seu æripedes appellat, ipsum hoc quod dicimus manifeste indicat. Antiquos enim, tam Græcos, quam Romanos, æris vocabulo pro ferro semper uti solitos fuisse, notius est, quam ut moneri debeat. Scio quidem χαλκόποδας accipi etiam posse de pedum robore & χαλκᾶ σκέλη adsignari τοῖς ποδώκεσι & qui pedibus valeant, sed vero longe potior prior mihi videtur expositio, quam ipse confirmat Homerus cum ἐρισ-δούπους πόδας ἵππων & alibi ὑψηχέας vocat διὰ τὸ ἠχητικὸν τοῦ χαλκοῦ ut recte exponit Eustathius. Apud Romanos idem factum fuisse docet Plinius lib XXXIII. cap. XI, cum dicit Poppæam delicatioribus jumentis soleas ex auro induere solitam fuisse. Scaliger existimat eas non clavis ferreis suppactas, sed inductas tantummodo fuisse. Verum qua ratione absque clavis id fieri possit, non satis liquet. In vetusto exemplari Hippiatricorum Græcorum, quod habeo, cui etiam picturæ accedunt, clavorum quibus trajiciantur ungulæ, signa & vestigia manifeste adparent. Maxime vero notandum, quod Xiphilinus de eadem agens Poppæa, affirmet ejus mulos non soleis aureis, ut Plinius, sed σπαρτίοις ἐπιχρύσοις substratos fuisse dicat. Veteri spartea animalia calceari solita fuisse docet Palladius lib. I. cap. XXIV. Sed & apud Columellam lib. VI. cap. XII. bubus claudicantibus *Solea spartea pes induitur*. Nec cuiquam hoc mirum debet videri, cum & veteres Hispani & Afri sparteis olim uterentur calceamentis ut ex Plinio constat. Camelos quoque apud Asiaticas gentes carbatinis id est recentibus pellibus calceari solitos,

docet

docet Aristoteles de Animalibus lib. II. Nostro quoque seculo apud Seras aliosque Orientis populos coriis animalium calceantur equi perinde ac homines. Et sane miror id ipsum passim non fieri, præsertim tunc quando crebra clavorum impactione adeo labefactatæ & disruptæ sunt ungulæ, ut nulli amplius sidant clavi. Nec est, ut quisquam objiciat istiusmodi calceos cito nimis ab equis consumi; huic enim malo ferreorum clavorum suppactione facile occurritur.

AD AURELIUM.

AURELI pater esuritionum, 19
Non harum modo, sed quot aut fuerunt,
Aut sunt, aut aliis erunt in annis:
Pædicare cupis meos amores,
Nec clam: nam simul es, jocaris una,
Hæres ad latus, omnia experiris.
Frustra. nam insidias mihi instruentem
Tangam te prius inrumatione.
Atqui si id faceres satur, tacerem.
Nunc ipsum id doleo, quod esurire
Meus me puer, & sitire discet.
Quare desine, dum licet pudico:
Ne finem facias, sed inrumatus.

Nec clam nam simul & jocaris una] Proba omnino est lectio, *nam simul es, jocaris una, Hæres ad latus.* *Es* pro *edis*, ut infra *essem* pro *ederem.* Frigida sunt Scaligeri ad hunc locum commenta, neque satis puto Latina. Paulo post rescripsi *tangam te prior*, uti est in libris veteribus, non *prius*, ut vulgo.

Ah me me puer & sitire discet] Sic Scaliger edidit, quod in libris invenisset, *me me puer & sitire discet.* In quibusdam libris legitur *Meus jam puer & sitire discet.* Sed rectior lectio *Meus me puer & sitire discet.*

discet. Jambus enim a Catullo in prima quoque sede ponitur, cum alibi, tum in ipso statim initio. *Meas esse aliquid putare nugas.* Simile huic epigramma vide apud Martialem de Mamuriano. Causa ex eo petenda, quod famelici & siticulosi sint magis salaces, quam bene pasti & obesi. Patet hoc in borealibus populis, qui cum epulis & poculis libenter indulgeant, in rebus tamen Venereis longe minus valent, quam soli vicinæ gentes. Inter boreales tamen populos, siqui sint famelici ut Scoti & alii, ii salaciores sunt ut plurimum Anglis & Germanis. Sensus autem Catulli clarus. Relicto Catullo Aurelium sectabatur puer. Illum rogat Catullus, ut satur amet; id enim ni fiat, necessum esse, ut & ipse esurire & sitire discat, si puero restitui cupiat.

AD VARUM.

20 SUFFENUS iste, Vare, quem probe nosti,
Homo est venustus, & dicax, & urbanus,
Idemque longe plurimos facit versus.
Puto esse ego illi millia aut decem, aut plura
Perscripta: nec sic, ut fit, in palimpsesto
Relata. chartæ regiæ, novi libri,
Novi umbilici, lora rubra, membrana
Directa plumbo, & pumice omnia æquata.
Hæc quum legas, tum bellus ille, & urbanus
Suffenus unus caprimulgus, aut fossor
Rursus videtur: tantum abhorret, ac mutat.
Hoc quid putemus esse? qui modo scurra,
Aut si quid hac re tritius videbatur,
Idem inficeto est inficetior rure
Simul poëmata attigit. neque idem unquam
Æque est beatus, ac poema quum scribit.
Tam gaudet in se, tamque se ipse miratur.
Nimirum idem omnes fallimur. neq; est quisquam,

Quem non in aliqua re videre Suffenum
Possis. Suus quoique adtributus est error.
Sed non videmus, manticæ quid in tergo est.

Relata charta regia] Cum hæc omnium esset tenuissima, non mirum est eam maxime aptam fuisse voluminum constructioni. Hoc nomine laudat quoque illam Hero mechanicus in Automatis; Τούτων γινομένων δεῖ χάρτην λαβόντα λεπτότατον τῶν βασιλικῶν λεγομένων ἀποτεμεῖν αὐτοῦ τὸ μῆκος ἡλίκον ἂν περιέχῃ τὸ ὕψος τοῦ πίνακος ἔδαφος.

Novi libri, Novi umbilici] Libros hic vocari involucra & tegumenta librorum, recte notat Statius, licet nec exemplum, nec ullam adducat rationem. Hæc vero ut cognoscatur, libet modum compingendorum apud veteres librorum, a nemine quod sciam satis hactenus traditum, breviter hoc loco exponere. Primo itaque hoc monendum apud veteres tam Græcos quam Romanos, non tantum tempore Catulli, sed etiam diu postea, raros omnino fuisse libros quadratos, quales proximis seculis maxime in usu fuere. Tota supellectilis libraria & integræ veterum bibliothecæ è solis utplurimum componebantur voluminibus convolutis, in formam columellæ seu cylindri, quemadmodum illos vocat Diogenes, cum Epicurum ccc cylindros conscripsisse dicit. Primus qui libros quadratos sive codices membraneos facere instituit, is ut puto fuit Attalus Rex, cujus demum ætate innotuit facilior ratio emundandi pelles ab utraque parte, cum antea non nisi ab una parte conscriberentur, quemadmodum fit in voluminibus. Verum hoc esse vel ex eo adparet, quod nullus vetustiorum Græcorum aut etiam Romanorum mentionem fecerit ὀπισθογράφων aut librorum qui non in rutulum convolverentur. Cæterum quamvis codicum membraneorum, id est librorum quadratorum usus ab Attalo demum incœperit, non tamen cessavit prior ratio, quin potius non tantum Catulli & Ciceronis seculo, sed & aliquamdiu postea, totæ, ut diximus, bibliothecæ è solis componebantur voluminibus, nulla facta membraneorum codicum mentione. Magno quippe isti vænibant, cum volumina tenui & salubri possent haberi pretio, utpote quæ è facili papyro, propemodum sine arte, sine labore & sine impensis a quibuslibet construerentur. Vilitatem quidem hujus mercis istud satis indicat, quod ῥώπῳ Αἰγυπτίῳ papyrus accenseatur. Et sane ipsa papyri compositio hoc satis evincit. Quippe non ea ratione qua linum intercurrentibus se mutuo & permixtis texebatur staminibus, sed totum ejus opificium constabat in acu, pectine, glutine ac prælo. Ex papyraceis monumentis, quæ in multis supersunt bibliothecis, clarius etiamnum quam ex descriptione Plinii adparet inas seu filamenta papyri non mutuo nexu colligata fuisse, sed solum transversa serie superposita, & solo cohærentia glutine, quo vel usu attrito, vel senio deficiente, sola denuo adparebant filamenta, ac tum barbata erat charta, ut loquitur Martialis. Ratio vero compingendorum voluminum hæc erat. Chartæ, ea qua diximus ratione, paratæ glutine a librariis conjungebantur in longam seriem, pro magnitudine nempe libri describendi, cui, quanto prolixior evaderet, tanto subinde plures subjungebantur paginæ. Chartæ vacuæ è propiore analogii seu pulpiti scriptorii parte a librariis successive producebantur, eædemque peracta scriptura in aversam & remotiorem analogii frontem recondebantur. Finito opere totum volumen in rutulum seu spiram convolvebatur, convolvendi initio facto a fine seu umbilico voluminis. Umbilico autem firmamenti gratia inserebatur bacillus ex buxo, ebeno aliave materia, qui ultimæ schedæ seu ἐσχατοκολλίῳ erat annexus. Capiti vero scripturæ, hoc est extimæ voluminis oræ in aversa parte chartæ, agglutinabatur frustum membranæ, quod erat velut operculum & tegumentum voluminis. Fiebat autem hoc non tantum ad muniendam chartæ fragilitatem, sed & ornatus gratia; hæc quippe membrana vel croco, vel minio, aut etiam purpura tingebatur, ita tamen ut color interior discreparet a colore exteriore, unde bicolor a Persio dicitur; *& posita bicolor membrana capillis.* Usu quippe aut vetustate satiscentibus voluminibus barbata aut capillata, ut diximus, reddebatur charta, ac tum vel sponte sua diffluebat, vel facili negotio excutiebatur a membrana cui cohærebat, tumque hæc membrana cedebat usui puerorum una cum charta, siqua a tergo scripturæ patiens superesset, unde Martialis, *inversa pueris aranda charta.* De hac ipsa membrana accipienda sunt verba Juvenalis Sat. VII. *atque idea crocea membrana tabellæ*

Imple-

Impletur; quæ verba quia non intelligerent immutare conati sunt nonnulli contra veterum exemplarium fidem. Hæc autem membranea tabella intus quidem continebat inscriptionem seu dedicationem voluminis, foris autem in parte nempe aversa quæ utplurimum purpureo erat tincta colore, indicem id est titulum libri, aureis ostentabat literis. Unde Martialis lib. III. Ep. II. *Et cocco rubeat superbus index.* Sed multo clarius Cicero ad Atticum lib. IV. Ep. IV. *Vellem mihi mittas de tuis librariolis duos aliquos, quibus Tyrannio utatur glutinatoribus ad cætera administris: iisque imperes ut sumant membranulam, ex qua indices fiant, quos vos Græci, ut opinor, σιττύβας appellatis.* Vulgo non recte legitur σιλλάβους, cum σιττύβας verum sit. Sic idem sequenti epistola, *Bibliothecam mihi tui pinxerunt constrictione & sittybis.* Has enim membranas σιττύβας, vocabant Græci, erantque velut stolæ continentes & simul constringentes volumen. Hesychius Σιττύβαι, δερματιναὶ στολαί, ἢ μικρὰ ἱμαντίελια. Recte enim hæc se habent, neque audiendi sunt qui legunt ἱμαλιελια. Meminit quoque Pollux lib. VII. cap. XV. καὶ σιττύβαι ἢ ... ἐσθῆτος. Σίττυβα μὲν χιτὼν ἐκ δέρματος. Ita meus liber optimus, cujus beneficio infinita in Polluce loca restitui possunt. Peractis his, supererat circumcisio librorum, cujus inventionem Isidorus Siculis acceptam refert, cum dicit circumcidi libros primum in Sicilia increbuisse. Ego tamen malim credere morem hunc æque antiquum esse, quam sit ipse voluminum usus, præsertim cum Aristoteles luculentam hujus fecerit mentionem in problematis Sect. XVI. Probl. VI. ubi docet qua ratione sectio istæc fieri debeat. Erigenda nempe sunt volumina ad rectos angulos super planum aliquod æquale, sic ut sectio frontis superioris ad perpendiculum respondeat basi seu fronti inferiori. Si enim hac ratione sectio instituatur ac dein explicetur volumen, sectio erit æqualis & rectilinea. Quod si volumen non ad rectos angulos, sed oblique erigatur & sic secetur ut circuli non sint æquidistantes ad centrum umbilici, utique sectio non erit æqualis, evolutoque volumine linea sectionis adparebit non recta, sed undulata & in minores minoresque successive desinens sinus.

Ut in volumine A si ad rectos secetur angulos, jam quoque recta erit sectionis linea. Idem si oblique secetur ut in B efficies lineam C, D, quam evolutam seu explicatam helicem possis dicere, de cujus generatione, variis formis & accidentibus, multa hodiernis mathematicis intacta & tamen consideratione dignissima dici possunt, sed quæ explicare non hujus sit loci. Ultimus libri ornatus erant cornua, quæ pumicata utraque voluminis fronte ex auro, argento, ebeno aut denique ebore affigebantur bacillo umbilici. Supersunt & alia haud pauca, de colligatione nempe plurium voluminum eorumque thecis & manualibus, de ratione digerendi illa in bibliothecis, de constructione codicum membraneorum, de voluminibus epistolaribus, aliisque id genus, sed profecto hæc ad Catullum sufficiunt & forsan nimia sunt. Unum hoc tamen addo unius librarii munus fuisse omnia hæc præstare & perficere. Neque enim ut nunc, ita quoque olim diversa fuere officia scriptorum, bibliopolarum & compactorum. Ut apud Græcos unum idemque sunt bibliographus, bibliopegus & bibliopola, sic quoque apud Romanos tria hæc munia uno librarii nomine comprehendebantur.

Membrana Directa plumbo, & pumice omnia æquata] Plumbo præsignare lineas parallelas, ad quas librarii scripturam suam dirigant, ut nunc, ita quoque olim solenne fuisse, non tantum ex testimonio antiquorum, sed & plerisque vetustis codicibus clare satis cognoscitur. Huic usui inserviebat stylus plumbeus, qui dirigebatur beneficio regulæ, quæ κανὼν seu κανονὶς dicebatur, seu etiam thecæ calamariæ, quæ & ipsa vicem regulæ præstabat, ac similiter canon appellabatur. Istiusmodi stylum plumbeum παράγραφον a Græcis, a Latinis vero præductal vocari jam aliis notatum. Pollux παραγραφίδα appellat. Hinc παραγράφειν præducere. Attamen non

hoc

hoc de sola plumbi præductione accipiendum : quippe qui minio, cocco & rubrica libros exornabant etiam illi παραγράφειν dicebantur. Et hinc est quod Jurisconsultorum rubricæ paragraphi adpellentur. Et hac quidem ratione patet, quid sit apud Catullum *membrana directa plumbo*, licet si proprie loquamur, non ipsa membrana, sed versus in membrana plumbo dirigantur. Cæterum cum vetusta exemplaria, ut monet Statius, habeant *detecta*, aliter forsan accipiendus est hic locus. Nempe a quibusdam veteribus membranis vel ipsis oculis testibus, peracta scriptura detergebatur plumbum idque majoris nitoris gratia. Itaque membrana plumbo detecta est illa, in qua nullum plumbi superest vestigium. Alteram quoque lectionem suppeditat exemplar Mediolanense, in quo legitur *Desecta*. Videri itaque possit sic scripsisse Catullus, *membrana Desecta, plumbo & pumice omnia æquata.* Membrana desecta est membrana circumcisa, ut paulo ante monuimus. Æquandi autem vocabulum duplici hic ponitur significatione, uti sæpe. Plumbo enim æquantur versus, ut scriptura æqualiter procedat; pumice vero æquatur charta & membrana, cum abraditur, quidquid inæquale subest. Sed profecto verior est altera lectio, quam libenter admisimus, præsertim cum constet veteres directa & derecta promiscue scripsisse. Confirmant hanc lectionem Glossæ Philoxeni; *Directum*, κατὰ κανόνα ὀρθωθὲν, ἰθυνθὲν, χαραμμωθέν. Et alibi, κατευθύνω, *derigo.*

Tantum abhorret ac mutat] Mutat hic passive accipitur, ut sæpe; itaque præpostere fecerunt qui *nutat* rescripserunt. Dicit Suffenum, licet sit urbanus & scurra, aut siquid tritius & versutius sit scurra; adeo tamen immutari & illepidum fieri cum scribit poëmata, ut unicus & præcipuus aliquis fossor aut caprimulgus potius videatur, quam poëta. Minime vero audiendus hoc loco Scaliger, cum legit, *aut si quid hoc vetritius videbatur*, neque enim opus novum fingere vocabulum, cum vulgata lectio proba sit. *Trita res est scurra*, æque Latinum est quam sit, *Credula res Amor est.* Sed nec recte locum corrigit Juvenalis

—— —— Populi frons durior hujus
Qui sedet, & spectat triscurria Patritiorum.

Nam

Nam quod *trascurria* reponendum existimat, id nemini ut opinor persuaserit. Æque ineptum est hoc vocabulum, ac sit alterum. Omnino *strictotia* legendum. Sic vocabantur tunicæ strictæ, quibus non histriones tantum & comœdi, sed & ipsi quoque patritii & senatores deposita toga & neglecta honoris & dignitatis suæ ratione, in conviviis, in ludis & spectaculis, passim & palam spectabantur. Multa nisi fallor de hoc more habet Lipsius. Illum vero translatum esse a Carthaginensibus, tunicatis videlicet, ut ex Plauto & aliis constat, colligo ex Valerio Maximo capite de spectaculis; *Translatum autem à Pœnicis indutum tunicis M. Scaurus exquisito genere vestis cultum induxit.* Sic legendus iste locus qui frustra viros doctos exercuit. Dicit indutum seu habitum translatum à Pœnicis tunicis, ornatiorem factum a M. Scauro, qui simplicem istum amictum exquisito genere vestis ornarit. Multa à Pœnis habere Romanos & totam triumphorum pompam ab illis accepisse alibi monemus. Nam sane sæpius Pœnos triumphasse de Romanis, & porticus suos spoliis eorum ornasse, testis apud Servium est Varro.

Mantica quid in tergo est] Nota est fabella ex Æsopo de duabus peris, unde ortum vocabulum κατανωτίζειν, quod non tantum accipitur, pro in tergo aliquid ferre, sed & pro contemnere, uti apud Suidam exponitur. Hinc est quod apud Dicæarchum Thebani dicuntur κατανωτισταὶ παντὸς δικαίου. Sed & πλατῆν pro eodem dixere Græci a πλάτη humerus. Hesychius; πλατᾶις· τὸ ὠμοθετῆσαι. Æoles enim πλατᾶις pro πλατῆν, ut γελᾶις pro γελᾶν dicebant. Utraque voce usa est Sappho, licet vulgo admodum inquinati legantur ejus versus, ut alibi ostendimus. Latini dicunt *postergare*, eadem significatione pro contemnere & vilipendere, significatione sumta à bajulis, qui res viliores ei quæ est a tergo committunt manticæ, nunquam vero nummos. Vocabula etiam distincta habuisse Græcos, docet auctor Etymologici; Βαλάντιον, μαρσίππιον ἀπὸ τοῦ ὄπισθεν. Marsupii loco Romanis erat nonnunquam balteus, ut ad Nonium diximus. Et sane ἀπὸ τοῦ βαλαντίου dictus est balteus.

A D

AD FURIUM.

Furi, quoi neque ſervus eſt, neque arca,
Nec cimex, neque araneus, neque ignis:
Verum eſt & pater, & noverca, quorum
Dentes vel ſilicem comeſſe poſſunt:
Eſt pulchre tibi cum tuo parente,
Et cum coniuge lignea parentis.
Nec mirum; bene nam valetis omnes,
Pulchre concoquitis, nihil timetis,
Non incendia, non gravis ruinas,
Non facta impia, non dolos veneni,
Non caſus alios periculorum.
Atqui corpora ſicciora cornu,
Aut ſi quid magis aridum eſt, habetis,
Sole, & frigore, & eſuritione:
Quare non tibi ſit bene, ac beate?
A te ſudor abeſt, abeſt ſaliva,
Muccuſque, & mala pituita naſi.
Hanc ad munditiem adde mundiorem,
Quod culus tibi purior ſalillo eſt,
Nec toto decies cacas in anno,
Atque id durius eſt faba, & lapillis:
Quod tu ſi manibus teras, fricesque,
Non unquam digitum inquinare poſſes.
Hæc tu commoda tam beata, Furi,
Noli ſpernere, nec putare parui.
Et ſeſtertia, quæ ſoles precari,
Centum, deſine: nam ſat es beatus.

Nec cimex, neque araneus, neque ignis] Facete hæc dicta volunt interpretes, acſi ut omnia deeſſe oſtendat, ea quoque deeſſe dicat, quæ nullum habent usum, quæque non habere melius sit, quam habere. Sed cum mox subjungat, illum non timere incendia, ac proinde ne domum quidem habere, malo hæc sic accipere, ut per cimicem intelligatur locus in quo lateant cimices, nempe sponda lecti. Cum itaque dicit illum non habere cimicem, araneum & ignem, ostendit illum adeo esse egenum, ut nec lectum, nec larem, nec focum possideat. Pro summæ paupertatis indicio posuit quoque hæc ipsa Martialis lib. I. Epigr. XCIII.

Sed si nec focus est, nudi nec sponda grabati.

& alibi

Nec toga, nec focus est, nec tritus cimice lectus.

Spondam esse locum præcipuum in quo latitent cimices, norunt omnes. Itaque etiam apud Petronium, quo loco dicit Gnithonem subiisse grabatum, adeoque se contraxisse, *ut ipsos sciniphes ore tangeret*, omnino legendum *cimices*. Cum adeo notum & obvium hoc sit vocabulum, miror doctissimos viros adeo se torsisse in explicandis Adriani Imp. versiculis, qui exstant apud Spartianum. Ubi enim vulgo legitur *culices pati rotundos*, quam facile erat *cimices* pro culicibus reponere.

Et cum conjuge lignea] Id est sicca, ut & apud Lucretium, *nervosa & lignea Dorcas*, sumta similitudine a statuis ligneis; quæ fieri nequeunt è ligno recenti aut viridi, sed demum jam sicco, quale Græci αὐὸν & καύσιμον vocant.

Atqui corpora ficciora] Sic quoque Martialis *frigore & fame siccus*. Porro quod Statius hic legat *utqui*, id minime probo. Particula hæc non potest hoc loco esse causalis absque detrimento sententiæ; neque enim sequitur, ut sint pauperes, si qui sint frigore & fame sicci. *Atqui* hic accipitur pro *&* *certe*, ut sæpe.

Sicciora cornu] Cornu pro materia aridissima ponitur etiam in epigrammate, quod exstat in Priapeis; *Ductor ferreus insularis aque Laterna videor fricare cornu*, cujus tamen sensum non satis assecuti sunt viri docti. Nam quod putant hic intelligi vel quemlibet fabrum ferrarium, vel denique opificem laternarium, in eo omnino fugit illos ratio. Ductor ferreus insularis, hic est Vulcanus, cujus nempe sedes est Lemnus insula. Græci Ἐλωὸν dixere, a ducendo ferro. Hesychius; Ἐλωὸς ὁ Ἥφαιστος παρὰ Δωριεῦσι. Cornu vero igne duci

duci & extendi nequit. Dicit itaque iste hortorum præses, quod siccam & aridam adeo amplectatur puellam, se sibi videri Vulcanum, qui quamvis igne suo ipsum quoque molliret ferrum, frustra tamen laboraret in subigendo cornu, utpote quod igne molliri aut extendi nequeat.

Muccusque & mala pituita nasi] Hæc omnia optimæ valetudinis esse indicia vel ex Cicerone notum. Hinc quoque ἄμυξος Hesychio est ἄνοσος. Pituita vero hic est quatuor syllabarum, cum Horatio & Persio sit trisyllabum. Mirum vero possit videri, quod muccum distinguat a pituita nasi, cum Celso & plerisque aliis idem prorsus sit. Nisi fallor muccum accepit pro crassiori nasi excremento, pituitam vero pro liquidiori. Et sane si vocis spectemus etymum, pituita nihil aliud fuerit quam saliva, a πτύειν, pro quo etiam σπτύειν & πτύζειν seu πυΐζειν dixere; ut non tantum ex Etymologico magno & Suida, sed & ex Vitruvio & Juvenale colligi potest, cum voce pitysmatis seu pytismatis pro sputo utuntur. Sæpius autem migrare istas vocales patet ex πύλη & πτύη, πόλιγη & πτύνη, item πίτυλος & πύλος & multis similibus. In Vitruvii libris veteribus *ptismatis* scriptum inveni pro *pitysmatis*. In versu vero Juvenalis

Qui Lacedæmonium pitysmate lubricat orbem

recte a viris doctis accipitur hoc vocabulum pro sputo, sed vero in reddendo sensu mirifice omnes cæcutiunt. Postquam de feminis egit Satyricus, transit ad Laconicos seu masculos amores, de quibus accipienda illa verba, *Major tamen illa voluptas Alterius sexus, magis ille extenditur.* Orbem vero Lacedæmonium vocat discum, quos aut ferreos, aut lapideos aut denique ligneos fuisse notum est. Habebant vero illi in medio foramen, per quod transmittebatur lorum, cujus beneficio discus in gyrum agebatur. Eustathius ad Θ. Οδ. Δίσκος & σόλος, inquit, ἢ ξύλινος, ἴσως δὲ καὶ χαλκοῦς, καί που καὶ λίθινος. Ἐνταῦθα δὲ λίθος τετρημένος καὶ ἔχων ἐκ μέσου καλώδιον, οὗ ἐχόμενοι οἱ ἀγωνιζόμενοι, ἔδικον ὃ ἐστιν ἔβαλλον, ἔρριπτον, ὅθεν ὁ δίσκος γίνεται. Figuram vero disci videre est apud Gruterum in Inscriptionibus pag. 54. quam nonnulli perperam interpretati sunt de crotalo aut tympano. Jam vero qui discum hunc erant libraturi, solebant medium ejus foramen, & ipsum quoque locum saliva inungere, quo nempe velocius moveretur & effueret discus. Quid vero per discum seu orbem marmoreum intelligat Satyricus, dicant ii qui sordibus capiuntur. Nam certe vix obsceniorem versum usquam reperias.

Faba & lapillis] Nonnulli malunt *lupillis*, quia lupinis melius convenit cum fabis. Sed non quæritur, quid magis fabis, sed quid magis conveniat sententiæ. Similitudines depromtæ e rebus inter se dissimilibus, tanto habentur pulchriores, quanto res eæ magis fuerint dissimiles, dummodo exacte rei quâcum comparantur conveniant. Quapropter vulgatam lectionem, veterum librorum autoritate munitam, immutare noluimus.

AD JUVENTIUM.

24 O qui flosculus es Juventiorum,
Non horum modo, sed quot aut fuerunt,
Aut posthac aliis erunt in annis:
Mallem divitias Midæ dedisses
Isti, quoi neque servus est, neque arca:
Quam sic te sineres ab illo amari.
Qui? non est homo bellus, inquies? est:
Sed bello huic neque servus est, neque arca.
Hoc tu qua lubet abjice, elevaque:
Nec servum tamen ille habet, neque arcam.

Mallem divitias mihi dedisses Isti] In omnibus, quos vidimus, libris scriptum invenimus *mi dedisses*, unde *mihi* fecerunt viri docti, quia nempe τὸ *mihi* sæpe παρέλκει. Sed quis unquam dixit μοὶ αὐτῷ? Geminata itaque syllaba pro *mi dedisses* rescripsimus *Midæ dedisses*. Divitias vero Midæ quis nescit?

AD THALLUM.

25 CINÆDE Thalle mollior cuniculi capillo,
Vel anseris medullula, vel imula oricilla,

Vel

Vel pene languido senis, situque araneoso:
Idemque Thalle turbida rapacior procella,
Cum clivias Malea aves ostendit oscitantes.
Remitte pallium mihi meum, quod involasti,
Sudariumque Sætabum, catagraphonque Thynon
Inepte: quæ palam soles habere tanquam avita.
Quæ nunc tuis ab unguibus reglutina, & remitte,
Ne laneum latusculum, natisque mollicellas
Invisa turpiter tibi flagella conscribillent.
Et insolenter æstues, velut minuta magno
Deprensa navis in mari vesaniente vento.

Vel anseris medullula] Omnino hoc intelligendum, non de ossium medulla, sed de interioribus plumis. Notum enim anserum olorumque pinnas, quæ corpori proximæ sunt, esse mollissimas, ideoque magno etiam pretio a Germanis redemtas, ut è Plinio constat. Cæteris præstare creduntur, quæ latent in partibus quas alæ tegunt, uti etiam illæ quibus collum vestitur. Unde apud Lucillium VIII. Sat.

—— —— Calidissime ac bene
Plumatus ostrum atque anseris collus.

Ita enim legendus locus ille corruptissimus, qui est apud Nonium in voce *collus*. Constat enim id quod in quadrupedibus pilorum, ipsum hoc in avibus plumarum efficere subtilitatem, ut nempe quantum teneriores fuerint, tanto majorem afferant calorem. Græci πίλα seu πῖλα & τίλλα vocant, quod vellus potius & lanugo videantur, quam plumæ seu pinnæ, a τίλλειν scilicet, seu quod idem est πίλλειν, pro quo etiam πιλλεῖν dixere, unde *pilus*. Hinc & minutissima quæque corpuscula & atomos πίλας vocat Plutarchus. Hinc & ἀντίλαι, micæ panis, pro quo male apud Hesychium legas ἀντίλαοι.

Situque araneoso] Conjungendum hoc cum eo quod præcessit, pene languido qui longo situ factus sit araneosus.

Cum de via mulier aves ostendit oscitantes] Ita quidem Scaliger, sed nemini, ut opinor, persuaserit. In aliis libris, *Cum diva mulier aves ostendit oscitantes*, aut etiam *Cum diva mater alites*, quod de Junone possit intelligi. Apud Servium enim Juno in auguralibus libris praeesse dicitur auspiciis. Sed profecto non sic scripserat Catullus. Optimum exemplar, quod olim fuit Palatinae Bibliothecae, sic habet; *Cum diva Malia naves ostendit oscitantes.* Unde facile veram eruas lectionem.

Cum clivias Malia aves ostendit oscitantes.

Maliae promuntorium formidabile navigantibus, notum vel adagio, Μαλέαν δ' ἐπικάμψας ἐπιλάθου τῶν οἴκαδε. In Inscriptione non ita pridem in Hierapoli Phrygiae reperta, memoratur tanquam res admiratione digna, quod aliquis bis & septuagies promuntorium hoc transierit. ΦΛΑΟΥΙΟΣ ΖΕΥΞΙΣ ΕΡΓΑΣΤΗΣ ΠΛΕΥΣΑΣ ΥΠΕΡ ΜΑΛΕΩΝ ΕΙΣ ΙΤΑΛΙΑΝ ΠΛΟΑΣ ΕΒΔΟΜΗΚΟΝΤΑ ΔΥΟ. Propter πολυφαγίαν, & quia tot naves in hoc maris tractu absorberentur dictum fuit hoc, aequè ac aliud vicinum promuntorium ὄνου γνάθος, id est asini maxilla, sive ὄνου κατζαμάγουλον, ut docet Scholiastes Euripidis ad Oresten. Posterioribus enim Graecis κατζαμάγουλον idem est quod γνάθος a κατζαμάσω. Cliviae vero aves sunt prohibitoriae, dictae ex eo quod tempore tempestatis clivos & excelsiora petant loca. Plinius Clivinam appellat, dummodo recta sit lectio, nam & hoc loco quidam libri legunt *cliviam*. Hinc clivia auspicia, quae aliquid fieri vetant, ut testatur Festus. Idem vocabulum reddendum Papinio Statio in Sylvis lib. IV. via Domit. ubi vulgo legitur;

His parvus, nisi Lechia vetarent,
Inoos freta miscuisset Isthmos.

Notant viri docti in scriptis exemplaribus legi, *nisi devia vetarent*, unde mirifica exsculpere conati sunt. Vera lectio est; *nisi clivia vetarent.* Oscitantes vero cum dicit, notat χαυζισμὸν

avium

avium & præcipue larorum. Eadem ratione κορέκων λαρυγγισμὸν vocat Democritus apud Plutarchum in ὑγιεινοῖς παραγγέλμασι. Hinc quoque oscines aves dictas puto. Uti enim ab hio, hisco, hiscito; ita quoque oscito est ab inusitato *osco*, unde oscines.

Catagraphosque Thynos] Non placent hoc loco correctiones & interpretationes virorum doctorum, & omnino ab omni verisimilitudine sunt alienæ. Lectio vulgata bene se habet & confirmatur a plerisque quos vidi libris antiquis, nisi malis *catagraphonque Thinon*, quomodo est in exemplari Palatinæ bibliothecæ. Ut vero sciamus quænam sint catagrapha, observandum vocabulum hoc non eadem semper accipi ratione. Plinius lib. XXXV. cap. VIII. catagrapha interpretatur *obliquas imagines & varie formatos vultus, respicientes, suspicientesque & despicientes.* Inde manifeste colligi potest catagrapha quoque appellari eas picturas quæ diversas repræsentent formas, licet nulla accedat colorum diversitas. Altera hujus vocabuli acceptio est cum rem diversis distinctam notat coloribus. Sic Athenæus libro IX. genus anatum quæ βοσκάδες vocantur, κατάγραφον esse dicit eodemque libro Attagenem scribit esse ὅλον κατάγραφον τὰ περὶ τὸν νῶτον, licet Eustathius ad A. Iliad. hæc Athenæi verba citans habeat κατάγραπτον & interpretetur γραμμιστὸν hoc est *lineis conscriptum*, nam γραμμίζειν est lineis notare & conscribere. Jam vero quod Hipparchi locum attinet, ille sic debet intelligi. Dixerat Aratus dextrum tempus ursæ majoris in directo esse ad linguam serpentis extremam. Hoc reprehendit Hipparchus lib. I. adfirmans non dextrum sed sinistrum tempus ursæ dicendum fuit. Nec potuisse Aratum caput draconis a mundo interiore aversum fingere, ut Attalus volebat, cum omnia sidera ad nostrum conformata sint aspectum, εἰ μή τι κατάγραφον αὐτῶν ἐστι, id est, *nisi quid illorum coloribus pictum sit*, quemadmodum fit in sphæra artificiali, in qua omnia astra averso a mundo interiore situ picta apparent, ita ut quæ nobis dextra sunt, illic sinistra appareant, inverso penitus siderum aspectu & ordine. Veteres autem sphæras suas armillares coloribus depingere solitos fuisse, testantur cum alii, tum Achilles Tatius in Isagoge ad Phænomena, unde patet signiferum cera miniata, galaxiam cera alba, sidera

sidera aureo colore expressa fuisse. Et hac quidem ratione patet quid sit καταγραφον apud Hipparchum. Ut autem ad Catulli veniamus catagrapha, puto illa accipi debere de pugillaribus membranis, quæ vario colore tincta fuisse & alii observarunt & nos ipsi vidimus. Quatuor siquidem præcipue coloribus olim tingebantur membranæ, coccineo, luteo, viridi & purpureo. Unaquæque pagella peculiari erat tincta colore, ita ut si purpurea esset ab uno latere, eadem vel crocea, vel viridis, vel coccinea esset in parte aversa. Duplices itaque sive δίθυροι libelli, qui duas sed sibi invicem oppositas admittebant aperturas, quia tamen quatuor constabant pagellis, quarum duæ affixæ erant libelli operculis buxeis vel eboreis, quatuor tamen poterant insigniri coloribus. Conficiendis vero istiusmodi pugillaribus aptissima erat Bithynia, utpote quæ sola præstabat quidquid ad eorum constructionem esset necessarium. Præter enim buxum quæ nusquam copiosior quam ad Cytorum & Thyniam provenit, etiam accedunt membranæ Bithynorum, ut diximus, inventum. Coccus quoque baphica nusquam felicius quam in Bithynia eique vicina Paphlagonia germinat. Eadem quoque terra præstabat rubricam seu minium, cujus præcipua & unica propemodum officina erat olim Sinopensium civitas, quæ etiam nomen dedit minio, uti ex Strabone, Dioscoride, Plinio aliisque abunde colligi potest. Nec ochra ad inducendum luteum colorem deesse poterat, cum ex iisdem venis & ochra, & minium ut plurimum effodiatur, & omne minium prius sit ochra, omnisque ochra ustione vel naturali percoctione necessario in minii transeat naturam. Hæc omnia aliaque infinita cum proveniant in Bithynia, & præcipue illa ejus parte ubi sunt Thyni, merito Thynæ merces prædicantur etiam ab Horatio consolatione ad Asterien, ubi vocat juvenem Thyna merce beatum.

Inusta turpiter tibi flagella conscribillent] Urere aliquem flagellis recte dicitur propter inflammationem quæ plagas consequitur. Horatius *Iberitis peruste funibus latus*. Lucretius; *torretque flagellis*. Cum tamen in plerisque veteribus libris scriptum sit *insula*, quomodo etiam supra, epigrammate de Vari scorto, scriptum fuisse monuimus pro *invisa*, errore orto ex eo, quod *s* & *i* in veteribus libris eodem modo compareant, pro *conscribillent* aliqui legunt *constrigillent*, eademque ratione *obstringillare* apud Nonium accipi volunt. Sed falluntur,

tur; obstringillare enim non est a strigile, sed ab obstringo, accipiturque pro obsignare, recludere, obstare, ut recte interpretatur Nonius.. Alii legunt *concribillent*, quod Scaligero in prima editione non displicuit, sed in postremis curis merito rejecit. Attamen modulus syllabæ quæ semper producitur repugnat. Sed Scaliger hoc negat & dicit syllabam hanc corripi. Recte quidem hoc loco, si lectio bene se habet, sed ipsum hoc est quod quæritur. Turnebus putat Catullum scripsisse *conscribilent flagella*. Exempla tamen, quibus adstruere conatur diminutiva in L O per simplex L scribi debere, non satis firma nonnullis videntur, quia vitiose apud Plautum legi existimant; *Hem, mihi jam video propter te victitandum sorbilo*. Verum locus iste recte se habet. Sic enim loquitur servulus Milphio, quod dentes ipsi excussi essent a domino, cujus manus habitaret in ejus ore, ut ipsius Plauti utar verbis. Hinc verbum sorbilo apud Terentium. Pari ratione a vigeo fit vigilis, unde vigilo; a rutilus, rutilo; a ventulus, ventilo. Sic quoque a mulco, mulcito & contracte mulcto, fit mulctilo, unde mutilo. Notandum autem istæc seu diminutiva seu frequentativa, non semper a Nominibus, sed etiam a Verbis formari, & Verba æque ac Nomina sua habere diminutiva, quæ si sint simplicia diminutiva, uti illa quæ attulimus, tunc sæpe quidem in ILO, sæpius tamen in VLO terminantur, ut pullulo, stipuló, ejulo, collutulo, postulo, quod formatur a posco, poscito, & contracte posto, unde demum postulo. Quod si diminutiva istæc non sint simplicia sed secundi aut tertii ordinis & quasi diminutiva diminutivorum, tunc terminantur in ILLO, uti a sugo, sugulo sugillo; obstringo obstringulo obstringillo; calvo calvulo calvillo, unde cavillo & sexcenta alia id genus. Hæc eo fusius, ut constaret a conscribo non minus analogice formari conscribulo vel conscribilo, quam conscribillo. Et sane in melioribus Catulli exemplaribus verbum hoc per simplex L concipitur. Nihilominus receptam retinemus lectionem, idque eo magis, quod postquam hæc scripsissem, inciderim in locum Manilii, unde clare satis colligi possit, quod aliis contingit compositis, ut non semper primitivorum sequantur legem, idem quoque evenire in illis quæ fiunt a *scribo*. Locus Manilii in ipsa statim occurrit operis præfatione

——— *certa cum lege canentem*
Mundus & immenso vatem circumscribit orbe.

Sic longe optimum nostrum habet exemplar, non *circumstrepit* ut vulgo, quòd sensui non admodum conveniens. Circumscribit, id est coërcet, cohibet & in arctum cogit. Ipse seipsum interpretatur Manilius.

Minuta magno Deprensa navis in mari] Magno mari, id est agitato & magnis assurgente fluctibus, quomodo apud Lucretium, Virgilium & Sallustium.

AD FURIUM.

Furi, villula nostra non ad Austri
Flatus opposita est, nec ad Favoni,
Neu sævi Boreæ, aut Apeliotæ:
Verum ad millia quindecim & ducentos.
O ventum horribilem atque pestilentem!

Furi villula nostra] Monet Muretus, aut legendum esse *vestra*, quemadmodum & nos in quibusdam libris scriptum invenimus, aut Catullum ex sua persona dicere, quod tamen de Furio intelligi debeat. Posterius merito reprehendit Scaliger, & dicit virum disertum somniare hoc loco; & sane non est admittenda talis prosopopoeija. Quænam tamen lectio verior sit, dictu difficile est. Nos vulgatam retinuimus; nam certe Catullum pauperem fuisse, non uno apparet loco.

Flatus opposita est] Sic quoque Juvenalis, *lancibus oppositis*, pro oppositis pignori.

Verum ad millia quindecim & ducentos] Sic est in omnibus libris antiquis, non *ducenta*, ut recte monet Scaliger, verum nescio qua ratione, dum is summam subducit & cum hodierna componit moneta, factum sit, ut neque sestertii cum denariis, nec denarii cum solatis, ut vocat, conveniant. Cum enim quatuor nummi sestertii conficiant unum denarium, jam clarum est sestertios 15200 conficere denarios 3800.

3800. Hos si in hodiernam convertas monetam, habebis coronatos aut Philippeos argenteos, quos & ducatones vocant 380, summula sane hoc tempore non magna, quam tamen capitalem existimavit Catullus, unde apparet quam vile factum sit aurum & argentum, postquam suas nobis opes contulere Indi Occidentales.

AD POCILLATOREM PUERUM.

MINISTER vetuli puer falerni,
Inger mi calices amariores,
Ut lex Postumiæ jubet magistræ
Ebriosa acina ebriosioris.
At vos quo lubet hinc abite lymphæ,
Vini pernicies, & ad severos
Migrate. hic merus est Thyonianus.

Ingere mi calices amariores] Exemplo caret in hoc versuum genere, ut dactylus primam teneat sedem. Libri veteres habent *jungere*, in aliis *ingue.* Videtur *inger* scripsisse Catullus. Glossæ optimæ, *Inger*, ἐγκέρασον. Pari ratione biber pro bibere apud Charisium. Frequentes sunt istiusmodi apocopæ, præsertim in imperativis. Quod vero hunc Catulli locum interpretantur ex illo Homerico, ζωρότερον δὲ κέραιρε, id demum recte fit, si illorum sequaris expositionem, qui ζωρὸν, reddunt πολυετῆ, a ζὰ ἐπιτατικῷ & ὧρος annus. Nam alii ζωρὸν velut ζωερὸν id est vividum, nonnulli etiam & forsan non male, ducunt hanc vocem a ζοηρὸν seu ζαωρὸν, id est μεγάλως πνέοντα, cum ζοὴς & ζαὴς idem sit. Denique non desunt, qui a ζέειν, aut etiam aliunde formari existiment. Verum omnibus his opus est minime, ut cognoscamus amariores calices dici hic calices vini vetustioris, cum notum sit vinum vetustate amarescere. Seneca Epist. LXXV. *In vino nimis veteri amaritudo nos delectat.* Ipsum hoc docent Plutarchus, Galenus, Plinius, aliique innumeri, notumque ideo marinam aquam addi solitam, quod omnia salsa brevi amarescant.

Ebriosa acina ebriosioris] Ebriosioris pro ebriosiores, ut passim. In Gellii vetustis exemplaribus lib. VII. cap. XX. versiculus hic sic legitur; *Ebriosa acina ebriosiores*, quod licet rectum possit videri, cum notum sit comparativos æque ac positivos aut superlativos jungi genitivis, ut apud Horat. *major juvenum*, non tamen hoc permittunt Gellii verba, quæ clare satis ostendunt Catullum scripsisse *ebriosa acina*.

Hic merus est Thyanianus] Antiqua lectio habet, *Hic meus est Thyanianus*, quomodo etiam in suo exemplari reperisse videtur Lilius Giraldus.

AD VERANNIUM ET FABULLUM.

26 Pisonis comites, cohors inanis,
Aptis sarcinulis, & expeditis,
Veranni optime, tuque mi Fabulle:
Quid rerum geritis? satisne cum isto
Vappa, frigoraque, & famem tulistis?
Ecquidnam in tabulis patet lucelli
Expensum? ut mihi, qui meum secutus
Prætorem, refero datum lucello:
O Memmi bene me, ac diu supinum
Tota ista trabe lentus inrumasti:
Sed, quantum video, pari fuistis
Casu. nam nihilo minore verpa
Farti estis. pete nobiles amicos.
At vobis mala multa Dii Deæque
Dent, opprobria, Romuli, Remique.

Ecquidnam in tabulis patet lucelli expensum] Nulla hic difficultas. Ut nunc, ita quoque olim construebantur tabulæ accepti & expensi. Si minus accipimus quam expendimus, fit jactura. Sin contra plus accipiamus quam expendimus, tunc omne id quod redundat, lucrum appellamus. Quærit itaque Catullus, an non in illis tabulis seu pagellis

gellis codicis, in quibus lucrum ſcribi debeat, pro lucro pateat expenſum, quemadmodum ſibi contigiſſe dicit, qui in iis codicis ſui tabellis, in quibus lucrum ſignari debuerat, pro lucro coactus fuerit ſcribere datum ſeu expenſum, idque nimia prætoris ſui Memmii avaritia omne provinciæ lucrum ſibi ſoli vindicantis, nec permittentis ut ad contubernales & clientes aliquid redundaret lucelli. Sic etiam Turnebus, niſi fallor, locum hunc interpretatur. De duplici emolumento quod comites prætorum percipere ſolerent, quæ ſcribit Scaliger iis parum ſubeſt ſolidi. Nam quod loca Ciceronis, quæ ex epiſt. xx. lib. v. ad Famil. producit, in iis emendandis omnino fallitur. Utrobique enim legendum eſt *logeo* vel *logeio*, non *lucello*, ut ipſe arbitratur. λογεῖον idem eſt quod λογιστήριον, locus nempe ubi reponuntur pecuniæ. Vetus lexicon interpretatur ταμεῖον, Suidas δικαστήριον. Cum quærendus eſſet locus ubi pecuniæ ſecure ſervari poſſent, dicit placuiſſe ut in fano ponerentur, quod tamen paulo poſt parum gratum fuiſſe teſtatur. Porro pro *lucelli*, ſcribitur & *lucilli*. Sic quoque in gloſſis Κερδύφιον, *lucillum*. Hinc forſan Lucillii nomen, niſi malis ex Luciolo contractum.

O Memmi bene me ac diu ſupinum] Recte Scaliger monuit male hæc avulſa eſſe a ſuperioribus, cum unum idemque conſtituant epigramma. Conjunguntur hæc etiam in pleriſque manu exaratis exemplaribus. Noli vero exiſtimare Catullum tabulis accepti & expenſi hæc adſcripſiſſe, uti putat Scaliger; eſt quippe apoſtrophe cum indignatione ad Memmium, qua de injuria ſibi illata graviter expoſtulat. Bene vero cenſet idem vir ſummus, verbis iſtis quantumvis obſcœnis nihil tamen obſcœnitatis ſubeſſe, cum homines urbani ſæpe ſoleant ſenſus ſuos exprimere per figuratas iſtiuſmodi locutiones & ſimilitudines depromtas è rebus turpibus. Sic ſupra, *pedicabo ego vos, &c.* Obſcœnitas in ſolis eſt verbis, non autem in re; verbis enim e plebe petitis pœnam lectoribus minatur, qui in carpendis & differendis ſuis epigrammatis nimium velint eſſe ingenioſi. Contra Martialis cum rem obſcœnam ſignificat, verbis tamen id facit honeſtis, cum alibi, tum quoque Epigr. . . . . .

Si te prendero, Gargili, tacebis.

Tacere enim idem quod irrumari, ut Catullus aliqua ratione Martiale possit videri honestior.

Tota ista trabe lentus irrumasti] Reposuimus e veteribus libris *tentus*, non *lentus*. Trabe vero, ut & Græci, quibus κορμῶτις est τὸ τῶν ἀνδρῶν αἰδοῖον, pro quo male apud Hesychium legas κορμύτης.

AD CÆSAREM DE MAMURRA.

27 Quis hoc potest videre, quis potest pati,
Nisi impudicus, & vorax, & helluo:
Mamurram habere, quod Comata Gallia
Habebat uncti, & ultima Britannia?
Cinæde Romule hæc videbis & feres?
Et ille nunc superbus, & superfluens
Perambulabit omnium cubilia,
Ut albulus columbus Aïdoneus?
Cinæde Romule hoc videbis, & feres?
Est impudicus, & vorax, & helluo.
Eone nomine, imperator unice,
Fuisti in ultima Occidentis insula:
Ut ista vostra diffututa mentula
Ducenties comesset, aut trecenties?
Quid est, ait, sinistra liberalitas?
Parum expatravit? an parum helluatus est?
Paterna primum lancinata sunt bona:
Secunda præda Pontica, inde tertia
Hibera: quam scit amnis aurifer Tagus.
Hunc Galliæ timent, timent Britanniæ.
Quid hunc malum fovetis? aut quid hic potest,
Nisi uncta devorare patrimonia?
Eone nomine urbis opulentissime?
Socer, generque, perdidistis omnia.

Quod

Quod Comata Gallia Habebat uncti] Ita hunc locum emendavit Achilles Statius, cujus lectio proxime accedit ad ſcripturam veterum exemplarium. Quare *unctum* malit Scaliger, equidem neſcio. Idem infeliciter admodum corrigit locum Plinii de Mamurra, qui occurrit lib. XXXVI. cap. VI. Verba ejus, quia non uno laborant vitio, emendata adſcribemus. *Primum Romæ cruſta marmoris operuiſſe totius domus ſuæ in Cælio monte Cornelius Nepos tradidit Mamurram Formiis natum equitem Romanum, præfectum fabrum C. Cæſaris in Gallia, ne quid indignitati deſit tali auctore inventa re. Hic namque eſt Mamurra Catulli Veronenſis carminibus proſciſſus, quem & res, & domus ipſius clarius quam Catullus dixit habere, quidquid habuiſſet Comata Gallia. Namque adjicit idem Nepos eum primum totis ædibus nullam niſi è marmore columnam habuiſſe & omnes ſolidas Cariſtio aut Lunenſi.* Res hic accipitur pro re familiari, ut cum alibi paſſim, tum & apud Horatium, *melior ſit Horatius, an res*, quod & ipſum quoque inepte ſollicitant.

Es impudicus & vorax & aleo] Verſus hic non comparet in libris manu exaratis, iis nempe quos vidimus, quapropter illum expunximus. Quod ſi expungendus non ſit, omnino pro *es* reſcribendum fuerit *eſt*, quemadmodum paulo poſt, ut referatur ad Mamurram, non Cæſarem, cui hæc minus conveniunt.

Perambulabit omnium cubilia] Recte hoc vocabulum accipit Scaliger, ſed quod de ἐμβασικοίταις addit, non probo. Obſcenius multo hoc eſt vocabulum, quam ut de quibuſvis intelligatur mœchis. Ἐμβασικοῖται nempe ſunt, qui dormiunt ἐμβάσιν ἔχοντες. Marinus Italus ſic illos expreſſit, *Chi dormon ſtivalati la notte ancora.*

Ut albulus columbus aut Adoneus] Ita correxere hunc locum Statius & Scaliger, quod in libris ſcriptis habeatur, *ut albulus Columbus & idoneus*, vel etiam, *aut idoneus*. Qui enim Adonis vulgo dicitur, idem quoque eſt Adoneus Plauto & Auſonio. Sed disjunctiva iſta particula, omnino hoc loco eſt intempeſtiva. Græcum Alexidis apud Athenæum ſic ſe habet; ὁ λευκὸς ἀφροδίτης εἰμὶ τῶν περιστερός. Audacter reſcribimus;

Ut albulus columbus Aïdoneus.

Sic quoque dictus Adonis. Nam ut Ἄδης & Ἀΐδης, ſic quoque

Ἄδων

Ἅδων & Ἀΐδων, Ἀδώνευς & Ἀϊδωνεὺς vocatus fuit idem, ut facile colliget, siquis Græcos adeat Grammaticos, apud quos, & his, & multo pluribus modis nomen hoc inflexum reperitur. Nec vero causa latet, quamobrem Phœniciam vocem, quæ dominum & regem notat, cum rege inferorum confuderint. Credebant nempe tertiam anni partem cum Proserpina apud inferos versari Adonin. Nota est fabella, proculdubio ex affinitate vocabuli conficta.

Es impudicus & vorax & aleo] In optimo meo libro scribitur *Et si impudicus*. Itaque non dubitavi rescribere *Est impudicus*. Nam sane hæc ad Mamurram non Cæsarem debent referri. Cum iste tuus Mamurra, quem obscœno semper appellat vocabulo sit impudicus & vorax & aleo, ideone, o Cæsar, subegisti Galliam & Britannias ut sinistram tuam liberalitatem exerceres in hominem impurum, & ut tot provinciarum prædam voracissimi helluonis avaritiæ subjiceres? Quod autem spondæum in prima sede ponat, id ipsum quoque facit infra,

Hunc Galliæ timent, timent Britanniæ,

quod ipsum quoque alibi facere solet.

Quid est? ait sinistra liberalitas] Ita libri veteres, & non video quamobrem hoc mutandum sit. Est enim apostrophe ad Cæsarem, quem vocat sinistram liberalitatem, utpote dicentem, quantulum hoc quod prodegit Mamurra? Respondet vero Catullus, an tibi, ô Cæsar, parum videtur quod expatravit, qui paterna tua consumsit bona, & quæ sequuntur?

Secunda præda Pontica] Ponticam prædam hic accipiunt plerique interpretes de spoliis à victo Pharnace relatis, quod perquam est absurdum. Miror ad eundem obicem impingere Ios. Scaligerum in suis ad Eusebium animadversionibus, cum ad annum MDCCCCLX. prolixe admodum ostendere conatur Catullum senem admodum obiisse, & potuisse spectare quatuor Cæsaris triumphos, qui haud diu mortem ejus præcessere. Sed vero quam certum est Catullum ista scripsisse, tam quoque certum est illum de triumphis Cæsaris ne cogitasse quidem. Præda Pontica hic accipitur de eo lucro & emolumento quod è Bithynia ex contubernio M. Thermi Prætoris & familiaritate Nicomecomedis Regis retulit. Hæc prima fuit Cæsaris militia, uti cum ex aliis, tum præcipue è Suetonio constat.

Inde tertia Ibera, quam scit amnis aurifer Tagus] Etiam hic errant Scaliger, & plerique alii, cum hæc de victoria Mundensi accipiunt. Quid Mundæ cum Tago flumine, qui plus quam ducentis passuum millibus abest a Munda? Manifeste hæc intelligenda sunt de præda belli Lusitanici, quod gestum a Cæsare anno urbis DCLXXXXIII. & sequenti. Hæc si adtendisset Scaliger, profecto non instituisset longam istam disputationem de ætate Catulli, in qua nihil omnino est, quod non melius sit tacuisse. Sane ne semel quidem scopum attigit. Hujus porro expeditionis mentio quoque fit in fragmento, quod habeo è libris linteis magistratuum Rom. in quo ad v. Kal. Sept. hæc invenio: *C. Cæsar in Hispaniam ulteriorem ex Prætura proficiscitur, diu prius retardatus à creditoribus.* Ex Prætura nempe urbana, quam per annum gesserat, ut ex Dione cognoscimus.

Quid hunc malum fovetis?] Aliter, *Quid hoc malum fovetis?* & forte concinnius.

Eone nomine urbis opulentissime] Ex superioribus etiam patet, non semper in hoc carmine observari puros jambos. *Opulentissime* hic est tetrasyllabum, idemque patitur quod infra *exules* & *singulum*, ut media syllaba absorbeatur, & fiant disyllaba.

Socer generque perdidistis omnia] Hæc de Cæsare & Pompejo accipienda esse plerique existimant interpretes. Ego vero de Cæsare & Mamurra hæc intelligi malim. Socer generque hic non sunt cognationis, sed nequitiæ nomina. Hæ nempe appellationes exinde forsan originem traxere, quod exoleti plerunque aut fiant aut sint generi. Hoc sensu accipi debet epigramma, quod in Catalectis perperam Virgilio tribuitur, quodque integrius & emendatius hic exhibeo.

Superbe Noctuine, recutitum caput,
Datur tibi puella, quam petis, datur.
Datur superbe Noctuine, quam petis.
Sed ô superbe Noctuine, non vides
Duas habere filias Atilium,
Duas, & hanc, & alteram tibi dari.

Adeste nunc, adeste, ducit ut decet,
Superbus ecce Noctuinus hirneam
Thalassio Thalassio.

Porro quam frequens in canticis hoc seculo fuerit versiculus iste *Socer generque* &c. ex altero quoque constat epigrammate in eundem Noctuinum, quod & ipsum vulgo non recte concipitur.

Socer beate nec tibi, nec alteri,
Generque Noctuine recutitum caput,
Tuone nunc puella talis, heu tuo
Stupore pressa rus abibit, hei mihi!
Ut ille versus usquequaque percinat,
Gener socerque perdidistis omnia.

Calvi videtur esse hoc epigramma. Recutitum caput dicitur illorum, quibus ex crebra percisione seu irrumatione os quasi recutitum esset. *Rus abibit*, hic est, rus fiet, seu plena ruris, ut infra: ex stupore nempe mariti. Porro ut hic soceri generiquc, ita apud Græcos πενθεροῦ & γαμβροῦ accipiuntur appellationes; nam πενθερὸς τίθε(ται) καὶ ἐπὶ τοῦ γαμβροῦ, ut habet Hesychius, & γαμβρὸς etiam dicitur sponsus utrique inserviens sexui. Promiscua sunt hæc vocabula, cum omnis familiaritas & consuetudo omnis, sive nuptiis, sive alia ratione contracta, istis signetur & contineatur nominibus. Græci vocant γαμβρεύειν. Idem itaquc Catullus hoc loco Cæsari & Mamurræ exprobrat, quod poëta quidam apud Eustathium ad H Iliados de rege quodam Libyco salsè satis scripsit;

Βαινόμενος βαίνει, ὅτε νύμφιος, ἄλλοτε νύμφη.

Nempe pro βινόμενος βινεῖ, εὐφημίας ergo.

A D

AD ALFENUM.

ALFENE immemor, atque unanimis falſe ſodalibus: 28
Jam te nil miſeret, dure, tui dulcis amiculi.
Jam me prodere, jam non dubitas fallere, perfide.
Nec facta impia fallacum hominum cælicolis placent,
Quæ tu negligis, ac me miſerum deſeris in malis.
Eheu quid faciant dehinc homines, quoive habeant fidem?
Certe tute jubebas animam tradere, inique me
Inducens in amorem, quaſi tuta omnia mi forent.
Idem nunc retrahis te, ac tua dicta omnia, factaque
Ventos inrita ferre, & nebulas aëreas ſinis.
Si tu oblitus es, at dii meminerunt, meminit Fides.
Quæ te ut pœniteat poſtmodo facti, faciet, tui.

Eheu quid faciant dic homines] Recte legit Statius hoc loco *dehinc*, non *dic*. Non eſt autem dubitandum, quin hoc epigramma ſcriptum ſit ad Alfenum Varum, prius quidem ſutorem, ut ex Horatio conſtat, poſtea vero Juris-conſultum celebrem & poëticæ addictum, de cujus perfidia conqueritur Catullus, contra quam Virgilius, cui hujus plurimum profuit amicitia, uti colligere eſt & ex ipſo Virgilio, & ex Donato, qui vitam ejus ex Suetonio compilavit.

AD SIRMIONEM PENINSULAM.

PENINSULARUM Sirmio, inſularumque 29
Ocelle, quaſcunque in liquentibus ſtagnis,
Marique vaſto fert uterque Neptunus:
Quam te libenter, quamque lætus inviſo,
Vix mi ipſe credens Thyniam, atque Bithynos
Liquiſſe campos, & videre te in tuto.
O quid ſolutis eſt beatius curis?

Quum mens onus reponit, ac peregrino
Labore fessi venimus larem ad nostrum,
Desideratoque acquiescimus lecto.
Hoc est, quod unum est pro laboribus tantis.
Salve, o venusta Sirmio, atque hero gaude,
Gaudete, vosque Lariæ lacus undæ.
Ridete quicquid est domi cachinnorum.

Neptunus uterque] Falluntur interpretes cum mare Superum & Inferum hic intelligi volunt. Sirmionem suam, non tantum horum marium, sed & omnibus omnium marium insulis præfert Catullus. Mare vastum hic est Oceanus. Stagna vero vocat, non lacus solum, sed & quæcunque maria mediterranea, ut passim. Uterque ergo Neptunus, est mare externum, & mare internum, sive Oceanus & mare Mediterraneum, quod Neptuni paret imperio. Varro in Chorographia apud Priscianum lib. III.

Ergo inter Solis stationem & sidera septem
Exporrecta jacet tellus; huic extima fluctu
Oceani, interior Neptuno cingitur ora.

Columella lib. x.

Nunc pater æquoreus, nunc & regnator aquarum
Ille suam Tethyn, hic polluit Amphitriten.

Tethys nempe Oceani conjux, pro ipso mari Oceano sæpe ponitur, unde infra *ultima Tethys*, & alibi cana Tethys pro Oceano. Scio quidem sæpe confundi hæc vocabula, & quibusvis maribus attribui hæc nomina, eruditiores tamen poëtæ, quibus merito annumerandus Catullus, distinguunt, & prout quæque maris partes, diversis subjiciuntur numinibus, ita quoque diversis utuntur appellationibus. Itaque Nereus, Neptunus, Amphitrite, Ægan, Pontus, Portunus, Proteus & complures alii Mediterraneo mari, aut toti, aut partibus ejus, præesse

esse dicuntur. Oceano vero praeest ipse pater Oceanus & conjux ejus Tethys, Atlas, Saturnus, Phorcys, alii. Hinc est quod in multis veterum scriptorum locis nomina haec ponuntur vel pro ipsis numinibus maris, vel pro ipsis maribus, quibus numina haec praesidere credebantur. Ita Atlantem pro ipso mari Atlantico posuit Festus Avienus in tralatione Dionysii.

Terrarumque cavis illabitur arduus Atlas.

Pro eodem mari Phorcyn posuit Manilius lib. v. ubi de Andromeda agit,

——— Sonat undique Phorcys
Atque ipsi metuunt montes scopulique ruentem.

Sic emendamus locum illum ex optimo nostro libro, in quo scriptum invenimus, *sonat undique fortis*. Pessime vulgo legitur *Syrtis*, quae nihil cum Oceano habet commune. Pari ratione idem Manilius libro eodem Portunum posuit, de urinatoribus agens;

——— Nunc aequore mersas
Deducet palmas Portuno remus in ipso,
Nunc in aquas rectus veniet, passumque notabit.

Et hunc quoque locum, jam a viris magnis depositum, sic corrigendum esse libenter, ut opinor, fatebitur, siquis vulgatam lectionem cum hac nostra committat. Sed & non intempestivum videatur, si è Lucretio simile tollamus mendum. Is itaque circa finem libri v. commemorans primorum hominum vitam & mores, hunc quoque habet versum;

Tum mare velivolum florebat propter odores.

Haec est scriptura omnium, nisi fallor, librorum, quam merito docti se non intelligere fatentur. Sic enim puto scripserat Lucretius;

Tum mare velivolum florebat Protei ad oras.

Proteus & ipſe deus marinus, utpote qui primus navigaſſe creditur, unde claues maris eum habuiſſe fabulantur. Hujus tutelæ & imperio, non Carpathium tantum, ſed & Ægyptium & Phœnicium maria ſubeſſe dicebantur. Oræ vero Protei, ſunt oræ in quibus regnabat Proteus, in quibus omnibus navigationem floruiſſe affirmat, etiam antequam literæ eſſent repertæ. Attamen ſiquis in hoc Catulli loco per utrumque Neptunum malit intelligere Neptunum quatenus etiam lacubus præeſt, per me licet. Nam ſane quemadmodum Nymphæ aliæ limniades, aliæ marinæ, ita quoque alter Neptunus qui in ſtagnis & dulcibus aquis, ab eo, qui in mari regnat. Hinc Heſychius; Ἐπιλίμνιος, Ποσειδῶν. Male vulgo Ἐπιλήμνιος.

Gaudete voſque Lydiæ lacus unda] Optimum exemplar quod olim fuit Hieronymi Commelini, legit hoc loco, *Lariæ lacus unda*, quod omnino probum eſſe exiſtimamus. Non enim ad Benacum tantum ſed & ad lacum Larium in Comenſi Colonia domicilium & larem habuit Catullus, ut haud obſcure ex carmine ad Coloniam intelligi poteſt.

AD HISPITILLAM.

30 AMABO mea dulcis Hiſpitilla,
Meæ delitiæ, mei lepores,
Jube ad te veniam meridiatum.
Quod ſi juſſeris, illud adiuvato,
Ne quis liminis obſeret tabellam,
Neu tibi lubeat foras abire:
Sed domi maneas, pareſque nobis
Novem continuas fututiones.
Verum ſi quid ages, ſtatim jubeto:
Nam pranſus jaceo, & ſatur ſupinus
Pertundo tunicamque, palliumque.

Hipſitilla] Scaliger diminutivum eſſe exiſtimat ab Hypſithea, quod tamen nihilo probabilius, quam Turnebi Hoſpitilla. Guyeto placebat

bat Iphitilla ab Iphito. Sed cum Catullus Romanis tantum utatur appellationibus, malui *Hiſpitilla*, quomodo in veteri libro ſcriptum reperi. Hujus, niſi fallor, contractum Hiſpilla apud Plinium juniorem. Forſan quoque ſic ſcripſerat Juvenalis, non Hiſpulla.

Jube ad te veniam meridiatum] Meridiari quid ſit notiſſimum. Græci id vocant μεσημβριάζειν, βρίξαι, ἐνδιάζειν, quæ pleraque accipiuntur pro requie & ſomno poſt prandium, ἐπὶ σιτίων πέψει ut loquitur Euſtathius. Mos iſte ſolennis omnibus gentibus & omnibus ſeculis, præſertim diebus æſtivis, & quamvis ignotus Homericis poſſit videri heroibus, qui ſtatim a prandio ſe exercebant, ἅμα δαῖς, ἅμα ἄεθλοι, excipiendus tamen Agamemnon, quem meridiari ſolitum fuiſſe, non male ex hoc colligas Homeri loco, ἔνθ' οὐκ ἂν βρίζοντ' ἴδοις Ἀγαμέμνονα δῖον. Hinc forſan lactucæ Cypriæ genus, puniceis præditum foliis, dictum Ἀγαμεμνόνη. Sic enim lactucam appellari docet Heſychius. Eadem quoque dicta βρὶξ & βρένθιξ, ut ex eodem, & Athenæo conſtat. Notum vero omnes lactucas ad inducendos facere ſomnos.

Ne quis liminis obſeret tabellam] Accipiunt hoc nonnulli de peſſulo, alii de ligneis repagulis quibus fores exterius ſepiuntur. Neutrum bene. Tabella liminis eſt ipſa janua, more Græco qui θύραν, σανίδα vocant. Pollux Αἱ μὲν οὖν θύραι καὶ σανίδες καὶ πτύχες ὀνομάζονται.

Nam pranſus jaceo] Supinitatis id nempe indicium, unde Varro apud Servium, *in lecto temulentos jacere, ſobrios cubare conſueſcere.* Quod vero ſequitur, *pertundo tunicamque palliumque*, id Græci eleganter dicunt πέπλον κρούειν.

IN VIBENNIOS.

O furum optime balneariorum 31
Vibenni pater, & cinæde fili:
Nam dextra pater inquinatiore,
Culo filius eſt voraciore:

Quur

Quur non exilium, malasque in oras
Itis? quandoquidem patris rapinæ
Notæ sunt populo, & natis pilosas,
Fili, non potes asse venditare?

Nam dextra pater inquinatiore] Conjectura Guyeti est *uncinatiore*. Ego vulgatam lectionem retineo. Sic apud Ciceronem *manu læva*, in depeculatorem, cujus manus turpibus & sordidis furtis erant inquinatæ.

SECULARE CARMEN AD DIANAM.

72 DIANÆ sumus in fide
Puellæ, & pueri integri:
Dianam pueri integri,
Puellæque canamus.

O Latonia maximi
Magna progenies Jovis,
Quam mater prope Deliam
Deposivit olivam,

Montium domina ut fores,
Silvarumque virentium,
Saltuumque reconditorum,
Amniumque sonantum.

Tu Lucina dolentibus
Juno dicta puerperis:
Tu potens Trivia, & notho es
Dicta lumine luna.

Tu cursu, dea, menstruo
Metiens iter annuum,

Rustica agricolæ bonis
Tecta frugibus exples.

Sis quocunque tibi placet
Sancta nomine, Romulique
Ancique, ut solita es, bona
Sospites ope gentem.

Carmen hoc scriptum esse a Catullo ludis secularibus factis anno urbis DCCXXXVII. C. Furnio & C. Junio Silano Coss. quando & Horatius suum seculare edidit carmen, adstruere conatur Ios. Scaliger in Eusebianis animadversionibus ad annum MDCCCCLX. Verum longe id secus se habet, totis quippe triginta quinque annis antea jam Catullus obierat. Istud quidem negari non debet, Catullum non trigesimò ætatis anno vivere desiisse, ut habet Eusebii vel potius Hieronymi Chronicon, cum & Britanniæ à Cæsare subactæ meminerit Catullus, & ex Suetonio constet illum reconciliatum fuisse Cæsari, postquam jam magna Cæsaris in Rep. esset autoritas; sed vero illum potuisse spectare seculares ludos sub Augusto, & supervixisse Virgilio, utique absurdum fuerit. Nullus scriptorum qui sub Augusto floruere, Catulli tanquam viventis mentionem facit, & ipsa Catulli, quæ supersunt, scripta, nihil continent quod non præcesserit bellum civile Cæsaris & Pompeii. Quod vero ludum attinet secularem, quem hic memorat Catullus, illum omnino de eo intelligendum esse existimo, qui proculdubio celebratus fuit anno urbis DCC vel DCCV. Hoc sic efficitur. Licet olim discrepantes admodum fuerint sententiæ de tempore celebrationis hujus ludi, qui peractis tribus ætatibus, ut testatur Herodianus, instaurari debebat, ætatum vero spatia non eadem ratione subducerentur, cum uni ætati seu γενεᾷ alii XXXIII, alii XXXV, quidam etiam plures annos adsignarent, unde factum est, ut longissimæ vitæ humanæ complures annos centum, alii centum & quinque, nonnulli etiam centum & decem annos adscriberent: vicisse tamen videtur eorum sententia, qui humanam vitam seculo sive centum annis terminarent, eoque peracto spatio ludos seculares institui debere crederent. Ex horum itaque sententia ludi seculares celebrati fuere anno Urbis CCCV, CCCCV, DV, ac denique DCV, ut ex Censorino & aliis colligi potest. Claudius Cæsar annis quinque anticipavit præfatum ordinem, quippe cum anno urbis DCCCV ludi isti ritu majorum instituendi essent, voluit nihilominus ut completo exactè octavo seculo indicerentur. Idem factum nono & decimo seculo. Hinc facile perspici potest etiam septimo seculo ludos istos recurrisse, sive illi celebrati fuerint exacto præcise seculo septimo, ut postea Claudio Cæsari placuit, sive quinquennio serius more antiquo, quod tamen minus mihi videtur probabile, cum ante bellum civile libellum suum ediderit, &, ut puto, vivere desierit Catullus noster. Cum vero Augustus eumque secutus Domitianus aliter tempora subducerent, hinc factum, ut eodem seculo bis celebrati fuerint ludi seculares, quod ipsum quoque antea non semel contigisse ex multis veterum testimoniis facile conficitur. Satis, ut puto, hinc patet quantum erraverit Scaliger, cum Catullum septuagenario majorem obiisse scribit. In qua sententia hoc inprimis absurdum, quod si Catullum usque ad ludos seculares Augusti vixisse putemus, illud omnino sequatur, ut ex judicio Cornel. Nepotis Julius Calidius melior poëta fuerit Virgilio & Horatio, quorum prior obiit biennio ante ludos, alter sexennio tantum supervixit. Verba ipsius Cornelii in vita Attici hæc sunt; *Idem L. Julium Calidium, quem post Lucretii Catullique mortem, multo elegantissimum poëtam nostram tulisse ætatem vere videor posse contendere* &c. Ut vero ætati Catulli annos XXXV, ita quoque ætati Lucretii annos XLIV. idem addidit Scaliger, utpote quem in Eusebianis natum scribat C. Lælio Sapiente & Q. Servilio Cæpione Coss. anno urbis DCXIV, unde sequeretur Lucretium vixisse annis LXXXVIII, cum tamen constet illum anno ætatis quadragesimo quarto mortem sibi conscivisse. Vide quanti errores à magnis sæpe committantur viris. Non tamen incessenda est hoc nomine eorum fama, nec carpendi quod, dum ardua literarum conscendant culmina, nonnunquam præcipites eant, cum magnæ & illustres animæ, quanto fortius terræ affligantur, tanto sæpe altius resurgant. Non metuunt istiusmodi casus vilia & plebeia quorundam nostri seculi grammaticorum ingenia, quibus ne labantur tutissimum videtur humi semper reptare, & eos qui sublimi versantur maledictis lacessere, ac si subjectis capitibus turpiter illudendi deesset facultas. Porro ut quæ dixi clarius patescant, apponam tabellam quæ singula temporum spatia declaret.

Anni

Anni V. C.

645. Atticus naſcitur.
648. Cicero naſcitur.
656. Lucretius poëta naſcitur.
668. Catullus naſcitur.
684. Virgilius naſcitur.
689. Horatius naſcitur.
699. Lucretius poëta moritur, ut habet ſcriptor vitæ Virgilianæ, licet Hieronymus triennio fere ſerius obiiſſe ſcribat.
700. Ludi ſeculares celebrantur.
704. Vel hoc, vel ſequenti anno, Catullus obiit.
705. Bellum civile inter Cæſarem & Pompejum incipit.
710. Cædes Cæſaris.
711. Cicero occiditur. Ovidius naſcitur.
722. Atticus moritur.
735. Virgilius moritur.
737. Ludi ſeculares ſub Auguſto.
746. Horatius moritur.

Pueri integri] Horatius pueros vocat necdum virum expertos, ubi mira est simplicitas commentatoris Antwerpiensis, qui nescire se fatetur, quinam illi sint. Ἠΐθεους vocant Græci. Varro περὶ ἐξαγωγῆς, apud Nonium, pueros appellat devirginatos, *Quam sympathiam lumbi ad oculos haberent, quid imaginem interesset, puerum utrum essem devirginatum visurus, an μόνους ἔρωτας puros, dum cogito.* Ita expurgavimus locum hunc Varronis ope libri veteris, sensu claro & manifesto.

Quam mater prope Deliam deposivit Olivam] Contendunt mythologi utrum palma, an vero oliva fuerit ad quam Latona pepererit, cum discrepent veterum testimonia. Sed quæstionem eam solvere videtur Ælianus, qui utramque nominat arborem, quam apprehenderit Latona, ita ut altera manu oleam, altera palmam presserit, idque fortiter prout solent plerique qui in dolore versantur, & præcipue mulieres dum pariunt. Plutarchus tamen Bœotos adfirmasse scribit, non in Delo insula, sed ad Delum Bœotiæ montem hæc contigisse, idque non inter duas arbores, sed inter duos fluvios, quorum hic Palma, alter Oliva vocaretur. Vide illum in Pelopida.

Tecta frugibus exples] More Græco, & præsertim Asiatico, quibus Diana & Ceres est eadem, quod vel ex cognominibus, quæ eadem sunt, palam fit. Nam & Ευλακία sive Αυλακία dicta, quod arationi præsit, & Αἰκλία seu Εὐκλία quod opimas largiatur epulas, & [illegible] ob affluentiam, & Παμμενῶ quod omnes pascat. Male pro eo Πάμμενον legas apud Hesychium, ut recte observat doctissimus Thomas Bruno. Eadem quoque de causa dicta Ομπνία. Notum enim quid sint ὄμπναι & ὀμπνιχαὶ δαῖτες. Hinc ὀμπνεῖν largis indulgere dapibus, unde ὀμπνηλεχὴ Ciceroni VIII. Famil. Epist. I. *Ego qui scirem Q. Pompejum Baulis ὀμπνηλεχὴν facere, & usque eo, ut misererer ejus esuriei.* Male vulgo *embaneticam* legas. Bauli olim erat taberna & diversorium totius Campaniæ affluentissimum. Ibi Pompejus corpus largis curabat dapibus, unde Cicero dicit se misereri ejus, utpote qui tantum esuriat.

Sis quocunque tibi places Sancta nomine] Hæc dicit quia pauca tantum recenseat Dianæ cognomenta, cum tamen infinita sint illa. Est quippe Diana dea μυριώνυμος, æque ac Isis.

Raptu-

Romulique antiquam, ut solita es, sospites ope gentem.] Non male Scaliger *Ancique* reposuit, cum libri veteres habeant *antique*, non *antiquam*. Et sane Ancus rex conditoribus Romani nominis præcipue acœnseri meretur, unde Ennio *bonus Ancus*.

CÆCILIUM INVITAT.

POETÆ tenero meo sodali 33
Velim Cæcilio, papyre, dicas:
Veronam veniat, Novi relinquens
Comi mœnia, Lariumque litus.
Nam quasdam volo cogitationes
Amici accipiat sui, meique.
Quare si sapiet, viam vorabit,
Quanvis candida millies puella
Euntem revocet, manusque collo
Ambas injiciens roget morari:
Quæ nunc, si mihi vera nunciantur,
Illum deperit impotente amore.
Nam quo tempore legit inchoatam
Dindymi dominam: ex eo misellæ
Ignes interiorem edunt medullam.
Ignosco tibi Sapphica puella,
Musa doctior; est enim venuste
Magna Cæcilio inchoata mater.

Nam quo tempore legit incohatam] Ita accipiendum quemadmodum apud Virgilium,

—— —— *Nocturnas incohat aras.*

Incohare verbum sacrorum notarque, perficere & consummare. Est autem a Græco κοᾶν vel κοιᾶν. Hesychius, κοιᾶται, ἱερᾶται. Idem Κοίης, ἱερεὺς Καβείρων, ὁ καθαίρων φονέα. οἱ δὲ κόης.

κοιόλης idem, quæ omnia possint videri orta ab Hebræo כהן. Hinc quoque θυοσκόος. Porro ut apud Latinos incohare geminam habet significationem, ita quoque apud Græcos ἐγκοιᾶν. Nam & ἔγκοιος idem est quod ἔγκυος, & κοιοφόρος idem quod κυοφόρος, id est ἔγκυος.

Sapphica puella] Sic vocat amicam Cæcilii, quam dicit esse Musa doctiorem; id est, ipsa Sappho. Nam Sappho dicta Musarum decima. Ausonius;

Lesbia Pieriis Sappho soror addita Musis,

Εἰμ' ἐνάτη λυρικῶν, Ἀονίδων δεκάτη.

Ita ex vestigiis veteris editionis legit frater meus Gerardus.

IN ANNALES VOLUSII.

ANNALES Volusi cacata charta,
Votum soluite pro mea puella.
Nam sanctæ Veneri, Cupidinique
Vovit, si sibi restitutus essem,
Desissemque trucis vibrare jambos:
Electissima pessimi poëtæ
Scripta, tardipedi deo daturam
Infelicibus ustulanda lignis.
Et hæc pessima se puella vidit
Joco se lepide vovere divis.
Nunc ô cæruleo creata ponto,
Quæ sanctum Idalium, * Uriosque apertos,
Quæque Ancona, Cnidumque arundinosam
Colis, quæque Amathunta, quæque Golgos,
Quæque Durachium Adriæ tabernam:
Acceptum face, redditumque votum,

Si

Si non inlepidum, neque invenustum est.
At vos interea venite in ignem
Pleni ruris, & inficetiarum
Annales Volusi cacata charta.

Annales Volusi cacata charta] Idem de annalibus Tanusii olim dicebatur. Seneca Epist. XCIII. *Et paucorum versuum liber est & quidem laudandus atque utilis. Annales Tanusii scis quam ponderosi sint & quid vocentur.* Ita reformandus hic locus ex optimo meo libro, in quo legitur *non derosi*. Itaque non est ut eam vocem suspectam habeamus.

Quæ sanctum Idalium Uriosque apertos] Nec Scaligeri lectio legentis *Uxios*, nec Statii invitis etiam syllabarum modulis substituentis *Arios* succedunt hoc loco, cum Uxiorum & Ariorum terræ undique montibus includantur. Nihilo meliores sunt Turnebi, Leopardi & aliorum conjecturæ, quæ præterquam quod ab omni abhorreant veri similitudine, etiam syllabarum repugnant quantitati. Omnino Catullus sic scripserat,

Quæ sanctum Idalium Syrosque apertos.

nam & Sappho, cujus imprimis studiosus fuit hic noster, ex Cnido, Syria, & Cypro Venerem advocavit, uti docet Menander Rhetor, in eo quod περὶ κλητικῶν ὕμνων scripsit capite. Error exinde provenit quod cum initiales literæ tam versuum, quam nominum propriorum soleant minio aut croco notari, illæ autem a librariis sæpe aut negligantur, aut licet appingantur vetustate nihilominus evanescant; factum sit ut *urosque* hoc loco in vetustis legatur libris pro *Surosque*, quod cum passim in Catullo, tum in hoc ipso quoque contigit epigrammate, ut cum *electissima* plerique libri habent, pro *selectissima*, & *alcos* vel *olcos* pro *Golgos*. Syros vero apertos vocat hoc loco Catullus Syros superiores, id est Assyrios. Justinus lib. I. *Assyrii, qui postea Syri dicti sunt.* Assyriorum vocabulum longe vetustius esse nomine Syrorum, etiam è sacris constat literis. Sed vero Romani & Græci posteriores Assyriam Syriæ accensent, Phœnicen quippe & alias provincias mari vicinas Syriam nominant inferiorem:

rem; Assyriam vero seu Babyloniam iidem appellant Syriam superiorem. Perperam itaque viri docti Justinum reprehendunt, ac si contrarium dicere debuisset. Quare vero Syros id est Assyrios apertos hoc loco vocet Catullus, causam pro me dicat Cicero primo de divinatione haud procul initio; *Principio Assyrii, ut ab ultimis auctoritatem repetam, propter planitiem magnitudinemque regionum, quas incolebant, cum cœlum ex omni parte patens atque apertum intuerentur, trajectiones motusque stellarum observaverunt.* Per Venerem Assyriam perinde fuerit utrum intelligas, cœlestem de qua Herodotus, seu Anaitin, cujus cultus à Persis propagatus ad Assyrios ac reliquas ditionis Persicæ gentes, seu denique Atergatin quæ & Derceto; nam hæc etiam Babyloniorum quondam fuit dea. Manilius lib. v.

Scilicet in piscem sese Cytherea novavit,
Cum Babyloniacas summersa profugit in undas
Anguipedem alatos humeros Typhona ferentem.

Idem postea eodem libro;

Piscibus Euphrates datus est, ubi pisce sub atro
Quum fugeret Typhona Venus subsedit in undis.

Sic emendavimus hunc depositum Manilii locum ope optimi nostri exemplaris.

Colis quaque Amathunta quaque Golgos] In libris fere *Colchos* invenias, non *Golgos*. Nec inficeta possit videri hæc lectio, cum propter insignem mulierum formam nulla toto terrarum orbe sit regio, cui Venus magis favisse videatur: testis sit non Medea solum, sed & Hippocrates scripto de aëre, aquis & locis, qui Colchicarum mulierum pulchritudinem mirifice commendat. Nostro quoque & superioribus seculis quæ Turcorum & Persarum monarchis præcipue in deliciis sunt, majoremque gynæcei constituunt partem, è Colchide & ex Circassia vicinoque huic Georgiano tractu à mangonibus adducuntur pellices. Verior est tamen ea, quam exhibuimus, lectio, pro qua stant non Theocritus tantum, sed & præcipue Sappho, quam ubique noster hic fideliter exprimit.

Cnidumque arundinosam] Ovidius Cnidum piscosam vocat, sed hoc nihil ad arundines, cum loca piscosa esse possint etiam ubi nullæ nascantur arundines. At vero qui calamos Cnidios commendat, & quidem præ cæteris, is est Plinius libro XVI. cap. XXXVI, cum scribit probatissimos calamos provenire Gnidi, & circa Anaiticum lacum, sic dictum ab Anæa, quæ & ipsa est Cariæ oppidum Cnido vicinum.

Dyrrachium Adriæ tabernam] Non sine causa Dyrrachium sic vocat. Illyriis quippe, omnibusque Adriaticum mare accolentibus commune erat hoc emporium. Quippe cum Apolloniæ vicinisque urbibus interdicta esset exteris habitatio, Dyrrachii seu Epidamni quibusvis & habitare & mercaturam exercere erat licitum, ut docet Ælianus Var. lib. XIII. cap. XVII. Huc accedit, quod cum omnibus fere è Græcia Macedoniaque Romam tendentibus per Dyrrachium esset transitus, utpote ubi brevissimus in Italiam sit trajectus, necesse sit exterorum plenam semper fuisse hanc civitatem. Pari ratione Egnatiam, vicinum Brundusio oppidum, commune advenarum in Græciam proficiscentium diversorium vocat Strabo, utpote unde æque, atque à Brundusio, brevissimus ad Dyrrachenos esset transitus, ita ut hic locus celebris viæ Egnatiæ, quæ totam secat Macedoniam, caput & principium possit videri.

Pleni ruris] De hoc loquendi genere superius diximus. Huic contrarium μαστὸς Συβαρίδος. Vide Adagia.

AD CONTUBERNALES.

SALAX taberna, vosque contubernales,
A pileatis nona fratribus pila,
Solis putatis esse mentulas vobis?
Solis licere, quicquid est puellarum
Confutuere, & putare cæteros hircos?
An, continenter quod sedetis insulsi
Centum, aut ducenti, non putatis ausurum
Me una ducentos irrumare sessores?
Atqui putate, namque totius vobis

Frontem tabernæ sopionibus scribam.
Puella nam modo quæ meo sinu fugit,
Amata tantum, quantum amabitur nulla,
Pro qua mihi sunt magna bella pugnata,
Consedit istic. hanc boni, beatique
Omnes amatis: & quidem, quod indignum est,
Omnes pusilli, & semitarii mœchi.
Tu præter omnis une de capillatis
Celtis perosæ Celtiberiæ fili
Egnati, opaca quem facit bonum barba,
Et dens Hibera defricatus urina.

Vosque contubernales] Non recte contubernales intelligi hoc loco volunt de scurris & perditis hominibus, quales in popinis & tabernis ut plurimum versantur, nam & in bonam partem accipitur hoc vocabulum apud ipsum quoque Ciceronem & alibi passim, pro eo, qui sub eodem versatur tecto. Hinc Petronius allucitas, id est culices, ut volunt, contubernales suos vocat. *Nam contubernales me allucitæ molestabant.* Vulgo inepte legitur *nam centum vernales.* Ego vero allucitas hic interpretor, non culices, sed illos qui officia lucis noctisque pervertunt, qui in tenebris vivunt & interdiu stertunt, cujusmodi hominum genus M. Cato antipodas vocabat, ut est apud Senecam epist. CXXII. Dicuntur vero allucitæ vel alucitæ a privativa particula *a* vel *ab* & *luceo*, unde & alucinari vel allucinari quasi ablucinari quidam dici existimant. Pari ratione aves nocturnas alucos veteres vocarunt. Philoxeni glossæ; Νυκτικόραξ, *alucus*, *bubo*. Sed & Servius ad VIII. Eccl. *Vlula aves* ἀπὸ τοῦ ὀλαλύζειν, *id est a fletu nominatæ, quas vulgo alucos vocant.* Sic lege, non *ulucos*, ut vulgo.

A pileatis nona fratribus pila] In vetustis nummis Castores semper pileati visuntur apposita supra pileum stella. Constat vero apud Spartanos pileum non libertatis tantum, uti apud Romanos & Macedonas, sed & nobilitatis fuisse indicium. Itaque & Ulysses in Ithacensium nummis pileatus exprimitur, quod propter conjugem Penelopen, quæ Lacæna fuit, civitate donatus, & Spartanæ insertus fuerit nobilitati.

litati. Primus qui hoc Ulyssem expresserit habitu, Plinius dicit fuisse Nicomachum Aristodemi filium. Sed scholia mea antiqua, & ex illis Eustathius ad K Iliados, Apollodorum sciagraphum primum ita pinxisse Ulyssem affirmant. Mirum est quod scribit Herodianus, qui perperam vulgo dicitur Erotianus, cum in dictionibus Hippocraticis σκιᾶς χάριν pileatos fuisse dicit Laconas. Veteres quippe nummi & Scriptores complures testantur pileos istos Dioscororum fuisse instar dimidiati putaminis ovi, ut non immerito exinde possit videri conficta fabella natalium Castoris & Pollucis, veluti qui toti ex ovo dissecto, id est ex pileolis quæ gestant, prodire videantur; pari fere loquendi formula atque in Anthologia de hippocentauris legas, ἵππος ἀπεπέρδεται ἄνδρα, βρότος δ' ἀποπέρδεται ἵππον. Sed tamen ne putemus Herodianum errasse & pileum Laconicum confudisse cum pileo seu petaso Thessalico seu Macedonico, notandum vocem πίλου accipi & pro simplici pileo, qui è lana coacta erat contextus, & simul pro galea, quæ istiusmodi contineret pileum, & hinc est quod Græci magistri omnem galeam dicant esse πῖλον ἰδιαλῦν. Nec vero simile est galeas seu pileos Spartanorum bellicos margine caruisse, præsertim qua fronti imminerent. Observandum quoque, quamvis Vulcanus semper pileatus exprimatur, tamen in nummis Liparæorum utroque habitu visendum occurrere, & simpliciter pileatum, & alias galeatum, uti videre est in nummis Siculis Philippi Parutæ.

Namque totius vobis Frontem tabernæ scipionibus scribam] Alii *titionibus* reposuerunt, pro eo quod in veteribus legitur libris *scorpionibus*, aut *sopionibus*. Scripserat forsan Catullus *sopironibus*. Ζωπύρους & ζώπυρα quid Græci vocent notissimum. A ζώπυρος seu ζώπυρον est amplificativum ζωπύρων, ut a γνάθος γνάθων, βλέφαρον βλεφάρων, χεῖλος χείλων & sexcenta similia. Hinc sopirones mutato Z in S more veterum Latinorum, quibus ignota erat prior litera, ut & Velius Longus & plerique veteres testantur Grammatici. Hinc quoque Ζωπυρίων *un boutefeu*, vilissimi mancipii nomen, ut docet Lucianus in scripto de mercede conductis. Sed tamen ampliato judicio, magis probamus, ut retineatur *sopionibus*, quomodo in melioribus libris scriptum invenimus. Sopiones

 sunt

sunt extincti aut sopiti carbones, idem quod ζώπυρα. A sopio autem prima producta, ut sæpe, recte & analogice sopiones formari, nemo qui Grammaticorum libros triverit, inficias, ut puto, iverit. Emendandus quoque Petronius; *Ancilla totam faciem fuligine longa perfricuit & non sentientis labra humerosque sopionibus pinxit.* Vulgo legebatur *sopitionibus*, quæ lectio multum exercuit eruditos.

Puella namque quæ meo sinu fugit] In duobus vetustis exemplaribus invenimus, *Puella nam modo quæ meo sinu fugit*, quam lectionem retinendam puto.

Cuniculosæ Celtiberiæ fili] Sic quidem correctores, & quidem satis speciose; sed apud Priscianum in plerisque manu exaratis libris, idque duobus aut tribus in locis, legitur *Celtiberosæ Celtiberiæ fili*, quemadmodum etiam legebatur in eo Bibliothecæ Palatinæ libro quo usus est Commelinus, unde nuper in Castigationibus ad Melam fecimus, *Celtis perosæ Celtiberiæ fili*.

AD CORNIFICIUM.

Male est, Cornifici, tuo Catullo,
Male est mehercule, & laboriose:
Magisque, & magis in dies, & horas.
Quem tu, quod minimum, facillimumque est,
Qua solatus es adlocutione?
Irascor tibi. sic meos amores?
Paulum quod juvet adlocutionis,
Mœstius lacrimis Simonideis.

Paulum quidlubet allocutionis] Libri veteres habent *quid jubet*, unde, ut sensus constet, fecimus *quod juvet*. Indignatur Cornificio quod jejuna nimis allocutione se in magna constitutum tristitia solatus fuerit, ac si amores ejus parvifaceret. Cum enim aliquod doloris levamen percipere soleant homines, quando alios vident συμπάσχοντας, ea propter petit, ut Cornificius officio humanitatis satisfaciat, & non pedestri aut humili aliqua allocutione, sed præclara aliqua elegia, quæ

sic

sit instar næniarum Simonidis, quidpiam dolori suo afferat solatii. Scaligeri interpretatio non placet, nec sensui convenit, cum Simonidem in rerum tristium commemoratione excelluisse constet. Sane Basilius Magnus Epist. CCCLXXIX. ad Martinianum, hac in parte uni eum postponit Æschylo; Σιμωνίδου ὄντως ἤ τινος τοιούτου μελοποιοῦ ἐδεόμεθα, ἐναργῶς εἰδότος ἐπιστενάζειν τοῖς πάθεσι. καί τοι τί λέγω Σιμωνίδην, δέον Αἴσχυλον εἰπεῖν, ἢ εἰ δή τις ἕτερος παραπλησίως ἐκείνῳ συμφορᾶς μέγεθος ἐναργῶς διαθέμενος μεγαλοφώνως ὀδύρεται; Hinc Cea nænia Horatio.

AD EGNATIUM.

EGNATIUS, quod candidos habet dentis, 37
Renidet usque quaque: si ad rei ventum est
Subsellium, quum orator excitat fletum,
Renidet ille: si pii ad rogum filii
Lugetur, orba quum flet unicum mater,
Renidet ille: quicquid est, ubicunque est,
Quodcunque agit, renidet. hunc habet morbum
Neque elegantem, ut arbitror, neque urbanum.
Quare monendus es mihi. bone Egnati,
Si urbanus esses, aut Sabinus, aut Tiburs
Aut pastus Umber, aut obesus Hetruscus,
Aut Lanuvinus ater, atque dentatus,
Aut Transpadanus, ut meos quoque attingam,
Aut quilibet, qui puriter lavit dentis:
Tamen renidere usque quaque te nollem.
Nam risu inepto res ineptior nulla est.
Nunc Celtiber in Celtiberia terra
Quod quisque minxit, hoc solet sibi mane
Dentem, atque russam defricare gingivam.
Ut quo iste vester expolitior dens est,
Hoc te amplius bibisse prædicet lotii.

Renidet] Renidere idem dicunt esse Grammatici, quod subridere, μειδιᾷν, quod medium est inter hilarem, & tristem seu tetricum risum. Itaque μειδίασμα austerum & ἠρεμαῖον γέλωτα reddunt. Sed profecto melius hoc verbum interpretatur Catullus, quam Grammatici.

Seu ad rei ventum est.] Diphthongum *seu* putant hic absorberi à sequente vocali. Sed profecto tales synecphoneses apud Latinos non inveniuntur. Libri veteres habent; *Sed ad rei ventum est*, & paulo post, *si ad pii rogum filii.* Profecto sic scripserat Catullus;

—— —— Si ad rei ventum est
Subsellium, cum orator excitat fletum,
Renidet ille; si pii ad rogum filii &c.

Aut parcus Umber] Libri veteres habent *partus.* Scaliger ad Varronem ostendere conatur legendum esse: *Aut porcus Umber.* Sed profecto scripsit Catullus; *Aut pastus Vmber.* Vide quæ ad hunc locum annotavit Scaliger, & fatebere veriorem esse hanc, quam reddimus, lectionem, ac sit ea quam ipse substituit. Glossæ Philoxeni; *Pastus* πιμελὴς, λιπαρός. Gulæ ac ventri addictos fuisse Umbros docent Dionysius Halicarnassensis, & Athenæus, qui ἁβροδιαίτους, & Virgilius & Persius, qui Umbros vocant pingues. Recte quidem Scaliger reprehendit eos, qui ex Plutarchi Symposiacis ostendere conantur, Umbros parcos fuisse: sed idem non minus peccat, cum ὀμβρικὰς δαῖτας accipit de cœnis catulorum & ferarum, quia nempe illa ὀμβρίκια vocentur, quod tamen aliter se habet; ita quippe vocatur genus ovium Libycarum. Præterea apud Plutarchum pro ὀμβρικὰς δαῖτας scribi debere Ὁμηρικὰς δαῖτας libenter agnoscet, qui Homerum triverit. Cæterum in hoc Catulli loco possit quoque legi, *Aut fartus Vmber*, sed alterum, nisi fallor, verius.

Aut Lanuvinus ater atque dentatus] Lanuvinos hoc nomine notatos fuisse, quod illis dentes & os rostri instar prominerent, colligo etiam è loco Lucilii apud Nonium; *Bronci sunt producto ore & dentibus prominentibus. Lucilius Sat. Lib.* III. *Broncus novilanus dente adverso*

verso eminulo hic est rhinoceros. Sic habet liber noster optimus, sic quoque in suis reperit Turnebus. Transpositæ nempe sunt literæ & pro *novilanus* legendum *Lanovinus.* Duas priores hujus vocabuli syllabas esse ancipites, monere, ut puto, non est opus.

Aut quilibet qui puriter lavit dentes] Si in iis, inquit, natus esses populis, qui vel suapte natura, vel propter crebra sacrificantium convivia, æquo plus ventri indulgent, ac propterea sæpius os aqua colluunt pura; adeo tamen frequens & intempestiva dentium ostentatio, res esset perquam inepta: nunc vero multo id ipsum magis ridiculum debet videri cum sis Celtiber, & quidem ex ipsa Celtiberia, terra famelica, ubi non puriter, ut in prædictis locis, sed obscenum in modum dentium student nitori, abluendo os & gingivas lotio matutino. Quod vero Egnatium vocet Celtiberum ex ipsa Celtiberia, id ideo facit, quoniam Celtiberorum nomen longe olim latius patebat, quam Celtiberia. Quam parci vero & sobrii veteres fuerint Iberi, vel ex eo satis liquet, quod Athenæus affirmet omnes Iberos, quamvis divites essent, solam potasse aquam, & solos semper cœnasse. Eosdem lotio solitos fuisse lavare dentes, faciem, ac reliquum corpus, sanitatis, ut inquiebant, gratia, ex Diodoro Siculo & Strabone constat.

AD RAVIDUM.

QUÆNAM te mala mens, misselle Ravide,
Agit præcipitem in meos jambos?
Quis Deus tibi non bene advocatus,
Vecordem parit excitare rixam?
Anne ut pervenias in ora volgi
Cuivis qualibet esse notus optas?
Eris: quandoquidem meos amores
Cum longa voluisti amare pœna.

Quidvis? quæ lubet, esse notus optas] Rescripserim *Cuivis qualibet esse notus optas?* Qualibet via seu ratione cuivis notus esse optas.

DE SCORTO MAMURRÆ.

39 AIN. ſana puella defututa
Tota millia me decem popoſcit?
Iſta turpiculo puella naſo,
Decoctoris amica Formiani?
Propinqui, quibus eſt puella curæ,
Amicos, medicoſque convocate.
Non eſt ſana puella. nec rogate
Qualis ſit. ſolet ἐκμαγείου ὄζειν.

Ab me an illa puella] Et hic quoque miſere ſe torquent interpretes, nec tamen quidquam proficiunt. In pleriſque veteribus libris legitur *Amcana* vel *Ameana*, quemadmodum etiam teſtatur Achilles Statius. Noli dubitare quin ſic ſcripſerit Catullus;

Ain ſana puella defututa
Tota millia me decem popoſcit?

Ipſe Catullus confirmat hanc lectionem, cum mox ſubjicit, *Non eſt ſana puella.* Eſt autem antiptoſis, ut ſupra, *Ait fuiſſe navium celerrimus*, & Virgilius,

—— ſenſit medios delapſus in hoſtes.

Solet hac imaginoſum] Et hæc quoque lectio mirifice viros doctos exercuit, cum & ſenſu careat & ne quidem ſit Latina. Liber Vaticanus, *Solet hac maginoſum.* Scribe;

—— —— nec rogate
Qualis ſit, ſolet ἐκμαγείου ὄζειν.

Ab ἐκμάττω ſeu ἐκμάσσω, abſtergo, ἀποσπογγίζω, fit ἐκμαγεῖον, mantile, ſpongia, & quælibet res, qua quid abſtergimus, aliquando etiam quodlibet retrimentum. Prior ſignificatio notior

tior & frequentior est apud Grammaticos, quibus ἐκμαγεῖον & μαγδαλία idem notat, nempe massam farinæ fermentatæ & aqua maceratæ, qua peractis cœnis manus abstergebant, quamque deinceps canibus objiciebant. In Glossis veteribus ἐκμαγεῖον *tergorium* exponitur vel *tersorium*, utrumque enim dixere veteres. In Glossis vero Dosithei ἐκμαγεῖον *mantile*, χειρεκμαγεῖον *mappa*, & ποδεκμαγεῖον *pedale* redditur. Manifeste vero pro spongia accipitur apud Platonem in Timæo, cum lienem excrementorum hepatis receptaculum esse docet. Verba ejus postquam de hepate egit hæc sunt. Ἡ δ' αὖ τοῦ γείτονος αὐτῷ ξύστασις καὶ ἕδρα σπλάγχνου γέγονεν ἐξ ἀριστερᾶς, χάριν ἐκείνου, τοῦ παρέχειν αὐτὸ λαμπρὸν ἀεὶ καὶ καθαρὸν, οἷον κατόπτρῳ παρεσκευασμένον καὶ ἕτοιμον ἀεὶ παρακείμενον ἐκμαγεῖον. *Vicini visceris* (lienis nempe) *constitutio & sedes est ad sinistram, idque ea gratia, ut jecur semper splendidum sit ac purum, & ut huic inserviat tanquam spongia parata & promta detergendo, cui apposita est, speculo.* Ita vertenda erant verba Platonis, quæ non malè tantum, sed & ridicule interpretes plerique reddidere, ac si præclarus ille Philosophus lienem vocasset speculum seu simulacrum hepatis. Est enim notum veterum specula, non è vitro, uti hodierna fere omnia, sed pleraque metallica fuisse, ac proinde crebra tersione opus habuisse. Hinc νεόσμηκτον ἔσοπτρον quod Hesychius interpretatur τὸ νεωστὶ καθαρθὲν κάτοπτρον. Nec spongia tantum qua leviter tantummodo abstergerentur, sed & pumix olim speculis appendebatur, ut nempe si longo & diuturno situ scoriam aut æruginem contraxissent denuo polirentur, quod manifestum ex loco Tertulliani de pallio, ubi dicit Omphalen sibi fecisse coronam ex sagittis Herculis, deterso prius sanguine, beneficio pumicis, qui speculo inserviebat. Miror doctissimum interpretem hic hæsisse, & nescisse coronas ex sagittis fieri solitas. Cum tamen id ipsum satis constet è Plinio. Sed & Claudianus;

Et gens compositis crinem vallata sagittis.

Hinc quoque est quod Lucianus Æthiopibus capillos vicem pharetræ præstare scribat. Herculis vero sagittæ eo ornandis Omphales comis

mis erant aptiores, quod breves admodum eas fuisse testentur veteres. Fortitudinis quippe indicium brevibus uti sagittis, ut in belopoiicis nostris ostendimus. Hunc vero Platonis locum laudat quoque Longinus περὶ ὕψους cap. XXIX, sed male apud hunc legas μαγειρεῖον, cum μαγεῖον scribendum sit. Quemadmodum vero spleni spongiæ nomen indidere, ita vicissim spongias & emplastra abstergentia σπληνία & σπληνίσκους vocant non Hippocrates tantum aliique medici, sed & Philo mechanicus in scripto πῶς δεῖ πύργον οἰκοδομεῖν. Pollux splenia cum spongiis conjungit lib. X. cap. XXXI, ubi medici instrumenta enumerantur; λεκανίς, σπογγία, ἐπίδεσμα, σπληνίον, λαμπάδιον. Sic lege. Ut vero ad Catullum redeam, etiam apud illum de spongia accipiendum esse hoc existimo vocabulum, non tamen de qualibet, sed de ea, quæ obscenis usibus esset destinata, quam propterea infelicem spongiam Martialis vocat. Quam vero turpis vila fuerit Romanis spongiæ appellatio, patet quoque è Seneca Controv. lib. III, in præfatione, cum Albutium reprehendit, qui in declamationibus, *res dicebat omnium sordidissimas, acetum, puleium, Damam, philerotem, laternas, spongias.* Sic libri veteres, nec quidquam mutandum. Acetum & pulegium, res quidem pauperibus utilissimæ, sed tamen vilissimæ. Eadem est ratio laternæ, qua soli pauperes & mendici utebantur. Sed & Dama vilissimi & turpia tantum obeuntis munia mancipii est nomen, ut ex Horatio & Martiale colligi potest. Φιλέρως æquè ac παιδέρως, non lapidis nomen, sed unguenti ex anchusa, quo purpurissi loco genas puerorum juvenumque inurgebant mangones. Omnium vero turpissima spongia, utpote qua obscenæ partes detergebantur. Hanc nec Græci nec Romani libenter nominabant. Græci patres & ipse quoque Apostolus hujus loco habet περίψημα Corinth. I. IV. 13. πάντων περίψημα ἕως ἄρτι, *omnium spongia hactenus*, quod vulgo non recte interpretantur, idem enim est περίψημα & ἀπομαγεῖον. Hinc commune illud apud Alexandrinos ἐγώ σου περίψημα. Cæterum antequam desinam, hoc quoque addo; sive de spongia, sive de splene acceperis hunc Catulli locum, eodem rem recidere, cum utrique conveniat sensui adagium illud ἀπομαγείου ὄζειν; Nam ut Celsus

ſus inquit lib. II. *quibus magni lienes ſunt, his gingiva mala ſunt & os olet.* Ante jam hoc dixerat Hippocrates ſecundo προῤῥητ. cum ſcribit οὖλα ῃ̃ πονηρὰ καὶ ςόματα δυσώδεα οἷσι σπλῆνες μεγάλοι. Plauto hic morbus vocatur hepatarius. Addunt medici tales ſæpiſſime delirare. Attamen cum ἐκμαγεῖον propriè mappam ſeu ſpongiam notet, priorem longe præfero expoſitionem. Manifeſte namque hoc loco traducit puellam, quod catenus pateret libidini Mamurræ, ut etiam pateretur capiti ſuo ab eo illudi.

AD MOECHAM.

ADESTE hendecaſyllabi, quot eſtis 40
Omnes undique, quotquot eſtis omnes.
Jocum me putat eſſe mœcha turpis,
Et negat mihi voſtra reddituram
Pugillaria: ſi pati poteſtis,
Perſequamur eam, & reflagitemus.
Quæ ſit, quæritis? illa, quam videtis
Turpe incedere, mimice ac moleſte
Ridentem, catuli ore Gallicani.
Circunſiſtite eam, & reflagitate:
Mœcha putida redde codicillos.
Redde putida mœcha codicillos.
Non aſſis facis? o lutum lupanare,
Aut ſi perditius poteſt quid eſſe,
Sed non eſt tamen hoc ſatis putandum.
Quod ſi non aliud pote eſt, ruborem
Ferreo canis exprimamus ore,
Conclamate iterum altiore voce:
Mœcha putida redde codicillos,
Redde putida mœcha codicillos.
Sed nil proficimus, nihil movetur.

Mutanda est ratio, modusque vobis,
Si quid proficere amplius potestis.
Pudica, & proba redde codicillos.

Mimice ac moleste Ridentem] Ita ut distinximus, distinguendus erat hic locus. Mimice & moleste ridere, est quemadmodum mimi personati, qui magno & molesto ridept rictu. Varias tamen hujus loci lectiones vide apud Statium. In quibusdam libris scriptum invenimus *murrice* & *murtice*. Unde fieri possit *murcide*, id est, ignave. Murcidus enim a murcus, illud autem à Siculo μύρκος, quod ἐνεὸν seu ἄφωνον reddunt, id est ignavum seu mutum.

Catuli ore Gallicani] Catuli id est canis, ut passim apud Horatium, Virgilium, & optimos quosque linguæ Latinæ scriptores. Pari ratione Græci σκύμνους vocant, non tantum recens genitos, sed etiam adultos & in præcipuo ætatis robore constitutos canes. Idem observare est, cum in aliarum ferarum, tum maxime leonum catulis; quodque mirere plus aliquando est catulus leonis, quam ipse leo. Sic in sacris literis cap. XLIX. Genes. ὡς λέων, καὶ ὡς σκύμνος, & passim alibi. Hujus rei hæc est causa, quod leunculi & juniores leones ferociores & magis bellicosi sint, quam vel senio confecti, ac propterea invalidis dentibus, vel grandiori præditi statura, qui ut plurimum torpidi sunt, si cum prioribus conferantur.

Non assis facis oblitum lupanar] Id est inquinatum, ut *oblitum latus*, in carmine obsceno quod Tibullo tribuitur.

Canisque fœda, susque lignea tibi
Lutosa, subspicabit oblitum latus.

Sic enim concipiendi isti versiculi, annuentibus fere libris veteribus. Attamen cum scripti codices conveniant & habeant *ô lutum lupanar*, reponendum censuimus *ô lutum lupanare*, ut ultima syllaba absorbeatur à sequenti versu, quemadmodum in illo qui præcessit,

Quænam te mala mens miselle Ravide.

Lutum lupanare dixit, ut *lutum lenonium* apud Plautum. A lupanar enim fit lupanaris & lupanare. Glossæ *lupanaris*, χαμαιτυπικός.

Ut:

Ut vero hoc loco lutum, ita Græci πηλὸν vocant contumelia dignum. Unde κακύνειν τ̃ πηλὸν, quod Suidas interpretatur τ̃ ἄξιον ὕβρεως ὑβρίζειν.

Ferreo canis exprimamus ore] Forsan id ita accipiendum, ac si dixisset fidiculis exprimamus. Notum enim canem vel catellum esse vinculi genus.

AD AMICUM MUMURRÆ.

SALVE nec minimo puella naso, 41
Nec bello pede, nec nigris ocellis,
Nec longis digitis, nec ore sicco,
Nec sane nimis elegante lingua,
Decoctoris amica Formiani.
Ten' provincia narrat esse bellam?
Tecum Lesbia nostra comparatur?
O sæclum insipiens, & inficetum!

Salve nec minimo puella naso] Non ad Acmen, quæ erat amica Septimii, sed ad puellam Mamurræ scriptum esse hoc epigramma patet ex iis quæ superius diximus. Nescio vero quid sibi velit Scaliger cum legit *nec nimio*, cum omnes libri veteres cum vulgata lectione conspirent. Sed neque audiendi sunt alii Catulli interpretes qui de naso grandiori hæc accipiunt. Ipse Catullus contrarium testatur, cum paulo ante de hac ipsa puella agens turpiculum ei tribuit nasum. Profecto nihil certius, quam *nec minimo* hoc loco ita dici ut infra *funera nec funera*. Puella itaque nec minimo naso, id est, quæ ne minimum quidem habeat nasum. Adeo nempe minutum nasum dicit habuisse istud Mamurræ scortillum, ut ne dignus quidem nasi esset nomine. non hoc placet Clar. Dukero ad Flor. L. II. c. VIII. §. 12. nec spaccare

IN FUNDUM SUUM.

O funde noster, seu Sabine, seu Tiburs, 42
Nam te esse Tiburtem autumant, quibus non est
Cordi Catullum lædere. at quibus cordi est,

Quovis Sabinum pignore esse contendunt.
Sed seu Sabine, sive verius Tiburs,
Fui libenter in tua suburbana
Villa, malamque pectore expuli tussim:
Non immerenti quam mihi meus venter,
Dum sumptuosas appeto, dedit, cœnas.
Nam Sestianus dum volo esse conviva,
Orationem in Antium petitorem
Plenam veneni, & pestilentiæ legit,
Hic me gravedo frigida, & frequens tussis
Quassavit, usquedum in tuum sinum fugi,
Et me recuravi otioque, & urtica.
Quare refectus maximas tibi gratis
Ago, meum quæ non es ulta peccatum.
Nec deprecor jam, si nefaria scripta
Sesti recepso: quin gravedinem, & tussim
Non mi, sed ipsi Sestio ferat frigus,
Qui tunc vocat me, quum malum legit librum.

Malamque pectore expuli tussim] Recte *expui* substituerunt viri docti quod & propius ad veterum exemplarium scripturam accedit. Præter Terentium sic quoque locutus est Martialis,

Expuit una duos tussis & una duos.

Orationem in Attium petitorem] Libri scripti meliores habent, *Orationem minantium petitorem.* Unde faciendum, *Orationem in Antium petitorem.* Antius iste est C. Antius Restio, qui legem tulit sumtuariam, *quam legem*, inquit Macrobius, *quamvis esset optima, obstinatio tamen luxuriæ & vitiorum firma concordia nullo abrogante irritam fecit.* Idem addit, hunc Restionem post hanc legem latam nunquam foris cœnasse, *ne testis fieret contemta legis, quam ipse bono publico pertulisset.* Antium hunc proscriptum fuisse tempore triumviratus anno urbis DCCXI, mira tamen servi fidelitate evasisse, docet idem Macrobius & Appianus bellorum civil. lib. IV.

Et

Et me recuravi otioque & urtica] Non video quare durum hoc loco debeat videri *recuravi*, & quare Scaliger contra librorum veterum fidem malit *procurari*, cum alterum rectius sit. Sic alii, sic quoque Apul. in lepidissima illa fabella; *Discede frater & otiosus adsiste, donec probe recuratum istud tibi repræsentem.* Sic libri veteres. Male quoque pro *otio* reposuerunt *ocimoque*, cum & Chrysippus, & Galenus, & plerique fere veteres medici ocimum hominibus fugiendum censuerint, utpote non inutile tantum, sed & damnosum stomacho, veluti quod inducat insaniam, lethargos, adeoque ipsas quoque capras id aspernari. Licet non defuerint, qui hæc aliter se habere existimarint, de quibus vide Plinium lib. XX. cap. XII. Non tamen ista efficere debent, ut vulgata lectio, quæ omnium librorum auctoritate fulcitur, displiceat, & ut Catullus suspectæ fidei herba valetudini consulere voluerit, neglectis infinitis salutaribus remediis, quibus tralativo huic malo sine periculo occurritur. Jam vero gravedine & tussi laborantibus æque ac aliis corporis affectibus nocere literata studia ac quælibet negotia & Celsus & complures medici testantur. Lenes ambulationes & molles motus tollere gravedinem, eandem vero induci cursu & violentis exercitiis monet Cassius Jatrosophista quæstione XXVI. Urticæ vero esum prodesse huic malo docet Plinius, & Celsus, cum lib. IV. jubet ut tussi laborantes cibo utantur aliquando acri, aliquando vero molli, ut malva & urtica. Hinc, ut puto, satis verisimiliter effici potest, Catullum relictis urbis negotiis ad villam suam secessisse salutaris otii amore, non vero ocimi vescendi gratia.

Meum quod non es ulta peccatum] Vetera quædam exemplaria habent, *qua non es ultà peccatum*, quod libenter secuti sumus. Referuntur enim hæc ad villam, quæ proxime præcessit, non autem ad fundum in qua erat villa.

Si nefaria scripta Sextii recepso] Vetus lectio est *semitiv cepso*, vel *gestire cepso*, ut nescias utrum legi debeat *Sextii recepso*, an vero *Gestii recepso*. Posterius tamen magis probamus, cum paulo ante in veteri libro Cestianus pro Sextianus scriptum invenerim. Ut enim Cajus & Gajus, ita quoque Gestius & Cestius idem nomen est, ex Cestia seu Gestia familia. Ex hac quoque fuit Cestius Florus Judææ præses, qui Albino successit. Apud Josephum perperam Γέσσιος legimus pro Γέστιος. Quisnam vero fuerit Catullianus iste Cestius certo qui-

quidem affirmari non potest, si tamen hæc vera sit lectio, verisimile est eundem fuisse, ac fuerit ille, qui triumviratus tempore proscriptus, seipsum vivum combussit, ut habet Appianus IV. bell. civ.

DE ACME ET SEPTIMIO.

43 Acmen Septimius suos amores
Tenens in gremio, Mea inquit Acme,
Ni te perdite amo, atque amare porro
Omnis sum assidue paratus annos,
Quantum qui pote plurimum perire:
Solus in Lybia, Indiaque tosta,
Cæsio veniam obvius leoni.
Hoc ut dixit, Amor sinister ante,
Dextram sternuit adprobationem.
At Acme leviter caput reflectens,
Et dulcis pueri ebrios ocellos,
Illo purpureo ore suaviata,
Sic, inquit, mea vita Septimille,
Huic uno domino usque serviamus:
Ut multo mihi major, acriorque
Ignis mollibus ardet in medullis.
Hoc ut dixit, Amor sinister ante,
Dextram sternuit adprobationem.
Nunc ab auspicio bono profecti,
Mutuis animis amant, amantur.
Unam Septimius misellus Acmen
Mavolt, quam Syrias, Britanniasque.
Uno in Septimio fidelis Acme
Facit delitias, libidinesque.
Quis ullos homines beatiores
Vidit? quis Venerem auspicatiorem?

Hoc

Hoc ut dixit Amor sinistra, ut ante] Vitiosam esse hanc lectionem vidit Scaliger, sed non vidit qua ratione emendari debeat. In quibusdam libris bis repetitum legitur *ante*, hac nempe ratione *sinistra ante ante*. Profecto scripserat Catullus;

Hoc ut dixit, Amor sinister ante,
Dextram sternuit adprobationem.

Sternutamenta a dextra parte advenientia boni ominis fuisse, patet cum ex aliis, tum ex Plutarcho in Themistocle, cum huic ante pugnam navalem πταρμὸν ἐκ δεξιῶν victoriæ signum fuisse scribit. Lepide quoque Aristophanes idem significat in Equitibus; Ταῦτα φροντίζοντί μοι Ἐκ δεξιᾶς ἀπέπαρδε καταπύγων ἀνὴρ Κἀγὼ προσέκυσα. De adoratione autem sternutationis sive πταρμοῦ opus non est quidquam dicamus, cum exempla passim obvia sint. Hoc tantum monemus, non esse ut quemquam moveat, quod complura etiam loca apud Græcos & Latinos occurrant, ubi sinistra omina pro felicibus, dextra vero pro infaustis habeantur. Hujus enim rei ratio satis ex Varrone est manifesta, cum dicit, si meridiem contemplemur, jam partes Orientis, id est dextras, fieri nobis sinistras, ac proinde hinc lætiora captari auspicia. Idem eveniebat in avibus cavea inclusis, quæ enim sinistræ erant, dextra faciebant omina, & contra. Quod si a læva ad dextram discederent, & fierent ἔξεδροι, finistra inde proveniebant omina. Inde Hesychius Ἔξω λαιβᾶς, id est ἔξω λαιᾶς, interpretatur ἐκ δεξιᾶς. Sic enim legendum. Nec dubitandum quin arte & consuetudine aves edoctæ, ea, qua sacrorum vellent antistites, discederent, ita ut pro ipsorum lubitu fieret vel ἐξεδρεία, vel συνεδρεία, aut etiam διεδρεία, id est, ut avis propitia ad unam, alia vero ad alteram caveæ extremitatem discederet, ita ut tota distarent diametro. Istiusmodi artificia etiamnum apud Asiaticas usurpantur gentes, eritque de his alibi forsan commodior dicendi locus.

O VA-

VALEDICIT BITHYNIÆ.

44 JAM ver egelidos refert tepores.
Jam cæli furor æquinoctialis
Jucundis Zephyri silescit auris.
Linquantur Phrygii, Catulle, campi,
Nicææque ager uber æstuosæ.
Ad claras Asiæ volemus urbis.
Jam mens prætrepidans avet vagari.
Jam læti studio pedes vigescunt.
O dulces comitum valete coetus,
Longe quos simul a domo profectos,
Diversæ variæ viæ reportant.

Catullum Epigramma hoc scripsisse in Bithynia recte monet Muretus, & perperam hoc nomine reprehenditur a Scaligero, qui ridiculum esse dicit, ut Catullus exequias fratri scripserit ante funus. Verum longe aliter se res habet. Catullus scripsit hæc cum etiamnum versaretur in agro Nicæno, qui quidem ager secundum posteriorum temporum divisionem extra Phrygiam erat, sed vero secundum antiquos in ipsa situs erat Phrygia. Bithynia quippe pars tantum erat Phrygiæ majoris. Sallustius apud Servium; *Igitur introrsus prima Asia Bithynia est, multis ante nominibus appellata. Ipsa enim est & major Phrygia, & Bebrycia* &c. Catullus itaque peragrata ea Phrygiæ majoris parte, in qua morabatur, Bithyniæ nempe, ingressus est dein Phrygiam minorem, & demum Troada, ubi fratrem amisit. Profecto si statim post obitum fratris carmen hoc scripsisset, non tanta se extulisset lætitia.

Jam cœli furor æquinoctialis] Cœli æquinoctialis furorem ideo dicit, quia quando Sol est in æquinoctiis, tunc maxime fiant tempestates. Hoc cum sit notissimum, miror quid interpretes velint sibi cum æquinoctiali Zephyro, ac si ista duo junxisset Catullus. Zephyri & ante & post æquinoctium vernum solent spirare, & hinc est quod Græci vernum tempus appellent περὶ ζεφύρου πνοάς, pari ratione

ac

ac æstatem περὶ τὰ ἐτήσια πνεύματα; sed isti Zephyri qui æquinoctium præcedunt frigidi sunt & ingrati, qui tempore æquinoctii flant horridi & crebris permixti tempestatibus: ultimi qui spirant, illi demum placidi sunt & tranquilli & jucundi, ut habet Catullus.

Nicæaque ager uber æstuosa] Mirum possit videri cur agrum Nicæensem æstuosum appellet, cum tamen Galenus non uno in loco universam Bithyniam frigidam esse adfirmet, & specialiter Nicæam locis Bithyniæ frigidioribus annumeret lib. I. cap. XIII. de Aliment. facult. ubi zeopyrum dicit provenire ἐν τοῖς χειμερινωτάτοις τῆς Βιθυνίας χωρίοις. Deinceps designans quænam sint illa frigidissima Bithyniæ loca, nominat primo quidem Nicæam, postquam sequuntur, Προῦσα, καὶ Κράτεια καὶ Κλαυδίου πόλις τε καὶ Ἰουλιόπολις ἀλλὰ καὶ Δορύλαιον. Sic lege. Hinc est quod idem de Simpl. Medic. facult. lib. II. cap. XX. Bithynos obesos & corpulentos esse prodat, & quod alibi pleraque Bithyniæ vina alba, aquosa & nullarum pene virium esse dicit. Quamvis autem hæc ratio non satis sit firma, cum & Ægyptus & complures aliæ regiones, licet calidissimæ, vina frigida & pingues producant homines, non tamen ideo desinit verum esse id quod Galenus dicit, Bithyniam, & separatim agrum Nicænum, situm esse in loco frigido. Sed neque falsus est Catullus, qui contrarium dicit, & agrum Nicææ vocat æstuosum. Opem hic nobis fert Aristoteles, è quo utrumque verum esse colligi potest. Is nempe in Problematis sect. XXV. Probl. VI. docet Pontum, id est Bithyniam, maximo frigore & simul maximo æstu infestari, cum quærit, διὰ τί ἐν τῷ Πόντῳ καὶ ψύχη μάλιστα καὶ πνίγη. Causam vero reddit, quia aër cum admodum sit crassus, hyeme difficulter calefiat, æstate vero calefactus propter eandem causam plurimum faciat æstum. Addit & hoc, omnia palustria loca hyeme esse frigida, æstate vero admodum calida. Idem monet in iisdem problematis sect. XIV. Probl. XIII. Jam vero talem esse situm Nicææ satis constat, utpote quæ sedeat in ripa lacus Ascanii, & cujus solum sit humidum ac molle ut inquit Plinius junior XLVIII. Epist. ad Trajanum. Patet itaque quare Catullus Nicæam æstuosam, & Propertius Cyzicum frigidam dixerint: sed & hoc patet non peccaturos fuisse & hunc & illum etiamsi contraria dixissent.

Ad claras Asiæ volemus urbes] Phrygia enim & Bithynia ubi Catullus agebat, erat extra Asiam proprie dictam. Hæc quippe solam comprehendebat Joniam & partem Lydiæ & aliquando etiam Æolidem. Homeri seculo & diu etiamnum postea Asiæ nomen pro magna sumtum continente æque erat ignotum ac Europæ & Africæ. Ab Asia palude, vicinoque huic in Tmolo monte ejusdem nominis oppido, si antiquis credamus Grammaticis, transiit hæc appellatio ad reliquam continentem, quemadmodum ab Europo & Europia oppido & provincia Macedoniæ, tota hæc nostra continens nomen accepit. Priscam hanc divisionem secuti sunt fere Romani, qui Asiam proprie dictam appellarunt tractum litoralem, qui à Pergamo civitate usque ad Cariam extenditur. De hac sic Eunapius in vita Maximi; αὐτὴ γὰρ ἀπὸ Περγάμου τὸ ἀλιτενὲς ἐπίχουσα πρὸς τὴν ὑπερκειμένην ἤπειρον ἄχρι Καρίας ἀποτέμνεται), καὶ ὁ Τμῶλος αὐτῆς περιγράφει τὸ πρὸς Λυδίαν. Sic lege. Cum in hac terræ portione fuerint tredecim civitates Joniæ & aliquot Æolidis, omnes antiquis temporibus clarissimæ & nobilissimæ, mirum quod Scaliger de quatuor tantum civitatibus Catulli verba accipiat, Epheso nempe, Smyrna, Colophone ac Mileto. Has à numero quadrigam Asiæ vocari putat à Propertio;

Et si quadriga visenda est ora Caystri;

quia nempe in libris scriptis legitur *Et si qua oryga*. Sed vero sola Ephesus adjacet Caystro, à quo reliquæ tres absunt plurimum. Profecto si quis veterum exemplarium lectiones consulat, fatebitur Propertium sic scripsisse;

Et si qua Phrygii visenda est ora Caystri.

Hæc lectio magis placet, atque illa quam olim exhibuimus. Caystrum Phrygium vocat, quia in Phrygia oritur. Eadem ratione huic vicinum Mæandrum, Ovidius Phrygium vocat, nam & Mæander in Phrygia suos habet natales.

Longe quos simul à domo profectos Diversè varia via reportant] Cum hæc omnium librorum veterum sit lectio, monente etiam Statio, non recte fecerunt qui rescripsere *diversas*. Offendit nempe illos cacophonia, ut putant, *diverse varia via*. Sed vero alibi ostendimus diph-

diphthongum *æ*, quam vetustiores Romani proferebant velut *ai*, paullo ante Catulli tempora cœpisse contrahi in *æ*, ac tum sonuisse, non ut *e* Latinum, sed velut *η* Græcum. Non itaque magis hic locus, quam Horatianum istud *Iam satis terris nivis*, aures cujusquam debet offendere, cum constet veteres *terreis* non *terris* pronuntiasse. Frustra sunt qui ex corrupta nostra pronuntiatione, de antiqua judicium ferunt, & hæc & similia loca emendare conantur. Porro quos dicit *simul à domo profectos*, illi a Græcis *ὁμόστιβοι*, vel elegantius etiamnum *ὁμόστολοι* vocantur. *Diversè* vero ita accipiendum, ut apud Suetonium in Galba cap. XIX, *qui multifariam diversèque tendebant.*

AD PORCIUM ET SOCRATIONEM. 45

PORCI & Socration, duæ sinistræ
Pisonis, scabies famesque * Mundi:
Vos Veraniolo meo, & Fabullo
Verpus præposuit Priapus ille?
Vos convivia lauta sumptuosè
De die facitis, mei sodales
Quærunt in trivio vocationes?

Scabies famesque Memmi] Et hic quoque retinenda librorum veterum lectio, *Scabies famesque Mundi.* Complures olim fuere sic cognominati. Nota est ex Josepho historia Decii Mundi, qui Paulinæ in Serapidis fano stuprum intulit.

Vos convivia lauta sumtuosa De die facitis] De die id est statim, repente, ut interpretatur Donatus ad Terentium. Porphyrio ad Horat. Epod. XIII. *de die*, inquit, *id est primo mane*, quod tamen hic locum non habet, neque enim quisquam tam perditis olim erat moribus, ut primo mane convivaretur, nam & illi qui hora quinta vel sexta genio indulgebant, justo tempestiviora dicebantur celebrare convivia. Illa tempestiva demum censebantur convivia, quæ hora solita, nona nempe vel decima, vergente jam sole, instituebantur. Scio quidem virum magnum aliter arbitrari, & tempestiva convivia illa appellare, quæ à medio die ad mediam noctem protrahebantur, & negare ulla fuisse intempestiva convivia; sed vero crebra nimis tam apud Græcos quam Romanos occurrunt testimonia, unde contrarium evinci possit ac ostendi pleraque convivia vel justo tempestiviora, vel etiam ad multam noctem producta habita fuisse pro intempestivis. Indignatur vero hoc loco Catullus quod Porcius iste & Socration quocunque tempore genio possent indulgere, & quibuscunque etiam intempestivis conviviis interesse; cum Verannius & Fabullus in triviis exspectare cogerentur donec ad communes cœnas vocarentur. Vocare enim & revocare absque alia adjectione poni pro vocatione & revocatione ad cœnam, notissimum. Sed peccant viri docti, cum eodem sensu vocabulum hoc apud Justinum accipi debere putant atque hic apud Catullum. Verba enim ejus lib. XXXVII, de Mithridate, ita refingenda sunt ex libro nostro vetusto; *Hyeme dein appetente, non in convivio, sed in campo; nec in avocationibus, nec inter sodales; sed inter coæquales aut equo, aut cursu, aut viribus contendebat.* Avocationes & avocamenta accipi passim pro negotiis jucundioribus, quibus animi curas levamus, norunt qui Latine sciunt.

AD JUVENTIUM.

46 MELLITOS oculos tuos, Juventi,
Si quis me sinat usque basiare,
Usque ad millia basiem trecenta,
Nec unquam inde ero satur futurus,
Non si densior aridis aristis
Sit nostræ seges osculationis.

Nec unquam saturum inde cor futurum est] Nec hæc lectio, nec illa, quam substituit Achilles Statius, placet. Librorum veterum scriptura est, *Nec unquam inde ero satur futurus*, hiante syllaba ut solet Catullus. Non dubitavimus itaque sic rescribere.

AD M. TULLIUM.

47 DISERTISSIME Romuli nepotum,
Quot sunt, quotque fuere, Marce Tulli.

Quot-

Quotque post aliis erunt in annis:
Gratias tibi maximas Catullus
Agit pessimus omnium poëta:
Tanto pessimus omnium poëta,
Quanto tu optimus omnium patronus.

Tanto pessimus omnium poëta] Versus hic abest à melioribus libris, & sane citra damnum sententiæ abesse potest. *Quantus*, *qualis*, *talis*, & similia pronomina sæpe ponuntur absque relativis, quæ subintelliguntur.

AD LICINIUM.

HESTERNO, Licini, die otiosi
Multum lusimus in meis tabellis,
Ut convenerat esse, delicatos.
Scribens versiculos uterque nostrum,
Ludebat numero modo hoc, modo illoc.
Reddens mutua per jocum, atque vinum.
Atque illinc abii, tuo lepore
Incensus, Licini, facetiisque,
Ut nec me miserum cibus juvaret,
Nec somnus tegeret quiete ocellos:
Sed toto indomitus furore lecto
Versarer, cupiens videre lucem,
Ut tecum loquerer, simulque ut essem.
At defessa labore membra postquam
Semimortua lectulo jacebant,
Hoc, jucunde, tibi poëma feci.
Ex quo perspiceres meum dolorem.
Nunc audax, cave, sis: precesque nostras
Oramus, cave despuas ocelle,
Ne pœnas Nemesis reponat. Ate
Est vehemens dea, lædere hanc caveto.

Cave despuas ocello] Prior lectio *ocelle*, & omnino sic scripserat Catullus.

Ne pœnam Nemesis reposcat à te]. *Reponat*, non *reposcat* habent libri veteres: unde apparet legendum;

> *Ne pœnam Nemesis reponat. Ate*
> *Est vehemens Dea, lædere hanc caveto.*

Ate; eadem quæ Nemesis, non ex Homero tantum, sed vel ipso nota nomine. Verum ut multi non unam, sed plures Nemeses esse crediderunt, ita quoque plurali sæpius quam singulari numero Ἄται dicuntur, nec furias tantum, sed & parcas & item alias deas, omnes Jovis & filias & in puniendis aut tollendis hominibus ministras, sic dictas invenias. Eædem apud Hesychium dicuntur Αἶται, nec audiendi sunt qui errorem subesse existimant, ut enim promiscue fatum & fata, ita quoque Ἄτη seu Αἴτη, & Ἄται seu Αἶται dicuntur. Nec dubitandum quin hinc sit αἰτέω & αἴτιος. Nam certe & ἀπαιτεῖν, idem quod ἐπαιτεῖν.

AD LESBIUM.

49 ILLE mi par esse deo videtur,
Ille si fas est, superare divos,
Qui sedens adversus identidem te
Spectat, & audit
Dulce ridentem, misero quod omnis
Eripit sensus mihi: nam simul te
Lesbia adspexi, nihil est super mi
* *
Lingua sed torpet. tenuis sub artus
Flamma demanat, sonitu suapte
Tintinant aures. gemina teguntur
Lumina nocte.

Otium,

Otium, Catulle, tibi molestum est.
Otio exultas, nimiumque gestis.
Otium reges prius, & beatas
Perdidit urbes.

Sonitu suopte Tintinant aures] Scio quidem recte dici *sonitu suopte*, pro *sonitu proprio*, quemadmodum apud Ciceronem & alios passim legas, *pondere suopte* & *natura suapte*, &c. non tamen probo ut hoc in loco *suopte* construatur cum *sonitu*, & libentius amplector lectionem veterum librorum, in quibus scriptum invenio, *sonitu suapte Tintinant aures.* Absolute hic ponitur *suapte* pro *sponte*. Sic quoque Lucretius VI.

Sed natura loci hoc opus efficit ipsa suapte.

Sed & apud Ciceronem & alios hoc vocabulũ sic positũ observavimus, licet perperam mutatum sit. Est autem *suapte* æque ac cætera pronomina quibus *pte* accedit, contractum ex *sua pote*, valetque idem quod *sponte*, quod & ipsum factum est ex *se pote*, interjecto *n* ut solebant veteres.

Otium Catulle tibi molestum est] Hæc non satis cohærent cum præcedentibus, & cum plura hic habeat Sappho, sensui perquam idonea, non immerito aliquis suspicetur, excidisse hic nonnulla. Ego tamen libentius credo in medio conatu subsistere & abrumpere hic Catullum, velut indignantem quod in tenui adeo labore, in vertendo nempe hoc Sapphus odario, suo abutatur otio. Si totam absolvisset odam, intempestiva omnino fuisset hæc indignatio. Nunc autem elegantissima est, cum παρὰ προσδοκίαν fiat, ut solent sæpe dithyrambici, quorum præcipuum artificium versatur circa digressiones. Sed ipsam nunc Lesbiam Musam loquentem audiamus, cujus odam relictam nobis Longini beneficio, emendatam adscribemus. Nam certe in hac corrigenda viri docti operam lusere.

Φαίνεταί Fοι κῆνος ἴσος θεοῖσιν
Ἔμμεν' ὠνὴρ ὅστις ἐναντίος τοι
Ἰζάνει καὶ πλασίον ἆδυ φωνεί-
σας ὑπακούει.
Καὶ γελαΐς ἱμερόεν, τό μοι τὰν
Καρδίαν ἐν στήθεσιν ἐπτόασεν.
Ὡς γὰρ εἴδω σε βροχέως με φώνας
Οὐδὲν ἔθ' ἥκει.

Ἀλλὰ καμμὲν γλῶσσα σέσιγε, λεπτὸν δ'
Αὔτικα χρῷ πῦρ ὑποδεδρόμακεν
Ὀππάτεσσιν δ' οὐδὲν ὄρημι, βομβεῦ-
σιν δ' ἀκοαί Ϝοι
Κὰδ δ' ἱδρὼς ψυχρὸς χέεται, τρόμος δὲ
Πᾶσαν ἀγρεῖ· χλωροτέρη δὲ πύας
Ἔμμι, τεθνάκην δ' ὀλίγω 'πιδεύσα
φαίνομαι ἄλλα.

In initio statim rescripsimus φαίνεται Ϝοι κῆνος quemadmodum citatur ille locus ab Apollonio Alexandrino in Grammatica, nam Ϝοι Æoles dicebant pro μοι, & iidem ὀνὴρ vel ὠνὴρ pro ἀνήρ. Mox dein, ubi vulgo legitur καὶ γελώσας ἱμερόεν, secuti lectionẽ libri scripti Dionysii Longini, qui adservatur in bibliotheca Regia Lutetiæ, fecimus καὶ γελαῖς ἱμερόεν. Γελαῖς Æoles dicebant pro γελᾷν, ut πειναῖς pro πεινᾷν, πλαταῖς pro πλατᾷν, χρυσοῖς pro χρυσοῦν, uti colligere est ex auctore Etymologici, Hesychio, & iis, qui de dialectis scripsere. Postea idem liber Longini habet ὡς γὰρ εἴδω σε βροχέας με φώνας οὐδὲν ἔθ' ἥκει, quod omnino rectum est. Æoles pro βραχὺς, dicebant βροχύς. Βροχέας itaque pro βραχείας. Hesychius βροχέως interpretatur σαφῶς, συντόμως. Male vulgo βραχέως Deinde quod in scriptis libris est Ἀλλὰ καμμὲν γλῶσσα σέσιγε λεπτὸν δ' Αὔτικα & hoc quoque rectum. Σέσιγε non est a σιγᾶν, sed a σίζω, cujus præteritum medium σέσιγα, quod ex Eustathio & auctore Etymologici constat. Recte quoque idem liber Ὀππάτεσσι δ' οὐδὲν ὄρημι. Sed nec contemnenda est altera lectio ὄρηπι in eodem libro. Sæpe enim apud Æoles μ in π transit, sæpe quoque apud eos consonæ geminantur. Sequitur dein Πᾶσαν ἀγρεῖ χλωροτέρα δὲ πύας. Æolicum est ἀγρεῖ pro αἱρεῖ. Hesychius καταγρεῖ, καθαιρεῖ, καταλαμβάνει. Sed & ipsa Sappho apud Apollonium in Grammatica; ὄττε πάννυχος ἄσφι κατάγρει. Πύας vero pro ποίας, id est, πόας. Quod sequitur dein in eodem libro sic concipitur, τεθνάκην δ' ὀλίγω 'πιδεύσα, id est τεθνᾶναι δ' ὀλίγου ἐπιδεύσαι. Α τέθνακα, more Æolum, qui solent à præteritis seu activis seu mediis verba formare, fit τεθνάκω, ut a

πεποίη-

πεποίηκα πεποιήκω, a κέκραγα κεκράγω, ab ἐγρήγορα ἐγρηγορῶ & infinita similia. Itaque τεθνάκην seu τεθνάκειν est τεθνᾶναι. Postremo denique, ἄλλα Æolicum est pro ἀλάλη, id est muta, mortua, & similiter ἄλλος est ἄλαλος, ut testantur Grammatici veteres, qui de dialectis scripsere. Sed quandoquidem & altera Sapphus oda, quam nobis conservavit Dionysius Halicarnassensis, multum viros doctos exercuit; non ingratam, ut opinor, curiosis operam præstabimus, si & hanc quoque a mendis, quibus jam pridem inquinata est, expurgaverimus. Sic itaque illa sese habet.

Ποικιλόφρον ἀθάνατ' Ἀφροδίτη.
Παῖ Διὸς δολοπλόκε, λίσσομαί σε
Μή μ' ἄσαισι μηδ' ἀνίαισι δάμνα
    Πότνια θῦμον.
Ἀλλὰ τυίδ' ἔλθ' αἴποκα κατερῶτα
Τὰς ἐμᾶς αὔδας ἀΐοισα πόλλυ.
Ἔκλυες, πατρὸς δὲ δόμον λιπῦσα
    Χρύσεον ἦλθες
Ἅρμ' ὑποζεύξαισα, καλοὶ δέ σ' ἆγον
Ὠκέες στρουθοὶ περὶ γᾶς μελαίνας
Πυκνὰ δινῦντες πτέρ' ἀπ' ὠρανῶ αἰθέ-
    ρος διὰ μέσσω.
Αἶψ' ἀλλ' ἐξίκοντο· τὺ δ' ὦ μάκαιρα
Μειδιάσαισ' ἀθανάτῳ προσώπῳ
Ἤρε' ὅττι δ' ἦν τὸ πέπονθα, κ' ὅττι
    Δεῦ τε κάλημμι
Κ' ὅττι ἐμῷ μάλιστα θέλω γενέσθαι
Μαινόλᾳ θύμῳ, τίνα δ' αὖτε πείθη-
μι σαγηνέοισαν φιλότητα, τίς σ' ὦ
    Σαπφοῖ ἀδικῆ;
Καὶ γὰρ αἰ φεύγη ταχέως διώξει
Αἰ δὲ δῶρα μὴ δέκετ', ἀλλὰ δώσει
Αἰ δὲ μὴ φιλεῖ, ταχέως φιλήσει
    Ἤ ὖκι ἐθέλοις.

Ἔλθε μοι καὶ νῦν, χαλεπᾶν δὲ λῦσον
Ἐκ μεριμνᾶν, ὅσσα δέ μοι τελέσσαι
Θῦμος ἱμέρρει τέλεσον, σὺ δὲ αὐτὰ
Σύμμαχος ἔσσο.

Vulgo ſcribitur Ποικιλόθρονε, quod quamvis rectum poſſit videri, cum notum ſit quam variis in locis templa & ſedes iſta habeat dea, attamen cum in ſcripto Dionyſii libro invenerim ποικιλόφρον, vocandi caſu a ποικιλόφρων, maluiſic reſcribere, ſenſu conveniente, & more Æolico, ut notant Grammatici. Qui ſequitur locus vulgo corruptiſſimus, ille ſic concipitur in ſcriptis Dionyſii Halicarnaſſenſis libris; Ἀλλὰ τυίδ' ἔλθ' αἴ ποκα κατ' ἔρωτα τᾶς ἐμᾶς αὐδῶς ἀΐοισα πολύ. Unde fecimus, Ἀλλά τυίδ' ἔλθ' αἴποκα καπρῶτα τᾶς ἐμᾶς αὐδᾶς αἴοισα πόλλυ. Citat quoque hæc Priſcianus, qui habet τυίδ' ἔλθ', & recte omnino, nam τυίδε Æolicum pro τῇδε. Nec Æoles ſolum, ſed & Cretes quoque ſic dicebant, ut ex Heſychio conſtat, cum τυῖ interpretatur ὧδε. Apud eundem quoque legas Τύδαι, ἐνταῦθα. Αἰολεῖς, pro τυίδε. Sic quoque legendum apud illos, qui de dialectis ſcripſere. Ex κατ' ἔρωτα fecimus καπρῶτα, quod & ipſum eſt Æolicum, pro καὶ ἐπίρωθε. Heſychius, Καπρῶτα, καὶ ἄλλοτε. Sic lege: Apollonius in Grammatica; [illegible] τὸ ἔπρος, ἐπίρωθε, ἀφ' οὗ καὶ τὸ παρ' Αἰολεῦσιν ἐπρῶτα. Cum vero in libris ſit. Τᾶς ἐμᾶς αὐδῶς ἀΐοισα πολλύ, id eſt, τῆς ἐμῆς αὐδοῦς πολὺ ἀΐουσα τὸ αὐδῶς vel potius αἰδῶς, uti eſt in alio libro, accipi poſſit pro cultu & obſervantia, quemadmodum ſæpe alibi: ſed libentius credo ſi recte ſe habet ſcriptura, αὐδῶς Æolicè poſitum pro αὐδᾶς, mutatumque ab imperitis in αἰδῶς. Simile mendum jam olim in Euripidis Hippolyto obſervavimus, ubi enim ille coronam Dianæ offert, iſte occurrit verſus; Αἰδὼς δὲ ποταμίαισι κηπεύει δρόσοις. Pudor enim, ſive dea, ſive affectus, quid hic ad rem facit? Profecto ſcripſerat Euripides Αὼς δὲ ποταμίαισι κηπεύει δρόσοις. Auroræ eſt enim, non pudoris, matutino rore rigare terram. πολλὺ vero pro πολὺ repoſuimus more Æolico, qui ſolebant liquidam iſtam geminare, ut ex Etymologo & aliis conſtat Grammaticis. Itaque & σπλλάνα & μέλλος pro σπλάνα & μέλος dice-

dicebant. Hinc est quod prima in μέλος, non tantum à Græcis, sed & à Persio producatur, ubi tamen vulgo pro *melos* rescripsere *nectar*. Hactenus invocatio. Sequitur dein, Ἔκλυες, & mox ἦλθες, & demum Αἶψα ἀλλ' ἐξίκοντο. *Audivisti, venisti, sed cito venisti.* Sequentia in libris sic concipiuntur ὠείζαις μελαίναις πυκνὰ δινεῦντες πτέρ' ἀπ' ὠρανοαίθερος διὰ μέσσω. Priorem vocem correctores absurde mutarunt in πτέρυγας ac si Veneris currus à nigris traheretur alitibus. Quis non videat legendum esse περὶ γᾶς μελαίνας πυκνὰ δινεῦντες πτέρ' ἀπ' ὠρανῶ αἰθέρος διὰ μέσσω; id est, περὶ γῆς μελαίνης πυκνὰ δινέοντες πτερὰ ἀπ' οὐρανοῦ διὰ μέσου αἰθέρος. Passim occurrit γαῖα μέλαινα, estque perpetuum epithetum. In sequentibus, ut in Αἶψ' ἀλλ' ἐξίκοντο & in δηὖτε κάλημμι secuti sumus librorum fidem, & omnino sunt meliora & Αἰολικώτερα, quam quæ vulgo leguntur Κ' ὅττι δηὖτε κάλημμι, *quare jam dudum te invocem.* Sic paulo post πείθημμι σαγηνέοισαν φιλότητα, id est πείθω σαγηνεύουσαν φιλότητα, nam in libris scriptis inveni πείθημι. Σαγηνέοισαν φιλότητα est φιλότητα αἰχμαλωτίζοντα. *Cujus*, inquit, *ô Sappho iterum capta amore teneris?* Sic apud Phædrum, *formosam & oculis venantem viros.* Denique cum in iisdem libris scriptis invenerim ἢ οὐκὶ ἐθέλοις, non dubitavi & sic rescribere, vel potius ἢ οὐκὶ ἐθέλλοις more Æolico. Est autem συνεκφώνησις, ut apud Homerum.

Ἠ' οὐχ' ἅλις ὅττι γυναῖκας ἀναλκίδας ἠπεροπεύεις.

AD SEIPSUM DE STRUMA ET VATINIO.

Quid est, Catulle, quid moraris emori?
Sella in curuli Struma Nonius sedet:
Per consulatum peierat Vatinius.
Quid est, Catulle, quid moraris emori?

Quid moraris emori] Sic Achilles Statius in suis, & nos quoque in nostris invenimus libris, non *quod*, ut prius.

DE QUODAM ET CALVO.

Risi nescio quem modo in corona,
Qui, quum mirifice Vatiniana

Meus

Meus crimina Calvus explicasset,
Admirans ait hæc, manusque tollens:
Di magni, salicippium disertum.

Calvus explicasset] Ex hac Calvi oratione contra Vatinium superest fragmentum apud Aquilam in Rhetorica ubi de Climace. Meminit quoque hujus orationis Charisius. Paulo post *salicippium* legendum esse diximus ad Melam. Nequid tamen omisisse videamur, istud quoque jam addimus, in libris veteribus tam Senecæ, quam Catulli, sic concipi hanc vocem, *salapatium*, *salipatium*, & *salipattium*, unde videri possit *salapittium* veram esse lectionem, quemadmodum olim legendum esse conjiciebamus. Salapitta in Glossis optimis exponitur ῥάπισμα seu colaphus. Hinc ad scurras qui capita alapis & contumeliis exponerent detortum vocabulum, ut nempe salpittones, salvitones & salutiones dicerentur. Transiit hæc appellatio ad Corneliam scipionum gentem, quorum aliquem à similitudine mimi Salvittonem fuisse dictum constat ex Plinio & Suetonio. A Plutarcho hunc vocari Σκιπίωνα Σαλλουτίωνα, & similiter à Dione, licet vulgo Σαλάττων legatur, annotarunt viri docti. Sed & apud eundem Plutarchum in vita Bruti occurrit γελωτοποιὸς Σακουλίων, proculdubio pro Σάλλουτίων. Corruptius etiammum apud Eunapium in vita Proæresii scriptum invenias hoc vocabulum, cum dicit Anatolium per contumeliam vocatum fuisse ἀζουτρίωνα, quod nominis ut sciamus quid significet, consulendos esse ait thymelicos. Ego ne dubitandum quidem existimo quin vox hæc, dum à Græcis ad Latinos, & ab his denuo ad Græcos migrat, variis adeo modis a scenicis inflexa & depravata sit, à σαλπίζειν, quippe & σαλπίττειν omnia detorta sunt, unde non minus fit σαλπιστὴς quam σαλπιγκτὴς, & σαλπίττων æque ac σαλπίζων. A σαλπίττων & σαλπιττιῶν, salpitto, salvito, & salutio. Caussa nominis ex eo, quod scurræ qui capita contumeliæ locabant, quo sonantiores fierent alapæ, tubicinum instar malas inflare solerent, & hac ratione æmulum tubæ reddere sonum. Tales proculdubio erant Latini & Mamercorum alapæ, quæ apud Martialem Panniculo infliguntur. Patet itaque quinam fuerint dicti salpyctæ, salpittæ & salapittæ. Sed & alaudam à sonoro cantu sic dictam existimo, nam quo

loco

oco in Glossis legas κορύδαλος· *salpitia* vel *sculpitia*, *bardalla*, omnino puto scribendum, *salpitta* vel *salpicta*, *bardaica*. Simili fere ratione à barbaris gentibus earumque posteris usurpatum bufonis vocabulum de scurris qui vili lucello faciem exponunt, ac tumentibus genis colaphos excipiunt. Hinc buffam & buffetonem vocant alapam. Sed & *sufflettus* dictus quod sufflare jubeantur, priusquam impingatur colafus. Si itaque in hoc Catulli loco illam quam diximus admittamus lectionem, clarum quamobrem Calvus hic vocetur salapittium disertum. Minutæ quidem staturæ erat Calvus, ut & Seneca testatur, attamen disertus & qui magnum ore sonaret. Nec est quod quisquam miretur tam salso vocabulo perstringi Calvum ab amico Catullo: vivo Catone & superstite republica sic amici amicos incolumi quoque solebant amicitia. Noluimus tamen ab ea, quæ viris doctis jamdudum placet, recedere lectione, utpote pro qua stare quoque videatur Seneca.

* * * * *

Othonis caput oppido est pusillum, 52
Subtile & leve peditum Libonis,
Vetti rustica semilauta crura.
Si non omnia displicere vellem
Tibi, & Fuffitio seni recocto.

* *

Irascere iterum meis jambis.
Immerentibus unice imperator.

Ottonis caput] longe salubrius ad hunc locum est consilium Mureti, qui ex præcepto Hippocratis vetat desperatis adhibere medicinam, quam Scaligeri, qui horum versuum expositione unum id in animo habuisse videtur, ut ostenderet etiam Catullum ineptire potuisse. Reliquimus itaque hos versus prout fere invenimus, nisi quod pro *Etri* aut *Veteri* ut habent antiqua exemplaria, reposuerimus *Vetti*, cujus infra quoque facit mentionem.

AD CAMERIUM. 53

ORAMUS, si forte non molestum est,
Demonstres ubi sunt tuæ tenebræ.
Te campo quæsivimus minore,
Te in circo, te in omnibus libellis.
Te in templo superi Jovis sacrato,

In

In Magni simul ambulatione:
Fœmellas omnis, amice, prendi,
Quas voltu vidi tamen sereno,
Has vel te sic ipse flagitabam:
Camerium mihi, pessimæ puellæ.
Quædam, inquit, nudum sinum reducens,
En hic in roseis latet papillis.
Sed te jam ferre Herculei labos est.
Tanto te in fastu negas, amice.
Dic nobis ubi sis futurus. ede hoc
Audacter, committe, crede, licet.
Num te lacteolæ tenent puellæ?
Si linguam clauso tenes in ore,
Fructus projicies amoris omnis.
Verbosa gaudet Venus loquela.
Vel signis licet obseres palatum,
Dum vostri sim particeps amoris:
* * *
Non custos si fingar ille Cretum,
Non si Pegaseo ferar volatu,
Non Ladas si ego, pennipesue Perseus,
Non Rhesi niveæ citæque bigæ:
Adde huc plumipedes, volatilesque,
Ventorumque simul require cursum,
Quos junctos, Cameri, mihi dicares:
Defessus tamen omnibus medullis,
Et multis languoribus peresus
Esse in te, mi amice, quæritando.

Te in omnibus libellis] Id est in tabernis librariis, ut recte exponunt viri docti, ex communi Atticorum loquendi formula, qua res venales ut oleum, sesama, vinum, salsamenta, & pleraque alia, ponuntur pro locis ubi veneunt. De libris vero sigillatim testem do Pollucem, cujus locum ex lib. IX. cap. V. adscribam; Ἐν δὲ τῶν κοινῶν βι-

βιβλιοθήκας, ἢ ὡς Εὔπολίς φησιν, οὗ τὰ βιβλία ὤνια, ὅν τόπον καὶ ἁπλῶς βιβλία ἐκάλουν οἱ Ἀττικοὶ, ὥσπερ καὶ τοὺς ἄλλους τόπους ἀπὸ τῶν ἐν αὐτοῖς πιπρασκομένων. Pessime hic Pollucis locus vulgo concipitur, ac si bibliothecas ἀντὶ τῶν βιβλίων posuisset Eupolis.

Te in templo superi Jovis sacrato] Liber meus *summi* non *superi*, & veram puto hanc lectionem. Studio enim Catullus in hoc passim epigrammate tam tardigrados captat numeros, ut suam exprimat lassitudinem.

Has vel te sic ipse flagitabam] Putida lectio & miror qui viris doctis placere potuerit, cum in illis ipsis libris veteribus, quibus usi sunt, vera lectio totidem pene literis compareat;

Ah avellite ipse flagitabam,
Camerium mihi pessima puellæ.

Avellite inquit à vobis pessimæ puellæ Camerium & mihi reddite.

Sinum reducens] Κόλπον ἀνιεμένη, ut eleganter Græci. In libris veteribus autem invenio *reduc*, ut nescias, an *reduce* an *reducens* sit scribendum.

Sed te jam ferre Herculei labos est] Male pro *ferre* quidam legunt *quærere* libris invitis. *Ferre* hic est afferre, adducere. Sic apud Martialem de Hercule; *aurea mala tulit*. pro attulit. Sic passim Cicero, sic Virgilius sic alii. *Herculei* vero vel *Herculi*, pro Herculis antique. Varro de L. L. lib. VII. *Neque enim utrum Herculi an Herculis clavam dici oporteat, si doceat analogia, cum utrumque sit in consuetudine, non neglegendum.*

Audacter committe, crede, licet] Ita in nostro, ita quoque in vetusto libro Mediolanensis Bibliothecæ scriptum inveni, quamvis in aliis non *licet*, sed *lucet* exaratum sit, unde viri docti fecere *Luci*, quod non placet. Committe & crede, inquit, amores tuos amico, tuto id tibi licet. Sequentia confirmant hanc lectionem.

Vel si vis licet obseres palatum] Ita quidem plerique libri, sed puto Catullum scripsisse,

Vel signis licet obseres palatum
Dum vostri sim particeps amoris.

Signis id est sigillis.

Non custos si fingar ille Cretum] Hos decem versus, qui in plerisque manu exaratis libris consequuntur Epigramma ad Cœlium de Lesbia, Scaliger in hunc transtulit locum, ita ut mox subsequantur & ultimam partem constituant epigrammatis ad Camerium. Aldus, Muretus & cæteri, constituunt eos post istum versiculum,

En hic in roseis latet papillis.

Mihi neutro loco satis commode se habere videntur, nec tamen dubito quin ad præcedens pertineant epigramma. Sed proculdubio deest nonnihil. Sive enim hoc, sive istoc loco reponantur, non tamen sensum aptum & Catullo dignum efficias. Custos vero Cretum hoc loco est Talos gigas æneus, qui singulis diebus Cretam circumibat; Holobolus Rhetor ad secundam Dosiadæ Aram; ἔρρασε καὶ ἔφθειρεν ἡ Μήδεια τὸν οὖρον καὶ τὸν ὁρμηλικὸν γυιόχαλκον καὶ χάλκεον ἄνδρα τὸν Τάλω κωλύοντα τοὺς Ἀργοναύτας διελθεῖν: ὃς ἐν μίᾳ ἡμέρᾳ περιώδευε τὴν Κρήτην νῆσον καὶ ἐφύλαττε. De hoc Manuële Holobolo, viro sane doctissimo, sed infelicis admodum fati, vide historias Georgii Pachymerii. Hujus Talonis amores fuisse Rhadamanthum prodit Ibycus apud Athenæum, & Suidas in θάμυρις. Quod autem singulis diebus Cretam circum iret, id videntur nonnulli ad Solem retulisse, itaque apud Hesychium Τάλως, ὁ ἥλιος exponitur. Nempe quia ut huic æreo giganti, ita quoque Soli ἡμεροδρόμου epitheton tribuitur, sumtum à Persarum ἡμεροδρόμοις, de quibus vide & alios, & Suidam. Quod autem Holobolus οὖρον ὁρμηλικὸν interpretatur, id ego malim cum Catullo custodem reddere. Nam οὖρος seu ὦρος custos, ab ὠρεῖν, φυλάττειν. Unde ὠρεῖα, φυλακτήρια, quæ & ὠρήσματα dicuntur ab ὠρήσασθαι, quod idem est. Inde Latinorum *horrea*, hinc quoque θυρωρὸς, & complura alia. Porro ab hoc Talone dictos esse montes in Creta Tallæos alicubi me legisse recordor, sed an verum sit nescio.

Non Rhesi nivea citaque bigæ] Mediolanense exemplar habet *Cytæque bigæ*, idque intelligi possit de curru Medeæ, utpote natæ in oppido Cyta. Ista exemplorum coacervatio, quanto major & crebrior, tanto majorem orationi vim affert.

Adde huc plumipedes, volatilesque] Quales fuere non Sirenes modo, sed & Zethus & Calais, qui & capita & pedes pennatos habuere, ut scribit Hyginus. Sed vetus liber Mediolanensis & alia quædam exemplaria habent *plumideas*, & intelligi possunt Sirenes. Volatiles vero sunt Zethus & Calais. Vulgatam tamen retinui lectionem.

AD CATONEM.

54 O rem ridiculam, Cato, & jocosam,
Dignamque auribus, & tuo cachinno.

Ride, quicquid amas, Cato, Catullum:
Res est ridicula, & nimis jocosa.
Deprendi modo pupulum puellæ
Crissantem. hunc ego, si placet Dionæ,
Protelo rigida mea cecidi.

Deprendi modo pupulum puellæ Trusantem] Vocabulum nihili, nec satis conveniens huic loco. Utique scripserat Catullus *Crissantem*, id est κελητίζοντα. Construitur hoc verbum cum casu tertio etiam in carminibus obscenis, *Crissabit tibi fluctuante lumbo.*

Protelo rigida mea cecidi] *Protelo* id est eodem tractu & tenore. Adverbium hoc translatum est à jugis boum quæ protela appellantur. In Gloss. protelum recte exponitur ἄμπρον. Hoc vocabulum tam ipsum notat jugum, quam funem qui per jugum transmittitur. Inde est quod ἄμπρον quasi ἄμπερον ab ἀμπείρω seu ἀμπερέω dictum putent Grammatici. Hinc ἀμπρεύειν τὸ μετ' ἁμάξης προσάγειν ut exponunt Suidas & Hesychius. Callimachus; Ἄνδρες δ' Ἠλεῖοι Ἠλιάθεν ἀμπρεύοντες. Ita concipiendus iste versiculus, qui non recte se habet apud auctorem Etymologici magni. Ut vero a jugo est juge & jugiter adverbium, sic quoque à protelis boum fit adverbium protelo, quod idem est ac jugiter. In hac significatione, non hic tantum apud Catullum, sed & apud Lucretium adverbialiter accipitur pro jugi & continuo tenore cum alibi, tum lib. IV. *Et quasi protelo stimulatur fulgure fulgur.* Pro jugo vero seu funibus quibus, jugum regitur manifeste hoc vocabulum accipitur non tantum apud Plinium, sed & apud Lucilium, & Catonem, ut mirer virum magnum ad Solinum negare protelum, veteres usurpasse pro eo quod Græcis est ἄμπρον seu ἔξαμπρον, cum illa ipsa quæ adducit loca contrarium evincant. Verum recte is in loco Varronis apud Nonium *protalo* mutandum esse monet in *protelo.* Quod autem alterum Varronis locum attinet, ubi similiter protelum, pro incitamento accipi putabat Scaliger, is est lib. III. cap. XVI. de R R. ubi docet qualia esse debeant apum alvearia; *Primum secundum villam, potissimum ubi non resonent imagines: hic enim sonus harum fugæ causa existimatur esse. Præterea procerum esse oportet aëre temperato, neque æstate fervido, neque hyeme non aprico, ut spectet potissimum ad hybernos ortus.* Ita legitur in omnibus editionibus, quæ Scaligerianam præcessere. Ipse tamen expuncto τοῦ *præterea*, sic legit; *hic enim sonus harum fugæ causa existimatur esse protelum. Esse oportet* &c. Sed profecto siquid

mutan-

mutandum, scripserim; *Prætoria procerum esse oportet*, & postea *spectent*. Notum antiquos omnes de apibus semper ac de militibus loqui, & adsignare illis castra & prætoria, reges & reginas, duces, satellites, vigiles, custodes & tibicinas. Proceres non uno loco appellat Columella. Prætoria illis tribuit etiam Virgilius. Vulgata tamen lectio servari potest, si procerum hoc loco accipiamus pro oblongo, & construamus cum alveario, quod præcessit. Paulo post etiam ex aliorum sententia jubet exstrui alvearia, quorum altitudo seu proceritas tripla sit ad latitudinem. Sed antequam definam, hoc quoque addo, adverbium *protelo*, ut à Catullo, ita quoque à Lucilio accipi apud Nonium in *Samium*.

Hanc ubi vult male habere, ulcisci pro scelere ejus
Testam sumit homo Samiam, sibique protelo
Præcidit caulem, testesque una amputat ambo.

Ita emendamus hunc locum, neque, ut puto, aliter Lucillius scripserat.

IN MAMURRAM ET CÆSAREM.

55 PULCHRE convenit improbis cinædis
Mamurræ pathicoque, Cæsarique.
Nec mirum: maculæ pares utrisque,
Urbana altera, & illa Formiana,
Impressæ resident, nec eluentur.
Morbosi pariter, gemelli utrique.
Uno in lectulo, erudituli ambo:
Non hic, quam ille magis vorax adulter.
Rivales socii & puellarum.
Pulchre convenit improbis cinædis.

Morbosi pariter]. Glossæ; *Morbosus*, παθικὸς, & sic omnino accipiendum. Paulo post retinuimus

Rivales socii & puellarum,

cum & conspirent libri, & non minus rectum sit eo, quod substituerunt viri docti.

AD COELIUM DE LESBIA.

56 COELI Lesbia nostra, Lesbia illa,
Illa Lesbia, quam Catullus unam

Plus

Plus, quam se, atque suos amavit omnis:
Nunc in quadriviis, & angiportis,
Glubit magnanimos Remi nepotes.

Glubit magnanimos Remi nepotes] Magnanimos ironice dictum volunt viri docti, quibus ego libenter assentirer, si faverent libri, in quibus constanter legitur *magna admiremini nepotes*, ut videatur potius scribendum, *magnanimi Remi nepotes*. Nec alienum debet videri hoc epitheton ab ingenio Remi, utpote cui magnanimitas fatalis fuisse creditur. Sensus autem epigrammatis nihil habet difficultatis. Quæritur Catullus tantopere sibi amatam Lesbiam, se relicto, utpote cujus sacculus plenus esset aranearum, defecisse ad secundarios quirites, quos vocat Remi nepotes, ad differentiam potentiorum, qui Romulidæ dicebantur. Satis hoc ex eo adparet, quod eos in quadriviis & angiportis collocet. Eadem ratione, nisi me fallit conjectura, Seneca cap. IX. consolatione ad Marciam vocat Remi populum. *Egregium versum & dignum audivi, qui non è populo Remi,*
Cuivis potest accidere, quod cuiquam potest.

DE RUFA. 57

Bononiensis Rufa Rufulum fellat.
Uxor Meneni sæpe quam in sepulchretis
Vidistis ipso rapere de rogo cœnam,
Quum devolutum ex igne prosequens panem
Ab semiraso tunderetur ustore?

Bononiensis Rufa Rufulum fallat] In libris veteribus legas *Ruffa Ruffum fallat*. Sed rectius *fellat*, licet vir magnus spurcos vocet homines, qui tam spurcum substituerunt verbum. At profecto iniqua hæc est censura. Si ita, ut ipse vult, constituas hoc epigramma, nullum omnino commodum efficias sensum. In epigrammatis ipsa sæpe sufficit spurcities & virulentia, quæ hic insignis est, cum uxorem Meneni faciat μυζουρίδα & tam miseram, ut etiam è rogo petat cibum. Libera etiamnum republica, complura istiusmodi & Romæ & Athenis scribebantur epigrammata, qui mos cessavit postquam reges & dominos habuere.

Ab semiraso tunderetur ustore] In plerisque veteribus libris *tonderetur* scribitur, & bene, ut puto, antepenultima enim more antiquo corripitur. *Tondere* vero accipitur pro vellicare, radere, lacerare, & carpcim ferire,

 quem-

quemadmodum iste ustor, qui Rufam rapientem panem è rogo devolutum, tæda sua perstringebat. Sic *detondere guberna* apud Lucilium. Sic quoque utitur eo vocabulo Virgilius, apud quem sic legendum lib. VI. Æn.

> —— *Rostroque immanis vultur obunco*
> *Immortale jecur tondens.*

Nec aliter Cicero in Arateis,

> *Extremum nitens plumato corpore corvus*
> *Rostro tondit,*

non *tundit*, ut vulgo. Græci similiter loquuntur, ut cum ὑπὸ γυπῶν κείρεσθαι τὸ ἧπαρ Lucianus dicit in Dialogo Promethei & Jovis, & sæpe alibi. Hinc quoque lucem accipiunt isti Martialis versus lib. XI. Epigr. LXXXV. qui vulgo non satis intelliguntur.

> *Hic miserum scythica sub rupe Promethea radat,*
> *Carnificem nudo pectore poscet avem.*

Malit, inquit, Prometheus, ut vultur aut aquila jecur ejus perpetuo tondeat, quam subire manus Antiochi tonsoris.

* * *

58 Num te leæna montibus Libystinis,
Aut Scylla latrans infima inguinum parte,
Tam mente dura procreavit, ac tetra:
Ut supplicis vocem in novissimo casu
Contemtam haberes? o nimis fero corde!

Sive fragmentum, sive integrum sit epigramma, nihil hoc habet commune cum superiori, & qui ex utroque unum facere conantur, illi & se, & Catullum prostituunt. Ego integrum esse existimo, sed ideo minus intelligi, quod ut ubique alibi, ita quoque hic lemma epigrammatis perierit, ita ut nesciamus de quo, & qua de causa scriptum sit. Hæc est ratio, ut non tantum multa Catulli, sed & plurima Martialis non satis intelligantur epigrammata. Ne autem temere hoc adfirmare videar, operæpretium erit si exemplis aliquot id ipsum declaremus. In spectaculorum Amphitheatri epigrammatis VII. & VIII. apud Martialem, ita reformanda sunt lemmata, prout concipiuntur in vetustis membranis Thuanæis.

DE

DE KAL. APRIL. qua die omnis venatio per mulieres confecta est.

Belliger invictus quod Mars tibi servit in armis,
Non satis est, Cæsar: servit & ipsa Venus.

De Venatrice quæ leonem primæ formæ venabulo excepit.

Prostratum vasta Nemees in valle leonem,
Nobile & Herculeum fama canebat opus.
Prisca fides taceat: nam post tua munera, Cæsar,
Hæc jam fœminea vidimus acta manu.

Epigrammatis XVII. inscriptio talis esse debet.

De Carpophoro, qui pariter immissos aprum, ursum, leonem, pardum, confecit.

Summa tua, Meleagre, fuit quæ gloria palmæ: &c.

Epigramma XXX. ejusdem libri auctoritate ita inscribendum & reformandum,

De Carpophoro qui XX. hircos pariter immissos confecit.

Secula Carpophorum, Cæsar, si prisca tulissent
Non Diomedis equos barbara terra ferat.
Non Marathon taurum, Nemee frondosa leonem,
Arcas Mænalium non timuisset aprum.
Hoc armante manus hydra mors una fuisset,
Huic percussa foret tota Chimæra semel.
Igniferos possit sine Colchide vincere tauros,
Possit utrumque ferum vincere Pasiphaes.
Si sit ut æquorei revocetur fabula monstri,
Hesionem solvet solus & Andromedam.
Herculeæ laudis numeretur gloria: plus est
Bis denas pariter perdomuisse feras.

Complura alia adducere possimus, quæ, quod non recte concipiantur lemmata, vel nullum, vel certe frigidum admodum exhibeant sensum, præsertim in Xeniis & apophoretis. Quis enim intelligit epigramma istud de candela?

Ancillam tibi sors dedit lucerna,
Totas quæ vigil exigit tenebras.

Sed vero, annuentibus libris antiquis, ita corrigendum & epigramma & lemma.

Cicindela.

Ancillam tibi sors dedit lucernam,
Totas quæ vigil exigit tenebras.

IN NUPTIAS JULIÆ, ET MANLII.

Collis ô Heliconei
Cultor, Uraniæ genus,
Qui rapis teneram ad vinum
Virginem ô Hymenæe Hymen,
O Hymen Hymenæe.

Cinge tempora floribus
Suaveolentis amaraci.
Flammeum cape. lætus huc
Huc veni niveo gerens
Luteum pede soccum.

Excitusque hilari die,
Nuptialia concinens
Voce carmina tinnula,
Pelle humum pedibus. manu
Pineam quate tedam.

Nanque Julia Manlia,
Qualis Idalium colens
Venit ad Phrygium Venus
Judicem, bona cum bona
Nubit alite virgo,

Floridis velut enitens
Myrtus Asia ramulis,

Quos Hamadriades deæ
Ludicrum sibi roscido
Nutriunt humore.

Quare age huc aditum ferens
Perge linquere Thespiæ
Rupis Aonios specus,
Lympha quos super inrigat
Frigerans Aganippe.

Ac domum dominam voca
Conjugis cupidam novi,
Mentem amore revinciens,
Ut tenax hedera huc, & huc
Arborem inplicat errans.

Vos item simul integræ
Virgines, quibus advenit
Par dies, agite, in modum
Dicite: ô Hymenæe Hymen,
Hymen ô Hymenæe:

Ut lubentius audiens,
Se citarier ad suum
Munus, huc aditum ferat
Dux bonæ Veneris, boni
Conjugator amoris.

Quis Deus magis ac magis
Est petendus amantibus?
Quem colent homines magis
Cælitum? ô Hymenæe Hymen,
Hymen ô Hymenæe.

R Te

Te suis tremulus parens
Invocat, tibi virgines
Zonula solvunt sinus,
Te te Hymen cupida novus
Captat aure maritus.

Tu fero juveni in manus
Floridam ipse puellulam
Matris è gremio suæ
Dedis. ô Hymenæe Hymen,
Hymen ô Hymenæe.

Nil potest sine te Venus
Fama quod bona comprobet,
Commodi capere. at potest,
Te volente. quis huic deo
Compararier ausit?

Nulla quit sine te domus
Liberos dare, nec parens
Stirpe jungier. at potest,
Te volente. quis huic Deo
Compararier ausit?

Quæ tuis careat sacris
Non queat dare præsides
Terra finibus. at queat,
Te volente. quis huic Deo
Compararier ausit?

Claustra pandite januæ.
Virgo adest. viden, ut faces
Splendidas quatiunt comas?

Sed

Sed moraris, abit dies,
Prodeas nova nupta.

Tardet ingenuus pudor,
Quæ tamen magis audiens
Flet, quod ire necesse sit.
Sed moraris, abit dies,
Prodeas nova nupta.

Flere desine. non tibi
Aurunculeia periculum est,
Ne qua fœmina pulchrior
Clarum ab Oceano diem
Viderit venientem.

Talis in vario solet
Divitis domini hortulo
Stare flos Hiacynthinus.
Sed moraris, abit dies,
Prodeas nova nupta.

Prodeas nova nupta (st
Jam videtur) & audias
Nostra verba. (viden? faces
Aureas quatiunt comas:)
Prodeas nova nupta.

Non tuus levis in mala
Deditus vir adultera
Probra turpia persequens,
A tuis teneris volet
Secubare papillis:

Lenta qui velut assitas
Vitis implicat arbores,
Implicabitur in tuum
Complexum. sed abit dies,
Prodeas nova nupta.

* *

* *

ô Cubile quot omnibus
Candido pede lecti,

Quæ tuo veniunt hero,
Quanta gaudia, quæ vaga
Nocte, quæ media die
Gaudeat. sed abit dies,
Prodeas nova nupta.

Tollite, ô pueri, faces,
Flammeum video venire:
Ite, concinite in modum,
Io Hymen Hymenæe io,
Io Hymen Hymenæe.

Ne diu taceat procax
Fescenina locutio,
Nec nucis pueris neget
Desertum, domini audiens
Concubinus amorem.

Da nucis pueris iners
Concubine. satis diu
Lusisti nucibus. lubet

Jam

Jam servire Thalasio.
Concubine nucis da.

Sordebam tibi villice
Concubine hodie atque heri.
Nunc tuum cinerarius
Tondet os. miser ah miser
Concubine, nucis da.

Diceris male te a tuis
Unguentate glabris marite
Abstinere, sed abstine.
Io Hymen Hymenæe io,
Io Hymen Hymenæe.

Scimus hæc tibi, quæ licent
Sola cognita: sed marito
Ista non eadem licent.
Io Hymen Hymenæe io,
Io Hymen Hymenæe.

Nupta tu quoque, quæ tuus
Vir petet, cave ne neges:
Ne petitum aliunde eat.
Io Hymen Hymenæe io,
Io Hymen Hymenæe.

En tibi domus ut potens,
Et beata viri tui,
Quo tibicine serviat
(Io Hymen Hymenæe io,
Io Hymen Hymenæe.)

Usque dum tremulum movens
Cana tempus anilitas
Omnia omnibus annuit.
Io Hymen Hymenææ io,
Io Hymen Hymenææ.

Transfer omine cum bono
Limen aureolos pedis,
Rasilemque subi forem.
Io Hymen Hymenææ io,
Io Hymen Hymenææ.

Adspice, imus ut accubans
Vir tuus Tyrio in toro
Totus immineat tibi.
Io Hymen Hymenææ io,
Io Hymen Hymenææ.

Illi non minus, ac tibi
Pectore uritur intimo
Flamma, sed penite magis.
Io Hymen Hymenææ io,
Io Hymen Hymenææ.

Mitte brachiolum teres,
Prætextate, puellulæ.
Jam cubile adeant viri.
Io Hymen Hymenææ io,
Io Hymen Hymenææ.

Vos bonæ senibus bonis
Cognitæ bene fœminæ,
Collocate puellulam.

Tor-

Io Hymen Hymenæe io,
Io Hymen Hymenæe.

Jam licet venias, marite.
Uxor in thalamo est tibi
Ore floridulo nitens:
Alba parthenice velut,
Luteumve papaver.

At, marite, ita me juvent
Cælites, nihilominus
Polcher es: neque te Venus
Negligit. sed abit dies:
Perge, ne remorare.

Non diu remoratus es.
Jam venis. bona te Venus
Juverit: quoniam palam
Quod cupis, capis, & bonum
Non abscondis amorem.

Ille pulveris * erithei
Siderumque micantium
Subducat numerum prius,
Qui vostri numerare volt
Multa millia ludi.

Ludite, ut lubet, & brevi
Liberos date. non decet
Tam vetus sine liberis
Nomen esse: sed indidem
Semper ingenerari.

Us-

Torquatus volo parvolus
Matris è gremio suæ
Porrigens teneras manus,
Dulce rideat ad patrem,
Semihiante labello.

Sit suo similis patri
Manlio, & facile insciis
Noscitetur ab omnibus,
Et pudicitiam suæ
Matris indicet ore.

Talis illius à bona
Matre laus genus approbet,
Qualis unica ab optima
Matre Telemacho manet
Fama Penelopeo.

Claudite ostia virgines.
Lusimus satis. at boni
Conjuges bene vivite, &
Munere assiduo valentem
Exercete juventam.

Collis ô Heliconii] Euripides in Iphigenia priore Hymenæi sedem statuit in monte Pelio. Servius vero ad Ecl. VIII. Oetam montem nominat, ubi Hymenæus ab Hespero adamatus sit. Sane cum Urania Musa præter Catullum, complures quoque è veteribus hunc nuptiarum deum prognatum scribant, licet alii alius Musæ progeniem faciant, mirum non est, ut Musis, ita quoque harum proli varias à Poetis adsignari sedes. Illud magis mirum quod Heliconem montem, non minorem Parnasso, collem appellat. Sed notandum collis vocabulum etiam celsis attribui montibus.

Myrtus

Myrtus Asia ramulis] De Asia palude, non autem de tota continente hæc esse accipienda, extra controversiam ponendum est. Asiam enim primum appellatam fuisse tractum ambientem hanc paludem supra monuimus. Hinc Ἀσίας κιθάρα, pro Lydia, utpote quæ in Asia, oppido circa Tmolum montem, reperta credatur. Sed & Asiana mensa pro Jonica, nec non & Asiaticum dicendi genus eadem ratione debet intelligi. Ut enim Lacones & Argivi breviloqui & σύντομοι, ita Jones copiosos & μακρολόγους fuisse testantur plerique veteres. Multum itaque errant, qui de quibusvis Asiaticis populis hæc interpretantur, illis enim unum dicendi genus & similes tribuere mensas, perquam fuerit ridiculum.

Quos Hamadryades deæ] Cum δρύας quodvis arborum genus appellent Græci, hic non quercuum, quæ nullæ sunt circa paludem Asiam, sed myrtorum intelligendæ sunt deæ. Amat enim myrtus litora & præcipue paludum ripas. Ludicrum hoc loco non est adjectivum, nec accipi debet pro joculari, sed pro loco lusui apto. Apud Livium & alios ludicrum pro ipso ludo & certamine aliquoties invenias. Hinc tibiæ ludicræ, & similiter ludicræ coronæ apud Plinium pro agonalibus. Ludicrum vero hic est lavacrum seu nymphæum, locus nempe ubi puellæ & mulieres ad lavandum conveniunt. Istiusmodi lavacra aut ad mare, aut ad flumina & paludes, & vel arboribus vel rupibus cincta. Ex omnibus tamen tuta sunt nulla, immo quanto umbrosa magis & obscura, tanto magis nequitiæ patent. Pleraque nihilominus quod viris sine crimine aut scelere non pateant, sacra appellantur. Discrepant autem ludicra & nymphæa ab antris. Antra quippe dicuntur ipsæ domus nympharum, seu, ut Græci loquuntur, τὰ τῶν λειμωνιάδων θεῶν ἐνδιαιτήματα. nymphæa vero sunt lavacra seu balnea nympharum. A poetis tamen confunduntur nonnunquam, nam & exesa à mari seu fluminibus sub rupibus antra & ipsa quoque nymphæa dicuntur. Tale quoque est nymphæum subterraneum, quod Alpheus in Arcadia efficit, ubi nempe terram subit, quod propterea ab Hesychio vocatur Νυμφαῖον χθόνιον. Verba ejus, quæ vulgo corruptissima leguntur, emendata adscribam. Νυμφαῖον χθόνιον, περόσιν ὁ Ἀλφειὸς τῆς Ἀρκαδίας παραμειβόμενος τὰς λεγομένας Γλυφίας διέρχεται. Οἱ δὲ περὶ ποταμὸν Νυμφαῖον. Νυμφαῖον δ' ὄρος ἀκούεται τὸ περὶ τῆς

 Ἀρκα-

Ἀγαμήδαι. Antrum hoc ab eodem dicitur Γλυφεῖον, & ab Etymologo Γλύφιον, qui addit nymphas exinde Γλυφίας dictas. Sed & Γλυφίας idem Hesychius νύμφας interpretatur.

Perge linquere Thespia Rupis Aonios specus] Per Thespiam rupem intellige montem Heliconem, hic siquidem à Thespiis clementer surgere incipit, unde forsan collem superius dixit. Mirum autem videri possit, quod cum ex omnibus constet geographis Heliconem Thespiis vicinum esse, Eustathius tamen in digressionibus ad Homerum eum Aulidi & Euripo vicinum esse scribat, cum totius Bœotiæ intercedat longitudo. Sed vero intervallum istud longe minus est, quam credunt illi, qui ex solis Ptolemæi sapiunt tabulis. Vix dici potest quantum ille peccarit in Bœotiæ, totiusque Atticæ situ declarando, dum Bœotiæ longitudinem altero tanto majorem facit, quam revera sit. Siquis enim ejus mensuram ad stadia redigat, habebit stadia plusquam mille. Melius Strabo qui Bœotiæ longitudinem tantam fere esse dicit, quantum sit spatium inter Megaridem & Sunium promuntorium, id est stadiorum circiter sexcentorum. Sed vero longe rectius Dicæarchus, qui Bœotiæ longitudinem facit stadiorum quingentorum. Atticam prius vocatam fuisse Ἀκτικὴν constat è plerisque, ideo nempe quod sit peninsula. Ἀκτὴ enim peninsulam notat, ut patet ex iis, quæ ad Scylacem in prima adolescentia monuimus, quæ multis testimoniis, si opus sit, confirmare possimus. Hujus vero peninsulæ isthmus est Bœotia. Strabo lib. IX. ἣν δ' ὅπερ εἶπον ἐν τοῖς ἔμπροσθεν, ἰσθμὸν γένεσθαι τὴν Βοιωτίαν ἀμφιθαλάττου χώρας, &c. Hujus isthmi spatium, quod maxime coarctatur, est id quod Euripum & intimum sinus Crissæi recessum interjacet. In Ptolemæi descriptione præterquam quod sinus Crissæus desideretur, etiam hoc animadvertendum, quod latera Atticæ quæ à Sunio incipiunt, nimis obtusum ad Sunium faciant angulum, & justo longius excurrant. In iis itaque Attica nihil minus est, quam peninsula. ut minime mirum sit, Aulidem tanto intervallo ab Helicone separari. Hæc vero licet ad Catulli expositionem non pertineant, utilia nihilominus sunt ad illustranda infinita veterum loca. Nam sane siquis descriptionem Bœotiæ legat apud Dicæarchum, Strabonem, Melam & plerosque alios in meris versabitur tenebris, nec sciet quid sibi

sibi veteres voluerint in recensendis Bœotiæ oppidis tanquam vicinis, quæ tamen in Ptolemaica descriptione plurimum à se invicem absunt. In latitudine quidem locorum Bœotiæ adeoque totius Atticæ non multum peccavit, in longitudine vero longe adeo à veritate recessit, ut non dupla tantum, sed & tripla nonnunquam fecerit intervallorum spatia.

Non queat dare præsides] Nempe qui non ex legitimis essent prognati nuptiis, magistratu excludebantur, ut recte interpretatur Scaliger. Stante Republica observatum hoc fuisse, vel ex hoc adparet Catulli loco. Sed mutatum fuisse sub Cæsaribus hunc morem, cum multis aliis exemplis, tum quoque ex hoc satis liquet Plinii loco in Panegyrico. *Præfuerat provinciæ Quæstor unus ex candidatis, in quem Oea, civitas amplissima, reditus egregia constitutione fundaverat. Hoc Senatui allegandum putasti. Cur enim te Principe, qui generis tui claritatem virtute superasti, deterior esset conditio eorum, qui posteros habere nobiles merentur, quam eorum qui parentes habuissent.* Sic enim levi mutatione reformandus hic locus, qui viris doctis magnas offudit tenebras. Oea civitas Africæ amplissima & nota omnibus, quæ huic candidato reditus fundaverat, id est certos fundos adsignarat, quemadmodum Cicero & alii loquuntur.

Aurunculeia periculum est] Ut ab Aurunco est Auruncejus, ita ab Aurunculo Aurunculejus. Ex historicis vero nota est, non Aurunculeja tantum, sed & Auruncuja familia, unde Auruncuja Flora & Auruncuja Felicula apud Gruterum in inscriptionibus. Non sine ratione suspicetur aliquis sic quoque scripsisse Catullum. Nihil tamen mutandum puto, cum istiusmodi syncopæ admodum sint frequentes apud Virgilium, Horatium, Lucretium, & ipsum quoque Catullum, ut in *exules*, *singulum* & aliis.

Prodeas nova nupta si jam videtur & audias] Non placent ea quæ viri docti ad hunc locum annotarunt. Pro *si* reponas *st*, notam nempe silentii, & nihil supererit, quod quemquam morari possit. Sic itaque lege;

Prodeas nova nupta (st
Jam videtur) & audias
Nostra verba.

Corrigendus quoque Juvenalis Sat. VI.

Jam fas est: admitte viros. st dormit adulter?

Sic enim legimus, pro eo quod est in libris veteribus *si dormit adulter.*

ter. In Varrone simile mendum suspicati sunt viri docti lib. IV. de L. L. ubi vulgo sic legitur. *& si Harpocrates significat, qui sunt Taautes & Astarte apud Phœnicas.* Sed hæc intempestiva & commentitia sunt. Libri scripti sic habent. *Principes dei cælum & terra :: hi dei iidem qui Ægypti Serapis & Isis, etsi Harpocrates digito significat ut cata se amidem principes in Latio Saturnus & Ops.* Et dubitandum non sit quin vera sit lectio; *etsi Harpocrates digito significet, ut ea taceam. Iidem principes in Latio Saturnus & Ops.*

Probra turpia persequens] Probra sunt adulteria. Sic quoque infra loquitur, sic quoque Plautus. Nec multum recedunt libri veteres, in quibus *pro qua turpia.* Quapropter maluimus hoc, quam quod reposuere viri docti.

O cubile quot omnibus Candido pede lecti] Hæc est lectio meliorum librorum, nisi quod nonnulla exemplaria pro *lecti* habeant *lectuli* vel *latuli.* Supplendo huic hiatui quæ viri docti inserciunt, ea, ut opinor, nollet Catullus pro suis agnoscere. Candidum vero pedem vocat eburnum. Vulgo ex ligno fiebant, unde apud Terentium Adelphis *lectuli ilignis pedibus.* Fiebant etiam è brusco, quod erat aceris tuber, ut testatur Plinius lib. XVI. cap. XVI. *Bruscum intortius crispum; molluscum simplicius sparsum; & si magnitudinem mensarum caperet, haud dubie præferretur citro; nunc intra pugillares lectorumque sublicios aut laminas raro usu spectatur.* Sic lege, non *filiceos*, aut *solicios*, ut vulgo; pro quo *solidos* reponit Salmasius satis intempestive. Sublices vel sublicæ, & inde sublicii dicuntur non solum ii pali, quibus pontes fulciuntur, sed & quælibet tigna, quibus onus aliquod incumbit, sive illa erecta, sive obliqua, sive transversa substernantur & soli vicem præstent, ut ex Livio constat. A *sublices* Galli, nisi fallor, formarunt *solives.* Perinde vero utrum substantive hoc accipiatur vocabulum, an adjective, id enim ut sit, clarum quid subintelligatur. Utitur quoque hoc vocabulo Plinius junior Lib. II. Epist. XVII. *Adhæret dormitorium membrum transitu interjacente, qui suspensus sublicii conceptum vaporem salubri temperamento huc illucque digerit & ministrat.* Ita hunc locum legi jubet optimus noster liber manu Georgii Agricolæ è vetustissimis membranis Ferrariæ descriptus. Etiam apud Livium & alios vox subliciorum in sublicas est mutata. Si quis tamen in loco Plinii *pluteos* malit, non refragabor.

De-

Desertum domini audiens Concubinus amorem] Discrepant & hic libri. Alii enim *amorem*, alii *amores* habent. Neutrum bene, cum *amore* vera sit lectio. Desertus amore, ut desertus amicis, desertus vento.

Sordebant tibi villice] Perperam hæc immutarunt nonnulli, cum plerique sic habeant veteres libri. Noli vero hoc loco Scaligerum audire, qui villicum interpretatur rusticum, cum dispensatorem vel œconomum dicere debuisset. Non villæ tantum, sed & urbani dispensatores villici dicuntur. Gloss. *Villicus*, οἰκονόμος, ἐποικολόγος, καὶ ὁ κατ' ἀγρὸν οἰκονομῶν. Hinc in carmine obscœno, *Villicus ærarii*, pro custode ærarii. Iidem, nisi fallor, dicebantur quoque duicensi, qui censebantur instar duorum aliorum. Glossæ; *Duicensus*, διπλὸς, δεύτερον ἀπογεγραμμένος. Festus accipit de eo servo, qui sit proximus herili filio. *Duicensus dicebatur cum altero, id est cum filio, census.* Reddendum id vocabulum Pomponio Macco apud Nonium in *Verecunditer*. *Virginem præteriens vidit duicensum in ludo, verecunditer non docentem condiscipulum, verum scalpentem nates.* Perperam vulgo legitur *duos censum*. Varro apud Nonium in *Examussim*. *Quare si diu gens est ad amussim, per me licet assumas teneo διακον.* Lege; *Quare si duicensus est ad amussim, per me licet assumas γλυκ. διάκονον.* Sed & alibi idem Varro apud eundem Nonium in *Cacum*. *Neque id caci consules fecissent, quæ mandata arcana T. Ampio sedissent, aut dividi centum Gn. Magnum.* Et hic quoque, nisi fallor, rescribendum; *quæ mandata arcana T. Ampio, dedissent ante duicenso Gn. Magni.* Ut vero ad Catullum redeam, sensus ejus hic est; Sordebam tibi, inquit, ô concubine villice, meque indignum tuis judicabas amoribus, elatus nempe & superbus formæ tuæ præstantia; & simul quod villicus seu dispensator & omnia esses apud dominum; sed concidet tibi iste spiritus, & jam jam miser à nova nupta traderis cinerario, qui cum capillitio simul quoque istam auferet arrogantiam. Notum vero est, ut puto, villicorum, atriensium, œconomorum & similium id genus hominum, utpote qui & ipsi aliquid sibi esse videantur. Hinc *procuratoris vultus* apud Martialem pro gravi & aspero. Pessime hæc accepta ab interpretibus.

Nunc tuum cinerarius Tondeat &c.] Recte dicit cinerarium, quia concubini non jussu mariti tondebantur, ut putabat Muretus, sed jussu novæ nuptæ, unde apud Martialem;

Tondebit pueros jam nova nupta tuos.

Cinerarios enim & cinifiones, non virorum, sed mulierum servos fuisse notum est omnibus. Apprime autem huc facit locus Lucilii apud Nonium Marcellum in *zonatim*, *Puer zonatim circa impluvium cinerarios eludebat*. Sic enim legendum ex veteri nostro libro, in quo *per zonatim* scribitur, pro *puer zonatim*. Manifeste enim loquitur de puero jam jam tondendo & cinerarios effugere cupiente, quem sensum ex ingenio quoque perspexerat Lipsius. Dictos autem puto cinerarios, non à calefaciendis in cinere calamistris, ut habet Varro, sed quod capillos cinere rutilarent. Valerius Maximus lib. II. cap. I. de priscis matronis; *Quo formam suam concinniorem efficerent summa cum diligentia capillos suos cinere rutilabant.* Cato in originibus apud Charisium; *Mulieres nostræ capillum cinere inungitabant, ut rutilior esset crinis.* Recte vero dicit cinere inunxisse capillos, cinis quippe iste non erat pulvis dissolutus, sed lixivium aut sapo Gallicus. Plinius Lib. XXVIII. Cap. XII. *Prodest & sapo, Gallorum hoc inventum rutilandis capillis. Fit ex sevo & cinere. Optimus fagino & caprino, duobus modis spissus ac liquidus. Uterque apud Germanos majore in usu viris, quam feminis.* Meminit etiam utriusque Martialis. Spissus Sapo erat is, qui à Mattiacis in pilas densabatur, de quo in Apophoretis.

Si mutare paras longævos, cane, capillos;
Accipe Mattiacas (quo tibi calva?) pilas.

Lemma hujus distichi est *sapo* in plerisque libris antiquis. Perperam vero inscriptionem istam remisere ad præcedens distichon, cujus lemma reducendum est ejecto sapone, hoc pacto.

Crines.

Cattica Teutonicos accendat spuma capillos,
Captivis poteris cultior esse comis.

Sic reformanda sunt hæc disticha annuentibus fere libris vetustis. Non placebant nempe Germanorum flavi crines, nisi lavarentur spuma Cattica, seu sapone liquido, quo plus rutilarent. Spuma autem Cattica est, spuma Batava, ut ipse Martialis alibi docet lib. VIII. epigr. XXXIII.

Et

Et mutat Latias spuma Batava comas.

Pollinc vero oryzæ, vel farinæ, vel quocumque alio pulvere aut cinere, sicco & dissoluto, canitiem sibi conciliasse, uti hoc tempore fit, nusquam, ut puto, legitur, nisi in luctu tantum, quando cinere capillos aspergebant. Illa quippe scobe aurea, qua Lucius Verus & Galienus Impp. usi, ac item Salomonis equites, ut est apud Josephum, ista nihil ad rem facit. Forsan hæc non fuit scobs simpliciter, sed tinctura aurea, quæ ex scobe seu ramentis auri conficitur. De hac nonnihil alio diximus loco.

Scimus, hæc tibi, quæ licent, sola cognita] Passeratius in Memmianis exemplaribus affirmat se reperisse,

> *Scimus hæc tibi calibi*
> *Soli cognita.*

Hujus lectionis mentionem facit etiam Robortellus in suis ad hoc epithalamium annotationibus. Sane si vetusti alicujus exemplaris auctoritate fulciretur hæc lectio, crederem sic scripsisse Catullum,

> *Scimus hæc tibi cælibi &*
> *Soli cognita.*

Retinui tamen lectionem vulgatam, quæ in omnibus vetustis libris, quos vel Achilles Statius consuluit, aut nos vidimus, constanter scripta reperitur. Scimus, inquit, hæc sola, supple stupra, quæ licent, esse tibi cognita; sed eadem nunc tibi marito non licent.

Quæ tibi sene serviet] Frigida lectio & quam frustra emendare & interpretari conati sunt viri docti. Scripti plerique codices sic habent; *quæ tibi sine servit.* Proculdubio scripsit Catullus; *Quo tibicine serviat*, & construendum cum sequentibus, *usque dum tremulum movens* &c. Sic quoque supra spondeum in prima sede posuit, in *Aurunculejæ.* Ut autem in ædificiis tibicines dicuntur fulcra, quæ tanquam tibiæ partes ruituras sustinent, ita quoque hic maritus domus vocatur tibicen. Sed & pro quolibet sustentaculo accipi hoc vocabulum, vel ex Petronii loco in epistola Circes ad Polyænum satis colligi potest; *Quod si idem frigus genua manusque tentaverit tuas, licet ad tibicines mittas.* Lignea nempe fulcra intelligit, qualibus claudi & tripedes utuntur. Pessime hæc vulgo interpretantur. Dicuntur quoque suffraginati.

Fasi-

Rasilemque subi forem] Ex opere rasili, quod non tantum ligno, uti hic, sed & lapidibus & metallis ex æquo convenit. Hesychius; Ξοάνων προθύρων ἢ ἐξεσμένων. Sic distingue, nam ξόανον est opus rasile, idem nempe quod ξεστὸν, cum sit adjectivum. Hinc στήλη ἀπὸ ξοάνου *columna rasilis*, apud scriptorem chronici Alexandrini ad annum III. Olymp. CCLXXVII. Alibi quoque id vocabulum ita acceptum occurrit, licet perperam redditum ab interpretibus.

Aspice unus ut accubans] Mirifice hunc locum vexarunt viri summi, qui quamvis plurimum à se invicem, plus tamen à mente Catulli recesserunt. Scaligerum carpit Lipsius & merito, Lipsium carpit Scaliger in secundis ad Catullum curis, licet non recte, utrumque vero Salmasius, nihilo tamen felicius. Omnes in eo peccant, quod vulgatam immutarint lectionem, quæ optime sese habet, quæque omnium librorum auctoritate firmatur. *Unus* hic accipitur pro solo, ut passim apud Ciceronem, Plautum, Terentium, & ipsum quoque Catullum. Ex sequentibus ipsa luce clarius patet puellam necdum collocatam esse, quod tamen plerique existimarunt. Maritus seorsim in alio discubitorio seu cœnatorio toro exspectat donec sponsa conjugali toro à pronubis collocetur. Lege quæ sequuntur, & fateberis, nihil hic esse quod quemquam possit offendere. At vero *imus*, vel *intus* si legas, nullum commodum expedias sensum. Intus accumbere eo intellectu, quo ipsi volunt, ne Latinum quidem est. Quod vero Lipsius pari ratione id dici putet ac *intus canere*, in eo fallit ipsum ratio. Aspendii citharistæ intus canere dicebantur. Asconius Pedianus id sic interpretatur; *Cum canunt citharistæ utriusque manus funguntur officio. Dextra plectro utimur, & hoc est foris canere. Sinistra digitis chordas carpit, & hoc est intus canere. Difficile autem quod Aspendius citharista faciebat, ut non uteretur cantu utraque manu, sed omnia id est universam cantionem intus & sinistra tantum manu complecteretur. Unde omnes, quotquot fures erant, à Græcis tanquam Aspendii citharistæ in proverbio dicebantur, quod ut ille carminis, ita isti furtorum occultatores erant.* In Vulcatii vero Gallicani expositionibus ad Verrinas Ciceronis hactenus ineditis, luce tamen dignissimis, ita explicatur hic locus; *Aspendium citharistam*] *Simulacrum*

lacrum dicit hujus citharistæ abstulisse Verrem. Fuisse autem fertur tantæ subtilitatis, ut non exerta manu nervos citharæ impellere, sed perquam occultis motibus, ac propterea proverbio aliter dictus est in se canere solitus; simulque orator χαριέντως, ut illum ipsum artificio superasse videatur, callidiorem videlicet ostendens hunc in furando, quam illum in psallendo. Aspendii nempe citharistæ, aliique qui intus canere dicebantur, manu sinistra totum peragebant canticum. Illa autem latebat post magadem, ubi erant gradus, quibus ab uno sono ad alterum ascensus est aut descensus. Futiles enim sunt, qui existimant in veterum lyris singulas chordas, singulos tantum admisisse sonos, & non plures, uti fit in harpis vulgaribus, quas lyras barbarorum vocat Fortunatianus, & ante illum Diodorus Siculus. Porro de Aspendiis citharistis ita Zenobius, ὐδεμίαν φορὰν ἔξω φορέυσαι, πάσας ἢ ἐν τῷ ὀργάνῳ.

Vos bone senibus unis Cognita verne femina] Hæc est lectio meliorum librorum, unde facile eruas veram & Catullianam lectionem,

Vos bona senibus bonis
Cognita bene femina.

At marite tuum tamen] Egregie hunc locum emendavit Scaliger, cujus lectionem incunctanter admisimus.

Ille pulvis Erythrai] Etiam hic locus multum vexavit interpretes, quorum conjecturas recensere non attinet, cum nihil iis subsit solidi. Omnino scripserat Catullus; *Ille pulvis Erythrii.* Fefellit librarios antiquus genitivus *pulvis* pro pulveris. Erythron tractus est seu pars Cyrenaicæ, cujus mentionem facit Ptolemæus. Tractus hic satis late patebat, utpote quo non tantum promuntorium, quod Ἐρυθρὰν ἄκραν Stephanus vocat, sed complura insuper oppida seu vicos contineret. Duo memorat Synesius Epist. LXVII. Palæbiscam nempe & Hydraca; Παλαίβισκα ἢ καὶ Ὕδραξ εἰς τὴν ἀρχαίαν τάξιν ἐπαχθησαν καὶ πρὸς τὸ Ἐρυθρὸν ἀνελήφθησαν. Utrumque hoc oppidum memorat quoque Ptolemæus in Pentapoli, quamvis pro Παλαίβισκα vulgo apud eum legatur Ἀλιβάκκα vel Ἀλυββάκα. In hac olim regione quæ, ut vidimus, Ἔρυθρος dicebatur, nata fuit

 forsan

forsan Sibylla Erythræa vulgò dicta, quam nonnulli Libyssam faciunt; διὰ τὸ τεχθῆναι ἐν χωρίῳ Ἐρυθρῷ ὀνομαζομένῳ Βάτλον, ut inquit Suidas, vel ut habet alia lectio Βατίαις, quia nempe in Erythro tractu Batti sepulcrum esset. Plures tamen hæc de Erythris Joniæ seu Phrygiæ intelligere malunt, quibus nolim adversari. Præter memorata loca, complura quoque alia oppida seu vicos in Erythro tractu fuisse patet ex eadem Synesii epistola, utpote ex quasatis colligitur multas Erythritidas fuisse Ecclesias. Porro ab Erythrio agro, ejusque oppidis Palæbisca & Hydracè incipiebat Libya siticulosa seu arenosa. Idem Synesius; Γείτονα κατὰ Παλαιβίσκαν τε καὶ τὴν Ὑδράκην, κῶμαι δὲ αὗται Πενταπόλεως καὶ τῆς διψηρᾶς Λιβύης αὐτὰ τὰ μεθόρια. Cum itaque Erythros vel Erythron vocetur illa Cyrenaicæ portio, quæ Libyæ arenosæ est vicina, & ab eo dictus sit sinus Erythrius ὁ κατ' Ἐρυθρὸν κόλπος, ut habet idem Synesius Epist. LI. clarum est pulverem Erythrium à Catullo appellari arenas Cyrenaicas. Ipse semetipsum explicat in Epigrammate ad Lesbiam,

Quam magnus numerus Libyssæ arenæ,

Laserpitiferis jacet Cyrenis &c.

Qui vestri numerare volt Multa millia ludi] Ita mutarunt viri docti, pro eo quod est in libris *ludere*. Cum vero in quibusdam veteribus scriptum invenerim, *lude* vel *ludite*, non immerito aliquis suspicetur sic scripsisse Catullum,

Qui vestra numerare volt

Multa millia luctæ.

Nec suspectum esse debet vocabulum luctæ, pro luctatu vel luctatione, si verum sit, quod nonnulli affirmant, usum eo Hyginum in Astronomico.

Dulce rideat ad patrem] Locum Virgilii

Incipe parve puer cui non risere parentes,

non recte exponit Scaliger, omnino enim ille sic accipi debet, incipe parve puer ridere, ut tuo risu provoces etiam risum parentum, cui enim puero parentes non risere

Nec Deus hunc mensa, dea nec dignata cubili est.

Inter-

Interpretatio Servii non discrepat ab illa Quintiliani, ut jam aliis monitum. Nihilo felicior est Scaliger in corrigendo & exponendo loco Martialis lib. XII. Ep. XXI. ad Marcellinam conjugem.

Nec cito ridebit peregrini gloria partus.
Romanam deceat quam magis esse nurum.

Nullum subsidium adferunt libri veteres, nisi quod nonnulla exemplaria habeant, *Romanam dicet te magis esse nurum.* Frivola est Scaligeri lectio scribentis *Nec cito ridebit peregrini Clodia partus.* Noli dubitare quin sic scripserit Martialis.

Nec Sicori debet peregrini gloria partus,
Romanam dicet te magis esse nurum.

Debet hic accipitur passive, vel est ellipsis & subintelligitur *aliquid* vel *quidquam* ut sæpe. Non, inquit, Sicori debetur gloria peregrini partus, ipse siquidem Sicoris non infitiabitur, te ingenio & moribus Romanis præditam, Romanam potius, quam Hispanam esse dicendam.

CARMEN NUPTIALE.

JUVENES. 60

Vesper adest, juvenes. consurgite. vesper Olympo
Expectata diu vix tandem lumina tollit.
Surgere jam tempus, jam pinguis linquere mensas,
Jam veniet virgo, jam dicetur Hymenæus.
Hymen, ô Hymenæe Hymen ades, ô Hymenæe.

PUELLÆ.

Cernitis, innuptæ, juvenes? consurgite contra.
Nimirum Oetæos se ostendit noctifer ignes
Sic certe, viden' ut perniciter exiluere?

Non temere exiluere. canent quod visere par est
Hymen, ô Hymenæe Hymen ades, ô Hymenæe.

JUVENES.

Non facilis nobis, æquales, palma parata est.
Adspicite, innuptæ secum ut meditata requirant.
Non frustra meditantur. habent memorabile quod sit.
Nec mirum: tota penitus quæ mente laborent.
Nos alio mentis, alio divisimus auris.
Jure igitur vincemur. amat victoria curam.
Quare nunc animos saltem convertite vostros:
Dicere jam incipient, jam respondere decebit:
Hymen, ô Hymenæe Hymen ades, ô Hymenæe.

PUELLÆ.

Hespere, qui cælo fertur crudelior ignis?
Qui natam possis complexu avellere matris,
Complexu matris retinentem avellere natam,
Et juveni ardenti castam donare puellam?
Quid faciant hostes capta crudelius urbe?
Hymen, ô Hymenæe Hymen ades, ô Hymenæe.

JUVENES.

Hespere, qui cælo lucet jucundior ignis?
Qui desponsa tua firmes connubia flamma.
Quæ pepigere viri, pepigerunt ante parentes,
Nec junxere prius, quam se tuus extulit ardor.
Quid datur à divis feliei optatius hora?
Hymen, ô Hymenæe Hymen ades, ô Hymenæe.

PUEL-

PUELLÆ.

Hesperus è nobis, æquales, abstulit unam.
Nanque tuo adventu vigilat custodia semper.
Nocte latent fures, quos idem sæpe revertens
Hespere mutato comprendis nomine eopse.

JUVENES.

Ut lubet innuptis ficto te carpere questu.
Quid tum si carpunt tacita quem mente requirunt?
Hymen, ô Hymenæe Hymen ades, ô Hymenæe.

PUELLÆ.

Ut flos in septis secretus nascitur hortis,
Ignotus pecori, nullo convolsus aratro,
Quem mulcent auræ, firmat sol, educat imber:
Multi illum pueri, multæ optavere puellæ,
Idem quum tenui carptus defloruit ungui,
Nulli illum pueri, nullæ optavere puellæ:
Sic virgo dum intacta manet, dum cara suis est.
Quum castum amisit polluto corpore florem,
Nec pueris jucunda manet, nec cara puellis.
Hymen, ô Hymenæe Hymen ades, ô Hymenæe.

JUVENES.

Ut vidua in nudo vitis quæ nascitur arvo,
Nunquam se extollit, nunquam mitem educat uvam,
Sed tenerum prono deflectens pondere corpus,
Jam jam contingit summum radice flagellum,
Hanc nulli agricolæ, nulli accoluere juvenci:
At si forte eadem est ulmo conjuncta marita,
Multi illam agricolæ, multi accoluere juvenci:

Sic virgo, dum intacta manet, dum inculta senescit,
Quum par connubium maturo tempore adepta est,
Cara viro magis, & minus est invisa parenti.
Et tu ne pugna cum tali conjuge virgo.
Non æquum est pugnare, pater quoi tradidit ipse,
Ipse pater cum matre, quibus parere necesse est.
Virginitas non tota tua est. ex parte parentum est.
Tertia pars patris est, pars est data tertia matri,
Tertia sola tua est: noli pugnare duobus,
Qui genero sua jura simul cum dote dederunt.
Hymen, ô Hymenæe Hymen ades, ô Hymenæe.

Cernitis innuptæ juvenes consurgite contra] Consule patris mei de Analogia lib. I. cap. XV. ubi docet versiculum hunc sic distinguendum esse;

Cernitis, innuptæ, juvenes? consurgite contra.

Nimirum Oeteos ostendit noctifer imbres] Ita concipitur hic versus cum in aliis, tum quoque in vetustissimo libro Thuanæo, ubi inter alia antiqua poematia, hoc quoque Catulli legitur Epithalamium. In aliis libris pro *imbres* legitur *imber*, unde Scaliger faciebat

Nimirum Oceano se ostendit noctifer imbre,

plane contra sensum Catulli, cum imber impedire potius debeat ne videatur Hesperus. Nihilo felicius alii *umbras*, alii alia substituunt. Vera lectio est *ignes*, quomodo etiam Avantius vetus exemplar habuisse testatur. Apud Manilium non uno in loco hæc vocabula in antiquis membranis invicem permutata offendi. Oetæos ignes vocat stellas & præcipue Luciferum cui mons Oeta consecratus est. Caussam hujus rei ut habeamus adscribam verba Servii ad ista Virgilii,

Tibi deserit Hesperus Oetam.

Sic itaque ille; *De hoc monte stellæ videntur occidere, sicut de Ida nasci; ut, Jamque jugis summæ surgebat Lucifer Idæ. Et hoc dicit, tibi Hesperus deserit, tibi, id est per te nox advenit.* Nempe qui è vertice Idæ montis prospectant, illi duabus fere horis solem & reliqua sidera prius oriri

oriri vident, quam videant ii qui in plano versantur. Contra vero qui Oetæ montis verticem conscendunt, illis sol & sidera duabus horis setius occidunt, quam occidant iis qui in campestribus degunt. Hujus rei caussam in observationibus ad Melam & alibi copiose satis exposuimus. Bene itaque dixit Virgilius, quod Hesperus deserit Oetam, utpote è cujus vertice ultimo cernatur, quemadmodum idem sidus mutato nomine ex Ida primum conspicitur. Hinc est quod, teste eodem Servio, Hespero & Hymenæo, Hesperi delicio, sacer fuerit mons Oeta. Hinc quoque est quod in nummis Locrorum Ozolarum, qui & Hesperii dicuntur, Hesperi sidus exprimatur, quod non tantum Strabo, sed & vetusta, quæ supersunt, testantur numismata. Nec tantum Locri Ozolæ, qui occidua Oetæ juga, sed & Orientales Locri, qui Opuntii vocabantur, quique fretum accolebant Euboicum, qua nempe Oeta exit in mare, similiter Hesperi sidus & quidem ampliori & magis conspicua forma in suis exprimebant nummis. Miror vero quod cum Virgilius memorato paulo ante loco, ac item in Culice sidus hoc faciat occidere in Oeta, idem tamen in Ciri, si tamen Virgilio adscribi debeat hoc carmen, diem ab Oeta oriri dicat.

Postera lux ubi læta diem mortalibus almum
Egelido veniens mani quatiebat ab Oeta.

Non me fugit quod & Seneca in Tragediis non uno loco, ac item Silius, similiter solem & sidera ex hoc ipso monte oriri faciant, sed poetica auctoritas non debet naturæ præscribere, cum manifeste errarint. Illud quidem verum est solem & alia sidera è montibus & locis admodum editis conspici posse etiamsi viginti & pluribus gradibus infra horizontem mersa fuerint, sed observandum non eadem ubique id fieri ratione. Si enim istiusmodi sit montium situs, ut hinc quidem pelagus, inde vero vastos terrarum prospiciant tractus; utique continget ut ab ea parte, qua tellus est, sidera videantur multo profundius infra horizontem mersa, quam ab alia parte qua pelagus est. Ab Ida itaque Phrygiæ, à Casio Syriæ, & innumeris aliis montibus, qui ab oriente vastis & apertis telluris spatiis terminantur; ab illis inquam sidera orientia comparent, viginti & pluribus gradibus infra horizontem etiamnum latentia, cum eadem ubi horizontem occiduum transierint.

ierint multo citius disp areant si è mari se videnda præbeant. At vero ex Oeta, Atho, aliisque culminibus, quæ mare ab oriente prospiciunt, longe tardius sol & sidera orientia cernuntur, eademque longe serius in occiduo deficiunt cardine, qua nempe tellus adjacet. Eadem est ratio Canopi, qui è specula Pharia longe altius refractus adparet, quam vel è Rhodiis, vel Cnidiis adpareat speculis. Ex his enim sidus hoc per marinum spectatur aërem, cujus quanto major est refractio, tanto brevius est id spatium ad quod oculi possint pertingere, ut alibi ostendimus.

Canent quos visere par est] Puto Catullum ita scripsisse uti est in Thuanæis excerptis, *Canent quod visere par est.* Canent nempe visu & spectatu digna. Hinc *visendus* pro spectabili & memoratu digno. Idem nempe hic dicunt puellæ de juvenibus, quod juvenes paulo post de puellis *habent memorabile quod sit.*

Nec mirum tota penitus] Reduximus hunc versum temere expunctum à viris doctis, cum & vetustissimum Thuanæum & alia exemplaria illum agnoscant. Iidem libri paulo post habent *convertite*, non *committite.*

Hesperus è nobis æquales abstulit unam] Post hunc versiculum, aliquot versus desiderari putant Achilles Statius & Scaliger. Ego aliter sentio, & omnia recte se habere puto, cum & sensus constet, & exemplaria conspirent. Toto nempe hoc epithalamio circa id potissimum versantur juvenes & puellæ, ut hi quidem Hesperum, istæ vero Phosphorum laudent. Conqueruntur itaque illæ hoc loco, quod Hesperus unam è suis æqualibus rapuerit, & ironice subjiciunt vigiles adveniente Hespero bene & diligenter officio suo fungi, idque eo prætextu quod fures noctu lateant; sed tamen inquiunt, ô Hespere, tu qui mutato nomine & ex Hespero factus Phosphorus, cum sæpe fures & grassatores comprehendas, cur non æque diligenter excubas quando es Hesperus, cur tunc rapinas fieri permittis? In Ciri Virgiliana puellæ similiter aversantur Hesperum;

> *Quem pavidæ alternis fugitant, optantque puellæ:*
> *Hesperium fugitant, optant ardescere solem.*

Contra Callimachus in Aecale inducit juvenes Hesperum laudantes,

Αὐτὸν μέν φιλέεσ' αὐτὸν δέ τε πεφρίκασι·
Εσπέριον φιλέουσιν, ἀποστυγέουσιν ἑῷον.

Cum juvenibus facit mascula Sappho apud Dionysium Halicarnassensem in eo scripto quod perperam Demetrio Phalereo tribuitur, uti patet ex Scholiis Aristophanis. Ἕσπερε πάντα φέρεις, φέρεις ὄιν, φέρεις αἶγα, φέρεις ματέρι παῖδα. Eadem in alio epithalamio. Ἕσπερε πάντα φέρων ὅσα φαινολὶς ἐσκέδασ' αὔως. Sic lege. φαινολὶς est epitheton Phosphori. Hesychius; φαινολίς, λαμπρά, φωσφόρος. Apud eundem legas quoque; Επιφάτνιος, ὁ ἑωσφόρος ἀστὴρ, nempe quia sidere hoc oriente ad præsepe aguntur pecora. Eadem ratione Apollonio Rhodio dicitur αὔλιος ἀστήρ. Nec defuere qui olim etiam apud Homerum sic legendum putarent pro ὕλιος.

Nempe tuo adventu vigilat custodia: Semper nocte latent fures] Sic distinximus hunc locum. Est autem ironice dictum à puellis, noctu scilicet latent fures, ut eos custodes & excubitores deprehendere nequeant, cum satis feliciter eos capere sciant oriente Phosphoro. Hac ratione furibus, præmiatoribus & grassatoribus nocturnis, non minus sacer erat Hesperus; quam amantibus. Tale porro furum genus à Petronio Arbitro & Apulejo vocantur *internuculi*, quod miror non suboluisse viris doctis, qui infeliciter admodum hæc loca corrigere conati sunt. Vel ipsa vocis compositio eos docere debuerat; ut enim diurni fures dicuntur *interdiarii*, id est ἡμεροκλέπται. uti exponitur in Glossis; sic nocturni sive ἡμεροκοίται dicuntur internuculi. A Græcis iidem quoque vocantur δειελῖται. Nam δείελος. Hesperi epitheton, unde apud Homerum δείελος ὀψὲ δύων. Sed & fures inde dictos existimat Nonius, in quo tamen falli, norunt illi qui Græce sciunt. Neque satis bene & ipse, & alii versus adducunt Homeri, ut ostendant nebulones dictos quod nebulam & tenebras inducant;

Εὖτ' ὄρεος κορυφῇσι νότος κατέχευεν ὀμίχλην
Ποιμέσιν οὔτι φίλην, κλέπτῃ δέ τε νυκτὸς ἀμείνω.

Tralative dicuntur homines nequam tenebras offundere, ut in aliorum damno & cæcitate, ipsi sua inveniant commoda. Sed si propriè loquamur, non fures nebulas, sed nebulæ faciunt fures. Rectè itaque Homerus nebulas ipsa quoque nocte furibus gratiores esse dicit. Noctu quippe vigiles & excubatores metuunt, qui non timentur quando sunt nebulæ: & proculdubio hinc dicti sunt nebulones, fures sagaciores, qui propterea distinguendi sunt à δειλίταις, internuculis & tenebrionibus. Sequentem versum sic legit Thuaneus codex:

Hespere mutato comprendis nomine eospem,

ut videatur legendum *eopse*.

At lubet innuptis] Scribendum, *Ut lubet*. Hæc enim à juvenibus dicuntur. Passim in Catullo initiales literæ vitiatæ sunt. Paulo post ex vetustis membranis Thuaneis pro *contusus*, reposui *convolsus*.

Quem mulcent auræ] Sic quoque Propertius,

Mulcet ubi effusas aura beata rosas.

Zephyro potissimum tales auræ tribuuntur, unde Lucretio *genitabilis aura favonii*, hac quippe nutriri dicuntur flores & plantæ. Unde in epigrammate Bacchilidis Anthol. VI. Τῶν πάντων ἀνέμων πιοτάτῳ ζεφύρῳ. Itaque rectè apud Pollucem lib. I. αὖραι τρέφουσαι τὰ κ) αὔξας, & Ovidius

Auris mulcebant natos sine semine flores.

Sed hæc omnia commenta poetarum, fingentium auras istas ab Elysiis adventare campis. Certum est auras seu ventos molles alere plantas, & dari ἀνεμοτρεφῆ φυτὰ καὶ φύσεις αὐξανόμενα πνεύματι, ut Græci loquuntur. Solos vero id efficere zephyros, illud vero minime concesserim: non tantum ob hoc quod Theophrastus in scripto de ventis prodit, alios fructus nutriri, alios vero corrumpi à Zephyris, sed ob aliam magis universalem causam, eam nempe, quod cum omnes plantæ humore alantur, necessum sit, ut si quando Zephyri à mari aut humentibus multum flant locis, plurimum etiam secum alimenti ferant: iidem vero noceant plurimum, si à terrestribus siccis veadveniant locis. Humor est itaque qui alat, non ventus, qui nullas

las habet qualitates nisi eas, quas ex iis, per quos transit, acquirit locis.

Sic virgo dum intacta manet, tum cara suis, sed] Lectio hæc quamvis hodiernis placere possit auribus, & insuper librorum aliquot auctoritate munita sit, non tamen est Catulliana, omninoque miror plerosque Catulli interpretes secure adeo prætervectos esse hunc locum, cum ex Quintiliano lib. IX. cap. III. manifestum sit sic scripsisse Catullum.

Sic virgo dum intacta manet, dum cara suis: sed
Cum castum amisit &c.

Subjicit enim prius *dum*, accipi hoc loco pro *quoad*, sequens vero pro *usque eo*. Lectionem hanc confirmant membranæ Thuaneæ. In vulgatis autem Quintiliani exemplaribus, non recte concipitur hic Catulli locus, qui bene sese habet in vetustioribus libris.

Nunquam se extollit, nunquam mitem educat uvam] In Thuaneis membranis legitur,

Nunquam se extollit, quam muniteam educat uvam,

Unde forsan faciendum,

Nunquam se extollit, nunquam Amineam educat uvam.

Nam sane non semper verum est, viduas vites non producere uvas mites; cum & Κατακεκαυμενίτης in Asia tractus totus sit sine arboribus; & in ipsa quoque Italia multæ sint ἄμπελοι χαμαίτυποι, quæ præstantes ferant uvas. Attamen verum est Amineas, Aminæas, aut etiam Aminnias, hoc est vites ἀναδενδράδων præstantiores censeri. Gaudent enim uvæ excelso situ & multa umbra, unde πεταιτὰ istiusmodi loca vinifera dicebantur. Hesychius Πεταιτὰ, μετέωρος ἀμπελουργία, ὡς αἱ ἀναδενδράδες. Ineptum est Festi etymon, putantis Tamminia dici, quod tam rubra sint quam minium. Ex prava Virgilii lectione deformatum hoc vocabulum. Verum itaque esse puto, id quod affirmat Hesychius, Peucetiam, sive Picentinorum terram, Aminæam olim dictam fuisse. Ἀμιναῖον δὲ ἰνδός..ν τὸν οἶνον λέγει. ἢ τὸν Πικεντῖνον Ἀμιναῖον λέγει]. Etiam Macrobius

 Ami-

Aminium campum in Picentinis, hoc est ad Salernum ponit. Sed & Galenus quoque Aminii vini ex Campania aliquoties facit mentionem, licet ipse minus id esse bonum existimarit, quam sit Aminæum Bithyniæ & Siciliæ. Puto primam hujus vocis originem petendam ab Abella & Abellino, diversorum quidem populorum postmodum oppidis, cum illud fuerit Hirpinorum, alterum vero Campaniæ, adeo tamen sibi invicem vicinis, ut vix totis decem passuum distent millibus, minimeque dubitandum sit, quin ab Avella seu Abella factum sit Abellinum. B & M mutæ, & similiter liquidæ L & N, quam sæpe invicem permutentur, notum est omnibus. Huc facit quod idem illud vinum, quod A'μίνιον, seu A'μίννιον, uti passim habent vetera Geoponicorum exemplaria, Græci quoque A'βίλλιον appellarint. Hesychius; A'βίλλιον, οἶνον. Thebani hoc vocabulum in A'μιλλάχαι deformasse videntur, ac si a litibus & jurgiis, quæ vinum id moveat, esset dictum. Hæc dicta sufficiant, ut sciamus campos Aminios, seu Aminæos, recte a Macrobio ad Salernum poni, utpote qui siti fuerint in confinio Campaniæ, Picentinorum & Hirpinorum, & in oppidis Abella & Abellino, antiquæ hujus appellationis superesse vestigia.

At tu ne pugna] Thuneæ membranæ *Et tu nec pugna*, quod rectius est. Paulo post ex iisdem, pro eo quod vulgo legitur,

Tertia pars matri, pars est data tertia patri,

fecimus

Tertia pars patris est, pars est data tertia matri.

ATTIS.

Super alta vectus Atys celeri rate maria
Phrygium ut nemus citato cupide pede tetigit,
Adiitque opaca silvis redimita loca deæ:
Stimulatus ubi furenti rabie, vagus animi
Devolvit lenta acuta sibi pondera silice.
Itaque ut relicta sensit sibi membra sine viro:
Et jam recente terræ sola sanguine maculans,

Niveis citata cœpit manibus leve typanum,
Typanum tubam Cybelles, tua, mater, initia.
Quatiensque terga tauri teneris cava digitis,
Canere hoc suis adorta est tremebunda comitibus:
Agite ite ad alta, Gallæ, Cybeles nemora simul,
Simul ite, Dindymenæ dominæ vaga pecora,
Alienaque petentes, velut exules, loca celere
Sectam meam executæ, duce me, mihi comites
Rapidum salum tulistis, truculentaque pelagi,
Et corpus evirastis Veneris nimio odio.
Hilarate hero citatis erroribus animum.
Mora tarda mente cedat. simul ite: sequimini
Phrygiam ad domum, Cybelles Phrygia ad nemora deæ.
Ubi cymbalum sonat vox, ubi tympana reboant,
Tibicen ubi canit Phryx curvo grave calamo,
Ubi capita Mænades vi jaciunt hederigeræ,
Ubi sacra sancta acutis ululatibus agitant,
Ubi suevit illa divæ volitare vaga cohors.
Quo nos decet citatis celerare tripudiis.
Simul hæc comitibus Atys cecinit notha mulier,
Thiasus repente linguis trepidantibus ululat,
Leve tympanum remugit, cava cymbala recrepant.
Viridem citus adit Idam properante pede chorus.
Furibunda simul anhelans vaga vadit animi egens
Comitata tympano Atys per opaca nemora dux,
Veluti juvenca vitans onus indomita jugi.
Rapidæ ducem sequuntur Gallæ properipedem.
Itaque, ut domum Cybeles tetigere lassulæ,
Nimio è labore somnum capiunt sine Cerere.
Piger his labantes langore oculos sopor operit.
Abit in quieto molli rabidus furor animi.

Sed ubi oris aurei sol radiantibus oculis
Lustravit æthera album, sola dura, mare ferum:
Pepulitque noctis umbras vegetis sonipedibus,
Ibi somnus excitum Atyn fugiens citus abiit.
Trepidantem quum recepit dea Pasithea sinu.
Ita de quiete molli rapida sine rabie
Simul ipsa pectore Atys sua facta recoluit,
Liquidaque mente vidit sine queis, ubique foret,
Animo æstuante rusum reditum ad vada tetulit.
Ibi maria vasta visens lacrimantibus oculis,
Patriam adlocuta mæsta est ita voce miseriter:
Patria o mea creatrix, patria o mea genetrix,
Ego quam miser relinquens, dominos ut herifugæ
Famuli solent, ad Idæ tetuli nemora pedem:
Ut apud nivem & ferarum gelida stabula forem,
Et earum ut omnia adirem furibunda latibula:
Ubinam, aut quibus locis te positam, patria, rear?
Cupit ipsa pupula ad te sibi dirigere aciem,
Rabie fera carens dum breve tempus animus est.
Egone à mea remota hæc ferar in nemora domo?
Patria, bonis, amicis, genitoribus abero?
Abero foro, palæstra, stadio, & gymnasiis?
Miser ah miser quærendum est etiam atque etiam animo.
Quod enim genus figuræ est, ego non quod adierim?
Ego mulier, ego adolescens, ego ephœbus, ego puer,
Ego gymnasii fui flos, ego eram decus olei.
Mihi januæ frequentes, mihi limina tepida,
Mihi floridis corollis redimita domus erat,
Linquendum ubi esset orto mihi sole cubiculum.
Egone deum ministra, & Cybeles famula ferar?
Ego Mænas, ego mei pars, ego vir sterilis ero?

Ego

Ego viridis algida Idæ nive amicta loca colam?
Ego vitam agam sub altis Phrygiæ columinibus:
Ubi cerva silvicultrix, ubi aper nemorivagus?
Jam jam dolet, quod egi, jam jamque pœnitet.
Roseis ut hinc palam labellis sonitus adiit,
Geminas deorum ad auris nova nuncia referens,
Ibi juncta juga resolvens Cybele leonibus,
Lævumque pecoris hostem stimulans ita loquitur:
Agedum, inquit, age ferox, fac ut hunc furoribus,
Face ut hinc furoris ictu reditum in nemora ferat,
Mea liberè nimis qui fugere imperia cupit.
Age, cæde terga cauda: tua verbera patere.
Face cuncta mugienti fremitu loca retonent.
Rutilam ferox torosa cervice quate jubam.
Ait hæc minax Cybelle, religatque juga manu,
Ferus ipse ardore talis rapidum incitat animum:
Vadit, fremit & refringit virgulta pede vago.
At ubi humida albicantis loca litoris adiit,
Tenerumque vidit Atyn prope marmora pelagi:
Facit impetum. ille demens fugit in nemora fera.
Ibi semper omne vitæ spatium famula fuit.
Dea, magna dea, Cybele, Didymi, dea, domina,
Procul à mea tuus sit furor omnis, hera, domo:
Alios age incitatos, alios age rabidos.

Attis de quo hoc carmine agitur, non est Phryx iste pastor, de quo multi tam multa scripsere, iste siquidem non mari advenit, sed in ipsa natus & educatus fuit Phrygia: quapropter minime dubitandum puto, quin Attis nomine intelligatur nobilis aliquis juvenis, qui è Græcia Phrygiam accesserit, & semivirorum magnæ Matris cantu in furorem actus, sibimet ipse virilia exciderit, comitesque & famulos suos ut idem facerent persuaserit. Id ita esse, vel ipsa hujus juvenis, quam hoc poëmate prosequitur, evincit historia. Unicum vero est hoc carmen,

men, cum nullum hujus generis Græce vel Latine integrum supersit, & imprimis eximium propter numerorum rationem, qui admodum concitati & rapidi sunt, utpote qui ab anapæsto incipiant, & in anapæstum desinant. Quod vero præcipue ad perturbandos facit animos est quod in penultima sede dactylus præcedat anapæstum, quod in sedato cantu minime liceat.

Devolvit illa acuto sibi pondera silice] Lectionum varietatem vide apud Achillem Statium. In Mediolanensi libro invenimus *Devolvit ilecto*, unde commode facias;

Devolvit lecto acuto sibi pondera silice.

Sic Juvenalis Sat. VI. de eadem re.

Qui rapta secuit genitalia testa.

Perperam enim corrigunt *rupta*, invitis libris antiquis & veteri Scholiaste. Sed cum meliora Catulli exemplaria habeant fere *læta* vel *leta*, incunctanter scripsimus

Devolvit lenta acuto sibi pondera silice.

Epitheton hoc aptissimum & huic loco convenientissimum esse, qui lentorem istarum partium norit nemo ut opinor negaverit. Quod autem doctus interpres Lusitanus putat *devovit* scribendum, pro *devolvit*, id minime probo. Locus Scholiastæ Nicandri, quem adducit, facit quidem ad historiam Attinis, sed nihil omnino ad adstruendam eam, quam proponit lectionem. Verba Nicandri quæ exstant Alexipharmacorum initio, nec Scholiastes nec alius quisquam hactenus intellexit. Scribens enim ad Protagoram Cyzici degentem ita canit.

Ἠ γὰρ δὴ σὺ μὲν ἄγχι πολυστροίβοιο θαλάσσης
Ἄρκτων ὑπ' ὀμφαλόεσσαν ἐνάσσαο, ἧχι τε Ῥείης
Λοβερίνης θαλάμαι τε καὶ ὀργαστήριον Ἄττεω.

Ἄρκτον ὀμφαλόεσσαν accipiunt de polo arctico, cũ accipi debeat de Arcto monte Cyziceno, cujus & Strabo & Apollonius Rhodius non uno meminit loco. Hinc quoque Cyzicus ipsa dicta Arctonesus vel Arconesus. Nam ut ex Eustathio & aliis Græciæ patet magistris, veteres ursos non ἄρκτους tantum sed & ἄρκους appellabant. Ὀμφαλόεσσαν vero hunc

hunc montem vocat, quod umbilicum ſeu antrum haberet in medio, ubi magnæ matri & Attini ſacra fiebant, quemadmodum ipſe ſubjungit. De hoc ipſo Cybeles antro accipi debet locus Propertii lib. III. Eleg. XXI.

Frigida tam multos placuit tibi Cyzicus annos,
Tulle, Propontiaca qua fluit Iſthmos aqua,
Dindymus, & ſacra fabricata inventa Cybella
Raptoriſque tulit qua via Ditis equos.

Sic vulgo legitur, ſed quæ mirifice depravare conati ſunt viri docti. Omnino ſcripſerat Propertius *juvenca*, non *juventa* aut *inventa* ut Scaliger. In ſpecu nempe ſeu antro Lobrinæ ſeu Arcti montis ſacellum erat Matris deum, in quo juvenca marmorea viſebatur, quam hic deſignat Propertius. Iſtiuſmodi antrum Romæ expreſſum eſt in marmore quod exſtat in porticu Juſtinianea, in quo Attis ſeu Taurobolus juvencum mactans conſpicitur. Sed & alia complura ſuperſunt marmora in quibus hic Tauroboliorum ritus ſatis luculente exprimitur.

Tympanum tubam Cybeles tua mater initia] Nec recte diſtinguunt, nec recte hæc interpretantur viri docti, cum ita accipienda eſſe exiſtimant, ac ſi tympanum & tubam Cybeles crepundia vocaret Catullus. In ſacris Cybeles nullæ erant tubæ, ſed harum loco pulſabantur tympana. Suidas in voce Τύμπανα, duo fuiſſe teſtatur quo tubæ loco utebantur veteres, tympanum nempe & præterea flagellum, quo in Bacchicis præſertim orgiis ingentes edebant ſonos, tranſlato ab Indis more. De tympanis Polyænus, ubi de Baccho agit; Οἱ Ἰνδοὶ κυμβάλοις καὶ τυμπάνοις ἐσήμαινον ἀντὶ σάλπιγγος. De flagellis vero Suidas; Οἱ Ἰνδοὶ ἀντὶ σάλπιγγος ταῖς μάστιξιν ἀπεκτύπουν εἰς τὸν ἀέρα. Quam autem in magnæ matris feſtis frequens olim fuerit flagellorum uſus, & ex marmoribus antiquis, & ex Ovidio, Apulejo, aliiſque ſatis poteſt colligi. Plura de his infra dicemus. Quod autem tympana attinet quibus præcipue tubæ loco utebantur magnæ matris miniſtri, eorum non eadem ſemper erat ratio. Specie quidem & conſtructione non multum, magnitudine vero plurimum diſcrepabant. Minora tympana paſſim in antiquis viſuntur marmoribus ejuſdemque

 porprorſus erant generis ac ſint Atabalæ Hiſpanorum. Sed & majoris tympani formam vide in tabellis marmoreis Fr. Perier figura poſtrema. Omnium vero maximum erat iſtud tympanum quod Suidas deſcribit. Sola vero, ut dixi, magnitudine diſcrepabant pleraque antiquorum tympana, nam compoſitionis eadem erat ratio. Conſtruebantur quippe ex circulo ſeu potius cylindro concavo ligneo, ex pelle quæ inducebatur, & inſuper è circulis ſeu tintinnabulis æreis oram undique ambientibus. Quod autem primam in tympano Catullus corripiat, id ipſum facit more antiquo, de quo multa alibi diximus. Eadem quoque ſyllaba corripitur in verſibus Mæcenatis, qui reperiuntur apud Fortunatianum Grammaticum, quos operæpretium fuerit adſcribere.

Ades, inquit, ô Cybele fera montium Dea,
Ades & ſonante tympano quate flexibile caput,
Latus horreat flagello, comitum chorus ululet.

Recentibus vero Gallis & necdum muſicæ gnaris, tympanum dabatur, quia id ſine magno etiam pulſatur artificio, & ideo vocat Cybelles initia, utpote quo primum initiabantur.

Agite ite ad alta Gallæ Cybeles nemora ſimul] Sic quoque Græcus poeta, licet non ex vetuſtiſſimis, apud Hephæſtionem; Γαλλαὶ μητρὸς ὀρείης φιλόθυρσοι δρομάδες. Infra quoque Gallæ, non Galli: quia enim una cum virilibus, habitum quoque virilem deponerent, idcirco paſſim de illis tanquam de mulieribus loquuntur veteres. Sic quoque Statius Papinius lib. XII. Theb.

Pinigeri rapitur Simoentis ad amnem
Dux veſana chori.

Fruſtra enim viri docti hæc mutare & corrigere conantur. De cauſa & origine hujus appellationis apud antiquos & recentiores ſcripta invenias, ſed quæ nullam omnino veriſimilitudinis umbram habere videantur. Nam quod à Gallo Phrygiæ flumine ſic dictos volunt, id prorſus eſt nugatorium. Priſcis Græcis & Romanis ignotum fuit hoc vocabulum. Apud Hephæſtionem quidem ubi de Antiſpaſtico agit metro legas hos verſus;

Χαῖρ'

Χαῖρ' ὦ χρυσόκερως βαβάκτα Γάλλων
Πᾶν πελασγικὸν Ἄργος ἐμβατεύων.

Sed liber Florentinus recte hoc loco habet κήλων, non Γάλλων; quod ridiculum. Κήλων vero est asinus seu equus ὀχευτής. Ipse Hephæstion, ubi de Galliambo agit, satis testatur solos recentiores hoc carminis genere lusisse. Demum post bella Pontica Græcis & Romanis familiare esse cœpit hoc vocabulum. Ego ne dubitandum quidem existimo, quin appellatio hæc originem suam traxerit à Gallis Asiaticis seu Gallogræcis, qui postquam diu victores fuissent in bellis contra gentes Ponticas, demum & ipsi jugum Romanum subiere subacti à Manlio Vulsone. Quod telluri excolendæ potissimum insudarent, hinc ipsi æque ac Phryges Magnæ matri dicti sunt inservire. Siquis mores istorum Gallogræcorum conferat cum moribus & ceremoniis Gallorum Cybeles, prorsus gemellos inveniet. A Livio lib. XXXVIII. tribuuntur illis *promissæ & rutilatæ comæ, vasta scuta, prælongi gladii, adhoc cantus inchoantium prælium & ululatus & tripudia, & quatientium scuta in patrium quendam morem horrendus armorum crepitus: omnia de industria composita ad terrorem.* Sed ut habet ibidem Livius, *in uberrimo agro, mitissimo cælo, clementibus accolarum ingeniis, omnis illa, cum qua venerant, mansuefacta est feritas.* Pro tubis itaque & lituis successere tympana & tibiæ, pro scutis cymbala & disci, pro gladiis flagella: barbari clamores inconditaque tripudia, concinnis choreis & harmonicis permutata fuere concentibus converso in musica organa universo apparatu bellico. Castrationem vero seu ablationem testium quod attinet, ne de ea quidem vulgo recte sentiunt. Nimis est credulus qui sibi persuaderi patitur in honorem Magnæ ut vocant matris istiusmodi facinora licita aliquando fuisse. Non hodie aut heri, sed priscis quoque temporibus & fere semper humanæ cupiditatis & avaritiæ velum fuit religio. Proculdubio quæ nunc, illa ipsa quoque olim fuit castrandi causa, parentum nempe & mangonum avaritia, vel custodiæ sexus fœminei, vel cantus gratia mares in tenera præsertim ætate excidentium, cum experientia docuerit hac ratione voces reddi non acutiores tantum, sed & magis blandas & delicatas, quæque quam diutissime conservari possint, quod nec Aristotelem latuit, ut non uno loco colligere est ex ejus problematis. Quamvis autem tam sordidi lucri gratia multi sibi ipsis violentas manus inferrent, multo tamen plures erant qui a sterilibus istis viris excidebantur, sed religionis simulandæ gratia, sponte sua, ut puto, huic deæ semetipsos devovisse jactabant. Quantis artibus semiviri isti mutilandæ puerorum integritati insidiarentur, satis docet puer ille apud Martialem lib. III. Ep. XCI. qui Misitium comitabatur. Adeo nempe impune comatis his sacerdotibus permittebatur ea quoque facere, quæ Romanis legibus erant vetita. Quanta eorum fuerit potestas & auctoritas nemo luculentius expressit Dione Chrysostomo, cujus verba ex orat. XXXV. de Celænis Phrygiæ eo lubentius adscribam, quod nihil lucis illis se adferre posse fateatur Casaubonus. Ἄλλυς σοφὺς ὑμῖν ἀποδεικνύουσι τρεῖς ἢ τέτλαρας κομήτας καθάπερ τὺς ἱερέας τῶν παρ' ὑμῖν· τὺς μακαρίυς λέγω τὺς ἁπάντων ἄρχοντας τῶν ἱερέων, τὺς ἐπωνύμυς τῶν δύο ἠπείρων, τῆς ἑσπέρας ὅλης. *Alios tres aut quatuor vobis ostendunt sapientes comatos, quemadmodum hic sunt sacerdotes nostri: beati nempe illi, qui omnibus præsunt sacerdotibus, qui nomen habent à duabus continentibus & occidente universo.* Manifeste de Gallis & Archigallis loquitur, qui non erant calvi ut Ægyptii & alii sacerdotes, sed comati. Ideo vero dicit sacerdotes istos nomen habere à duabus continentibus, quia & in Europa & in Asia sint Galli. Ab universo autem occidente addit propterea, quod ut antiquiores Græci Celtas, ita posteriores quidquid ad occidentem est terrarum Gallos appellarunt. Istum Archigallum Tertullianus in Apologetico vocat Sanctissimum, ironice quidem, sed tamen ex more gentilium. Juvenali Sat. VI. dicitur ingens semivir, ad differentiam aliorum Gallorum, quos vocat obscenos minores;

—— matrisque deum chorus intrat & ingens
Semivir, obsceno facies reverenda minori.

Ex hoc porro Dionis loco patet non esse sollicitandum Arnobii locum, libro V. cum scribit; *Agdestim consecrasse corpus in Pessinunte; ceremoniis annuis, & sacerdotum antistitibus honorasse.* Quos enim Dio vocat ἁπάντων ἄρχοντας ἱερέων, Arnobius nominat sacerdotum antistites.

tes. Frustra est itaque vir magnus ad Tertulliani Pallium, cum pro *antistitibus*, legit *intestibus*.

Dindymenæ dominæ vaga pecora] Et hæc quoque pessime vulgo accipiuntur. Equos & asinos pecoribus adscribi patet ex Columella & aliis. Quia vero Galli cogerentur magnæ matris sellam gestare, si deesset asinus, ideo illos vocat Dindymenæ dominæ pecora. Verum hoc esse patet non tantum ex antiquis marmoribus, in quibus Cybele gestatur à Gallis bajulis, sed & ex Apulejo lib. VIII. apud quem ministri hujus deæ gratulantur sibi de asino, tanquam miserrimi laboris succedaneo, qui defectis ipsorum succurrat lateribus. Hæc, ut puto, vera est causa, quamobrem asinus magnæ matris & ministrorum ejus delicium passim appelletur. Sic Phædrus, sic quoque Virgilius in Copa;

Vestæ delicium est asinus.

Ut vero Catullus homines, ita Ovidius scripto in Ibin leones, quod Cybeles currum trahant, pecora vocat,

Inque pecus magnæ subito vertare parentis.

Alienaque petentes velut exules loca celeri] Hæc est lectio, quam & Achilles Statius in suis, & nos in nostris invenimus libris. Variis modis hanc deformarunt viri docti, cum tamen omnia recte se habeant, si pro *celeri*, scribas *celerè*. Exteritur enim & absorbetur media in *exules* syllaba, ut in *Auruncul eja* & *singulum*.

Hilarate excitatis erroribus animum] Quod A. Statius in suo, nos quoque in optimo nostro invenimus libro, *Hilarate crocitatis*. Inde ipse non male faciebat *concitatis*. Vide tamen num melius;

Hilarate hero citatis erroribus animum.

Herus est ipse Attis, qui monet famulos sibi comites, & jam sectam suam executos, utpote qui & ipsi jam virum deposuerant, ut exhilarent herum suum, faciendo eadem quæ ipse faciat.

Ubi cymbalum sonat vox] Quidam legunt *nox*, accipiuntque pro noctu. Atqui tum quiescebant cymbala cæteraque Gallorum instrumenta. Juvenalis Sat. VIII.

Et resupinati cessantia tympana galli.

Notum quoque epigramma in inscriptionibus antiquis;

Qui colitis Cybelen & qui Phryga plangitis Attin,
Dum vacat & tacita Dyndima nocte silent.

Sed contrarium habet Statius lib. XII.

Nocte velut Phrygia cum lamentata resultant
Dindyma, pinigeri rapitur Simoentis ad amnem
Dux vesana chori.

Nihilo felicius Giffanius legebat *Ubi cymbalo insonat vox*, ac si cymbala, æque ac tibiæ, inspirari possint. Vulgata lectio bene se habet: *cymbalum* enim ponitur pro *cymbalorum*.

Tibicen ubi canit Phryx curvo grave calamo] Non recte Achilles Statius aliique interpretes hæc accipiunt, cum grave hic poni volunt pro tristi, aut magno & vehementi sono; grave enim hic opponitur acuto. Calami seu tibiæ Phrygiæ quamvis tenues admodum essent, gravem nihilominus edebant sonum. Qua hoc fieri possit ratione multi non intelligent, sed si qui tibiarum explorent naturam, nihil eo verius esse deprehendent. Quod enim vulgo putant tibias majores graviorem semper edere sonum, id aliter sese habere, fuse alibi docemus. Curvum vero calamum cum dicit Catullus, id non ita intelligendum, ac si ipse calamus curvus fuisset, sed quod calamo affixum esset cornu aut κώδων æreus, qui esset curvus, idque eo quo graviorem ederet sonum. Hæc cum ita sint, miror Eustathium scribere codonis appositione sonum à tubis edi valde acutum, λίαν ὀξύφωνον, longe enim aliter id se habere, non tantum plerique veteres Musici, & Athenæus in fine lib. IV. sed & ipsa etiam docet experientia. Ecquis enim tubarum vel tibiarum leviter gnarus nesciat, quanto illæ longiores sint, sive illa longitudo ex continua constet materia, sive ex diversis partibus coagmentata sit, tanto quoque grauiorem edere sonum? Eustathium errantem dum sequitur Salmasius multos quoque alios committit errores, ut cum tibiam curvam, & præterea plagiaulum seu tibiam obliquam, quæ vulgo Germanica dicitur, confundit. Plagiauli enim sunt recti, sed quia oblique inspirantur, ideo sic dicti. At

vero

vero tibiæ Phrygiæ curvæ dicuntur, quia illis affigebatur κώδων κεκλασμένος, quod non id, quod Salmasius vult, sed codonem cornu instar curvatum notat, quemadmodum passim in antiquis depingitur marmoribus. Passim etiam in iisdem comparent plagiauli, sed semper solitarii, & sane fieri nequit ut tibiæ rectæ cum plagiaulo simul inspirentur. Vel ipse capitis situs id non permittat; Phrygias enim inflantibus tibias, sive singulas, sive duas simul, iis caput manebat in statu naturali. At vero qui obliquis utuntur tibiis, illis necesse est ut caput in lævum declinent humerum, alias enim sinistra suo non possit fungi officio, præsertim si aliquanto longiores fuerint plagiauli. Hinc explicandus Juvenalis Sat. III.

—— Et cum tibicine chordas
Obliquas.

Manifeste enim plagiaulum seu obliquam intelligit tibiam, quam cum inflant tibicines, & ipsis quoque obliquum est caput. Inepte admodum hæc vulgo interpretantur. Chordas vero vocat tibias, uti quoque facit Plato & complures alii. Sed & Lucretius cum Satyris lib. IV. tribuit chordas, omnino intelligit tibias. Idem quoque lib. V. cum describit vitam primorum hominum & quomodo artes sint propagatæ, & denique qua ratione tibia sit reperta, demum addit;

Hac animos ollis mulcebant atque juvabant
Cum satiate cibi. nam tum sunt omnia cordi.

Manifestè & hic legendum *chordæ*. Post satietatem cibi, nihil, inquit, hominibus æque placet ac musica, utpote quæ tunc sit τὰ πάντα. Nec est ut quisquam miretur chordas dici tibias, cum vice versa citharæ accipiantur quoque pro tibiis, & αὐλισμὸς pro κιθαρωδίας, cujus appellationis plura possimus dare exempla, sed quæ libenter alteri reservamus loco, quo artem tibicinum hoc seculo deperditam, plenius persequemur.

Ubi capita mænades vi jaciunt hederigeræ] In sacris Bacchicis mænades sunt mulieres, in pompa vero Cybeles ipsi Galli dicuntur mænades. Sic infra Attis de seipso, *Ego mænas, ego mei pars.* Ut in cæteris, ita quoque in habitu utrique conveniebant. In antiquis marmoribus passim Galli visuntur in stola muliebri. Vulgo tamen existimant

mant mulieres esse quæ istoc habitu in lapidibus spectantur, in quo plurimum falluntur. Nam sane Galli matris magnæ, æque ac illi deæ Syriæ, statim ac viri esse desinerent, vestem assumebant muliebrem. Ut autem cantus & reliquus apparatus, ita quoque habitus gallantium erat lugubris. Pullis quippe vestibus utebantur, ut ex Juvenale Sat. VI. colligere est, ubi agit de Archigallo;

Grande sonat, metuique jubet Septembris & Austri
Adventum, nisi se centum lustraverit ovis,
Et xerampelinas veteres donaverit ipsi,
Et quidquid subiti & magni discriminis instat,
In tunicas eat, & totum semel expiet annum.

Male hæc vulgo & corrigunt & interpretantur ac si moris fuisset istis Cybeles sacerdotibus vestes matronarum igni cremare aut in compitalibus lustrationis gratia suspendere. Quin potius ipsimet Galli eas induebant, utpote qui exsectis virilibus illico habitum virilem muliebri permutarent. Eadem fere erat ratio Gallorum deæ Syriæ, quos Lucianus scribit statim ac castrati essent solitos fuisse per urbes discurrere manibus gestantes genitalia sua: in quamcunque vero domum ea projecissent, inde licitum ipsis fuisse rapere vestes & mundum muliebrem. Xerampelinus vero color quisnam sit, ipsum indicat nomen. Recte vetus Scholiastes colorem eum dicit esse medium inter coccinum & muricem. Plinius pullum interpretatur & recte omnino, sed non recte illi qui pullum & nigrum confundunt. Quia nempe pulla vocatur terra, & quod pullus sit lugentium color, ideo putant esse nigrum. Sed vero in utroque falluntur. Lugentium habitum non semper nigrum fuisse infra docebimus. Pulla vero terra non dicitur ea quæ nigra est, licet sic olim loquerentur Campani, teste Columella, qui pullum alibi nigrum, alibi vero putre interpretatur; sed vero quæ omnium optima erat terra, ea demum pulla vocabatur. Talis vero omnium fere gentium consensu existimatur esse terra virgo, id est terra pura, γῆ ἀληθινὴ, si quæ nempe optima sit, & tamen nihil genuerit. Pari ratione in inscriptione antiqua apud Gruterum pag. CIↃCXXXIX, locus purus & intactus appellatur

latur locus virgo. Plinius lib. XVII. cap. V. terræ anui seu effœtæ opponit terram pullam. Pullum Grammatici interpretantur quod ætate novellum sit. Pulla itaque terra est terra puella. Opus vero non est à Græco πῶλος hanc vocem arcessere, cum utraque ejusdem sit originis. Ut enim à puer fit puellus & contracte pullus, ita à Græco παῖς pro quo πάϊρ dicunt Aeoles, formatur πάϊλος & contracte πῶλος. Rectius tamen pullum formes à Græco πελλὸς de quo infra. Quod vero colorem terræ virginis seu pullæ attinet, illam Cato rubricosam, Plinius ex testimonio Homeri nigrescentem ex auro, alii rutilam appellant. Nec aliter sensit Josepus, qui ex istiusmodi terra Adamum formatum esse scribit; ὁ δὲ ἄνθρωπος οὗτος Ἄδαμος ἐκλήθη. σημαίνει δὲ τοῦτο κατὰ γλῶτταν τὴν Ἑβραίων πυῤῥὸς, ἐπειδή περ ἀπὸ πυῤῥᾶς γῆς φυραθείσης ἐγεγόνει. Τοιαύτη γάρ ἐστιν ἡ παρθένος γῆ καὶ ἀληθινή. Terræ virginis meminit quoque Plinius lib. XXXIII. cap. III. *Jam regnaverat in Colchis Salauces & Ebusopas, qui terram virginem nactus plurimum argenti aurique eruisse dicitur in Suanorum gente, & alioquin velleribus aureis inclyto regno.* In hac lectione conspirant plerique, nisi fallor, veteres libri, manifesto tamen errore, cum scribendum sit *Salauces Æetæ suboles.* Si Clementem Alexandrinum sequamur, terra virgo est ea quæ Platoni VIII. de Rep. dicitur terra figularis. Philo Byzantius in scripto de septem spectaculis terram virginem vocat terram immotam, qualis est ea quæ profunde effoditur. Multa de hac forsan non inutilia alibi à nobis dicentur, hæc obiter monuimus, ut cognoscatur pullum colorem non esse atrum seu nigrum, sed vel rutilum, vel latiori significatu nigrescentem ex auro, ut habet Plinius, & medium quodammodo inter coccinum & muricem. Tale erat vellus ovium Bæticarum, unde est quod à Grammaticis pullus color accipiatur pro Hispano seu Bætico, quem & nativum appellant.

Hederigera] Quemadmodum bacchantes, ita quoque isti Cybeles semiviri hedera olim coronabantur, testaturque id ipsum scriptor Etymologici magni, cum dicit Ptolomæum Philopatorem dictum fuisse Gallum, quod coronam gestaret hederaceam, διὰ τὰ φύλλα κισσοῦ κατεστέφθαι ὡς οἱ γάλλοι. Sic lege. De hoc Ptolomæo vide Justinum lib. XXX. In Gallis autem Cybeles non æque erat per-

 petuum

petuum ut capillos hedera implexos haberent ac in Bacchis, quæ nunquam fine coronis hederaceis orgia celebrabant.

Nova mulier] Perperam, ut puto, sic correxere, cum veterum librorum lectio sit *nota* pro *notha*, ut jam aliis observatum. Sic supra, *notho lumine luna*.

Linguis trepidantibus] Forsan *strepitantibus* aut *crepitantibus*, nam sequitur *cava cymbala recrepant*. Retineo tamen vulgatam lectionem, pro qua omnes stant veteres libri. Linguis trepidantibus quamvis accipi possit pro cantibus tremulis, malo tamen communi sensu intelligere. Trepidant enim comites Attinis, utpote nescientes etiamnum quid agant.

Rapidæ ducem sequuntur Gallæ pede propero] Cum præcedat *rapidæ*, ineptum est addere *pede propero*. In melioribus libris scribitur *propere pede*, unde feci *properepedem*, id est *properipedem*. Sic solebant veteres scribere & ita passim Lucretius ut *consacere* pro conficere, *voceferari* pro vociferari, *confrangere* pro confringere, *pluramodo* & *multamodo*, pro plurimodo & multimodo, *instatuit* pro instituit, & complura alia, quæ omnia viri docti invitis libris antiquis è Lucretio sustulerunt. A properepede vel properipede, fit properipedare, quo usus Accius apud Nonium in *Nitidant*. Verum quia locus ille male admodum se habet, & infeliciter illum emendare aggressi sunt viri eruditi, totum illum adscribam, prout in veteribus concipitur membranis. *Nitidant, abluunt, dictum à nitore. Ennius Cresponte: Opie eam secum advocant, eunt ad fontem, nitidant corpora. Accius Thebaide: Quin id circeo fonte adveniunt mundulæ, nitidantur vulgo pripedantur soni pedum.* Primo lege *Opicam secum advocant*. *Opicam* id est, *Oscam* vel *spurcam* & *immundam*. Locum vero Accii sic constitue;

Quum de Dirceo fonte adveniunt mundulæ
Nitidanti bijugo properipedantum sonipedum.

Piger his labante languore] Melius, *Piger his labantes languore oculos sopor operit.*

Trepidantem eum recepit dea Pasithea sinu] Bene inducit Pasitheam, quoniam Gratiæ curas & molestias sopire credebantur. Et hinc est

est quod apud Hesychium Gratiæ dicantur Ἐνδαλεγῖνες, non ἀ-δαλεγῖνες ut vulgo, quia nimirum faciunt ἔνδειν, id est ἡσυχά-ζειν τὰ ἀλγεινά. Hinc quoque est quod nonulli eas Lethes seu oblivionis filias esse prodiderint, ut docet Eustathius; quamvis & hoc aliter possit accipi, quia nempe χάρις διαρρεῖ χ προδοῦσ' ἁλί-σκεται, ut loquitur Sophocles. Eædem & προΐπιδες quoque dicuntur apud Hesychium, ideo, nisi fallor, quod gratiosi esse soleant primi congressus. Porro Pasitheæ nomen ex eo, quod omnibus, quasi ex æquo, benigna sit hæc dea, ideoque Somni conjux, qui & ipse curarum sopitor. Eadem autem ratione compositum est hoc vocabulum ac πασιπόρνη, quo usus Hermippus in Ἀρτοπώλισι apud Pollucem lib. VII. cap. XXXIII. ὡς πασιπόρνη χ κάπηλαινα. Sic enim in optimo meo libro scribitur iste locus.

Rapida sine rabie] Utramque lectionem vetera exhibent exemplaria *rabida* & *rapida*, & sane utrumque μητρῴακοῖς convenit. Rabies & furor est in seipsum sævire, rapiditas vero notat τὸ σεσό-μενον τ̃ πάθους seu æstum & celeritatem affectus, quo ad istiusmodi furorem concitabantur, qui tantus erat, ut ipsi quid facerent nescirent. Fervorem vocat Papinius Statius Thebaid. x.

Sic Phryga terrificis genitrix Idæa cruentum
Elicit ex adytis, consumtaque brachia fervor
Scire vetat.

Sic fere libri veteres. Quæ autem hic Statius consumta vocat brachia, illa Martialis lib. XI. Epigr. de Antiocho tonsore, vocat orba;

Orba minus sævis lacerantur brachia cultris,
Cum furit ad Phrygios enthea turba modos.

Sic rectius in veteri meo libro scriptum inveni, quam quod vulgo legitur *Alba*. Cum vero hoc loco describat Attin æstuantem quidem, sed tamen sine rabie utpote quæ jam cessabat, ideo maluimus *rapida sine rabie*.

Patriam allocuta mæsta est ita voce miseriter] *Majestas* & *ajestas*,

 quo-

quomodo habet liber meus, è suo loco ad marginem migrarat, ut sæpe solent non intellectæ voces, quia nempe *maistast* antiquo more scriptum erat pro *mæsta est*. Mæstitiam vero Attinis, seu adolescentis istius, qui musica magnæ matris in rabiem actus semetipsum castrasset, multis hic prosequitur Catullus, nec dubitari potest quin mæror & tristitia, qui tale factum sequebatur, immensus omnino fuerit. Hinc explicandus, ut puto, Martialis lib. VII. Epigr. ad Linum;

> *Et Gallum timeo minus recentem.*

Nempe propter gravem halitum, qui tantum comitatur mærorem. Non assecutus est mentem hujus loci Turnebus & alii interpretes. Ipse seipsum interpretatur Martialis cum alibi scribit;

> *Non puer avari sectus arte mangonis*
> *Virilitatis damna maret erepta.*

Mærentium vero anima quam sit gravis, idem satis declarat cum dicit;

> *Mæstorum quod anhelitus reorum.*

Ut apud nivem & ferarum] Sic in plerisque inveni libris, quæ perperam mutata erant à viris doctis. Notum Idæ verticem ab Homero vocari Γάργαρ ἀγάννιφα.

Ego mulier, ego adolescens] Subintelligitur *sim*, ut sæpe. Itaque non probo lectionem Scaligeri, rescribentis, *Ego puber, ego adolescens*.

Sub altis Phrygiæ columinibus] Columina arbores interpretatur Turnebus, & reprehenditur hoc nomine à Scaligero. Sed ipse fallitur, neque enim Latinum est sub culmine, pro in culmine. Si columina Phrygiæ pro ipsis Phrygiæ accipias montibus, jam vivere sub montibus, est vivere ad pedes montium. Atqui hoc contrarium sensui Catulli, cum nullæ ibi nives. Rectius itaque Turnebus. Sic vertices Idæ pro arboribus dixit Petronius in halosi Trojæ.

> —— *Cæsi vertices*
> *Idæ trahuntur.*

Illa

Ita quoque πόδες Ἴδης, quamvis nonnulli interpretati sint τὰ ἔσχατα καὶ κατώτατα μέρη, alios tamen maluisse id accipere de arboribus, testis est Hesychius.

Ubi cerva silvicultrix ubi aper nemorivagus] In vertice nempe, non ad pedem Idæ. Ideo Homerus montem hunc vocat μητέρα θηρῶν, id est πολλὰ θηρία ἔχουσαν ut explicat Hesychius. Ad pedem vero versabantur greges, unde μαλλωτὴν Ἴδην dictum fuisse hunc montem διὰ τὸ πολυπρόβατον, idem testatur.

Roseis ut hinc labellis palam sonitus abiit.] *Palam* abest à libris, excepto Mediolanensi; pro *abiit* vero, pleraque vetera exemplaria habent *adiit*, quod rectius altero, cum adire ad aliquem Latinum esse etiam pueri norint. Conjungendus itaque cum sequenti hic versus & sic constituendus;

> *Roseis ut hinc palam labellis sonitus adiit*
> *Geminas deorum ad aures nova nuntia referens.*

Geminas vero recte se habet. Sonitus non unam modo, sed utramque Cybeles aurem perculit. Nota paræmia. Εἰς θεῶν ὦτα ἦλθεν.

Geminas deorum ad aures nova nuntia referens] Geminas aures dixit quoque Virgilius, ut recte monitum Scaligero, sed idem non recte mutat sequentia. Nam quod & ipse & alii existimant nuntium in neutro pro re nuntiata non esse Latinum, in eo omnino falluntur. Adeo manifesta sunt loca antiquorum, ut qui ea eludere conentur, operam mihi videantur perdere. Versus Lucretii sic leguntur in omnibus vetustis exemplaribus;

> *Refrigescit enim cunctando plaga per auras*
> *Nec calida ad sensum decurrunt nuntia rerum.*

Recedes à sensu Lucretii & rei veritate si *nuntia* construas cum *plagas*. Clarus est etiam Varronis locus de L.L. lib. v. *Ubi noctu in templum censura auspicaverit, atque de cælo nuntium erit.* Perperam & hæc mutarunt invitis antiquis exemplaribus & vetustis Grammaticis, Vulcatio Gallicano, Servio aliisque, qui *nuntium* in casu recto sic accipi affirmant. Esto ut hoc vocabulum non occurrat apud Ciceronem, Virgilium & Horatium; sed Nonio teste occurrit apud doctos. Tales nempe inter Romanos habiti fuere præcipuè Varro, Lucretius, & hic noster Catullus. Quod autem Nonius ibidem istos doctos neget receptæ esse auctoritatis, id facit more suo, utpote qui in voce *cinis*, non Cæsaris tantum & Calvi, sed & Catulli auctoritatem vacillare scribat. Quantum vero hac in parte faciendum sit istud Nonii judicium, alii expendant, mihi monuisse sufficiat, quinam illi fuerint, quos doctos appellarit ille Grammaticus.

Ibi juncta juga resolvens Cybele leonibus] Laborant numeri, & in hoc & in sequentibus, quod an librariorum factum sit culpa, an vero Catullus in concitatis adeo exprimendis affectibus, studio quoque turbarit numeros, dictu difficile.

Lævumque pecoris hostem] Sinistrum currus sui leonem. Nescio quamobrem hæc mutarint nonnulli.

Agedum inquit age ferox fac ut hunc furor] Sic fere libri veteres, nisi quod in quibusdam *furoribus* legatur. Proculdubio periit hemistichium, in cujus locum migravit hemistichium sequentis versûs. Velle vero ulcus hoc ex ingenio sanare, id demum fuerit in tenebris micare.

Mea libere nimis] Sic è libris reposuimus. Mox iidem libri *Face contra mugienti*.

Ferus ipse sese adhortans] In libris fere omnibus est *adortalis*. Mediolanense exemplar habet *ad ora talis*. Qui *adhortans* legendum credidere, illi proculdubio addiderunt *sese*. Sed vera, ut puto, lectio est illa quam dedimus;

Ferus ipse ardore talis rapidum incitat animum.

Currum Cybeles à leonibus trahi notum. Qua vero ratione Galli adeo mansuetos redderent istos leones, docet Varro apud Nonium in *Mansuete*; *Nam vidi simulacrum leonis ad Idæ lucum, ubi quondam subito eum quum vidissent quadrupedem Galli, tympanis adeo fecerunt mansuem, ut tractarent manibus.* Et profecto ubique fere gentium hac ratione domantur belluæ: nec in belluis tantum, sed & in hominibus fere semper contingit ut major & altior clamor seu sonitus obtun-

obtundat minorem, & ut qui exili sint voce, velint nolint obtemperent vocalioribus. Ut vero ad lectionem Catulli revertamur, licet sensum dederimus, an tamen ipsa assecuti simus verba, ideo dubito, quod cum in plerisque fere quos vidimus libris sic scriptum invenerimus,

Ferus ipse sese adortalis rapidum incitat animum

In uno vero qui olim Palatinæ fuit Bibliothecæ;

Ferus ipse adertalis rapidum incitat animum

Unde facimus,

Ferus ipse, ardè talis, rapidum incitat animum.

Arde, id est, ardore. Aliquis forsan malit. *Ferus ipsus ardè talis* quod tamen non opus, cum Catullus passim istos vocalium amet hiatus. Utitur hac voce etiam Varro ad finem librorum quos de re rustica scripsit, ubi de piscina Luculli sic loquitur; *In Bajano autem ardis tanta, ut architecto permiserit ut suam pecuniam consumeret, dummodo perduceret specus è piscina in mare.* Idem in γνῶθι σεαυτόν apud Nonium in *Fetum*. *Amor arde feta lampade.* Sic turges & turgor, squalles & squallor & complura alia, à quibus verba in *eo* & *esco* desinentia formantur. Sic quoque terres pro terrore apud Florum. Nam quo loco lib. III. cap. II. Vulgo legitur; *Sic ad meridiem populus Romanus. Multo atrocius & multipliciter magis & à septentrione sævitum.* Sic habent pleraque vetera exemplaria; *& multipliciter & magis à septentrione veniente.* Nempe scripserat Florus; *Multo atrocius & multiplici terre magis à septentrione veniente.* Reddenda quoque eadem vox cum alibi tum quoque lib. IV. cap. IX. Ubi sic de Antonio; *Nec ille defuit vitiis, quin periret. Imo omnia expertus ambitu & luxuria, primum hostes, deinde cives, tandem etiam terre seculum liberavit.* Vulgo *terra*, non bene. Si non affectat, utitur saltem obsoletis & inusitatis istiusmodi vocibus scriptor iste, cui ne displicuit quidem impes pro impetu. Quod siquis mendosum esse existimet, habeat is & alterum locum unde certo colligi possit illum ab hoc non abstinuisse vocabulo. Capite enim quarto libri secundi, ubi vulgo sic legitur; *Gallis Insubribus & his accolis Alpium, animi ferarum, corpora plusquam humana erant:*

sed

sed experimento deprehensum est, quippe sicut primus impetus eis major, quam virorum est, ita sequens minor quam feminarum, ecquis neget sic reformanda esse hæc verba; *Sed experimento deprehensum est, quod impes sicut primus eis major quam virorum est*, &c. Sed & lib. IV. cap. II. ubi vulgo legitur, *nisi quod amplior, eoque aerior Cæsarianorum impetus fuit*, cum optimus liber habeat *impos*, non dubito, quin reducendum sit hoc vocabulum.

Vadit fremit & refringit] Sic habet liber optimus. Mox dein libri habent. *At ubi humida albicantis*, quod nescio qua de causa mutarint viri docti.

Cybele, Didymi dea, domina] Varro apud Servium docet dominam proprie matrem Deorum dici.

EPITHALAMIUM THETIDIS ET PELEI.

PELIACO quondam prognatæ vertice pinus
Dicuntur liquidas Neptuni nasse per undas
Phasidos ad fluctus, & finis Æetæos:
Quum lecti juvenes Argivæ robora pubis,
Auratam optantes Colchis avertere pellem,
Ausi sunt vada salsa cita decurrere puppi,
Cærula verrentes abiegnis æquora palmis:
Diva quibus retinens in summis urbibus arces
Ipsa levi fecit volitantem flamine currum,
Pinea conjungens inflexæ texta carinæ.
Illa rudem cursu prora imbuit Amphitriten.
Quæ simulac rostro ventosum proscidit æquor,
Totaque remigio spumis incanuit unda,
Emersere feri candenti è gurgite vultus
Æquoreæ monstrum Nereides admirantes,
Illaque hautque alia viderunt luce marinas
Mortales oculi nudato corpore Nymphas
Nutricum tenus extantis è gurgite cano.
Tum Thetidis Peleus incensus fertur amore,

Tum

Tum Thetis humanos non despexit hymenæos,
Tum Thetidi pater ipse jugandum Pelea sanxit,
O nimis optato sæclorum tempore nati
Heroes saluete, deum genus, ô bona mater:
Vos ego sæpe meo vos carmine compellabo,
Teque adeo eximiæ tedis felicibus aucte
Thessaliæ columen, Peleu, quoi Juppiter ipse,
Ipse suos divum genitor concessit amores.
Tene Thetis tenuit pulcherrima Neptunine?
Tene suam Tethys concessit ducere neptem?
Oceanusque, mari totum qui amplectitur orbem?
Quæ simul optatæ finito tempore luces
Ut venere, domum conventu tota frequentat
Thessalia. oppletur lætanti regia coetu.
Dona ferunt: præ se declarant gaudia voltu.
Deseritur Scyros: linquunt Phthiotica Tempe,
Cranonisque domos, ac moenia Larissæa.
Pharsaliam coeunt, Pharsalia tecta frequentant,
Rura colit nemo, mollescunt colla juvencis.
Non humilis curvis purgatur vinea rastris.
Non glebam prono convellit vomere taurus.
Non falx attenuat frondatorum arboris umbram.
Squalida desertis robigo infertur aratris.
Ipsius at sedes, quacunque opulenta recessit
Regia, fulgenti splendent auro, atque argento.
Candet ebur soliis, collucent pocula mensæ.
Tota domus gaudet regali splendida gaza.
Pulvinar vero divæ geniale locatur
Sedibus in mediis, Indo quod dente politum
Tincta tegit roseo conchylii purpura fuco.
Hæc vestis priscis hominum variata figuris,

Heroum mira virtutes indicat arte.
Nanque fluentisono prospectans litore Diæ
Thesea cedentem celeri cum classe tuetur
Indomitos in corde gerens Ariadna furores;
Necdum etiam, sese quæ visit visere credit
Utpote fallaci quæ tum primum excita somno
Desertam in sola miseram se cernit arena.
Immemor at juvenis fugiens pellit vada remis,
Inrita ventosæ linquens promissa procellæ.
Quem procul ex alga mœstis Minois ocellis,
Saxea ut effigies bacchantis prospicit Evœ,
Prospicit, & magnis curarum fluctuat undis,
Non flavo retinens subtilem vertice mitram,
Non contecta levi velatum pectus amictu,
Non tereti strophio lactantis vincta papillas:
Omnia quæ toto delapsa è corpore passim
Ipsius ante pedes fluctus salis alludebant.
Sed neque tum mitræ, neque tum fluitantis amictus
Illa vicem curans, toto ex te pectore, Theseu,
Toto animo, tota pendebat perdita voce.
Ah miseram assiduis quam luctibus externavit
Spinosas Erycina ferens in pectore curas.
Illa tempestate ferox, & tempore Theseus
Egressus curvis è litoribus Piræi
Attigit injusti regis Gortynia tecta.
Nam perhibent olim crudeli peste coactam
Androgeoneæ pœnas exoluere cædis,
Electos juvenes simul & decus innuptarum
Cecropiam solitam esse dapem dare Minotauro.
Queis angusta malis quum mœnia vexarentur,
Ipse suum Theseus pro caris corpus Athenis

Pro-

Projicere optavit potius, quam talia Cretam
Funera Cecropiæ ne funera portarentur.
Atque ita nave levi nitens, ac lenibus auris,
Magnanimum ad Minoa venit, ſedeſque ſuperbas.
Hunc ſimul ac cupido conſpexit lumine virgo
Regia, quam ſuavis expirans caſtus odores
Lectulus, in molli complexu matris alebat:
Qualis Eurotæ progignunt flumina myrtus,
Aurave diſtinctos educit verna colores:
Non prius ex illo flagrantia declinavit
Lumina, quam cuncto concepit pectore flammam
Funditus, atque imis exarſit tota medullis,
Heu miſere exagitans immiti corde furores.
Sancte puer, curis hominum qui gaudia miſces.
Quæque regis Golgos, quæque Idalium frondoſam,
Qualibus incenſam jactaſtis mente puellam
Fluctibus, in flavo ſæpe hoſpite ſuſpirantem?
Quantos illa tulit languenti corde timores?
Quantum ſæpe magis fulgore expalluit auri?
Quum ſævum cupiens contra contédere monſtrum,
Aut mortem oppeteret Theſeus, aut præmia laudis.
Non ingrata, tamen fruſtra, munuſcula divis
Promittens, tacito ſuſcepit vota labello.
Nam velut in ſummo quatientem brachia tauro
Quercum, aut congeſtam ſudanti corpore pinum,
Indomitus turbo contorquens flamine robur
Eruit: illa procul radicitus exturbata
Prona cadit, latè quæcumvis obvia frangens:
Sic domito ſævum proſtravit corpore Theſeus
Nequicquam vanis jactantem cornua ventis.
Inde pedem victor multa cum laude reflexit,

Errabunda regens tenui vestigia filo.
Ne labyrintheis è flexibus egredientem
Tecti frustraretur inobservabilis error.
Sed quorsum primo digressus carmine, plura
Commemorem? ut linquens genitoris filia voltum,
Ut consanguineæ complexum, ut denique matris,
Quæ misera gnati misero deperdita letho,
Omnibus his Thesei dulcem præferret amorem?
Aut ut vecta ratis spumosa ad litora Dia?
Aut ut eam tristi devinctam lumina somno
Liquerit immemori discedens pectore conjunx?
Sæpe illam perhibent ardenti corde furentem
Clarisonas imo fudisse è pectore voces.
Ac tum præruptos tristem conscendere montes,
Unde aciem in pelagi vastos protenderet æstus:
Tum tremuli salis adversas procurrere in undas.
Mollia nudatæ tollentem tegmina suræ:
Atque hæc extremis mœstam dixisse querelis,
Frigidulos udo singultus ore cientem:
Siccine me patriis avectam, perfide, ab aris,
Perfide deserto liquisti in litore Theseu?
Siccine discedens neglecto numine divum
Immemor ah devota domum perjuria portas?
Nullane res potuit crudelis flectere mentis
Consilium? tibi nulla fuit clementia præsto,
Immite ut nostri vellet mitescere pectus?
At non hæc quondam nobis promissa dedisti
Voce: mihi nec hæc miseræ sperare jubebas:
Sed connubia læta, sed optatos hymenæos.
Quæ cuncta aerii discerpunt irrita venti.
Jam jam nulla viro juranti fœmina credat,

Nulla

Nulla viri speret sermones esse fidelis:
Quîs dum aliquid cupiens animus prægestit apisci,
Nil metuunt jurare, nihil promittere parcunt.
Sed simulac cupidæ mentis satiata libido est,
Dicta nihil metuere, nihil perjuria curant.
Certe ego te in medio versantem turbine leti
Eripui, & potius germanum amittere crevi,
Quam tibi fallaci supremo in tempore deessem.
Pro quo dilaceranda feris dabor, alitibusque
Præda, neque injecta tumulabor mortua terra.
Quænam te genuit sola sub rupe leæna?
Quod mare conceptum spumantibus expuit undis?
Quæ Syrtis, quæ Scylla rapax, quæ vasta Charybdis,
Talia qui reddis pro dulci præmia vita?
Si tibi non cordi fuerant connubia nostra,
Sæva quod horrebas prisci præcepta parentis,
Attamen in vostras potuisti ducere sedes,
Quæ tibi jucundo famularer serva labore,
Candida permulcens liquidis vestigia lymphis,
Purpureave tuum consternens veste cubile.
Sed quid ego ignaris nequicquam conqueror auris,
Externata malo, quæ nullis sensibus auctæ
Nec missas audire queunt, nec reddere voces?
Ille autem prope jam mediis versatur in undis,
Nec quisquam apparet vacua mortalis in alga.
Sic nimis insultans extremo tempore sæva
Fors etiam nostris invidit questubus auris.
Juppiter omnipotens utinam ne tempore primo
Gnosia Cecropiæ tetigissent litora puppes:
Indomito nec dira ferens stipendia tauro
Perfidus in Cretam religasset navita funem:

Nec malus hic celans dulci crudelia forma
Consilia in nostris requiesset sedibus hospes.
Nam quo me referam? quali spe perdita nitar?
Idomeniosne petam montis, ah gurgite lato
Discernens Ponti truculentum ubi dividit æquor?
An patris auxilium sperem, quemne ipsa reliqui
Respersum juvenem fraterna cæde secuta?
Conjugis an fido consoler memet amore,
Quine fugit lentos incurvans gurgite remos?
Præterea nullo (litus solum) insula tecto.
Nec patet egressus pelagi cingentibus undis.
Nulla fugæ ratio, nulla spes, omnia muta,
Omnia sunt deserta, ostentant omnia letum.
Non tamen ante mihi languescent lumina morte,
Nec prius à fesso secedent corpore sensus,
Quam justam à divis exposcam prodita multam,
Cælestumque fidem postrema comprecer hora.
Quare facta virum multantes vindice pœna
Eumenides, quibus anguineo redimita capillo
Frons expirantis præportat pectoris iras,
Huc huc adventate, meas audite querelas
Quas ego, vè miseræ, extremis proferre medullis,
Cogor inops, ardens, amenti cæca furore.
Quæ quoniam vere nascuntur pectore ab imo,
Vos nolite pati nostrum vanescere luctum:
Sed quali solam Theseus me mente reliquit,
Tali mente, deæ, funestet seque suosque.
Has postquam mœsto profudit pectore voces,
Supplicium sævis exposcens anxia factis:
Annuit invicto cælestum numine rector,
Quo tunc & tellus, atque horrida contremuerunt
Æ-

Æquora, concussitque micantia sidera mundus.
Ipse autem cæca mentem caligine Theseus
Consitus oblito dimisit pectore cuncta,
Quæ mandata prius constanti mente tenebat:
Dulcia nec mœsto sustollens signa parenti,
Sospitem Erechtheum se ostendit visere portum.
Nanque ferunt, olim classi quum mœnia divæ
Linquentem gnatum, ventis concrederet Ægeus,
Talia complexum juveni mandata dedisse:
Gnate mihi longa jucundior unice vita,
Gnate, ego quem in dubios cogor dimittere casus,
Reddite in extremæ nuper mihi fine senectæ:
Quandoquidem fortuna mea, ac tua fervida virtus
Eripit invito mihi te, quoi languida nondum
Lumina sunt gnati cara saturata figura:
Non ego te gaudens lætanti pectore mittam,
Nec te ferre sinam Fortunæ signa secundæ.
Sed primum multas expromam mente querelas,
Canitiem terra, atque infuso pulvere fœdans,
Inde infecta vago suspendam lintea malo,
Nostros ut luctus, nostræque incendia mentis,
Carbasus obscurata dicet ferrugine Hibera.
Quod tibi si sancti concesserit incola Itoni,
Quæ nostrum genus, ac sedes defendere Erechthei
Annuit, ut tauri respergas sanguine dextram:
Tum vero facito, ut memori tibi condita corde
Hæc vigeant mandata, nec ulla obliteret ætas:
Ut simulac nostros invisent lumina collis,
Funestam antennæ deponant undique vestem,
Candidaque intorti sustollant vela rudentes:
Quamprimum cernens ut læta gaudia mente

Agno-

Agnoscam, quum te reducem ætas prospera sistet.
Hæc mandata prius constanti mente tenentem
Thesea, ceu pulsæ ventorum flamine nubes
Aerium nivei montis, liquere, cacumen.
At pater, ut summa prospectum ex arce petebat,
Anxia in assiduos absumens lumina fletus:
Quum primum inflati conspexit lintea veli,
Præcipitem sese scopulorum è vertice jecit,
Amissum credens immiti Thesea fato.
Sic funesta domus ingressus tecta paterna
Morte, ferox Theseus, qualem Minoidi luctum
Obtulerat mente immemori, talem ipse recepit.
Quæ tamen adspectans cedentem mœsta carinam
Multiplicis animo volvebat saucia curas.
At pater ex alia florens volitabat Iacchus,
Cum thiaso Satyrorum, & Nysigenis Silenis,
Te quærens, Ariadna, tuoque incensus amore:
Qui tum alacres passim lymphata mente furebant,
Evoe bachantes, evoe capita inflectentes.
Horum pars tecta quatiebant cuspide thyrsos.
Pars è divolso raptabant membra juvenco.
Pars sese tortis serpentibus incingebant.
Pars obscura cavis celebrabant orgia cistis,
Orgia quæ frustra cupiunt audire profani.
Plangebant aliæ proceris tympana palmis,
Aut tereti tenuis tinnitus ære ciebant.
Multi raucisonos efflebant cornua bombos,
Barbaraque horribili stridebat tibia cantu.
Talibus amplifice vestis decorata figuris
Polvinar complexa suo velabat amictu.
Quæ postquam cupide spectando Thessala pubes

Ex-

Expleta est, sanctis cœpit decedere divis,
Ac quali flatu placidum mare matutino
Horrificans Zephyrus proclivas incitat undas
Aurora exoriente vagi sub lumina solis:
Quæ tarde primum clementi flamine pulsæ
Procedunt, leni & resonant plangore cachinni:
Post vento crescente, magis magis increbrescunt,
Purpureaque procul nantes à luce refulgent:
Sic tum vestibuli linquentes regia tecta
Ad se quisque vago passim pede discedebant.
Quorum post abitum, princeps è vertice Pelii
Advenit Chiron portans silvestria dona.
Nam quotcunq; ferunt campi, quos Thessala magnis
Montibus ora creat, quos propter fluminis undas
Aura parit floris tepidi fœcunda Favoni,
Hos indistinctis plexos tulit ipse corollis,
Queis permulsa domus iucundo risit odore.
Confestim Peneos adest. viridantia Tempe,
Tempe, quæ silvæ cingunt superimpendentes,
Xyniasi & linquens Doris celebranda choreis
Bœbiados. Namque ille tulit radicitus altas
Fagos, ac recto proceras stipite laurus,
Non sine lætanti platano, lentaque sorore
Flammati Phaetontis, & aeria cupressu.
Hæc circum sedes late contexta locavit,
Vestibulum ut molli velatum fronde vireret.
Post hunc consequitur solerti corde Prometheus,
Extenuata gerens veteris vestigia pœnæ:
Quam quondam silici restrictus membra catena
Persolvit, pendens è verticibus præruptis.
Inde pater divum sancta cum conjuge, natisque

Advenit cælo, te solum Phœbe relinquens,
Unigenamque simul cultricem montibus Idri.
Pelea nam tecum pariter soror aspernata est,
Nec Thetidis tedas voluit celebrare jugalis.
Qui postquam niveis flexerunt sedibus artus,
Large multiplici constructæ sunt dape mensæ.
Quum interea infirmo quatientes corpora motu,
Veridicos Parcæ cœperunt edere cantus.
His corpus tremulum complectens undiq; quercus
Candida purpurea quam Tyro incinxerat ora.
At roseo niveæ residebant vertice vittæ,
Æternumque manus carpebant rite laborem.
Læva colum molli lana retinebat amictum,
Dextera tum leviter deducens fila supinis
Formabat digitis: tum prono in pollice torquens
Libratum tereti versabat turbine fusum:
Atque ita decerpens æquabat semper opus dens,
Laneaque aridulis hærebant morsa labellis,
Quæ prius in leni fuerant extantia filo.
Ante pedes autem candentis mollia lanæ
Vellera virgati custodibant calathisci.
Hæ tum clarisona pellentes vellera voce
Talia diviso fuderunt carmine fata,
Carmine, perfidiæ quod post nulla arguet ætas:
O Decus eximium, magnis virtutibus augens,
Emathiæ tutamen opis, clarissime nato:
Accipe, quod læta tibi pandunt luce sorores,
Veridicum oraclum, serves quæ fata sequuntur,
Currite ducentes subtemina, currite fusi.
Adveniet tibi jam portans optata maritis
Hesperus. adveniet fausto cum sidere coniunx,

Quæ

Quæ tibi flexanimo mentem perfundat amore,
Languidulosque paret tecum conjungere somnos,
Lævia substernens robusto brachia collo.
Currite ducentes subtemina, currite fusi.
Nulla domus tales unquam contexit amores:
Nullus amor tali conjunxit foedere amantes:
Qualis adest Thetidi, qualis concordia Peleo.
Currite ducentes subtemina, currite fusi.
Nascetur vobis expers terroris Achilles,
Hostibus haud tergo, sed forti pectore notus:
Qui persæpe vago victor certamine cursus
Flammea prævortet celeris vestigia cervæ.
Currite ducentes subtemina, currite fusi.
Non illi quisquam bello se conferet heros,
Quum Phrygii Teucro manabunt sanguine Teucri
Troicaque obsidens longinquo moenia bello
Periuri Pelopis vastabit tertius heres.
Currite ducentes subtemina, currite fusi.
Illius egregias virtutes, claraque facta
Sæpe fatebuntur gnatorum in funere matres:
Quum in cinerem canos solvent a vertice crinis,
Putridaque infirmis variabunt pectora palmis.
Currite ducentes subtemina, currite fusi.
Nanque velut densas prosternens cultor aristas,
Sole subardenti flaventia demetit arva:
Trojugenum infesto prosternet corpora ferro.
Currite ducentes subtemina, currite fusi.
Testis erit magnis virtutibus unda Scamandri,
Quæ passim rapido diffunditur Hellesponto:
Quoius iter cæsis angustans corporum acervis,
Alta tepefaciet permista flumina cæde.

Currite ducentes subtemina, currite fusi.
Denique testis erit morti quoque reddita præda:
Quum teres excelso coacervatum aggere bustum
Excipiet niveos perculsæ virginis artus.
Currite ducentes subtemina, currite fusi.
Nam simulac fessis dederit fors copiam Achivis,
Urbis Dardaniæ Neptunia solvere vincla:
Alta Polyxenia madescent cæde sepulchra.
Quæ velut ancipiti succumbens victima ferro,
Projiciet truncum submisso poplite corpus.
Currite ducentes subtemina, currite fusi.
Quare agite optatos animi conjungite amores,
Accipiat conjunx felici fœdere divam.
Dedatur cupido jam dudum nupta marito.
Currite ducentes subtemina, currite fusi.
Non illam nutrix orienti luce revisens,
Hesterno collum poterit circundare filo.
Currite ducentes subtemina, currite fusi.
Anxia nec mater discordis mœsta puellæ
Secubitu, caros mittet sperare nepotes.
Currite ducentes subtemina, currite fusi.
Talia præfantes quondam felicia Pelei
Carmina diviso cecinerunt pectine Parcæ.
Præsentes nanque ante domos invisere castas
Heroum, & sese mortali ostendere cœtu
Cælicolæ nondum spreta pietate solebant.
Sæpe pater divum templo in fulgente revisens,
Annua cum festis venissent sacra diebus,
Conspexit terra centum procurrere currus.
Sæpe vagus Liber Parnasi vertice summo
Thyadas effusis evantis crinibus egit:

Quum

Quum Delphi tota tertatim ex urbe ruentes
Acciperent læti divum spumantibus aris.
Sæpe in letifero belli certamine Mavors,
Aut rapidi Tritonis Hera, aut Rhamnusia virgo
Armatas hominum est præsens hortata catervas.
Sed postquam tellus scelere est imbuta nefando,
Justitiamque omnes cupida de mente fugarunt:
Perfudere manus fraterno sanguine fratres:
Destitit extinctos natus lugere parenteis:
Optavit genitor primævi funera nati,
Liber ut innuptæ poteretur flore novercæ:
Ignaro mater substernens se impia nato
Impia non verita est divos scelerare parentes.
Omnia fanda, nefanda malo permista furore
Justificam nobis mentem avertere deorum.
Quare nec tales dignantur visere cœtus,
Nec se contingi patiuntur lumine claro.

Recte viri docti mutarunt inscriptionem. Sed quod iidem putant Catullum in hoc carmine imitatum esse Hesiodum, aut Agamestora Pharsalium, qui utrique Epithalamium Thetidis & Pelei scripserunt; id mihi non fit verisimile. Ut alibi passim, ita quoque in hoc Epithalamiorum libello, credo imitatum esse Sapphonem. Quantus hujus mulieris fuerit amator, vel exinde colligere licet, quod Lesbiam, quovis alio potius nomine suam ornaverit amicam. Epithalamium de Hespero, quin ex Sapphone redditum sit, minime est dubitandum. Scripsisse autem Sapphonem epithalamiorum libellum, docet nos præter Servium & Dionysius Halicarnassensis, ubi de epithalamiis agit; cujus verba e scriptis libris ita sunt reformanda; Ἦν μὲν οὖν καὶ παρὰ Σαπφοῖ τῆς ἰδέας ταύτης παραδείγματα ἐπιθαλαμίοις οὕτως ἐπιγεγραμμέναις ταῖς ᾠδαῖς.

Auratam optantes, Colchis avertere pellem] Licet vellere aureo nihil sit notius, cum in veterum Scriptorum & præcipue Poëtarum libris

 utram-

utramque faciat paginam; neminem tamen hactenus inveni, qui caussam & originem hujus fabulæ, quæ, ut cæteræ, non ex nihilo est orta, solide satis tradiderit. Chymici auri conficiendi rationem Colchis notam fuisse volunt. Verùm ut nugas mittamus, hæc omninò fabulæ de aureo vellere verissima est ratio, quod ut nunc, ita quoque olim & omnibus seculis, non præcipuæ tantum, sed & solæ Colchorum opes in pretiosarum pellium, & præsertim Zibellinarum, ut vulgò vocantur, sitæ fuerint commercio. Pelles istæ ex vicina Colchis Iberia deferebantur, nec tamen ibi proveniebant, sed in regione magis Septentrionali, quæ hoc quoque tempore, adjecta pro more sibilante litera, nomen servat, Siberia quippe dicitur. Nusquam toto terrarum orbe major harum pellium proventus, quàm in istac regione. Quidquid ad Sinas, Persas & Europæ gentes pretiosæ hujus mercis defertur, inde fere petitur. Ipsum verò animal, ut hoc tempore non uno appellatur nomine, siquidem Sibel, Sabel, & Simmer dicitur; ita quoque olim variis modis detortum hoc fuit vocabulum. Et Parthis seu Persis appellatum fuisse Σίμωρ constat ex Hesychio. Sed & eidem dicitur Iber, addens inde dictos Iberes, nempe Asiaticos. ἴβηρ χερσαῖον τι θηρίον, ἀφ' οὗ ἴβηρες. Et sane multo verisimilius ab hoc animali nomen accepisse Iberes, quàm ab Europæis Iberis a Nabuchodonosore eo esse translatos. Jornandes Sapherinas vocat pelles, quæ a Suionibus ad Romanos deportabantur, famosas decora nigredine. Siquidem & nunc quanto nigriores, tanto majoris sunt pretii. Romani posteriores pelles istiusmodi appellarunt Parthicas, quòd ex Parthorum deferebantur ditione, & negotiatores harum Parthicarios, ut ex Jure cognoscimus. Satis ex his plane, ni fallor, possit confici, quare ab antiquioribus Græcis Colchi aurei velleris possessores fuisse dicantur. Aureum verò ideo quod auro contra carum esset, & infinities ipsa pretiosius purpura. Græcis cum ignotum id esset animal, nec aliud vellus quàm ovium nossent, agnorum Scythicorum pelles esse credebant, nihilo majori ratione quàm qui postea mustelarum seu murium Ponticarum genus esse dixere, cum sit sui generis animal, & nihil cum aliis habeat commune. Cùm inter Suedos versaremur, non semel viva etiam conspeximus hæc animalia, a Moscovitis ex Siberia eo deportata, & miror illos qui animalium scripsere historiam, eorum non apposuisse imaginem.

Ipsa

Ipsa levi fecit volitantem flamine currum] Nihil in hac lectione est, quod displicere cuiquam debeat: aliam tamen exhibet liber meus membranaceus emendatissime scriptus. Sic nempe ille;

Ipsa sui facie, volitantem flamine currum
Pinea conjungens inflexit texta carina.

Si hanc sequamur lectionem versus fiet magis πηδηλικὸς, utpote e solis constans dactylis. Minervam vero construxisse hanc navem, cum ex aliis, tum præcipue ex Apollonio & Claudiano constat, qui addit in hac fabricanda deam istam sudasse. *Sui facie*, id est ad morem & formam sui currus, quo in cælo utitur, quoque nubes atque æthera tranat. Currum vero accipi pro navi, licet notius sit, quam ut moneri debeat, cum non Latini tantum, sed & Græci passim sic loquantur, ut cum Euripides ναΐον ὄχημα & alibi ναΐαν ἀπήνην dixerit, quod ab Homero sumsisse putat Eustathius; attamen hujus rei ignoratione factum esse ut complura loca apud optimos linguæ Latinæ scriptores depravata vulgo legantur, alibi quoque monuimus. Addam nunc locum Lucretii, qui multos hactenus exercuit. Sic itaque ille in procemio lib. VI.

Quandoquidem semel insignem conscendere currum
Ventorum exirtant placentur omnia rursum
Quæ fuerant, sunt placato conversa favore.

Hæc lectio in plerisque codicibus vetustis comparet, quam mirifice contaminarunt quotquot Lucretium hactenus tractarunt. Utique ille sic scriptum reliquerat;

Quandoquidem semel insignem conscendere currum
Ventorum exhortat pellacia, & omnia rursum
Quæ fuerant, sunt placato conversa favore.

Illa rudem cursu prima imbuit Amphitriten] Solent veteres de Argo sic loqui, ac si ea prima fuisset navis, quamvis non deessent qui aliter

ter crederent, unde elegans apud Phædrum de moroso Grammatico fabella. Catullus vero quid senserit, ipse satis declarat, cum eodem hoc carmine describat classem Thesei, quem Argonautis vetustiorem facit. Recte itaque hic dicit rudem cursu, significans hanc navem velut a Pallade fabricatam, majori ac priores arte fuisse constructam ac propterea aptiorem sulcandis maribus. Notandum quoque cum antiqui scribunt Argo primam navium mari se commisisse, id non de quovis mari accipi debere, sed de Ponto Euxino, qui ante Argonautas impervius ac propterea sacer habebatur. Notum enim quælibet ignota aut inexplorata, loca ut sunt montium invii vertices, silvarum inaccessi recessus, & nondum navigata maria, diis olim consecrari solita. Liber vetustus Mediolanensis hunc versum Catulli sic legit,

Illa rudem cursu prora imbuit Amphitriten.

Recte omnino, dum modo *prora* in auferendi accipias casu. Nec tamen sic accipiendum, ac si antiquiores naves prora caruissent, veteres enim Grammatici affirmant *ναῦν δίπρωρον* a Minerva fuisse constructam etiam ante tempora Argonautarum: Sed vero singulare fuit in Argo navi, quod illam fabulentur habuisse proram vocalem & fatidicam, utpote cui à Minerva trabs esset inserta fagina, è sacro Dodonæo nemore, ut habet Apollodorus. Idem fere scribunt Lycophron, Apollonius, Valerius Flaccus & complures alii.

Totaque remigio spumis incanduit unda] Sic libri. Non male Achilles Statius *tortaque* legebat, pro *totaque*. Incanduit vero remigio, quia remorum pulsu spuma excitatur. Et hinc est quod λευκαίνειν Græcis accipiatur etiam pro ἐρέσσειν, & λεύκαινον ὕδωρ, Hesychius exponat συντόνως ἤρεσσον. Unde Virgilius; *fugimus spumantibus undis*. Quamvis hoc & de prora possit intelligi, utpote quæ & ipsa spumam moveat. Non tamen semper hoc ταχυπλοΐας signum; cum quod accidat sagittis, & globis qui è tormentis exploduntur bellicis, ut nempe quanto minorem faciant strepitum, tanto sæpe ferantur longius; idem quoque contingat navibus, quarum si proræ ita sint constructæ, ut per maria pacatè labantur, longè tum celerius moventur, quam aliæ naves, quæ tumenti & undis adver-

so

so proræ alveo, multum concitant spumæ, ac propterea lentius procedunt. Aliter tamen putabat Vitruvius, qui existimabat per spumæ raritatem celerius progredi naves. Verba ejus ex libro x. cap. VIII, prout emendanda sunt adscribam. *Etiam remi circa scalmos stropis religati, cum manibus impelluntur & reducuntur, extremis progredientibus à centro palmis, maris undis spumantibus impulsu vehementi; protrudunt porrectam navem, secante prora liquoris raritatem.* In libris scriptis invenimus *spumam*, quod in *summam* vulgo mutarunt. Nos fecimus *spumantibus*. Sic sensus postulat, licet ratio ex parte tantum succedat, ut in scripto peculiari de ταχυπλοΐα ostendimus.

Emersere feri] Perperam hæc de Nymphis & diis marinis accipiunt interpretes, ac si illis feros vultus tribuisset Catullus. Longe ille aliter sensit, ita quippe construi debent ejus verba; *Emersere æquoreæ Nereides è canenti gurgite admirantes monstrum feri vultus*. Argo navem vocat monstrum feri vultus.

Illaque atque alia viderunt luce] Immo hoc solum die, non autem alia, ἤματι κείνῳ, ut habet Apollonius. Itaque legendum; *Illaque hautque alia*. Hoc nempe solo die mortales viderunt nymphas nudas novitate navigii è mari emergentes, quod nunquam alias contigisse dicit.

Nutricum tenus] Scaliger in veteri libro reperisse se testatur, *jam crurum tenus*. Ego in quibusdam exemplaribus scriptum inveni *Umblicum tenus*. Mera hæc sunt commenta imperitorum hominum nescientium nutrices eleganter hic appellari ubera Nereidum. Sic quoque τίτθοὶ & τροφοὶ à Græcis dicuntur ubera & nutrices. Huic contrarium est cum mamma ponitur pro nutrice, ut sæpe cum alibi, tum præcipue in vetustis inscriptionibus.

Tum Thetis humanos non despexit hymenæos] Hæc non consentiunt cum iis quæ alii mythographi tradiderunt, qui unanimi fere consensu affirmant, Thetidem invitam humanum adiisse conjugium. Porro quod dicit Nereum seu potius Jovem ipsum tunc sanxisse Thetidis & Pelei nuptias, id non sic debet intelligi, ac si nuptiæ illæ celebratæ forent eo ipso tempore quo Argonautæ mari se commisere, sed demum peracta navigatione cui interfuisse Peleum constat ex omnibus qui Argonautica scripsere. Cum itaque infra dicit

Quæ simul optatæ finito tempore luces

Ac venere,

intellige quadrimestri elapso spatio, tanto quippe tempore domo abfuere Argonautæ. Alii tamen ante Argonautarum tempora deam hanc Peleo nupsisse scribunt, inter quos etiam Valerius Flaccus, qui in Argo navi depictos fuisse dicit Thetidis & Pelei thalamos, Achillemque jam grandem puerum inducit. Hæc discrepantia inde proculdubio nata, quod de tempore expeditionis Argonautarum non consentiant antiqui scriptores. Versu sequenti pro *sensit*, reposui *sanxit*, quomodo in duobus vetustis exemplaribus scriptum inveni, unde liquet eam lectionem non prodiisse ex officina Pontani, ut crediderc viri docti.

Quæ simul optatæ finito tempore luces Advenere] *Simul* recte ponitur pro *simul ac*. Libri tamen veteres habent; *Ut venere*.

Deseritur Scyros] Dicit totam Thessaliam frequentasse domum nuptialem Thetidis & Pelei, & subjungit Scyron insulam, ac si ea sita esset in Thessalia, à qua tamen abest longissime. Sed vero sciendum licet Scyros non sit pars Thessaliæ, à Thessalis tamen possessam fuisse, utpote cujus incolæ essent Dolopes, ut è Thucydide & aliis colligere est. Paulo post pro eo quod est in omnibus antiquis exemplaribus *gravinonisque domus*, reposuimus *Granonisque domos*, quod & alii notarunt, frustra reclamante Scaligero.

Ac mœnia Larissæa] Sic rescripsere viri docti pro eo quod constanter in plerisque comparet libris *ac nicenis alacrisea*, aut *Larisaa*, uti in meo est libro. Per simplex quoque sigma exprimitur in veteribus Larisæorum nummis apud Goltzium. In illis autem notandus mos Thessalorum, qui ut habet Suetonius in Claudio; *feros tauros per spatia circi agunt, insiliuntque defessos, & ad terram cornibus detrahunt.* Qui in istos nummos commentarios scripsere perperam exponunt de lucta Herculis cum Acheloo. Sed neque recte vir magnus ad historiam Augustam, corrigit verba Plinii. *Thessalorum gentis inventum est equo juxta quadrupedante, cornu intorta cervice tauros necare.* Optime se habent hæc verba. Primo enim adequitantes insiliebant tauros, deinde prehensis manu extremis cornibus & sic intorta cervice in terram descendebant, & hac ratione porro inflexa cervice tauros prosternebant;

nebant, uti etiamnum apud Mauros, Hispanos & alias gentes fieri solet. In Epigrammate Græco πλέγμα & ἅμμα de vinculo manuum accipiendum est. Nummi plane rem explicant. Larissæis vero peculiarem hunc fuisse morem, patet ex verbis Artemidori. Si retibus aut restibus pugna hæc peracta fuisset, minus fuisset miranda.

Pharsaliam coeunt] Retinuimus hanc lectionem, nam secunda syllaba est ambigua. Corripit quoque eam Calpurnius in bucolicis. Est autem hoc loco regionis, non oppidi nomen, quod viros doctos fefellit. Magna Thessaliæ pars sic antiquitus dicebatur, estque Pharsaliæ nomen antiquius quam sit Thessaliæ. Præter Pharsalum alias quoque urbes in ea fuisse, patet ex Hesychio, apud quem legas βυκολῶ, Φαρσαλίας πόλις, ἢ Θράκης. Recte vero dicit ἢ Θράκης. Nam antiquissimis temporibus Thessaliam & Bœotiam à Thracibus possessam & Thraciæ accensitam fuisse jam alibi à nobis ostensum.

Tincta tegit roseo conchylis purpura fuco] Conchylis purpura nusquam, ut puto, alibi legitur. Quapropter secutus sum aliorum librorum lectionem, in quibus erat *conchyli* pro *conchylii*. Purpura nempe illa quæ tegebat torum genialem tincta erat fuco conchylii. Sic quoque locutus Serenus Samonicus cap. XLIV.

Purpura torretur conchylii perlita fuco.

Sed & Lucretius VI.

Purpureusque colos conchylii mergitur una
Corpore cum lana.

Ciceroni in secunda Philippica istiusmodi vestes dicuntur conchyliatæ; *Conchyliatis Cn. Pompeii peristromatis servorum in cellis lectos stratos videres.* Plautus Pœnulo conchyliata tapetia vocat;

Ut ne peristromata quidem æque picta sint Campanica,
Neque Alexandrina belluata conchyliata tapetia.

Hoc tamen loco cum in manu exaratis libris scriptum invenerim *consilia tapetia*, adducor ut existimem Plautum scripsisse *consiliata tapetia.* Quid sit consiliare docet Varro V de LL. *Vestimentum apud fullonem cum cogitur consiliari dicimus.* Non probo eorum sententiam, qui conciliari per c scribi debere existimant. Fullones a saliendo olim saliares dictos fuisse notat Seneca Epist. xv, & hinc saltus fullonius. Sed & alibi quoque apud Plautum in Sticho, annuentibus fere libris antiquis scribendum videtur;

Tum Babylonica peristromata consiliata tapetia.

Non *consutaque* ut vulgo. Quærunt viri docti qualia fuerint belluata istæc Alexandrinorum tapetia, quæ Græci vocant ζωωτὰ, & στρουθωτὰ ἐλίγματα, sed qui rei veritatem adsecutus sit hactenus inveni neminem. Salmasius ad Historiam Augustam & alibi putat in vestibus seu peristromatis Alexandrinis, non belluarum tantum & avium, sed & hominum imagines expressas fuisse, ac propter figurarum varietatem, impensius placuisse, quam vel Phrygia vel Babylonica peristromata. Sed vero longe id sese aliter habet. Tantum abest ut hominum effigies in Alexandrinis velis depictæ essent, ut ne quidem alicujus animalis vera in iis conspiceretur imago. Fabulosorum animalium & immanium monstrorum, qualia in India nasci mentiuntur Græci, tantum in his continebantur imagines. Et sane aliter fieri non poterat, cum ab Alexandrinis Judæis texerentur, quos lex divina vetabat similitudines hominum aut animalium exprimere. Sed vero iisdem licitum erat monstra & fabulosa pingere animalia, cujusmodi erant Cherubini & Seraphini, de quibus multi tam multa nugantur, ac si illa arcani & sancti quid continuissent, cum solius ornatus gratia monstra istæc à Iudæis construerentur, pari ratione ac ab Ægyptiis sphinges, cynocephali, sirenes, similiaque id genus. Porro quam Judæorum plena fuerit Alexandria satis docet Philo. Eandem eversis Hierosolymis præcipuam & unicam propemodum Judæorum sedem fuisse passim antiqui testantur scriptores, & adeo quidem ut affirmare audeam in hac sola, plures quam in tota Syria habitasse Judæos. Velis autem & aulæis texendis semper addictos fuisse Judæos è sacris constat literis. Magnifica & artificiosa peristromata quæ in deserto ab illis facta fuisse scribit Moses, satis ostendunt eandem eos artem olim quoque in Ægypto exercuisse, ut merito ridendi sint illi grammatici, qui sero admodum ab Alexandrinis aut aliis populis florente Romana Republica artes polymitarias demum repertas esse tradidere.

didere. Ut vero clarius ea quæ diximus patescant, & cognoscamus Alexandrinos istos polymitarios Judæos fuisse, & qualia diximus monstra velis suis intexuisse, sufficiat testimonium Alexandrini poëtæ, Claudiani inquam, qui lib. II. in Eutropium postquam recensuit testudines volantes, cornutos vultures, æquora frugibus consita, delphines silvestres & homines junctos cochleis, demum addit

—— & quidquid inane

Nutrit Judaicis quæ pingitur India velis.

Manifeste hoc loco signantur Judæi Alexandrini, qui peristromata sua fabulosis istiusmodi ornabant monstris, qualia in Indis descripsere Græci, qui Alexandri præcessere tempora, & præcipue Ctesias; ut videri possit, non aliunde quam ex Judæorum Babylone & inter Persas viventium tapetibus, istum pleraque istæc Indica hausisse portenta. Quod autem vestes & peristromata attinet Babylonica, licet hæc in eo discreparent, quod non pectine ut Alexandrina, sed acu perficerentur, horum tamen eadem erat ratio, quippe non veras, sed fabulosas tantum animalium continebant figuras, cujusmodi sunt grypes, hippalectryones similiaque monstra. Hesychius Ἱππαλεκτρυών. τὸν μέγαν ἀλεκτρυόνα, ἢ τὸν γραφόμενον ἐν τοῖς Περσικοῖς καταστρώμασι. In Babylonia nempe aliisque Persicæ seu Parthicæ ditionis locis complures vivebant Judæi, è quorum proculdubio textrino istiusmodi prodibant tapetia, unde non mirum picturis insignitas fuisse Judaicis. Aristophanes autem, unde hæc hausere Grammatici, Medicos vocat istiusmodi tapetes. Verba ejus in Ranis, quæ Scholiastæ non intellexere hæc sunt;

Οὐχ ἱππαλεκτρυόνας μὰ Δί' οὐδὲ τραγελάφους ἅπερ σὺ

Ἃν τοῖσι παραπετάσμασι τοῖς Μηδικοῖς γράφουσιν.

Cum itaque eadem apud Ægyptios & Judæos fuerit hieroglyphicorum ratio, nemini mirum debet videri, si ut apud hos, ita quoque apud illos caput asini aliorum animalium conjunctum & permixtum membris, inter ornamenta templi comparuerit, & occasionem cavillandi dederit ethnicis, ac si illud pro deo coluissent Judæi. Si quis Judaicas apud Ezechielem sculpturas cum Ægyptiacis comparet, nihil omnino discriminis inveniet. Quod si quis quærat, quare Josephus in scripto contra Appionem non pluribus verbis istam diluat calumniam, huic sufficere debet, quod istæc calumnia minus etiamnum Judæos, quam Ægyptios tangeret, utpote quorum templa portentosis istiusmodi figuris plena, causam gentibus dederint, palam & salse satis in illorum deos declamandi. Attamen ut de iisdem rebus non eadem omnes judicant, ita quoque & olim reperti sunt, quibus monstrosarum istiusmodi figurarum conspectus impense adeo placuerit, ut sine mora earum usus transierit quoque ad architectos, pulchrioraque viderentur musea & tectoria, si fabulosis imaginibus, quam verorum animalium formis ornarentur, quod tamen damnat Vitruvius lib. VII, cap. V. Verba ejus operæpretium fuerit adscribere; *Sed hæc quæ à veteribus ex veris rebus exempla sumebantur, nunc iniquis moribus improbantur. Nam pinguntur tectoriis monstra potius, quam ex rebus finitis imagines certæ. Pro columnis enim statuuntur calami, pro fastigiis harpaginetuli striati cum crispis foliis & volutis. Item candelabra ædicularum sustinentia figuras, supra fastigia earum surgentes ex radicibus cum volutis coliculi teneri plures, habentes in se sine ratione sedentia sigilla, non minus etiam ex coliculis flores dimidiata habentes ex se exeuntia sigilla, alia humanis, alia bestiarum capitibus similia. Hæc autem nec sunt, nec fieri possunt, nec fuerunt.* De harpaginetulis mirifica viri docti fingunt, non minus monstrosa, quam ipsum sit vocabulum. Cum & Turnebus in suis, & nos in nostris libris scriptum invenerimus *appagine oculi*, quomodo etiam habet codex optimus eruditi & nobilis viri Joannis Cottoni, non dubitamus veram reddere lectionem; *pro fastigiis à propagine oculi striati cum crispis foliis.* Notum qui sint propaginum oculi. Recte vero causam, quamobrem istiusmodi picturæ imprimis placuerint, explicat idem Vitruvius eodem capite; *Quod enim antiqui insumentes laborem & industriam, probare contendebant artibus, id nunc coloribus, & eorum eleganti specie consequuntur: & quam subtilitas artificis adjiciebat operibus auctoritatem, nunc dominicus sumtus efficit ne desideretur.* Vide quoque reliqua. Hinc explicandus Petronii locus, qui hactenus interpretem non invenit, cum haud procul initio sic scribit; *Pictura quoque non alium exitum fecit, postquam*

quam Ægyptiorum audacia tam magna artis compendiariam invenit. Qui enim monstra pingunt, non egent graphidis peritia; etiamsi artem delineandi non intelligant, pingunt tamen, & artis defectum elegantibus compensant coloribus, efficiuntque hac ratione, ut quanto absurdiores & magis deformes sint imagines, tanto majori sint admirationi. Felicissimos pictorum merito dixeris, cum ipsa illis prosit inscitia, utpote quibus impune peccare liceat, cum ea tantum depingant, quæ sola placent deformitate. Recte itaque Petronius hanc Ægyptiam seu Judaicam artem vocat compendiariam, cum opus non habeat graphices scientia, cui boni pictores totam suam addicunt ætatem. Hoc quoque seculo non desunt complures pictores, si tamen istoc digni titulo, qui hanc diligentissime frequentant artem, & hac sola victitent. Insignes in hoc picturæ genere censentur Antverpienses aliquot, quorum tabulæ magna habentur in veneratione, apud fatuos præsertim. Hæc licet forsan sufficiant, unde cognoscere possimus qualis apud Judæos picturarum & imaginum fuit ratio, nequis tamen objiciat vitem auream, quæ Sanctum Sanctorum obumbrabat, velut veræ alicujus rei imaginem, hoc quoque jam addimus, illam veram non repræsentasse vitem, sed multarum rerum monstrosam congeriem. Testem si quæris, accedat Plinius, qui lib. 37. c. 2. dicit illam fuisse *montem aureum quadratum, cum cervis & leonibus & pomis omnis generis, circumdata vite aurea.* E vitium enim propaginibus prodibant non racemi, sed poma, cervi & leones dimidiati, & forsan etiam asinina capita, & porcorum προτομαὶ, talia denique omnia, qualia in supra memorato describit loco Vitruvius, & qualia Judæis licitum esset effingere. Vitem hanc hortum, περπωλὴν seu paradisum idem significante vocabulo appellabant Judæi, quod omnis generis fructus & animalia, sed monstrose provenientia contineret. Forma hujus tecti, si tamen tectum dicendum sit, quod ita esset pervium & perforatum, ut undique cœlum ostenderet, similis erat pyramidi cui ablatus sit apex. Hinc facile intelligas locum Flori cum de Pompeio scribit: *Jerosolyma defendere tentavere Judæi; verum hæc quoque & intravit, & vidit illud grande impiæ gentis arcanum, patens sub aureo uti cælo.* Frustra hæc verba vexant viri eruditi, quæ jam imposterum nullo vel correctore vel interprete opus habent. Cum Pompeius ingrederetur templum, vidit Sanctum Sanctorum, sed

penè

penè patens, quod aureum istud tectum undique perforatum esset & lumini pervium. At verò postquam vitem seu cælum hoc aureum ad ædem Jovis Capitolini transtulit Pompeius, jam plane patebat absque ullo tecto. Testem tibi dabo Dionem, & ex illo Xiphilinum, qui affirmant templum Jerosolymitanum fuisse ἀχαιὲς & ἀνόροφον, id est apertum & sine tecto. Sed & hæc quoque addo, cum plura Jovis in Capitolio fuerint templa, illud in quo Pompeius auream hanc dedicavit vitem Jovis fuisse Fidii. Hic verò licet & in Quirinali & alibi cultus fuerit, attamen etiam in Capitolio habuisse ædem docent Cicero & alii. At verò omnia in Capitolio templa consecrata Jovi Capitolino bello Marsico conflagrasse constat, verùm eadem mox instaurata fuisse & hoc quoque constat, quamvis Romani scriptores ita de iis loquantur ac si eadem essent quæ à Numa & aliis Regibus fuissent exstructa, & nunquam incendio periissent: quemadmodum & Hebræos veteres fecisse alibi monuimus, cum religionis antiquioris gratia de templo Zorobabelis ita loquuntur ac si illud ipsum fuisset quod ædificasset Salomon. Jam verò cum instauraretur hoc Jovis Fidii in Capitolio templum, à Pompeio eo translatam fuisse vitem auream seu tectum templi Jerosolymitani, ut credam facit Varro, qui lib. 4. de L.L. docet tectum Jovis Fidii perforatum fuisse. Sed quia verba ejus digna prorsus sunt, ut non uno legantur in loco, non pigebit ea adscribere. Sic itaque ille lib. 4. de L.L. *Nam olim Diovis & Diespiter dictus h. e. aer; & dies pater à quo dei dicti qui inde & dies, & dius & divus. Unde sub dio & Dius Fidius. Itaque inde ejus perforatum tectum, ut ea videatur divum id est cælum. Quidam negant sub tecto per hunc dejerare oportere.* De hac vite accipiendus est etiam Juvenalis locus Sat. 6. à nemine hactenus intellectus, cum arboris Sacerdotes facit Judæos:

—— Cophino fenoque relicto
Arcanam Judæa tremens mendicat in aurem
Interpres legum Solimarum & magna Sacerdos
Arboris, & summi fida internuncia cæli.

Ut vero ad Catullum redeamus, longe alia erat ratio Phrygionicorum, Lydiacorum & Attalicorum peristromatum seu vestium, quæ veras & naturales hominum animaliumque exhibebant effigies, qualis

lis etiam erat hæc, quam hoc loco noster describit poëta. Multa de harum textura & artificio vulgo ignota, aut male ab aliis tradita addere possimus, sed commodior de his alibi forsan dabitur dicendi locus. Cum enim Catullus non effugerit multorum nescio an dicacitatem, an vero justam censuram, quod in descriptione veli hujus Thessalici modum excessisse videatur, utique nec nos culpa vacemus, si laboranti sua magnitudine vesti, longius attexamus syrma.

Namque fluentisono prospectans litore Diæ] Hæc de Naxo accipiunt interpretes, utpote quæ & Dia appellata, & vini optimi ferax & propterea Baccho fuerit sacra. Sed vero si sic sentiamus, magna oritur difficultas. Nam si Naxon, quæ est una ex Cycladibus, adierit Theseus, longe nimis à via aberrarit. Quapropter rectius videntur interpretati illi, qui hæc de Dia Cretensium accipiunt insula, quæ vulgo *Standia* appellatur, quæque è Creta Athenas solventibus occurrit. At vero illa quomodo Baccho sacra esse potuit, cum nec vini, nec aliarum rerum sit ferax? Huic sane convenit, de quo infra conqueritur Ariadna, *Præterea nullo (littus solum) insula tecto*; quod de Naxo minime dici poterat. Non fugit difficultas hæc veteres scriptores, itaque hanc seu fabulam, seu historiam varie conati fuere exponere, alii quippe scripsere Theseum adiisse quoque Cyprum insulam, & inde petiisse Naxum, alii alia prodidere, de quibus vide Plutarchum in vita Thesei. Diodorus quoque Siculus & complures alii in Naxo expositam fuisse Ariadnam scribunt, quibus contrarius Catullus, qui de Dia Cretensium hæc intellexisse videtur. Utramque opinionem confundunt, qui Naxum in Creta collocant, & Diam Creticam, dictam quoque Naxon fuisse volunt, ut Pindari Scholiastes, Suidas, alii. Sic quoque Eustathius ad Λ. Οδ. Δία νῆσος πρὸ τῆς Κρήτης, ἣ καὶ Νάξος ἐκλήθη, ἱερὰ Διονύσῳ. Sane si vera sunt hæc quæ de Baccho, Theseo & Ariadna memorantur, alterutrum necesse est, aut plurimum in mari errasse Theseum, aut Bacchum quærendæ Ariadnæ gratia accessisse hanc desertam Cretensium insulam, uti sensisse videtur Catullus. Vide Schol. Theocriti ad Pharmaceutrias, qui quinque insulas Diæ vocabulo insignitas enumerat.

Nec dum etiam sese quæ sui tui se credit] Hæc est veterum librorum lectio, quam in suis quoque exemplaribus invenere Scaliger & Achilles Statius. Quæ ipsi reposuere, ea ut opinor, nollet Catullus pro suis agnoscere. Idem vero nostram agnoscat lectionem,

Nec dum etiam sese quæ visit visere credit.

Fluctus salis alludebat] Nescio quare Scaliger maluerit *allidebat*, cum alterum & usitatius & elegantius sit, passimque sic loquantur optimi linguæ Latinæ auctores ut jam aliis observatum. Quin & Græci quoque frequenter hac phrasi utuntur. Moschopulus; Παίζω τὸ μεταβατικῶς τὰ πράγματα πρὸς αἰτιατικήν, καὶ δοτικῇ, οἷον προσπαίζω σοι, καὶ προσπαίζει τὸ κῦμα τῷ αἰγιαλῷ, ὃ λέγεται νηνεμίας οὔσης.

Toto te ex pectore Theseu] Sic quidem vulgo, sed nos reduximus priscam lectionem quæ in plerisque antiquis comparet libris;

—— Toto ex te pectore Theseu,

Toto animo, tota pendebat perdita voce.

Illa perdita toto pectore, toto animo & tota voce, ex te pendebat Theseu. Rectum vero pendere ex aliquo. Sic Manilius lib. v. de funambulo;

Et cœli meditatus iter vestigia perdet,

Et pernæ pendens populum suspendit ab ipsa.

Sic enim constituendus iste Manilii locus.

Illa tempestate ferox quo tempore Theseus] Hæc est lectio librorum veterum & recte omnino, cum ut alios mittam, sic quoque apud Ciceronem legamus *ejus temporis, quo die*. Liber tamen meus optimus,

Illa tempestate ferox & tempore Theseus,

non male.

Attigit injusti regis Gortynia tecta] Reduximus veterem scripturam *Cortynia* vel *Gortynia templa*, cum notum sit non ampliora tantum, sed & quævis tecta & domicilia dici quoque templa. *Cortyna* vero, ut est in plerisque libris, more Latinorum, qui promiscue istis utuntur literis, ut contra Cnoson, vocant Gnosum. Nec ipsis hoc insolens Græcis, uti in multis videre est vocibus. Et sane videtur Gortynæ nomen factum ex Καρξίννα, seu Καρξίμνα vel Καρξίμνια. Gortynii

tynii enim prius dicebantur Καρτεμνίδες, ut docet Hesychius. Perperam apud Stephanum legas Κρημνία pro Καρτημνία, neque enim in loco excelso sed in campo sita erat Gortyna, ut docet Strabo. Nomen ex eo, quod Κάρτην Cretensibus bovem notet, ut idem docet Hesychius. Hinc est proculdubio quod in antiquis Gortyniorum numismatis bos expressus compareat.

Cecropiam solitam esse dapem dare Minotauro] Nihil hic mutandum, cum & infra dapem dixerit in singulari, & plerique quos vidi libri conveniant, uno excepto. Accipitur autem daps, ut alibi, ita quoque hoc loco pro sacro & religioso epulo, utpote quod averruncandæ pestis gratia mitteretur. Recte monet Festus similiter apud Græcos accipi δαὶς, è quo formetur daps, cum notum sit Æoles dixisse δάϝις, & contracte δαὶϝς, seu δάψ, unde δάπτω, δαψιλὴς & alia complura. Eadem derivationis ratio apud Latinos. Daps enim in gignendi casu non facit tantum dapis, sed & dapsis & daptis. Unde daptice excipi pro magnifice, & dapticum negotium pro amplo, apud eundem Festum. A genitivo dapsis, fit dapsilis & dapsiliter.

Queis angusta malis cum mœnia vexarentur] Atheniensium mœnia augusta dici putant Scaliger & cæteri interpretes vel propter amplitudinem, vel quod à Minerva & Neptuno sint constructa. Posterius verum quidem si Græculos sequamur: sed quotaquæque demum est civitas quæ deos conditores sibi non adscripserit? Et tamen non omnia mœnia augusta appellantur. Alterum autem falsum est omnino, cum Athenarum oppidum minimum fuerit ante hanc Thesei expeditionem. Post Minotauri demum stragem regnum adeptus mœnia ampliavit Theseus, dispersosque Atticæ populos in unam urbem coëgit, cum antea πολίχνιον fuisse plerique testentur scriptores. Reduximus itaque veterem scripturam, quæ huic loco longe est convenientior. Nam sane si florentes istoc tempore fuissent Athenarum fortunæ, utique tam iniquæ legi non paruissent. Nunc vero ipsa civium paucitas auget atrocitatem facti.

Tacito suspendit vota labello] In plerisque antiquis libris legitur *Succedit* pro *succepit*, id est, suscepit. Sic itaque reponito.

Nam velut in summo quatientem brachia Tauro] Imitatus Virgilius

Æn. lib. II. à quo tamen in hac similitudine non superatur Catullus. Majestatem versibus addit vel ipsum Tauri nomen, quo nullus mons æquè formidabili jugo exit in mare Mediterraneum. Hinc Manilius lib. IV. *Taurumque minantem Fluctibus*. Sic enim legendum pro eo, quod est in libris scriptis, *aurumque*. Male vulgo *arcumque minantem Fluctibus*, quod frustra interpretari conatur vir magnus.

Quercum aut conigeram sudanti cortice pinum] Est quidem notum fructus pini κῶνος appellari, & inde recte dici pinum conigeram seu coniferam; attamen, cum in omnium quos vidi librorum vetustissimo Mediolanensi invenerim, *congestam sudanti corpore pinum*, non dubitavi hanc lectionem cæteris præferre. Congestam id est densam, compactam seu robustam. Glossæ Philoxeni; *Congesta*, πυκνὰ, *plena*. Convenientior sane huic loco spondeus quam dactylus, utpote qui magis exprimat firmitatem & stabilitatem arboris e sudantis è suo corpore resinam. Seneca de Providentia cap. IV. *Non est arbor solida, nec fortis, nisi in quam frequens ventus incursat: ipsa enim vexatione constringitur, & radices certius figit.*

Indomitus turbo contorquens flamine] Nusquam in toto mari Mediterraneo magis formidandi regnant turbines, quam ad Chelidonias, ubi nempe Taurus mons vasto & immenso in mare Pamphylium exit jugo, ut necessum sit in tam procelloso loco, arbores gigni validissimas, quod ipsum in ventosis locis passim observare est. Non inscite veteres Grammatici ἀνεμοτρεφὲς ἔγχος apud Homerum interpretati sunt, τὸ ὑπ' ἀνέμων στερεωθὲν ὅτ' ἦν δένδρον. Laconibus isti ius-modi terra alendis apta arboribus, saxosa quidem, sed tamen fragilis in admittendis earum radicibus, dicebatur δένδριμος γῆ, vel ut ipsi loquebantur δένδρεμος, quod ab Hesychio exponitur γῆ τις πετρώδης εὔθρυπτος, παρὰ Λάκωσι. Sic enim ipsum scripsisse, docet ordo literarum.

Eruit: illa procul radicibus exturbata] Libri meliores *radicitus*, ut infra *namque ille tulit radicitus altas Fagos*.

Prona cadit, lateque & comminus obvia frangit] Putida lectio & prorsus Catullo indigna. Veterum exemplarium hæc est scriptura;

Prona

Prona cadit lateque & cum ejus obvia frangens.

Unde nos fecimus,

Prona cadit latè quacumvis obvia frangens.

Sic domito sævum prosternit corpore Theseus]. In quibusdam libris *prostravit* & melius ut puto. Recte vero cornua tribuit huic monstro, nam corpore tantum humano, capite vero taurino fuisse Minotaurum scribunt Diodorus Siculus, Hyginus & alii. Attamen in nummis Gelensium, qui Cretenses erant origine, corpore taurino, capite vero humano, & ipso nihilominus cornuto, exprimitur Minotaurus. Simili facie spectatur in vetustis Neapolitanorum, aliarumque magnæ Græciæ urbium, numismatis. Quamvis complures existiment istas imagines non ad Minotaurum, sed potius ad Hebonem aut Bacchum esse referendas, quod & hic quoque ταυροκέρως fuisse fingatur. Attamen cum temporibus heroicis adeo decantata fuerit magna Minois potentia; libentius credo Minotaurum potius quam Bacchum in plerisque istis signari nummis, fuisseque hoc insigne aut Minois, aut Cretensium, quos primos constat obtinuisse maris imperium. Quam late illi regnarint vel ex eo colligi potest, quod non Cycladas tantum, sed & multas Asiæ urbes tenuisse dicantur. Occupasse quoque oram Macedoniæ litoralem infra videbimus. Siciliæ etiam & magnæ Græciæ partem sub Cretensium fuisse ditione, complures memorant Historici. Itaque facile adducor, ut credam, pleraque loca signata in nummis, qui Minotauri continent imaginem, Cretensibus aliquando paruisse, & præter Ambraciam, tenuisse quoque Epiri & Ætoliæ litora, & insuper complura Campaniæ oppida. Nec mirandum deficere historias, cum Minois & Cretensium θαλασσοκρατεία aliquot etiam seculis Trojana præcesserit tempora, dubiaque propterea sit Minois ætas, quem aliqui vicinum seculo Mosis, alii vix uno seculo bello antiquiorem Trojano statuunt, unde non sine causa factum, ut duos, aut etiam plures aliqui Minoas fuisse existimarint. Cum tam incerta sint, quæ de Minoe traduntur, pro fabulosis à multis fuere habita, & hinc forsan natum Minoem & Rhadamanthum apud inferos seu mortuos tantum regnare, utpote quorum vix supereſſent umbræ, & quorum geſta non ſcriptis libris aut certis ſuffulta eſſent teſtimoniis, ſed ſolis continerentur hominum ſermonibus. Sed deficientibus aliis monumentis, licet ex nummis indicium petere. Nec tamen etiam alia deſunt teſtimonia, ſiquidem & Virgilius & Silius templi Cumani in Campania conditorem faciunt Dædalum. Quod ne cui fabuloſum videatur, adſcribam verba veteris Scholiaſtæ, qui exſtat in Bibliotheca Regia Londinenſi, cujus ad hunc verſum Virgilii,

Dædalus, ut fama eſt, fugiens Minoia regna,

hæc ſunt verba. *Icarus altiora petens, pennis ſolis calore ſolutis, mari in quod cecidit nomen impoſuit. Dædalus vero primo Sardiniam, ut dicit Salluſtius, poſt delatus eſt Cumas, & templo Apollinis condito, in foribus hac universa depinxit. Dicendo autem Virgilius, ut fama eſt, oſtendit requirendam eſſe veritatem.* Sed & huc faciunt verba Salluſtii, quæ occurrunt apud Priſcianum lib. VI. *Dædalum ex Sicilia profectum, quo Minois iram atque opes fugeret.* Primo ſiquidem è Creta in Siciliam profugit Dædalus. Sed & illuc perſequente Minoe, primo Sardiniam, deinceps Campaniam adiit, in qua magna Cretenſium manu ſequente Cumas & alia condidit loca. Quod autem Minotaurum attinet, cujus in tot, ut diximus, nummis exprimitur imago, ejus ut puto rationem non aliunde petendam eſſe exiſtimo, quam ex Minois & Tauri concordia. Taurus ſive dux fuerit Minois, ut multi ſcribunt, ſive potius ſui juris in alia Cretæ regnarit parte, utique vel amicum, vel fœdere Minoi junctum fuiſſe, extra controverſiam poni debet. Nec potuiſſet eorum concordia clariore quam Minotauri exprimi ſymbolo. Licet plura in veteribus numiſmatis exſtent exempla, vel hoc ſolum, quod apud Triſtanum in commentariis de Numiſmatis occurrit, annotaſſe ſufficiat. Inter nummos enim Gordiani, unus etiam ibi exhibetur, in quo Epheſiorum & Alexandrinorum in Troade concordia exprimitur per hippotaurum. Siquis enim imaginem conſulat protinus fatebitur non eſſe taurum, ut Triſtanus putabat, ſed ex tauro & equo compoſitum monſtrum. Alexandrinorum vero ſymbolum erat equus, uti ex nummis quos in Caracalla producit, liquet. Per taurum vero ſignari Epheſios, propter Dianam ταυροπόλον, ſatis

satis est manifestum. Ut itaque per hippotaurum in hoc nummo duarum urbium declaratur ὁμόνοια, ita in Cretensium eorumque qui illis obnoxii fuere numismatis per Minotaurum, Minois & Tauri significatur concordia. Quamdiu ista permansit integra, tam diu etiam Cretensium constitit potentia. Postquam vero Theseus, cæde unius viri Tauri nempe, simul quoque dissolvit & sustulit Minotaurum, id est concordiam & potentiam Cretensium, idque ope Ariadnes, vel nimium infestæ magnæ Tauri auctoritati, vel potius nimium amantis Theseum; jam quoque tota cessavit Cretensium gloria, tumque & Athenienses, & illorum exemplo aliæ quoque gentes excussere jugum; & hac ratione magna illa Minois cessavit auctoritas; qui quum prius inter Græcos solus regnare videretur, unius subito puellæ imprudentia, velut folio excussus, ad inferos dejectus est, ubi in solis poëtarum regnaret fabulis. Ut vero sciamus quam florentes olim res fuerint Cretensium, & ut credamus non mentitum esse Homerum cum centum in ea insula memorat urbes, operæpretium est perpendere locum Theophrasti in scripto de ventis ubi causam reddere conatur quamobrem non eadem ventorum in ea insula sit ratio atque olim fuerit. Refert itaque plurimas & densissimas illic cadere nives, maximasque exinde coori ri tempestates. At vero antiquis temporibus, cum alios, tum ipsos quoque Idæos montes, qui nunc perpetuis obruuntur nivibus, omninoque inculti sunt, illos non sterilibus tantum consitos fuisse plantis, sed & frumentacei & arborei generis olim tulisse fructus; τότε μὲν ᾠκεῖτο τὰ ὄρη καὶ ἔφερε καρπὸν καὶ τὸν σιτηρὸν καὶ τὸν δενδρίτην. Sic enim scribendum, & non multo post similiter; δῆλον ὅτι τοῦτο πλὴν εἰ μὴ σιτηρὸν καρπὸν αἱ ἢ [illegible] αἱ δ' ἀπαθεῖς εἰσι. Illo itaque tempore plurimis habitatoribus refertam fuisse scribit Cretam, & imbribus quidem multis, non autem nivibus & tempestatibus admodum obnoxiam. Ipse hoc vel Aristæi sacrificiis, vel mutatæ aëris constitutioni tribuere videtur. Ego vero licet sciam Anglos nonnullos Virginiæ incolas similia de istis affirmare terris, utpote quæ asperrimis olim obnoxia frigoribus; mitiores, ut dicunt, nunc sentiat hyemes, unde immutatam cæli solique in illa regione existimant esse rationem; ego tamen hoc ipsum frequentiæ malo adscribere oppidorum & focorum arcentium ventos & aerem calefacientium, & sæpe nives in pluvias permutantium. Non semel observavimus

illo

illo ipso quo pluviæ in urbibus, eodem nives in agris decidisse tempore. Vel ipsi sufficiunt sensus ut in quibusvis urbibus mitiora esse intelligamus frigora, quam in vastis & apertis locis. Tantam nempe ignis, qui omnia regit & omnia permeat etiam in hoc nostro aëre habet potestatem, ut ejus actio dici possit infinita. Vidi qui ad quinquaginta passus vel unius grani pulveris tormentarii accensionem naribus persentiret. Meminit Garcilassus à Vega Hispani cujusdam qui ad leucas multas & ad intervallum diei itineris ignem & focos Indorum Floridensium olfaceret. Nec est ut quis existimet odorem latius diffundi quam ignem: ignis enim defert odorem. Quod autem simul cum odore non sentiamus calorem, ideo fit, quod corpora nostra calidiora imbecilliorem non sentiant calorem: ubi enim major adest calor, ibi minor est insensilis.

Inde pedem victor multa cum laude reflexit] Sic est in libris melioribus, & nescio quare *sospes* malint viri docti.

Sed quid ego à primo digressus carmine] Discrepant nonnihil exemplaria, attamen cum Mediolanense cæteris vetustius habeat; *Sed quom primo digressus carmine*, existimo Catullum sic scripsisse;

Sed quorsum primo digressus carmine.

Quæ misera in gnata deperdita læta] Hæc est fere lectio omnium veterum librorum. Alii aliter, ego sic reformandum existimavi;

Quæ misera gnati misero deperdita letho.

Siccine me patriis avectam perfide ab aris] Vulgo *oris*, non *aris*, quomodo est in melioribus libris.

Immite ut nostri vellet miserescere pectus] Et hæc mutata invitis libris, in quibus constanter *mitescere*. Est enim ellipsis pro nostri ergo mitescere. Quod vir magnus ex *nostri* faciat *monstri*, nemini, ut puto, persuaserit.

Quæ Syrtis, quæ Scylla vorax] In vetustis quibusdam libris *rapax*. Utrumque bene & Scyllæ conveniens, propterea quod illa rapere & devorare naves credebatur, unde & loco nomen, & ex nomine fabella. Nam σκύλλα idem quod σκύλλος seu σκύλαξ. Idem quoque κύλλα. Hesychius κύλλα, σκύλαξ. Sic lege. Hinc κυλ-

λαίνειν

λαίνειν dicuntur canes κινυροὶ seu σαινουρίδες. Latini *gannire* quod & ipsum à canibus factum videtur, utpote quæ *gannitu vocis adulant*. A latratu undarum dictus quoque sinus & oppidum Scylaceum, de quo Virgilius; *& navifragum Scylaceum.*

Sæva quod horrebas prisci præcepta parentis] Prisci id est severi, ut recte exponit Turnebus. Virgilius in Copa;

Ah pereat cui sint prisca supercilia.

Nam quo me referam? quali spe perdita nitar?] Plane similis est querela Medeæ apud Euripidem;

Νυῦ ποῖ τράπωμαι; πότερα πρὸς πατρὸς δόμους,
Οὓς σοὶ προδοῦσα, καὶ πάτραν, ἀφικόμην;

Vide cætera.

Isthmon eosne petam montes] Sic quidem Scaliger; sed profecto ab elegantia Catulli absunt hæc quam longissime. Nam sane si hic isthmus aliquis Cretæ intelligi debeat, ut ipse vult, absurde subjungeret *An patris auxilium sperem*, cum ipse Minos esset in Creta. Nihilo meliores sunt aliorum conjecturæ, quas si quis patienter perpendat & excutiat, næ ille injurius sit eximio poëtæ si quid iis solidi subesse existimaverit. Cum in plerisque vetustis exemplaribus legatur *Idmoneosque*, aut etiam *Idomeneosque*, miror hæsitasse viros doctos, & non statim agnovisse veritatem hujus lectionis. Idomene nempe est Macedoniæ civitas in Bottiæis memorata Thucydidi, Ptolemæo & aliis, in qua tunc versabatur Idomeneus. Is quippe ad vindicandam cædem Minois, classe in Siciliam profectus, & inde repulsus in Japygiam transiit, ubi, ut canit Virgilius,

Sallentinos obsedit milite campos
Lyctius Idomeneus.

Postea cum parte copiarum suarum navigasse in Macedoniam ac Bottiæos condidisse satis aperte docet Strabo lib. VI. Plutarchus quoque in vita Thesei, & Conon apud Photium narratione XXV hanc Cretensium expeditionem cum Idomeneo, fuse satis explicant. Magna tamen lis est apud veteres scriptores de tempore quo in Cretam navigarit Theseus. Clidemus apud Plutarchum scribit Theseum iter hoc suscepisse post mortem Minois, regnante jam apud Cretas hujus filio Deucalione fratre Ariadnæ. Catullus alios secutus scriptores vivente etiamnum Minoe Theseum in Cretam appulisse dicit. Amplius etiamnum affirmat Zenis Chius apud Athenæum lib. XIII. cum dicit Theseum adamatum fuisse à Minoe, quem diu adeo vixisse scribit, donec alteram quoque filiam, Phædram nempe, Theseo in matrimonium concederet. Quancunque tamen ex his sequare sententiam, non efficies ut tempora constent, & in secum conveniat Catullus, si verba ejus ita accipias, ac si Theseus post cædem Minotauri statim ad suos rediisset. Commode vero hanc controversiam componemus, si audiamus Strabonem, qui putavit Theseum expeditioni in Siciliam interfuisse. Eo nempe profectus est cum Idomeneo, sed peracta expeditione in Siciliam Japygiamque, Idomeneus quidem Macedoniam petiit; Theseus vero in Cretam rediit, unde demum assumta Ariadna Athenas reversus est. Sic proculdubio sensit Catullus; nam sane eum non vi rapuisse Ariadnam, ut quidam voluere, satis manifeste declarat cum explicat qua ratione parentibus & agnatis valedixerit. Attamen & sic quoque hæc difficultas possit componi, si statuamus Idomeneum jam diu ante Bottiæos & Idomenem condidisse, quod utique necesse videtur, si verum sit, id quod Ptolemæus Hephæstion refert apud Photium ex Athenodoro Eretriense, contendentibus Thetide & Medea de formæ præstantia, Idomeneum Thetidi palmam concessisse, Medeam vero indignatione commotam, dixisse Κρῆτες ἀεὶ ψεῦσται. Quin & diu ante Idomeneum, ut puto, florentibus Cretensium rebus totam istam seu Thracum seu Macedonum oram possessam fuisse à Cretensibus, ex eo videtur posse colligi, quod Bottiæos Cretenses fuisse constet, & Bottiam urbem à Bottone Cretense conditam fuisse testetur magni Etymologici auctor. A Bottia autem dicti Bottiæi, quorum ditio tam late patuit, ut etiam Chalcidica hoc nomine aliquando fuerit comprehensa. Addit enim Etymologus καὶ Βοττικὴ ἡ χαλκιδικὴ γῆ. Ineptum enim id quod vulgo legitur χαλδαϊκή. Sed vero antequam desinam, hoc quoque moneo, duas fuisse Idomenas. Utriusque meminit Thucydides. Una quidem vicina erat Ambraciæ, sitaque in duobus excelsis collibus. Verba ejus ba ejus sunt lib. III. ἐστὸν δὲ δύω λόφω ἡ Ἰδομένη ὑψηλώ. Alterius Idomenes sitæ in confinio Thracum in montibus Bottiæis mentionem facit idem Thucydides lib. II. cui est Εἰδομένη, quemadmodum etiam habet Stephanus; Εἰδομένη πόλις Μακεδονίας, τὸ ἐθνικὸν Εἰδομένιος. Nempe etiam Idomenei herois nomen sæpe per diphthongum in prima syllaba scriptum occurrit. Hinc Idomenenses Plinio & Idomenia regio. Hinc quoque Catullo montes Idomenii. Nec tamen opus ut hoc loco montes seu colles intelligamus, in quibus sita esset Idomene; cum enim tota ora maritima Macedoniæ & etiam Chalcidica regio, esset in ditione Idomenei & Cretensium, in illa autem situs sit mons Athos; malim de excelsis litoris Macedonici jugis & præsertim de Atho hæc accipi, monte adeo vasto, ut non tantum toto mari Ægeo, sed & ex litore Asiatico sit conspicuus. Perinde autem sive legas Idomeneos, sive Idomenios; sit enim synizesis, ut infra in *Veronensium*.

Discernens Pontum truculentum ubi dividit æquor] Scribe *Ponti* uti est in vetusto libro Mediolanensi. Æquor Ponti hoc loco accipiendum de ea maris Ægei parte quæ interjacet Macedoniam & Diam insulam ubi versabatur Ariadne. Notandum vero quotiescunque fere apud antiquos occurrunt istiusmodi locutiones, uti sunt mare Oceani, aut mare Ponti, nec non flumen Rheni, Nili, Alphæi, aliæque id genus, non simpliciter intelligi debere de ipsis maribus aut fluminibus, sed de numinibus quorum tutelæ & præsidio maria & flumina consecrata fuere. Minuta & pædagogica hæc videbuntur quibusdam, absque his tamen non est ut quis bene intelligat & interpretetur scripta poëtarum, qui frequenter sic loquuntur. Licet plura succurrant exempla, vel unus sufficiat Manilii locus lib. V. ubi de urinatoribus agit, quem perperam mutavit Scaliger, quod nesciret quid sit Pontum in Ponto quærere. Nos vero proxime ad scripturam veterum exemplarium versus istos sic emendamus.

Pendebitque super totum sine remige pontum.
Illis in ponto jucundum est quærere Pontum,
Corporaque immergunt undis, ipsumque sub antris
Nerea & æquoreas conantur visere nymphas.

Antra & sedes deorum dearumque maris collocabant veteres ἐν βένθεσι θαλάσσης & in ipso maris fundo. Dicit itaque Manilius illos urinatores adeo profunde maria subire, ac si ipsum Pontum & Nerea & Nympharum cubilia vellent invisere. Pontum Hesiodus Terræ facit filium. Eusebius vero de Præp. Euang. nescio quos secutus Nerei & Neptuni facit sobolem. Porro ut hic apud Catullum Ponti æquor, & apud Lucretium & alios mare Ponti; ita contra apud Homerum πόντος ἁλὸς, ubi manifeste pontus accipitur, pro fundo seu vado maris, ut ad verbum possis reddere *vadum salis*. Et sane, ut ejusdem originis, ita quoque ejusdem significationis sunt hæc vocabula, πόντος, βένθος, βυθὸς & Latinum *fundus*. A βυθὸς est βύθιμος & contracte βυθμὸς, unde Germanicum *bodem*. Vide Hesychium in βυθμός. Pro βυθὸς vero dixere etiam βυσσὸς & βύττος & βιττός, & permutatione mutæ litteræ in mutam, ut sæpe, μύττος vel μίττος, γυναικεῖον αἰδοῖον. Unde κατάμυττος vel κατάμιττος, catamitus, ἀνδρόγυνος πύλλης. Sed hæc sunt alterius loci.

Quinè fugit lentos incurvans gurgite remos] In aliquibus libris legitur *ventos*, unde Achilles Statius faciebat *ventoso*, sed rectior alia lectio. Sic quoque Virgilius;

lentandus remus in unda.

Qui sint lenti remi, & quid sit lentare remum, facile intelligunt, qui rem tenent. Varias hujus vocabuli significationes profert Nonius & veras, nisi fallor, licet aliter sentiant viri eruditi, quibus solemne est multis in locis sæpe non intellectis, insultare huic Grammatico, optime si quisquam de Lingua Latina promerito. Jure quidem mirantur vocem hanc tam diversas & sibi invicem contrarias continere significationes, lentus quippe accipitur pro molli & duro, pro tenaci & tenero, pro acri & placido, pro remisso & concitato, denique pro frigido & calido. Qui rem intelligunt, verba quoque intelligunt. Attamen sine verbis res nulla cognoscitur. Ut itaque ad institutum veniamus, lentum licet multis modis accipiatur, primaria tamen & maxime propria significatione, quemadmodum & γλίσχρον apud Græcos, refertur ad res viscosas, cujusmodi sunt gluten, nervi & similia,

similia, quæ licet extendantur, sibi invicem tamen adhærent, & ægre avelluntur. Sed quandoquidem compertum pleraque glutinosa non modo in longitudinem, sed in latitudinem etiam sine ruptura multum posse extendi, cujusmodi sunt res omnes flexiles, veluti ligna, utpote quæ & ipsa è nervis constent, cruda præsertim & viridia & viscoso etiamnum humore distenta; hinc quoque factum, ut secundaria significatione, ad res quæ sine ruptura multum inflecti possint, ista transierit appellatio. Clarum itaque quare remi dicantur lenti, utpote qui è viridi ut plurimum fiunt abiete, ita ut sint maxime flexiles, id enim si non sint, præterquam quod facile rumpantur, etiam minus erunt apti ad promovendam navem. Non itaque ex toto satisfaciet, si quis lentos interpretetur simpliciter flexiles, cum multæ res sint flexiles, quæ tamen non sunt lentæ, cujusmodi sunt cera, plumbum, aurum & similia, quæ inflexa non redeunt ad priorem situm, ideoque ductilia potius quam lenta dici merentur. Reliquæ significationes quas Nonius & alii recensent, hinc fere translatæ sunt, cum ad alias res, tum præcipue ad mores, ut cum lentus accipitur pro patienti & placido, ducta similitudine à flexilitate viminis, ut in illo loco Ciceronis; *Qui cum publicas injurias lente tulisset, suam non tulit.* Et in istoc Lucilii; *Magnus trica fuit nummarius, solvere nulli Lentus.* Sic quoque accipiendus locus Petronii de Quartilla; *Me quoque ad idem spectaculum lenta manu traxit.* Quum vero eadem vox usurpatur pro molli & duro, pro remisso & intenso seu acri, similitudinem & tum quoque à ligni natura ductam esse existimo, & præsertim ab arcubus & ballistis, quarum brachia & cornua molliter & leniter adducuntur, eadem vero relaxata & ad priorem redeuntia statum fortiter & vehementer percutiunt; hac enim virtute à mechanicis commendantur præcipue hæc organa, si & εὔτονα & simul βαρύτονα fuerint. Similitudine hac eleganter utitur Sappho apud Etymologici magni auctorem in voce Ἀβακὴς, quæ mitem & tranquillum significat.

—— Ζαλάπις ἐγ' ἐκ ἔμμι παλιγκότων
Θ' ὀργὰν, ἀλλ' ἀβακῆ τὰν φρέν' ἔχω ——

Dicit se non esse vindictæ cupidam, nec æmulam repercutientium machinarum, sed pacato esse semper ingenio. Παλίντονα ὄργανα, idem quod παλίντιτα τόξα. Aliud sunt παλίντονα τόξα, quam vocem vulgo non intellectam exponimus in belopoicis nostris. Lentum vero cum frigidum reddidit Nonius ut in illo Virgilii;

Noctis lentus non deficit humor,

id accipiendum de illo humore, qui sera admodum nocte cadit, iste enim frigidus, cum, qui statim post occasum solem cadit, fit tepidus. Apud Propertium lentum volunt significare durum,

Quæ tellus sit lenta gelu.

Verum id omnino insolens. Malo lentam hic interpretari lubricam. Nam sane quas γλισχρὸς, easdem quoque lentus continet significationes, cum ejusdem, quod mirere, videantur esse originis. A γλία enim γλίος & γλὶς (unde glus, glutis, & glutinum) est γλισχερὸς & γλισχρός. Sed vero neglecta priore litera, ut passim, dixere etiam λὶς, λία & λίος, seu quod usitatius λεῖος. Pro λίος Æoles dixere λίϝος unde λίπος. A λίος seu λεῖος est *levis* & λειοῖ *levio*, unde *letus* & *lentus* λειαντός.

Præterea nullo litus sola insula tecto] Non proba lectio. Corrige;

Præterea nullo (litus solum) insula tecto.

Notum illud Ciceronis; Metellus, *non homo, sed littus, atque aër, & solitudo mera.*

Quam justam à divis exposcam prodita multam] Pacuvius Iliona;

Dii me etsi perdunt, tamen esse adjutam expetunt,
Cum, priusquam intereo, spatium ulciscendi danunt.

Multa manifeste hoc loco non de pœna pecuniaria, sed de divina accipitur vindicta. Ideo mox subjicit *multantes vindice pœna.* Supra tamen dixit *multari talento.* Sæpius pro qualibet pœna positum reperitur. Varro apud Nonium in *stupidus*; *Andromeda vincta & proposita ceto non debuit patri suo homini stupidissimo in os spuere multam.* Vulgo legitur *vitam*, nullo omnino sensu. Lucretius lib. v, cum dicit diluvio

vio obruta fuisse hominum crimina, multas posuit pro culpa, seu eo quod multa dignum sit;

Humor item quondam cœpit superare coortus,
Ut fama est, hominum multas quando obruit undis.

Perperam in vulgatis exemplaribus invitis libris antiquis urbes reposuere pro *undis*.

Quare facta virum multantes vindice pœna] Sic quoque apud Aristophanem Pluto πράγματα in malam partem accipiuntur. Sed & Menander ϑανεργοῦ, ἐν πράγμασιν, ἐν μάχαις.

Eumenides quibus anguineo redimita capillo] Legendum *anguino*, ut libri meliores. Ab anguis enim est anguinus, non anguineus. Ineptum est putare ut à sanguine est sanguineus, ita quoque ab angue formari posse anguineus. Male itaque apud Ovidium tristium IV. El. VII.

Gorgonis anguineis cincta fuisse comis,

reclamante metro & analogia. Perperam quoque apud Tibullum lib. III. El. IV.

Nec canis anguinea redimitus terga caterva,

cum proba sit veterum librorum scriptura,

Nec consanguinea redimitus terga caterva.

Idem error apud Plautum, Columellam & alios.

Frons exspirantis praportat pectoris iras] Non damno hanc lectionem, liber tamen Mediolanensis, cæteris emendatior & vetustior, aliam exhibet, in eo quippe legitur, *postportat pectoris iram*. Ut enim postponere, postvidere, & postputare, ita quoque postportare recte potest dici. Anguinum enim Furiarum capillitium à fronte quidem germinare incipit, sed tamen divæ istæ credebantur capillos suos ἀναζαιτίζειν, seu postergare. Et sane in antiquis marmoribus ita sæpe expressæ comparent Furiæ, aperta facie, occipitio vero horrente anguibus retro in directum tendentibus. Hinc Claudianus de Alecto;

--- obstant

—— obstantes in tergum repulit angues
Perque humeros errare dedit.

Annuit invicto cælestum numine rector] *Invito* legitur in melioribus libris, & rectius, nisi fallor; ἑκὼν ἀέκοντί γε θυμῷ, ut habet Homerus. Numen enim hic pro nutu, ut passim. Cæterum longe aliam referunt causam Diodorus Siculus, Plutarchus, Pausanias & alii, quamobrem mandatorum Ægei in expandendo velo à bo oblitus fuerit Theseus, illi quippe vel mœrore raptæ à Baccho Ariadnæ, vel lætitia ob partam de Minotauro victoriam, hoc contigisse scribunt. Sed si non verior, at certè elegantior & magis poëtica est causa quam hic reddit Catullus, cum id accidisse dicit, propter immissam à Jove tempestatem, qua terras, maria & ipsum quoque commoverit cælum, simulque præceptorum Ægei memoriam Theseo excusserit. Jovem vero nutu suo tempestates inducere, & ipsa quoque sidera concutere, notum ex Homero & omnibus. Idem moto throno efficit Juno: cujus contra risus seu μειδίασμα serenitatem & malaciam inducit. Hinc Ἐπικυλίδιος Ζεὺς dictus possit videri, utpote qui omnia supercilio temperet. Sed vero cum apud Hesychium inveniam ἐπικυκλίδιος, potius existimo legendum esse ἐπικυλικίδιος, velut calicibus præfectus. Notum enim & primos & ultimos calices Jovi fuisse dicatos quamvis hic mos à bibonibus aliquando variatus fuerit.

Quomodo tunc tellus atque horrida contremuerunt] Veterum librorum auctoritatem secuti sic rescripsimus, cum prius legeretur; *Quo tunc & tellus*. In sequenti versu ex iisdem libris reposuimus, *concussusque micantia sidera mundus*, non *concussitque*; neque enim mundus, sed nutus Jovis concussit sidera.

Sospitem & ereptum se ostendit visere portum] Ne hæc quidem est sincera lectio. Monet Achilles Statius in vetusto libro scriptum se reperisse, *Sospitem erectum*, quomodo & nostrum habet exemplar. Noli dubitare quin sic scripserit Catullus;

Sospitem Erechtheum se ostendit visere portum.

Recte dicit Erechtheum. Thesei enim temporibus portus Piræeus nec dum necdum Piræei nomine agnoscebatur. Supra vero cum dicit *è litoribus Pirai*, ex sua persona loquitur, aut est prolepsis; nisi existimare malimus litoribus Atticæ id nominis adhæsisse, antequam portus sic appellaretur. Attamen Plutarchus & alii testantur, non ex Piræeo, sed ex Phalero portu Theseum solvisse.

Reddite in extrema nuper mihi fine senecta] Unico verbo exprimitur à Græcis τηλύγετος.

Carbasus obscura dicat ferrugine Ibera] Recte habet liber Mediolanensis;

Carbasus obscurata dicet ferrugine Ibera.

Dicet pro indicet ut sæpe alii, & ipse quoque Catullus, *Quos junctos Cameri mihi dicares*. Ferrugineum autem quod attinet colorem, ille quidem est funestus, non tamen niger, ut vulgo existimant. Recte Nonius cæruleum interpretatur. Si ipsum spectes vocabulum, aliter forsan senties, cum ferrugo & rubigo idem videatur & tamen rubigo minime sit cœrulea. Sed non semper ad primam naturam aut originem revocandæ sunt vocabulorum significationes. Ferrugineum omnino pro ferreo posuere veteres. Quia enim ferrum optimum, quale est Hispanicum, cum recens est colorem habeat cæruleum; ideo ferrugineum & cœruleum pro eodem accepere. In hac significatione conspirant plerique antiqui, ut cum non violas tantum, & hyacinthos ferrugineos, sed & cœlum cum nullis tectum est nubibus, similiter ferrugineum appellant. Recte itaque in optimis glossis πορφύρα μέλαινα, *ferrugo*. Sed vero cum in iisdem glossis *ferrugineum* exponitur ὑάλινον χρῶμα, id non satis recte se habet, cum vitrum licet arte aut longa coctione omnes admittat colores, naturaliter tamen nullius sit coloris. Itaque proculdubio ὑάλινον in ὕσγινον mutandum. Porro funestum hunc colorem Græci plerunque φαιὸν & κυάνεον vocant. Sæpe quoque ab iisdem dicitur πέλιος, πελλὸς & πελιδνὸς seu πηλιδνὸς, vocabulis ejusdem originis, siquidem ab argilla seu terra figulari aqua macerata nomen traxere. Hinc ὄϊν πέλλαν Theocritus vocat ovem, quæ istiusmodi coloris pellem haberet. Recte omnino id accipit auctor scripti de dialectis; πέλλαν τὴν πορφυρὰν εἶν φασὶν τὴν μέλαιναν. τὴν γὰρ τοῦ σώματος ἐπιφάνειαν ἡνίκα ἂν διὰ ὑποδρομὴν τοῦ αἵματος μελαίνηται πελίωμα καλοῦσι. Sic legendus locus ille vulgo corruptissimus. Hic ipse quoque color est quem Romani pullum vocavere de quo superius egimus. Illud quidem negari non debet, vocabula hæc aliter aliterque nonnunquam accipi & pro diversa & inæquali colorum temperie & mixtura diversimode quoque afficere oculos: in eo tamen conveniunt, quod pleræque istæ species ex rubro nigroque componantur. Cum vero plerique Græci Romanique scriptores vestibus lugubribus istos quos diximus assignent colores, qui tamen specie potius quam genere inter se discrepant; manifeste satis apparet quantum peccent illi qui veterum lugubria nigri semper coloris fuisse existimant. Error tamen hic adeo invaluit, ut ubicunque apud veteres scriptores vestis φαιὰ aut κυανέα, aut denique apud Latinos pulla vel ferruginea occurrat, non dubitarint atram aut nigram interpretari. Est quidem verum atris quoque indutos fuisse veteres in magnis luctibus; honoratior tamen, ut nunc ita quoque olim erat habitus pullus aut ferrugineus, qui nec purpureus, nec niger, sed inter utrumque medius esset. Istiusmodi colorem vulgo violaceum aut pavonaceum appellant, quali etiam hoc nostro seculo nonnulli reges & plerique purpurati Romani in luctu utuntur. Morem vero hunc, ut nempe honoratiores purpuræ nigræ aut ferruginei coloris veste in luctu utantur, ab antiquis esse translatum, colligo etiam ex loco Varronis apud Nonium in *Anthracinus. Propinqua adolescentula etiam anthracinis; proxima amiculo nigello, capillo dimisso sequerentur lectum.* Sic lege, non *luctum.* Est autem anthracinus color, non penitus niger, sed qualis solet esse carbonum non extinctorum, & in quibus flammæ & ardoris etiamnum supersunt vestigia. Licet autem Varro anthracinum à nigro distinguat; Nonius tamen simpliciter nigrum interpretatur, more tralativo, quo & purpuram nigram & byssum similiter vocant nigrum. Italis sane color *bysseus* est *bigio*, uti quoque Galli panem nigrum vocant panem bisum, & ventum Circium, quem Græci μελαμβορέαν, seu nigrum vocant boream, pari ratione ventum biseum, seu *vent de bise* appellant. Sic quoque aquilo dicitur niger, quoniam illo flante atra fiunt maria. Non enim ab aquila, sed ab aquilo, id est nigro colore, sic dictus.

Hinc Virgilius -- *fluctusque atros aquilone secabat.*

Quod tibi si sancti concesserit incola Itoni] Recte se habet hic locus, nam oppidum hoc dicebatur & Ἴτων & Ἰτώνη & Ἴτωνος, estque utriusque generis, ut complura alia Thessaliæ oppida, quæ & ἀρσενικῶς & θηλυκῶς proferuntur, uti ex Strabone, Stephano & Eustathio constat; itaque non recte Ἰτώνου in Ἴτωνος mutant viri docti. Ab Itono Amphictyonis filio nomen accepisse scribunt Pausanias, Scholiastes Apollonii & alii. Omnes in eo conveniunt ex hoc Thessalico oppido cultum Minervæ Itoniæ transiisse ad Athenienses. Plurimum vero falluntur viri docti, cum de hoc Itono heroë accipiunt locum Lucani lib. VI.

Primus Thessalica rector telluris Itonus
In formam calida percussit pondera massæ,
Fudit & argentum flammis, aurumque moneta
Fregit, & immensis coxit fornacibus æra.

Nihil tale de Itono suo prodidere Græci scriptores. Omnes illi qui primi nummorum usum apud Græcos introduxisse creduntur, memorantur à Polluce libro IX cap. VI. Locum ejus insignem, sed mirifice corruptum, & infeliciter admodum à viro magno, in libro de usuris tentatum, ope optimi nostri libri integriorem & emendatiorem adscribam. Τάχα δ' ἄν τις φιλότιμον εἶναι νομίζοι καὶ τὸν ἐπὶ τῷ νομίσματι λόγον ἐπιζητεῖν, εἴτε Φείδων πρῶτος ὁ Ἀργεῖος ἔκοψε νόμισμα, εἴτε Δημοδίκη ἡ Κυμαία συνοικήσασα Μίδα τῷ Φρυγὶ, παῖς δ' ἦν Ἀγαμέμνονος Κυμαίων βασιλέως, εἴτε Ἀθηναίοις Ἐριχθόνιος καὶ Λύκος, εἴτε Λυδοὶ καθά φησι Ξενοφάνης, εἴτε Νάξιοι κατὰ τὴν Ἀγλαοσθένους δόξαν. Quam Δημοδίκην hic vocat Pollux, illam Heraclides in Politia Cumæorum vocat Ἑρμοδίκην. Lycus vero iste Atheniensis, fuit Pandionis filius. Nullum autem hic vides recenseri Itonum. Corruptus est profecto Lucani locus. In veteribus libris scriptum invenias *Ionas*. Omnino legendum *Janos* vel *Jannos*, utroque enim modo scribitur. Athenæus & ex illo Eustathius ad E Odyss. Λόγος Ἴαννον διασό-

 σωπην

σωπον γεγονέναι, τὸ μὲν ὀπίσω, τὸ δὲ ἔμπροσθεν ἔχοντα πρόσωπον. Οὗτος εὗρε πρῶτος στέφανον καὶ σχεδίας καὶ πλοῖα καὶ νόμισμα χαλκοῦν πρῶτος ἐχάραξε. Διὸ καὶ τῶν καθ᾽ Ἑλλάδα καὶ Ἰταλίαν καὶ Σικελίαν πολλαὶ πόλεις ἐπὶ τῷ νομίσματι ἐνεχάραττον πρόσωπον δικέφαλον, καὶ ἐκ θατέρου μέρους ἢ σχεδίαν, ἢ στέφανον ἢ πλοῖον. Ab hoc Jano Persæ Ἰάονας, id est Græcos omnes, vocabant Ἰάννας, ut ex Aristophane constat; manetque id nomen etiamnum apud Persas. Sed & Hesychius; Ἰάννα, ἐν μὲν Αἰχμαλωτίσι Σοφοκλέους ἀπέδοσαν Ἑλληνική. ἐπεὶ Ἰάννας τοὺς Ἕλληνας λέγουσι. Vide reliqua. Apud eundem Hesychium alibi legas; Εἶσχον Ἰάννοι, quomodo de Ephesiis locutus est Antimachus. Romani antiqui qui non solebant literas geminare vocavere Janum. Illum vero primum æra signasse docet quoque Macrobius. Peregre & mari in Italiam advenisse scribunt complures, & distinctius Plutarchus in quæstionibus Romanis, qui Janum ex Perrhæbis, isti autem sunt Thessalici generis, ad Italos pervenisse testatur. Hinc quoque est quod in nummis Thessalonicensium Jani caput appareat. Quod vero de nummis scribunt Athenæus & Eustathius, tales complures hodie quoque occurrunt, in quibus ex una parte Jani facies, altera vero rostrum navis apparet. Quam autem vetustum in Lucano hoc sit mendum, patet ex Cassiodoro qui lib. III. Epist. XXXI, similiter legit *Jonas*.

Quā nostrum genus ac sedes defendere fretis] Ita intempestive prorsus reposuerunt viri docti, cum plerique libri habeant *freti*, non *fretis*. Utique Catullus sic scripserat;

Qua nostrum genus ac sedes defendere Erechthei.

Similem errorem paulo ante sustulimus. Athenienses licet & Codridæ, & Cecropidæ & denique Thesidæ dicerentur, nullo tamen æque ac Erechthidarum cognomine gavisos fuisse, propter Erechthei regis sanctimoniam, monet Eustathius ad B Iliad. Hinc est quod Atheniensium populus pius vocetur Lucretio, hinc quoque passim δῆμος Ἐρεχθῆος, aut etiam absolute δῆμος. Notandum enim ut ἡ πόλις de Athenis, ita etiam δῆμος accipi de Atheniensibus. Est vero enallage *defendere*, pro *defendit*, vel potius ellipsis, ut subintelliintelligatur *solet* vel *parata est*. Qui aliquid in literis sapiunt, norunt quam id familiare sit Latinis. Sed & Græci passim sic loquuntur. Homerus Iliad. T. Δῶρα δ' ἐγὼν ὅδε πάντα παρασχεῖν, supple ἕτοιμός εἰμί.

Ferox morte Theseus] Male hæc exponit Muretus, nec melius alter, qui *Marte* legendum censet. Sic construe, ferox Theseus ingressus tecta domus, quæ funesta erant morte paterna.

Qua tum prospectans cedentem mœsta carinam] Veterum librorum lectionem reduxi;

Qua tamen aspectans cedentem cuncta carinam.

Licet procul abesset Theseus, utpote jam ad suos reversus, illa nihilominus, in iram & rabiem verso amore, tota in eo erat, ut maria prospectaret, & diras imprecaretur Theseo.

At parte ex alia florens volitabat Jacchus] Vetus lectio habet, *At pater ex alia*, quod non erat mutandum. *Ex alia*, id est, ex alia parte, ut passim optimi quique loquuntur scriptores.

Cum Nysigenis Silenis] Silenos præcipuos esse Nysæorum testatur Diodorus Siculus lib. III. Is vero Nysam collocat ad Tritonem fluvium in Lybia: plures tamen Nysam seu montem, seu oppidum Arabiæ aut Indiæ adscribunt. Hinc Νυσηγενεῖς, seu Nysigenæ, quo vocabulo usus quoque Ovidius libri x ubi de Adoni agit.

Per juga per silvas dumosaque saxa vagatur
Nysigenum, vestem ritu succincta Diana.

Ita enim legendum esse hunc locum facile perspiciet, si quis veterum librorum scripturam consulat.

Pars è divolso raptabant membra juvenco] Scaliger è suo codice sic reposuit, cum alii plerique veteres libri habeant *jactabant*, & rectius omnino. Spargebant enim & jactabant carnes istæ mænades. Euripides in Bacchis, seu in Pentheo, sic enim in libris antiquis ista inscribitur tragœdia.

Ἄλλαι δὲ δαμάλας διεφόρουν σπαράγμασι.

Εἶδες δ' ἂν πλοκαμῶν, ἢ διχηλὸν ἔμβασιν
ῥιπτόμεν' ἄνω τι καὶ κάτω.

Vide statuam Bacchæ apud Cavallerium.

Pars sese tortis serpentibus incingebant] In sacris Bacchi & Cybeles frequentem olim fuisse serpentium usum, solitasque fuisse mulieres bacchantes iis se coronare, satis nisi fallor jam notum. Modus tamen & ratio qua id fieret, vulgo non satis intelligitur. Primum quidem istud monendum, huic usui non quoslibet serpentes, sed eos tantummodo delectos fuisse, qui quamvis amplas maxillas & ingentem haberent rictum, non tamen mordaces, aut certe morsus haberent innoxios. Παρείας vocat Demosthenes in oratione de corona, ubi dicit Æschinem choros bacchantum & μητρωακῶν frequentasse ac sæpe supra caput extulisse istiusmodi serpentes, τοὺς ὄφεις τοὺς παρείας θλίβων καὶ ὑπὲρ κεφαλῆς αἰωρῶν. A magnitudine autem seu tumore maxillarum anguis hic nomen habet si antiquis velimus credere Grammaticis. Apollodorus tamen apud Ælianum jubet, ut non παρείας, sed παρούας vocetur hic serpens, ac si ex eo dictus esset, quod collo & auribus circumligaretur, cum tamen hoc vocabulum à Pario oppido Hellespontiaco, mutato ut sæpe syllabæ modulo, suam videatur traxisse originem. Illic quippe ὀφιογενεῖς fuisse, qui pari ac Psylli & Marsi in tractandis impune serpentibus virtute pollerent, tradunt Varro, Strabo, Plinius & alii: Cebeti in tabula istiusmodi homines vocantur ἐχιοδιῶκται. Sic enim legendum non ἐχιόδηκτοι, ut vulgo. Cæterum quamvis de istis serpentibus intelligi possit hic Catulli locus, notandum tamen in sacris Bacchi & Cybeles, non semper vivos adhibitos fuisse serpentes, sed flagella, quæ & manibus tenebant & quibus corpora sua incingebant, quod anguino ritu è loro crinibusque essent contexta, & ipsa quoque angues appellata fuisse. Manifeste hoc colligi potest ex antiquis marmoribus, in quibus gallantum & bacchantium chori tali exprimuntur habitu. Et sane nusquam adeo mites invenias angues, ut se flagella fieri patiantur. De his Porphyrio ad illud Horatii; *nodo coërces viperino Bistonidum sine fraude crines*; hæc habet; *Bistonides Thressæ sunt, quæ cum in sacris Liberi*

beri patris crinibus solutis versantur, *angues & in manibus & in capite gestant.* Eadem ratione poëtæ fingunt Furias exemtos capite serpentes pro flagellis uti. Seneca Medea;

Ingens anguis excusso sonat tortus flagello.

Idem alibi viperea verbera & tortos angues appellat Furiarum flagella. Sic quoque Ovidius Ibide; *Tartareis sectos dabit anguibus artus.* Sed & Virgilius Æn. VI.

Continuo sontes ultrix accincta flagello
Tisiphone quatit insultans, tortosque sinistra
Intentans angues.

Vulgo perperam legitur *torvosque.* Sed & Coluthus haud longe ab initio, ubi de Furia loquitur;

Πόλλακι δ' ἐλδίστηγος ἀπὸ κλισμοῖο θοροῦσα.
Ἵστατο καὶ παλίνορσος ἐφέζετο· χειρὶ δὲ χαίτης
Οὔδετι κόλπον ἔρυξε καὶ οὐκ ἐφρεάσσατο πέτρην.

Ita vulgo, sed nullo sensu. Sic scribe;

——— χειρὶ δὲ λαιῇ
Οὔδετι κόλλοπ' ἔρυξε καὶ ἣν ἐφυράσσατο πέτρην.

Vel καὶ ὃν ἐφυράσσατο πέτρον, ut Attici solent. Eumenidum thalamos, quos Virgilius ferreos fingit, iste poëta facit saxeos. Dicit vero Furiam ira concitatam unum de suis capillis, id est anguibus, exemtum illisisse saxo, & hac ratione suum cruentasse cubile, hoc enim notat φοράσσειν vel φυράσσειν. Κόλλοψ vero est flagellum, seu nervus, idem quod σκολλὺς & aliquando σκόλοψ, cum omnia hæc vocabula ejusdem sint originis, à κόλλα nempe, id est taurea seu corio bubulo. Harum vocum ignoratio fecit ut cum alia loca, tum etiam verba D. Pauli in II ad Corinthios cap. XII. non recte interpretes reddiderint. Quo enim loco legitur; Ἐδόθη μοι σκόλοψ τῇ σαρκὶ ἄγγελος Σατᾶν; inepte vertunt, *aculeum carni insertum*; sic enim redden-

reddendum fuerat, *datus est carni meæ angelus satan qui vice flagelli castiget me.* Ut autem apud Græcos, ita quoque apud Latinos promiscue sumuntur pleraque ista flagellorum nomina, sive è loris, sive ex anguinis exuviis, sive etiam e crinibus essent contexta. Itaque cirrus accipitur etiam pro flagello apud Suetonium in Nerone; *Statuæ ejus à vertice cirrus appositus est, cum inscriptione Græca, Nunc demum agona esse, &, Raderet tandem.* Non intellexere viri docti hunc locum, cum quærunt, quid agoni cum cirro? Utique hoc illis non excidisset, si novissent cirrum etiam accipi pro flagello. Martialis cirratam pellem vocat lib. x. Ep. LXII. ad ludimagistrum.

Cirrata loris horridis Scythæ pellis
Qua vapulavit Marsyas Celæneus.

Scythæ, id est, lictoris. Olim enim Græci Scythis utebantur carnificibus & lictoribus, ut nos clare docet Aristophanes in Concionantibus, Pollux & complures alii. Theognis in Gnomis.

Ἀλλ' ἄγε δὴ Σκύθα, κεῖρε κόμην, ἀπόπαυε δὲ κῶμον.

Ipsum hoc confirmat in mythologicis Hyginus, cum Marsyam ab Apolline Scythæ traditum scribit, qui eum flagellaret pelle loris cirrata. Quod autem alii Marsyam excoriatum, alii, ut Martialis, flagellis cæsum prodiderint, id inde factum, quod δέρειν & ἐκδέρειν, utramque habeat significationem, licet Pollux posteriorem hujus vocabuli acceptionem non probet, quæ tamen multis adstrui potest exemplis. Græci πλοκάμους & πλοκαμίδας vocant, & qui his cædebantur, πλοκαμίζεσθαι & τριχίζεσθαι dicebantur. Hinc intelligendus alius quoque Martialis locus, lib. II, de Lalage, cujus dum capillos struit Plecusa comotria, quod in uno comarum peccasset annulo, istiusmodi flagello ad animæ pene deliquium cæditur.

Hoc facinus Lalage, speculo quod viderat, ulta est,
Et cecidit sævis icta Plecusa comis.

Ita

Ita habent vetustissimæ Thuaneæ membranæ, non *sectis*, quod perperam, ex male intellecto Juvenalis loco, de laceratis accipiunt comis. Sævas comas manifeste vocat flagellum è crinibus. Eodem supplicio in simili crimine multatur Psecas ancilla apud Juvenalem Sat. VI, diverso tamen flagelli genere, taurea nempe. Hæc de flagellis dicta sufficiant; unde complura veterum scriptorum loca, haud contemnendam, nisi fallor, lucem accipiant. Unum tamen antequam desino addam, hoc nempe, in thyasis Bacchi & Cybeles cantui & harmoniæ inserviisse istiusmodi flagellorum strepitus. Adeo vero grandibus utebantur flagellis, ut tubæ instar sonarent, quemad modum superius monuimus. Mirum autem videri non debet olim hoc factum, cum etiam hoc nostro seculo Tartari Orientales, qui Seras invasere, tubæ loco ingentibus utantur flagellis, quæ in complures norunt explicare spiras, quas demum ita artificiose adducunt & evolvunt, ut uno eodemque tractu tres successive exaudiantur ingentes sonitus. Hoc efficere nequeunt Europæi aurigæ, & ne quidem ipsi, ut puto, Hispanici, qui tamen fortius quam cæteri flagellis insonare creduntur, utpote qui & flagellis utantur longioribus, & apud quos principes & nobiles viri artem aurigandi exerceant. Longa istiusmodi flagra Græci *μαράγνας* seu *σμαράγνας ἀπὸ τοῦ σμαραγεῖν*, à gravi nempe quem edunt sono, appellarunt. Quamvis autem mirum hoc videri possit, est tamen verum, quo longiora & magis tenuia sunt flagella, tanto graviorem edere sonum. Sed ut non cujusvis est tractare longas tibias, ita neque longa flagella, quod in regendis istis magna opus sit arte. Porro licet ridiculum possit videri flagellorum facere harmoniam, norunt attamen musicæ periti, nullum posse fingi sonum, qui concentui aptari non possit. Denique quanta arte etiam flagella regi & gubernari possint, vel unus testabitur auriga Trajecti ad Mosam etiamnum ut puto vivens, qui quæcunque cantica flagello suo exprimit quam felicissime. Talis etiam ante paucos annos appulit in Angliam, qui id ipsum scite admodum præstabat.

Plangebant alia proceris tympana palmis] *Proceris* hic accipe pro longe extensis, ut apud Ciceronem, *brachium procerius projectum, quasi quoddam telum orationis.* In antiquis marmoribus sæpe comparent effigies & habitus bacchantium & gallorum magnæ matris, pulsanfantium tympana, quæ etiam supra capita erigebant, unde liquet quare Catullus dixerit *proceris palmis*. Notandum quoque quod ex iisdem liquet marmoribus, non plectris, ut hoc tempore, sed digitis percussa olim fuisse tympana. Alterum semper fuit barbarorum.

Aut tereti tenues tinnitus ære ciebant] Crotala intelligit. De horum variis formis, rotundis nempe, longis & quadratis, aliquando ligneis, nonnunquam testeis, ut plurimum vero æreis, alibi diximus, quæ hic non repetimus.

Multi raucisonos efflabant cornua bombos] Mediolanense exemplar habet *efflebant cornua bombos*. *Cornua*, id est, per cornua. Efflere vero rectum. Utitur hoc vocabulo etiam Quintilianus. Est autem imprimis tristis seu flebilis cornuum sonus, utpote qui non homines tantum male afficiat, sed & brutorum animalium ululatum provocet. Id non tantum in venaticis, sed & in quibusvis experire est canibus, qui sicubi cornu infletur, solent concurrere & longas in fletum ducere voces, ut vel hoc solo exemplo explodendi sint illi, qui putant bruta non affici musica. Idem vocabulum reddendum Propertio lib. III. El. III.

Nihil tibi sit rauco prætoria classica cornu
Flere.

Perperam enim hæc mutarunt viri docti.

Barbaraque horribili stridebat tibia cantu] *Barbara*, id est Phrygia. Non à Latinis tantum, sed & à Græcis Phryges passim barbari & βαρβαρόφωνοι appellantur. Hipponax illos Σολοίκους vocat.

Καὶ τοὺς Σολοίκους ἢν λάβωσι περνῶσι
Φρύγας μὲν εἰς Μίλητον ἀλφιτεύοντας.

Σολοίκους recte barbaros interpretatur Diomedes nescio an alius in Scholiis ad Dionysium Thracem. Sic quoque Anacreon; κώμιον σόλοικον φθόγγον. Tibias vero Phrygum esse inventum credidere plurimi è veteribus, & sane ipsum id confirmare videtur vocabulum. Non enim probo eorum opinionem, qui à tibiis gruum aut aliorum animalium dictam putant; proculdubio tibia dicta à Tibiis, id est Phry-

Phrygibus; nam Tibia olim dicta Phrygia, & Tibii iidem qui Phryges. Hinc Tibii seu Tibini modi pro Phrygiis, & Tibini sonitus apud Nonium ex Varrone;

—— sonitus matris deum tonimus
Tibinos tibi nunc semiviri ——

Telestes apud Athenæum lib. XIV à Phryge gentis conditore repertas fuisse tibias significare videtur, ἢ Φρύγα τίκε καλλιπνόων αὐλῶν ἱερῶν βασιλῆα Α᾽ηδόν᾽ ὃς ἥρμοσε πρῶτος Δωρίδος ἀντίπαλον μούσης νομοαίολαν ὀμφὰν, πνεύματος ἐν πτερὸν αὔραν ἀμφιπλέκων καλάμοις. Male hæc vulgo concipiuntur. Αηδόνα vocat tibiam, itaque & apud Hesychium ubi vulgo est βομβοιλαδόνας, ἐνιαυλοὺς, meo licet periculo legas βομβυλαηδόνας, ἔνιοι αὐλούς. Eleganter vero dicit Phrygem πνεύματος αὔραν alligasse tibiæ. Ita quoque locutus est Manilius lib. V.

Hinc venient vocis dotes auræque sonantis
Garrulaque in modulos diversa tibia forma.

Sic emendavimus hos versus vestigia secuti optimi nostri exemplaris, qui habet *boraque sonantis*. Inepte vulgo legitur *Boreaque sonantis*. Sed & lib. II. apud eundem, ubi de Theocrito agit, reducenda est vetus scriptura, quam temere mutarunt viri docti;

Nec silvis silvestre canit, perque horrida motus
Rura serit dulces musasque inducit in auras.

Porro ut Catullus, ita quoque Lucretius tibiam Phrygiam vocat barbaram lib. IV. quo loco quærit quare aliter sonet vox cycni, quam vel tuba, vel barbara sonent *retrocita*, sic enim vulgo inepte legitur. Cum in toto Lucretio vix difficilior occurrat locus, operæpretium fuerit versus ejus adscribere.

Nec simili penetrant auris primordia forma,

 Cum

Cum tuba depresso graviter sub murmure mugit,
Et reboat raucum retrocita barbara bombum,
Vallibus & cycni nece torti ex Heliconis
Cum liquidam tollunt lugubri voce querelam.

Viri docti è suis libris complures producunt lectiones, quæ tamen in antiquis non reperiuntur codicibus, qui in hac penultimi versus conspirant lectione.

Et validis necti tortis ex Heliconis.

Itaque non dubitamus, quin sic scripserit Lucretius;

Et reboat raucum Berecynthia barbara bombum,
Et validis cycni torrentibus ex Heliconis, &c.

Ex Helicone nempe cum alii torrentes, tum quoque ipse Helicon amnis profluit. *Berecynthia barbara*, id est, tibia Phrygia, αὐλὸς Βερεκυντιακός, ut habet Hesychius in Βερεκυντίᾳ. Hinc Βερεκυντία βρόμον apud Sophoclem. Quare autem Phryges Berecyntes dicantur, si causam quæras, & illam quoque expediam. Phryges ex Illyrico in Macedoniam & Thraciam & exin in Asiam transiere. Prius dicebantur Βρύγοι, ut ex Herodoto, & aliis constat. Sed vero iidem dicebantur Βρύγες, Βρύκες, Βέργες, Βέρκες, Βρέκες, Βέρεκες, Βερέγκυντες, Βερεκυντες, ut ex Strabone, Hesychio, Stephano, Eustathio & aliis compluribus cognoscere est. Hinc Βέρκος, Phryx, stultus, barbarus. Hinc quoque Βρεκυντῶδαι & Βερέχεθοι. Hesychius, Βερρεχέθων, ἀνοήτων. Ita legendum esse docet literarum ordo & Aristophanis Scholiastes, & Suidas.

Hic qualis flatu placidum] Manu exarati habent *Nec qualis* vel *Æqualis*, unde fecimus *Aequali.*

Horrificans Zephyrus proclivas incitat undas] Homerus, ex quo hæc habet, vocat φρίκα θαλάσσης. Eustathius interpretatur κολόκυμα, κωφὸν κῦμα καὶ ἐπικαχλάζον. Sed rectius μὴ ἐπικαχλάζον.

ζον. Aristophanis Scholiastes; *κολόκυμα τὸ κολοβὸν κῦμα, ὅπερ τυφλὸν διὰ τὸ μὴ καχλάζειν.* Idem vero est surdus & cæcus fluctus, & inde exponendus Hesychius, cum dicit *τυφλὸν* seu cæcum, etiam accipi pro surdo. Surdi vero seu cæci fluctus fiunt in altis maribus, antequam tempestas oritur, & priusquam undæ rumpuntur. Nam in litoribus, etiam cum est malacia, fluctus sæpe non silent, quod in vadosis locis aquæ subinde frangantur. Itaque recte Hesychius *κύματι κωφῷ* interpretatur *τῷ μὴ ἠχοῦντι, ἀλλ᾽ ἀρχομένῳ μεγεθύνεσθαι.* Græci quoque vocarunt *σκώληκας* istiusmodi fluctus, quod tanquam vermes leniter & sine strepitu procedant. Hesychius *κολόκυμον, ξηρόν. Κολόκυμα, τὸ τυφλὸν κῦμα, οἱ δὲ τὸν σκώληκα καλούμενον, τὸ μικρὸν κῦμα.* Sic lege. Vide eundem in *Σκώληξ. Κολόκυμον* est locus vadosus & aqua destitutus, cujusmodi sunt Syrtes. Notandum enim nomina quibus *κόλος* accedit, notare res aut aliqua sui parte truncatas, aut truncas & mutilas toto corpore, quales sunt nani & pumiliones, similiaque hominum & animalium & plantarum compendia. Sic Bruti pusionem *κολοπαιδίον* vocavit Martialis. Nam quo loco in Apophoretis legitur *Βρούτου παιδίον*, in optimis Thuaneis membranis scriptum invenimus BPOVTOUICVLOPEDIONFICHILE, proculdubio pro *Βρούτου κολοπαιδίον fictile.* Aliquando tamen etiam contrarium fit, ut *κόλον* pro magno accipiatur, ut in *κολοκρύων*, & inde est quod *κολόκυμον* nonnunquam interpretati sint magnam maris agitationem, illam nempe quæ fit sine ventis, quam veriorem esse puto expositionem. Latini flustrum appellarunt, quod Tertullianus in Pallio interpretatur temperatum maris motum & medium inter tranquillum mare & quod decumanis assurgit fluctibus. Itaque non acquiesco sententiæ Festi, qui flustra exponit, *cum in mari fluctus non moventur, quam Græci μαλακίαν vocant.* Ipsum repugnare videtur vocabulum, nisi statuamus flustra dici de æstu maris in litoribus, qui contingit etiam cum medium mare est tranquillum. Talem maris agitationem Euripides in Hecuba vocat *κλυδώνιον*, tanquam minutam tempestatem. Scholiastes ejus exponit *τὸ κῦμα τῆς θαλάσσης, ὃ παρὰ τῷ αἰγιαλῷ διὰ τῆς ὕσης ἐπικλύζεται.* Sed rectior, ut diximus, inter-

 terpre-

terpretatio, si flustrum accipiamus de fluctuatione maris sine vento, quæ & γαλήνη & tranquillitas dicitur. Nam ut recte monet Eustathius duplex est γαλήνη, ἡ μὲν τὸ καταστορεσθῆναι τὰ κύματα τέλεον, ἡ δὲ παύσασθαι τὸν ἄνεμον. Flustri vocabulo utitur quoque Lucretius lib. v, cujus versus ita concipiuntur in vetustis libris.

– ---- Nec turbida ponti
Æquora ladebant naves ad saxa, virosque;
Sed temere incassum frustra mare sæpe coortum
Savibat, leviterque minas petebat inanes.

Unde fecimus,

Sed temere incassum flustro mare sæpe coortum
Savibat, leviterque minas ponebat inanes.

Quod autem non distinctius de harum vocum significatione locuti sint veteres, id mirum videri non debet, ut enim nunc, ita quoque olim rari inter scriptores fuere, qui res maris exploratas habuerint. Quotus quisque enim hoc nostro seculo non existimat, cum venti maxime sæviunt, tum quoque maxime concitari maria? Attamen recocti nautæ sciunt cessantibus ventis, mare esse undosius, quam iisdem etiamnum flantibus. Quin & amplius dico, sæpe in Oceano contingere, ut ventis immaniter furentibus, maria instar soli constrati sint composita. Cessante vero flatu, adeo immanes adsurgere fluctus, ut omnia naufragiis impleant. Nec obscura hujus rei est ratio. Vento siquidem flante cumulantur aquæ quod difficulter & tarde fit; & quidem quanto magis cumulantur, tanto segnior fit motus. At vero aquis ad prius redeuntibus libramentum, cum per declive labantur, tum vero velociter moventur & descendunt: ita ut quanto major facta sit accumulatio, tanto postea major ingruat tempestas. Verum id esse manifesto & claro alibi docuimus exemplo.

Aurora exoriente vagi sub lumina solis] Vagis nempe & dispersis ignibus sol comparet iis, qui eum ex Ida, Casio, aliisque excelsis mon-

montibus auroræ tempore orientem contemplantur ut in iis, quæ ad Melam scripsimus, satis à nobis ostensum. Vulgo inepte hæc interpretantur.

Procedant leviterque sonant plangore cachinni] Libri veteres habent, *leviter resonant*. Unde fecimus *leni & resonant*. Cachinnos vero etiam undis tribui, jam observatum est multis. Sed & plangorem mari adscribunt non Latini modo, sed & Græci, idque à πλάζειν, quomodo Æoles dixisse pro πλήττειν vel πλήσσειν notat Aristarchus junior in canonibus. Hinc dictæ Planctæ insulæ seu scopuli potius, à perpetua nempe maris percussione, non quod erraticæ sint aut fuerint, ut vulgo fabulantur. Nec plaga tantum, sed & πέλαγος quoque hinc nomen accepit, & πελάγια, cum notat κρόταλα ut exponit Hesychius. Dorum nonnulli pro πλάζω dixere πλάδω, unde Latinum *plaudo*.

Ad se quisque vago passim pede discedebant] Nescio quare Scaliger maluerit *A se*, cum alterum longe rectius sit. Cicero Miloniana; *Atque illo die Aricia rediens divertit Clodius ad se in Albanum.*

Princeps è vertice Pelii Advenit Chiron] Ad pedem nempe montis Pelii prope Sepiadem promuntorium celebratæ fuere istæ nuptiæ, ut plerique fere testantur veteres. In ipso autem montis vertice habitabat Chiron Centaurus. id est eques Thessalus, quem patrem Thetidis fuisse existimavere nonnulli. χειρωνίδας ἄκρας vocat Callimachus hymno in Delum. Domicilium hoc Chironis Etymologici magni auctor vocat αὐτόχθονα ἑστίαν, quod in montibus degeret, οἴκησιν ἔχων φυσικήν, specum nempe, cum aliis, tum quoque medicinalibus instructissimam herbis, ad cujus exemplum apud Pergamenos antrum constructum fuisse verisimile est, & ipsum Chironi consecratum, cujus tholo salutares omnis generis herbæ suspendebantur, ut canit Statius in Soteriis pro Rutilio Gallico. Florente Græcia supererat etiamnum specus in quo Chiron habitasse credebatur. Dicæarchus in descriptione montis Pelii; Ἐπ' ἄκρας δὲ τῆς τοῦ ὄρους κορυφῆς σπήλαιον ἐστὶ τὸ καλούμενον χειρώνιον, καὶ Διὸς Ἀκταίου ἱερὸν, ἐφ' ὃ κατὰ κυνὸς ἀνατολὴν κατὰ τὸ ἀκμαιότατον καῦμα ἀναβαίνουσι τῶν πολιτῶν οἱ ἐπιφανέστατοι καὶ ταῖς ἡλικίαις ἀκμάζοντες

ἐπιἀπιλεχθέντες ἐπὶ τοῦ ἱερέως ἐνεζωσμένοι κώδια τρίποκα καινά. τοιοῦτον συμβαίνει ἐπὶ τοῦ ὄρους τὸ ψῦχος εἶναι. Idem in eodem fragmento hactenus inedito, dicit ad Pelium habitasse quoddam hominum genus, qui se Chironis posteros esse jactarent, quibusque solis ex hæreditaria experientia notæ essent vires plantarum istic provenientium, & ad diversos facientium morbos.

Aura parit flores tepidi fœcunda favoni] De fœcunda hac aura diximus nonnulla ad carmen nuptiale de Hespero. Carere dicitur hac aura flumen Anaurus, quamvis & ipse in Thessalia, unde conficitur ripas & agros huic fluvio vicinos esse steriles. Inde credo factum ut Ericam Anauri filiam finxerint veteres. Hesychius Ἐρίκη, θυγάτηρ τοῦ Ἀναύρου. In sterilibus autem locis nasci ericam, notum est omnibus.

Hos indistinctis plexos tulit ipse corollis] Cum id deorum fuerit convivium, & non omnibus numinibus eadem conveniant coronamenta, scribendum omnino fuerit *in distinctis*. Jovem esculo, Minervam olea, lauro Apollinem, Venerem myrto, Bacchum hedera, coronari notum est. Pari ratione Parcis quercus, Furiis narcissus, picea Vulcano, Cybele pinus, Herculi populus, Dioscoris arundines, Marti gramen & alia aliis conveniunt diis. Attamen cum Chiron non videatur fuisse στεφανοπλόκος seu coronarius, cum id muliebre seu puellare potius fuerit officium, & Catullus loquatur de ornatu ædium, non de coronis convivalibus, retinendam censui lectionem vulgatam. Sic quoque supra fasciculos florum qui indistincte in calathis exponuntur corollas appellasse videtur,

Mihi floreis corollis redimita domus erat.

Attamen etiam de coronis recte hic accipi possit locus. Athenæus enim lib. xv meminit στεφάνων χύδην πεπλεγμένων. Porro montem Pelion, non odoratis tantum plantis, sed & floribus abundare testatur quoque Dicæarchus, ἔστι δ' ἐν αὐτῷ καὶ ἄνθη πάνυ ἄγρια καλούμενα λείρια καὶ λυχνίδες. Quin & Pelethronium montem, qui est velut pars Pelii, & sedes aliorum erat Centaurorum; à floribus aut herbis dictum volunt Grammatici. Hesychius; Πελεθρόνιος ὁ χώὁ χείρων, ἀπὸ τοῦ Πελεθρόνου, ἐν ᾧ ἐτράφη. Οἱ δὲ πολυφάρμακος. Πέλει, δίδωσι, γίνεται, ὑπάρχει, ἐστί. Sic lege. Πέλει enim istas quatuor continet significationes, ut ipse postea confirmat. Τρόνα seu θρόνα flores alibi exponit, hoc tamen ipso loco πελεθρόνιον reddidit, ποιησιφάρμακον.

Minyasin linquens Doris celebranda choreis Cranona arisonamque] Ita quidem Scaliger, sed longe aliter Catullus scripserat. Libri scripti sic fere habent;

> *Minosin linquens Doris celebranda choreis*
> *Nonatios namque ille tulit radicitus altas*
> *Fagos.*

In aliis pro *Minosin* legitur *Minosinque* aut *Inosinque* deficiente prima litera quæ sæpe à veteribus abest libris, ut jam aliquoties monuimus. Scaligeri emendatio merum facit frigus, ac non leviter peccat cum *Doris* construit cum *choreis* & accipit de choreis Doricis. Non puto me falli, si audacter affirmem sic scripsisse Catullum;

> *Xyniasi & linquens Doris celebranda choreis*
> *Boebiados. Namque ille tulit radicitus altas*
> *Fagos.*

Boebe vel Boebias palus, memorata multis, sita est ad pedem montis Pelii. Huic vicinum erat Xynias oppidum non ignotum poëtis, unde nonnunquam & ipsa palus sic appellatur. Doris uxor erat Nerei, mater vero Thetidis, cæterarumque Nereidum. Hæc cum multis veterum testimoniis confirmari possint, non mihi, sed ipsi Catullo injuriam facit, si quis de hujus lectionis ambigat veritate. Observet vero lector quam bene & ex ordine omnia nunc sese habeant. Postquam nempe plebs & populus Thessalus relicta domo nuptiali locum fecit diis & heroibus, primus ingressus est Chiron, veluti magister convivii, & ut quidam voluere pater Thetidis. Hunc mox subsecutus est Peneus senex, una cum sorore Doride, relicta palude Boebiade, ubi cum filia Thetide ac cæteris Nereidibus versabatur. Hos consecutus est Prometheus & ipse sanguine junctus Nereidibus. Postremo advenere dii plerique cœlestes excepto Apolline & Diana, qui mortalibus interesse noluerunt nuptiis. Æschylus tamen etiam hos adfuisse scripsit, cui adstipulatur Menander Rhetor ubi de epithalamiis agit. In eo tamen abit ab altero, quod Mercurium fuisse dicat, qui in nuptiis Thetidis hymnum cecinerit nuptialem, cum Æschylus ab ipso Apolline hunc cantatum fuisse dixerit. Versus ejus præclaros de hac re vide apud Platonem.

Namque ille tulit radicitus altas] *Ille* nempe Peneus, qui è ripa fluminis ab ipso dicti radicitus avulsas arbores ad domum Pelei nuptialem contulit.

Non sine nutanti platano] Hoc epitheton convenit coniferis arboribus, minime vero platanis. In libris veteribus scribitur *lutanti*, *luctanti*, aut etiam *lactanti*. Proculdubio Catullus scripserat *latanti*. Sic supra *gaudens latanti pectore*. Sic quoque Lucretius lib. II. de avibus;

Latantia quæ loca aquarum
Concelebrant circum ripas.

Idem lib. v.

Puer haud quaquam, quin sæpe etiam tunc
Ubera mammarum in somnis latantia quærit.

Sic enim habent libri plerique veteres, quæ perperam mutarunt. Lætare enim est lætum facere. Vide Nonium. Hinc lætamen, quod id lætos reddat agros. Maxime hoc epitheton convenit platanis, utpote quæ præ omnibus arboribus lætificam & jucundam jaciant umbram, unde & geniales dicuntur. Quantum omnibus seculis fuerit studium, superstitio vel insania potius in excolenda hac arbore, satis notum ex iis quæ complures prodidere veteres. Nequis tantum Xerxis auream admiretur platanum, etiam hoc tempore non desunt apud Persas, qui vel solam hujus arboris umbram quibusvis præferunt fructibus. Sed quoniam platani quam Xerxes amavit facimus mentionem, operæpretium fuerit explicare locum Eunapii, qui occurrit in vita Libanii. Hujus ille superfluam taxans curiositatem, addit, illum ne quidem in scriptis suis omissurum fuisse arbores Desposiani & Damasiam, si reperire potuisset, quænam illæ fuissent arbores; Τὰ χρυσῦ Εὐπόλιδ☉

δος δένδρα Δεσποσίαν καὶ Δαμασίαν οὐκ ἂν παρῆκεν, εἰ τὰ ὀνόματα ἔγνω τῶν δένδρων, οἷς νῦν αὐτὰ καλοῦσιν οἱ ἄνθρωποι. Sed vero pro Δεσποσίαν legendum esse Λαισποδίαν, manifeste docet Scholiastes Aristophanis in Avibus, qui ad hæc Aristophanis verba, Λαισποδίας εἰ τὴν φύσιν, hæc notat; Ὅτι τὴν κνήμην εἶχε σαπρὰν ὁ Λαισποδίας, καὶ μέχρι τῶν κάτω περιεβάλλετο, καὶ οἱ βάρβαροι δὲ τὰ σκέλη περιβέβληνται. Λαισποδίας δὲ καὶ Δαμασίας ὡς κακόκνημοι διαβάλλονται. Μνημονεύει δὲ αὐτῶν καὶ Εὔπολις ἐν Δήμοις.

Ταδὶ δὲ τὰ δένδρα Λαισποδίας καὶ Δαμασίας
Αὐταῖσι ταῖς κνήμαισι ἀκολουθοῦσι μοι.

Τοῦτον δὲ τὸν Λαισποδίαν καὶ στρατηγῆσαι φησὶ Θουκυδίδης ἐν τῇ Η. Vide & reliqua. Læspodiæ hujus mentio fit in fine lib. VI. Olim enim, ut notum, alia erat divisio librorum Thucydidis. Hesychius tamen Λαισποδίαν interpretatur Alcmæonem, de quo certi quod affirmem nihil habeo. Forsan Alcmæon verum fuit viri hujus nomen, & certe mirandum Thucydidem tam obscænum vocabulum suæ inseruisse historiæ. Ut ut sit, per duas Eupolidis arbores intelligi puto & vitem, & platanum Xerxis auream, ἀντίμιμον illius, quam in Lycia vidisset, sub cujus umbra dormiebat, quamque armillis, torquibus & nuptiali veste ornatam, velut pellicem, ubique in itinere habuit comitem. Istos vero duos cinædos, Læspodiam nempe & Damasiam, quod vitiosis essent cruribus & propterea Persicis uterentur sarabaris, cum istis comparavit arboribus Eupolis.

Fletaque sorore Flammati Phaëtontis] Non recte sic reposuerunt viri docti, cum vetus scriptura habeat; *lentaque sorore*, vel *sororum*. Lentum enim est imprimis lignum populi nigræ, vixque aliud æque aptum ad viendum.

Et aëria cupressu] Martialis lib. XII. Ep. L.

Daphnonas, Platanonas & aëreas cupressos.

Membranæ tamen vetustissimæ Thuaneæ hoc loco non *cupressos*, sed *Pityonas* exhibent. Unde liquet sic reformandum esse locum;

Daphnonas, platanonas & aëreas pityonas.

Hac circum sedes latè contexta locavit] Hæc supple Doris. Peneus attulit arbores. Soror vero ejus Doris mater Thetidis illas digessit in ordinem, universum vestibulum opere velans topiario. Nihil hic viderunt interpretes.

Prometheus Extenuata gerens veteris vestigia culpa] Varro in Prometheo liberato apud Nonium in voce *Cortex*, inducit reducem ad suos Prometheum ita rugosum & horridum aspectu, ac sit suberis cortex aut cacumina morientium aritudine arborum.

—— Viso tum siet
Asper subernus cortex, aut cacumina
Morientum in querqueto arborum aritudine.

Ita emendamus hunc locum, ex vestigiis libri veteris nostri, in quo scriptum est, *uso tum visu per supernus cortex.* Notum arborum cacumina prius emori. Sed & hoc notandum quasdam coniferas arbores deciso cacumine protinus interire. Pinum & abietem ablato vertice eodem quoque anno inarescere affirmat Theophrastus lib. II. cap. VIII. Quod si id non semper contingat, certum tamen est arbores istas deciso vertice non porro crescere, sed seniam brevi contrahere & rugoso & deformi fieri cortice, prorsus ac si illarum anima verticibus esset affixa, eadem ratione qua murænarum, anguium, lacertorum & insectorum quorundam animas caudæ alligatas esse existimant.

Unigenamque simul cultricem montibus Idri] Et hæc quoque perperam mutarunt, cum consentiant vetera exemplaria. Idrus mons est Cariæ. In hoc monte complura erant oppida & loca Dianæ fratrique ejus consecrata, ut Hecatesia, Chrysaoria, Euromus, aliaque: Idriades propterea dictæ quod in monte Idro sitæ essent. Nam ab Idro est θηλυκὸν Ἰδριὰς, ἀρσενικὸν vero Ἰδριεύς. Apud Stephanum in χρυσαορὶς male legitur Ἀδριάς. Hinc est quod frequens adeo in Caria fuerit nomen Idriei. Quamvis vero omnes olim montes Dianæ essent consecrati, præ cæteris tamen gavisam fuisse Lyciæ Cariæque

que

que venatibus, constans olim fuit opinio. Qua de re exstat fabella apud Servium.

Candida purpurea Tyrios intexerat ora] In iterata Catulli editione ita hunc locum reformare conatus est Scaliger, sed nec veram lectionem, nec mentem Catulli assecutus est. Aliorum conjecturas percensere non est nostri instituti. Veteres libri sic fere habent.

Candida purpurea Tyros intinxerat ora,

vel

Candida purpureaque Tyros.

Profecto sic scripserat Catullus;

His corpus tremulum complectens undique quercus,
Candida purpurea quam Tyro incinxerat ora.

Candida Tyro, est Tyro Salmonei filia, quæ vestem Parcarum ora purpurea incinxerat. Hanc nympham apud inferos deos versari, quibus nempe & Parcæ accensentur, testatur quoque Propertius, inter pulchras infernas recensens quoque Tyronem;

Vobiscum Antiope, vobiscum candida Tyro.

Ita habent veteres nonulli libri, & sic quoque Homerus Λ. Οδ. utrasque inter orci incolas conjungit. Tyronem vero optimam fuisse lanificam, operarumque Minervæ intelligentissimam, idem docet Β. Οδ. Candida vero quare dicatur, vel ipsum satis docet vocabulum. Sophocles quidem lividas huic nymphæ adsignat genas, sed propter plagas ferro à noverca inflictas. Pollux; Ἡ Τυρὼ πελιδνὴ τὰς παρειὰς παρὰ Σοφοκλεῖ. τοῦτο δ' ὑπὸ τῆς μητρυιᾶς σιδήρου πληγαῖς πέπονθεν. Recte Diodorus in excerptis; Σαλμωνεὺς ἔσχε θυγατέρα Τυρώ, ἥτις διὰ τὴν λευκότητα καὶ τὴν τοῦ σώματος μαλακότητα ταύτης τῆς προσηγορίας ἔτυχεν. Hinc est quod Lucianus in veris Historiis præfecturam huic nymphæ adsignet perquam ejus nomini convenientem. Quamvis autem candida possit referri ad vestem Parcarum; Plato quippe eas λευχειμονούσας, Epimenides λευκοστολας fecit; Orpheus tamen in hymnis purpureas, Statius Papinius & alii pullas his tribuunt vestes. Præterea in libris antiquis non comparet *vestis*, sed *questus* vel *quercus*, quod omnino reducendum. Hanc lectionem prius quoque adprobarat Scaliger, quamvis postea rejecit, ut vel hinc satis colligas δεύτερας φροντίδας non semper esse σοφωτέρας. Quercus autem hic accipienda non solum de corona capitis, sed de amictu totius corporis, utpote quod quernis esset velatum ramis. Est autem maxime conveniens hic habitus Parcis, utpote fatidicis. Quercum enim esse fatidicam, & per hanc Jovis oracula notari, qualia hic canuntur à Parcis, omnibus est notissimum. Quod autem quercum hanc incinctam fuisse dicit ora purpurea, id ea ratione factum fuisse intelligendum, quemadmodum in coronis fieri solitum, si quando limbis, fimbriis, & lemniscis ornarentur. Possit & de picta accipi veste, cui quercus esset intexta, sed melius de vera hæc interpretaberis quercu, colligata tæniis, & fimbriis seu lemniscis dependentibus. Græci ὀχθοίβους seu λώματα appellant, plurimumque è purpura & bysso contexebantur. Lexicon Alexandrinum, quod vulgo Cyrillo tribuitur; Λῶμα, τὸ κράσπεδον, τὸ εἰς τὸ κατώτερον μέρος τοῦ ἱματίου ἐπίβλημα ἐκ βύσσου καὶ πορφύρας καὶ κοκκίνου. Similia fere habet auctor Etymologici magni in Λῶμα. Hinc est quod istiusmodi limbum pictum vocarit Virgilius. Notandum tamen limbum nonnunquam non de sola accipi ora seu instita, sed totam notare vestem, ut notat Nonius. Sic hac voce usus Trebellius Pollio, cum scribit Zenobiam ad conciones galeatam processisse, *cum limbo purpureo, gemmis dependentibus per ultimam fimbriam*. Quo in loco satis mirari nequeo virum magnum conatum fuisse rescribere *cum lumo purpureo*. Posito eo ut *luma* sit ex Græco λῶμα, jam idem erit quod fimbria seu instita, consentientibus omnibus Græcorum magistris. At vero *lumus*, & *luma*, omnino sunt vocabula nihili. Apud Isidorum in Glossis & Originibus, cum dicit esse vestem Gallicam & subjungit *Linna saga quadra & mollia sunt*, non *luma*, sed *lena* scribendum erat, Lænas enim & χλαίνας easdem esse notum est. Quadratas fuisse, & hoc quoque omnes fatentur. Gallicam fuisse vestem patet ex loco Plauti, *Lana cooperta est textrino Gallia*. Quod si cui hoc Plauti testimonium non sufficiat, audiat is testem omni exceptione

ceptione majorem, Strabonem inquam, qui lib. IV Gallicum esse testatur vocabulum. Ut vero ad Catullum redeam, nequis de veritate hujus quam dedimus lectionis & interpretationis dubitet, addam locum Theocriti ex Pharmaceutria, qui eadem ratione, qua hic quercum Catullus, memorat populum undique purpureis incinctam oris.

> Κρᾶτι δ' ἔχων λεύκαν, Ἡρακλέος ἱερὸν ἔρνος,
> Πάντοσε πορφυρέῃσι περιζώστρῃσιν ἑλικτάν.

Tum prono in pollice torquens] *Vertice* aut *vortice* habent nonnulli libri antiqui; non *pollice*. Vertex nempe idem est, quod verticulum aut verticillum, σφόνδυλος. Non tamen summovenda est lectio vulgata, cum & hæc librorum fulciatur auctoritate, & notum sit fila staminis prono pollice deduci, ut passim veteres loquuntur scriptores. Cum enim inter digitos principatum teneat pollex, hinc est quod non textores modo & lanificæ, sed & statuarii & figuli & similes artifices, pollice opera sua ducere dicantur.

Hæ tum clarisona pellentes vellera voce] Non recte sentiunt, qui *pellentes* mutant in *pectentes*. Rectum est pellere & pulsare lanam. Etiam Græci sic locuti sunt: unde apud Hesychium; Ἐπεῖγε, κατῆγε, καθέλκε.

Talia divino fuderunt carmine fata] In quibusdam libris *dimisso*, in aliis, *diviso* legitur, quod admittendum censuimus. Nempe inducit tres Parcas non simul, sed alternis canentes, primo quidem Atropon, dein Clothon, ac tertio Lachesin, & eodem ordine postea. Eadem ratione dividere carmen apud Horatium est accipiendum lib. I. Od. XV, ubi Nereus, quemadmodum & apud Homerum Hector, citharam exprobrat Paridi;

> *Nequidquam Veneris præsidio ferox*
> *Pectes cæsariem: grataque feminis*
> *Imbelli cithara carmina divides.*

Id est, cum feminis non divides carmina, uti solent amatores, & quemadmodum fit in illa Oda; *Olim gratus eram tibi*, & passim alibi.

Itaque

Itaque dividere carmen, est alternis canere. Male hæc interpretati sunt viri docti. Græci non tantum *ἀμοιβαίως* seu *ἀμοιβαδὸν*, sed & *ἓν ποθ' ἓν ἄδειν* dicunt. Theocritus Idyll. θ.

——— *ἐμὶν ἢ τὺ βουκολιάσδευ*
Ἓν ποθ' ἓν, ἄλλοθεν ἢ γ' ὑποκρίνοιτο Μενάλκας.

Vulgo legitur *Ἔμποθεν*. Sed altera lectio olim probatior fuit, ut colligo ex scripto Gregorii Metropolitæ Corinthiorum de quinque dialectis, cujus auctor inepte vulgo Corinthus vocatur. Aliud est *στιχομυθεῖν*, quando nempe non pluribus, sed singulis respondent versibus. Pollux; *Στιχομυθεῖν δ' ἔλεγον, τὸ παρ' ἓν ἰαμβεῖον ἀντιλέγειν, καὶ τὸ πρᾶγμα στιχομυθίαν.* Sed & alia quoque ratione carmina dividuntur, de qua mox dicemus.

Æmathiæ columen Peleu] Et hæc quoque adulterina sunt, cum prisca lectio sit; *Æmathiæ tutamen opis.* Ops hic accipitur pro terra, ut supra in Epigrammate ad Varum; *Quomodo ops se haberet.* Hoc qui nescirent, corrupere locum, quia nempe supra occurrit; *Thessalia columen Peleu.*

Sed vos qua fata sequuntur] Spuria & omnino huic loco intempestiva lectio. In veteribus libris est *servos*. Non dubitavi itaque rescribere, *serves qua fata sequuntur*. Sic Virgilius Georg. I.

Hoc metuens, cæli menses & sidera serva.

Vide Nonium in *Servare*, qui è Menandro desumtum dicit. Verba Menandri ità concipiuntur in optimis nostris membranis; ΤΗΡΩΤΟΝ ΔΙΑΤΟΝΤΑ ΤΙΟΧΩ, quæ infeliciter admodum aggressi sunt viri docti. Scribe;

——— *Τηρῶ τὸν Δία*
Ὕοντα πολύ.

Nulla domus tales unquam conjunxit amores] Hos quatuor versus uncis inclusimus, quod absint à multis libris antiquis. Si illos admittamus, turbatur quodammodo cantantium Parcarum ordo. Nam ex ex versu intercalari *Currite* &c, qui duodecies occurrit, manifestum fit, singulas quater cantasse, quæ ratio non constabit si & decimo tertio intercalari locus concedatur. Scaliger existimat versus hos à Marullo esse additos, quod tamen fieri non potest, cum etiam in Mediolanensi occurrant libro, qui aliquot seculis Marullo est vetustior. Quod sensum attinet, habebis quidem illum integrum etiam absque his, sed tamen nulla satis idonea reddi possit ratio, quamobrem expungi debeant, cum in melioribus appareant libris. Scio quidem etiam in illis nonnulla occurrere additamenta, quæ assuta esse manifestis possimus cognoscere indiciis, sed clarioris intellectus & interpretamenti gratia id solet fieri. Et tamen etiam hoc adeo est rarum, ut centeni in libris occurrant defectus, priusquam unum aliquid quod redundet inveniatur. Verum hoc esse norunt illi, qui tractant libros & antiqua cum antiquis committunt exemplaria. Passim & in omnibus etiam sacris id observare licet scriptoribus, ut ubi similia aut eadem occur[illegible] vocabula, omittantur à librariis ea quæ in medio ponuntur. Nemo doctus hæc nescit aut negat, futiles tantum & inepti aliquot homines, qui tamen Theologi videri cupiunt, hæc non admittunt, libenterque sacros libros ab hac labe immunes velint, ac propterea sanctos & ἀναμαρτήτους quosdam fingunt sibi librarios, quales tamen nemo hactenus aut vidit, aut unquam videbit. Sed ut ad institutum redeamus, in quibusdam veteribus libris, non isti, sed alii desunt versus, hi nempe;

Non illi quisquam bello se conferet heros;

cum quatuor sequentibus. Sed neque intercalares versus eodem in omnibus libris ordine collocantur. Quamvis sit difficile tantæ varietatis causam explicare, maxime tamen mihi verisimile videtur, ab hominibus non satis doctis immutatum aliquot locis fuisse intercalarium versuum ordinem, translatosque fuisse ad finem cujusque sententiæ. Attamen poëseos gnari, qui vel primum Theocriti legerunt Idyllium, longe id se aliter habere sciunt. Quin & in cantu plurimum affert venustatis & gratiæ, si medius interrumpatur sermo, quæque dicenda supersunt peracta parenthesi aut intercalari versu perspicue & feliciter impleantur aut eadem voce, uti apud Theocritum & Callimachum sæpe, vel etiam alia, uti hoc in loco facit Catullus, cum concordes & futurorum conscias inducit Parcas perficientes interruptum fatali stamine sororum sermonem. Sed operæpretium fuerit integrum earum cantum, prout olim se habuisse existimamus, apponere.

ATROPOS.

O Decus eximium magnis virtutibus augens,
Emathiæ tutamen opis, clarissime nato,
Accipe quæ læta tibi pandunt luce sorores
Veridicum oraclum. Serves quæ fata sequuntur.
Currite ducentes subtemina, currite fusi.

CLOTHO.

Adveniet tibi jam portans optata mari[illegible]
Hesperus: adveniet fausto cum sidere conjux,
Quæ tibi flexanimo mentem perfundat amore,
Languidulosque paret tecum conjungere somnos.
(Currite ducentes subtemina, currite fusi.)

LACHESIS.

Levia substernens robusto brachia collo.
Nulla domus tales unquam contexit amores:
Nullus amor tali conjunxit fœdere amantes;
Qualis adest Thetidi, qualis concordia Peleo.
Currite ducentes subtemina, currite fusi.

ATROPOS.

Nascetur vobis expers terroris Achilles,
Hostibus haud tergo, sed forti pectore notus,
Qui persæpe vago victor certamine cursus,

Flam-

Flammea praevertet celeris vestigia cervae,
Currite ducentes subtemina, currite fusi.

CLOTHO

Non illi quisquam bello se conferet heros,
Cum Phrygii Teucro manabunt sanguine Teucri,
Troicaque obsidens longinquo mœnia bello
Perjuri Pelopis vastabit tertius heres.
Currite ducentes subtemina, currite fusi.

LACHESIS

Illius egregias virtutes, claraque facta
Sape fatebuntur gnatorum in funere matres,
Cum in cinerem canos solvent à vertice crines
Putridaque infirmis variabunt pectora palmis.
Currite ducentes subtemina, currite fusi.

ATROPOS

Namque velut densas prosternens cultor aristas,
Sole sub ardenti flaventia demetit arva;
* * * * *
Trojugenum infesto prosternet corpora ferro.
Currite ducentes subtemina, currite fusi.

CLOTHO

Testis erit magnis virtutibus unda Scamandri,
Quae passim rapido diffunditur Hellesponto:
Quoius iter caesis angustans corporum acervis
Alta tepefaciet permista flumina caede.
Currite ducentes subtemina, currite fusi.

LACHESIS

Denique testis erit morti quoque reddita præda,
Cum teres excelso coacervatum aggere bustum
Excipiet niveos perculsæ virginis artus
* * * * * *
Currite ducentes subtemina, currite fusi.

ATROPOS

Nam simulac fessis dederit fors copiam Achivis,
Urbis Dardaniæ Neptunia solvere vincla;
Alta Polyxenia madefient cæde sepulchra;
Quæ velut ancipiti succumbens victima ferro
(Currite ducentes subtemina, currite fusi)

CLOTHO

Projiciet truncum submisso poplite corpus.
Quare agite optatos animi conjungite amores,
Accipiat conjunx felici fœdere divam.
Dedatur cupido jamdudum nupta marito:
Currite ducentes subtemina, currite fusi.

LACHESIS

Non illam nutrix orienti luce revisens,
Hesterno collum poterit circumdare filo.
Anxia nec mater discordis mœsta puellæ
Secubitu, caros mittet sperare nepotes.
Currite ducentes subtemina, currite fusi.

Duorum versuum hiatum, quem asteriscis notavimus, siquis admittere nolit, ea nempe ratione quod invitis libris opus non sit fingere hiatum,

hiatum, cum sententia constet, & non semper intercalares versus æquali versuum absolvantur numero; non quidem refragabor, attamen si velimus, ut concordium & fata canentium sororum, ut alibi, ita quoque hic sibi constent numeri; necesse videtur ut duos statuamus excidisse versus, qui & cantum æqualem, & pleniorem forsan fecerint sententiam. In versibus autem intercalaribus quinarium quovis alio numero magis placuisse, exemplis patet multis. Apud Theocritum in *Φαρμακευτρίᾳ*, decies occurrit versus ille *Ἴυγξ ἕλκε τὺ τῆνον ἐμὸν ποτὶ δῶμα τὸν ἄνδρα*, sed octies continuo ordine quatuor aliis copulatus versibus, ita ut quinarius incedat.

Flammea prævortet celeris vestigia cervæ] Sic Virgilius de Camilla; *Pernicibus ignea plantis*; & Silius de Autololis; *Levibus gens ignea plantis*, à celeritate fulminis sumta similitudine. Porro quamvis omnibus notus *πόδας ὠκὺς Ἀχιλλεὺς*, illud tamen vulgo ignoratur, à celeritate hujus herois dictas quoque esse celeres & instabiles istas imagines, quas in parietibus & præsertim in altis ædium laquearibus, à tremula & inæquali aquæ superficie, repercussi solis aut lunæ efficiunt radii. In vicinis quidem parietibus & tabulatis magis est conspicuus & creber iste motus, quod ibi minus divergant radii; sed vero in magis remotis laquearibus, motus ille, quavis celerior sagitta, *omnia pervolitat late loca*, ut habet Virgilius. Si vel minimus lebes aqua impleatur, & inter solis radios & parietem seu tabulati partem pronam ad æquales collocetur angulos, protinus videbis splendores istos vasta quæcunque pervolare spatia. Apollonius Rhodius lib. III. describens hoc phænomenon vocat *ὠκείῃ στροφάλιγγι*. Illum imitatus Virgilius haud procul initio lib. VIII. Æn. Utrumque vide, si placet. *Ἀχιλλεῖς* dici istos in laquearibus splendores, testatur Hero in *γεωμετρουμένοις*; *κατὰ ἀνάκλασιν ὥσπερ οἱ Ἀχιλλεῖς φαίνονται ἐπὶ τῶν ὀρόφων, ὥστε ἡ ἀπὸ πάσης τῆς ὄψεως θεωρία, καὶ ἀπὸ παντὸς μέρους τοῦ ἡλίου ὁ φωτισμὸς γίνεται*. Ut multa alia, ita quoque hæc Heliodorus seu Damianus Larissæus in opticis ex Herone ad verbum descripsit, licet verba ejus male admodum vulgo accipiantur.

Cum Phrygii Teucro manabunt sanguine trunci] *Phrygii trunci*, id est Phrygii truncati, quando illi proprio manabunt sanguine. In quibusdam, sed non admodum bonæ notæ libris, legitur *campi*, ut jam aliis notatum. Quamvis hæc constructio, quam Græci hypallagen, & aliquando κατὰ μετάθεσιν appellant, proba sit; ut cum oculi manare lacrimis dicuntur, & ipse Homerus, ῥέε δ' αἵματι γαῖα; attamen cum vetustiores membranæ conveniant & habeant *teucr* vel *Teucri*, causa nulla est ut hanc rejiciamus lectionem. Nec minus rectum, cum Teucri Teucro manabunt sanguine, quam si dicamus, cum Teucri in suo manabunt sanguine.

Cum cinere incanos solvent à vertice crines] Ita quidem Scaliger, sed libri veteres quibus nos usi sumus, aliam exhibent lectionem, quæ & in primis quoque comparet editionibus;

Cum in cinerem canos solvent à vertice crines.

In vulgari luctu cinere aspergebant capillos, sed vero in luctu majori crines evellebant, aut etiam penitus radebant capita. Solebant enim antiqui crines abscissos supra busta aut cineres aut ipsa etiam mortuorum spargere cadavera, ut vel ex Homero satis notum Iliad. Ψ.

Θριξὶ δὲ πάντα νέκυν καταείνυον, ἃς ἐπέβαλλον
κειρόμενοι.

Nihil frequentius hoc ritu, & pleni sunt veterum libri, ut mirer hic hæsitasse viros doctos.

Namque velut densas prosternens cultor aristas] Retinui hanc lectionem, utpote cum & ipsa in quibusdam occurrat libris. Variant tamen illi, ut & notavit Statius Lusitanus. In quibusdam enim *pracernens*, aut *praecern[illegible]*. In optimo nostro invenio *procernens*, & in altero *procenens*. Viri docti *pracerpens* aut *pracernens* fecere, cum tamen neutrum vocabulum satis habeat efficaciæ, nec impleat similitudinem quæ exstat apud Homerum T Iliados & alibi. Si quid mutandum malim *procellens*. *Procellere* unde *procella*, & *percellere* idem. Varro apud Nonium *Alius teneram abietem solus percellit.* Id est evertit. Sic quoque Ennius;

Percellunt magnas quercus, excinditur ilex.

Sic quoque Cato dicit Circium ventum adeo esse vehementem, ut armatum hominem & plaustrum oneratum percellat.

Testis

Testis erit magnis virtutibus unda Scamandri] Cum prima Scamandri syllaba brevis sit, & nihilominus duo in ea concurrant consonæ literæ; ideo asperum semper visum fuit hoc vocabulum, unde est quod Homerus flumen hoc ab hominibus quidem Scamandrum, à diis autem, utpote qui concinno magis utantur sermone, Xanthum vocari scribat. Quin & Scamandrium Hectoris filium ob eandem causam veteres Astyanactem appellare maluerunt. Taxat quoque Æschylum Aristophanes in Ranis, quod Scamandros & similes voces nimium frequentarit. Etiam Homero vocem hanc eripuit Aristarchus asperitate syllabarum offensus. Nam quo loco Iliad. Z versu quarto hoc tempore legitur;

Μεσσηγὺς Σιμόεντος ἰδὲ Ξάνθοιο ῥοάων.

Ante Aristarchum sic legebatur;

Μεσσηγὺς ποταμοῖο Σκαμάνδρου καὶ Στομαλίμνης.

Docent hoc vetera in Homerum Scholia, hactenus inedita, dignissima tamen quæ in lucem prodeant; omninoque miror Eustathium, qui illis usus est, non annotasse hanc lectionem. Quod autem alibi apud Homerum Scamandri remanserit nomen, ejus rei causam idem Scholiastes reddere conatur, illam videlicet, ὅτι ψόφους παρεῖχεν ἀποψίαν τὸ μὴ παραλαβεῖν ποτὲ τὸ κύριον. Ita autem Homerum scripsisse, satis colligi potest ex Strabone, qui Troicæ Stomalimnes non uno meminit loco. In vulgatis vero Homeri exemplaribus frustra hoc tempore illam quæras. Quid autem sint στομαλίμναι vel στομάλιμνα, nempe αἱ εἰς θάλασσαν ἐστομωμέναι λίμναι, jam ex Theocrito annotatum viris doctis: Crotoniatarum στομάλιμνον ab hoc Troico dictum putávit Scholiastes Theocriti, cujus verba ita concipienda; Κατὰ τῆς ἐν Τροίᾳ ἢ στομαλίμνης, πιθανῶς καὶ τοῦτο ὠνόμασται;

Denique testis erit morti quoque reddita præda] Inepti sunt qui *Marti* substituerunt. *Morti* hic accipe pro *mortuo Achilli*. Morti siquidem nulla fiunt sacra, utpote implacabili; Soli olim Gaditani fuisse memorantur, qui templum Morti extruxerint, apud Græcos enim non invenias unquam hoc factum fuisse. Hinc Æschylus;

Μόνος

Μόνος θεῶν γὰρ θάνατος ἐ δώρων ἐρᾷ,
Οὐ δ' ἄν τι θύων ἐδ' ἐπισπένδων λάβοις,
Οὐδ' ἐστὶ βωμὸς, ἐδὲ παιωνίζεται.

Strabo tamen apud Eleos Plutonis templum in veneratione fuisse scribit, nec defuere quoque alibi Plutonia fana. Verum alia id contigit ratione, ideo nempe quod Plutus divitiarum esset deus, easque conferre crederetur, cùm libitina multos faciat divites. Itaque & Mycenæ Diti erant sacræ, ut est in carmine Priapeo; quod quamvis de Cumis Campaniæ, quæ & ipsæ Mycenæ fuere dictæ, aliquando simus interpretati, nunc tamen malumus de aliis accipere Mycenis. Noti sunt versus,

Ἀλκὴν μὲν γὰρ ἔδωκεν Ὀλύμπιος Αἰακίδῃσι
Νοῦν δ' Ἀμυθαονίδαις, πλοῦτον δ' ἔπορ' Ἀτρείδῃσι.

Eadem ratione & Serapis, quatenus Plutus, cultus ab Alexandrinis, de quo vide quæ supra monuimus. Paulo post liber Mediolanensis pro *perculsæ virginis*, habet *perfusæ virginis*. Perfusæ nempe sanguine. Sed alterum, nisi fallor, rectius. Perculsæ idem quod percussæ, nam percutere & percellere idem.

Hesterno collum poterit circumdare filo] In veteri scripto de sympathia & antipathia, quod perperam tribuitur Democrito, ita hæc referuntur; Λαβὼν βιβλάριον καταμέτρησον ἀπὸ ὠτίου εἰς ὠτίον. κἂν μὲν ἴσον ᾖ, παρθένος ἐστι. εἰ δὲ μὴ, ἔφθαρται. Nempe si filum aut funiculum ex lino aut papyro accipias, & anterioris colli spatium ab aure ad aurem,& deinceps cervicem seu aversam metiaris colli partem similiter ad aures, fuerintque hæc intervalla inæqualia, defloratam esse sponsam, contra si æquales fuerint isti semicirculi, esse etiamnum virginem. Aliud quoque addit signum, scilicet si collum fuerit calidum & nates frigidæ, & hoc quoque amissæ virginitatis esse indicium.

Talia præfantes quondam felicia Pelei] Legitur quoque *fatalia* in quibusdam libris, sed melior altera lectio. *Pelei* enim hic accipiendum

dum in dandi casu ut recte monuit Scaliger. Vere fuere Peleo felicia hæc carmina, utpote tantum genituro heroëm. Non autem Thetidi, quæ licet Peleum & humanos non despiceret amplexus; suspirasse tamen dicitur, non ipso quoque Jove majorem nasci Achillem.

Carmina divino cecinerunt omine Parcæ] Ita è suo libro substituit Scaliger, cum prius legeretur *pectore*. Sed profecto neutrum est Catulli. Liber Vaticanus habet *pectine*. Omnino scribendum;

Talia præfantes quondam felicia Pelei
Carmina diviso cecinerunt pectine Parcæ.

Diviso pectine, id est, partito labore. Sic supra *diviso carmine*, quod & ipsum simili sensu possis interpretari. Pectinum vero in lanificio usus ad percutiendas & complanandas telas, satis ut puto est notus. Simili mendo laborat Tibullus, cujus locus lib. II. Eleg. I. ex fide optimi libri sic concipiendus.

Atque aliqua assidue textrix operata Minervam
Cantat & appulso pectine lana sonat.

Male vulgo legitur,

Et appulso tela sonat latere.

Pari ratione scapos sonantes dixit Lucretius,

Ensilia ac fusi, radii scapique sonantes.

Sic enim legendum esse hunc locum, ad Lucretium docemus.

Sapius & sese mortali ostendere cœtu] Recte judicat vir doctus apud Achillem Statium legendum esse *Heroum, & sese*, pro eo quod est in veteribus libris *Nereus sese*. Sic supra ubi legitur *Heroes salvete*, etiam in melioris notæ exemplaribus scriptum erat *Nereos salvete*.

Annua cum festis venissent sacra diebus] Annui quidem non fuere ludi Olympiaci, qui in Elide ad Alpheum quinto quoque anno instituebantur, sed observandum ludos istos adeo antiquos esse, ut Pausanias

nias ad primam hominum ætatem eos referat, addens Jovem cum Saturno in iis lucta, Curetas vero primos ibi cursu certasse; unde haud difficulter confici potest, antiquissimam horum ludorum institutionem, non Peloponnesiis, sed vero Cretensibus debere adscribi. Sero demum post Minois ætatem, cessante potentia Cretensium, ut ante diximus, tum demum ab Hercule agon hic translatus in Elidem, tum quoque factum videtur, ut quod ante annuum fuisset, postea triennale, & demum quinquennale factum fuerit certamen.

Sæpe vagus Liber Parnassi vertice summo] Nam Parnassus, non Apollini tantum, sed & Baccho sacer est. Scholiastes Euripidis; Ἐν ἀμφοτέραις ταῖς ἄκραις τοῦ Παρνασοῦ εἰσὶν ἱερὰ, τὸ μὲν Ἀρτέμιδος καὶ Ἀπόλλωνος, τὸ δὲ Διονύσου. In hoc vero bicipiti monte solitum fuisse eundem deum vagari & thiasos instituere idem docet Euripides in Bacchis.

> Ἔτ' αὐτὸν ὄψει κἀπὶ Δελφίσιν πέτραις
> Πηδῶντα σὺν πεύκαισι δικόρυφον πλάκα
> Βάλλοντα καὶ σείοντα βακχεῖον κλάδον.

Acciperent læti divum fumantibus aris] Et hæc quoque perperam mutata sunt, cum in veteribus libris sic concipiatur hic versus;

> *Acciperent lacti divum spumantibus aris.*

Lacti pro *lacte* more antiquo. Notum enim veteres dixisse non tantum lac & lacte, sed & lactis in casu recto. Bene vero *spumantibus*. Sic Virgilius Eccl. v.

> *Pocula bina novo spumantia lacte quotannis.*

Antiquissimis enim temporibus & præsertim seculo aureo, quod hic describit Catullus, lacte pro vino in sacrificiis utebantur, ut testantur cum alii complures, tum quoque Varro de R. R. & Plinius lib. xiv. cap. xii. unde lex Numæ Postumia; *Vino rogum ne respergito.* In Bacchicis vero thiasis non tantum vinum & potum è melle, sed & lac efferri solitum fuisse testatur quoque Euripides in Bacchis;

> Ῥεῖ δὲ γάλακτι πέδον,

Ῥεῖ

Ῥεῖ δ' οἴνῳ, ῥεῖ δὲ μελισσᾶν
Νέκταρι.

Idem quoque clarum ex Horatio lib. II, hymno in Bacchum;

Fas pervicaces est mihi Thyadas
Vinique fontem, lactis & uberes
Cantare rivos, atque truncis
Lapsa cavis iterare mella.

Ad quæ verba in veteribus scholiis hæc annotantur; *Nam in speluncis Dionyso vino, melle & lacte sacrificabatur.*

AD HORTALUM

Etsi me adsiduo confectum cura dolore
Sevocat à doctis, Hortale, virginibus:
Nec potis est dulcis Musarum expromere fletus
Mens animi. tantis fluctuat ipsa malis.
Namque mei nuper Lethæo gurgite fratris
Pallidulum manans alluit unda pedem.
Troia Rhetæo quem subter litore tellus,
Ereptum nostris obterit ex oculis.
Alloquar audierone unquam tua facta loquentem,
Nunquam ego te vita frater amabilior
Aspiciam posthac? an certe semper, amabo,
Semper mœsta tua carmina morte tegam:
Qualia sub densis ramorum concinit umbris
Daulias, absumti fata gemens Ityli.
Sed tamen in tantis mœroribus, Hortale, mitto
Hæc experta tibi carmina Battiadæ:
Ne tua dicta vagis nequicquam credita ventis

Effluxisse meo forte putes animo:
Ut missum sponsi furtivo munere malum
Procurrit casto virginis è gremio,
Quod miseræ oblitæ molli sub veste locatum,
Dum adventu matris prosilit, excutitur,
Atque illud prono præceps agitur decursu.
Huic manat tristi conscius ore rubor.

Etsi me adsiduo confectum] In quibusdam libris *defectum*, quod & ipsum rectum est. In sequenti versu *Hortale* aspirate habent libri, & sic Cicero ad Atticum lib. xv. epist. xv. Sed & antiqua Suetonii sic habent exemplaria. Constat hunc fuisse Q. Hortensii oratoris nepotem. Vide de hoc Tacitum.

Nec potis est dulcis Musarum exponere fœtus] Quidam libri *sensus*, alii *fletus*, quod retinendum censuimus. Dulces fletus vocat elegos, & elegiam quæ sequitur, quæ est quasi fletus comæ Berenices, nam comam inducit loquentem.

Obterit ex oculis] Quædam exemplaria vetera habent *obtegit*. Sed alterum rectius, passim enim obterere pro delere accipitur. Sequentem versum,

Alloquar audierone unquam tua fata loquentem

reduximus, cum in antiquis etiam reperiatur exemplaribus, licet in pluribus desit. Et omnino recte sc habebit si *fata* in *facta* mutaveris.

At certe semper amabo, semper mœsta tua] Conveniunt libri in hac scriptura, *Aut certe semper amabo*. Unde fecimus;

An certe semper, amabo,
Semper mœsta tua carmina morte tegam?

Redundat hic *amabo*, ut sæpe apud Plautum, Terentium & alios, unde factum ut nonnulli Grammatici istam particulam nullius esse putarint significationis, quemadmodum & *licet*, quod & ipsum sæpe πλεονάζει. Sed cum prius blandientis, alterum sit permittentis aut insultantis, redundant quidem, non tamen omnino otiosa dicenda sunt vocabula.

Daulias

Daulias absumti fata gemens Ityli] Nullius est momenti lectio, quam ex suo libro adduxit Scaliger. *Ityli* recte se habet; ita quoque Homerus Od. T.

Παῖδ' ὀλοφυρομένη Ἴτυλον φίλον.

Hac excerpta tibi carmina Battiadæ] Ita mutatum, cum in libris plerisque scriptum sit, *hac experta tibi*, quod omnino reducendum. *Experta* hic est tentata, unde *inexpertum* apud Virgilium pro intentatum. Sic quoque idem in Eclogis dixit *experiri carmina*.

Ut missum sponsi furtivo munere malum] Mala amantium semper fuisse munera & obscenam continere significationem, satis vel ex primo patet Catulli epigrammate, & multa satis de his collegerunt viri docti. Nec florentibus tantum Græciæ & Romanorum rebus, sed & collapsa utrorumque fortuna, eandem permansisse significationem, satis docet exemplum Paulini, interemti propter pomum missum ab Eudocia imperatrice, de quo vide Chronicon Alexandrinum & complures historiæ Byzantinæ scriptores.

Atque illud prono præceps] In libris quibusdam, *Atque illinc prono*.

COMA BERENICES. 64

Omnia qui magni dispexit mœnia mundi,
  Qui stellarum ortus comperit, atque obitus:
Flammeus ut rapidi solis nitor obscuretur,
  Ut cedant certis sidera temporibus,
Ut Triviam furtim sub Lamia saxa relegans,
  Dulcis amor clivo devocet aerio:
Idem me ille Conon cælesti lumine vidit
  E Bereniceo vertice cæsariem,
Fulgentem clare: quam multis illa deorum,
  Levia protendens brachia pollicita est.
Qua rex tempestate novo auctus Hymenæo
  Vastatum finis iverat Assyrios,
Dulcia nocturnæ portans vestigia rixæ,

Quam de virgineis gesserat exuviis.
Estne novis nuptis odio Venus? anne parentum
Frustrantur falsis gaudia lacrimulis,
Ubertim thalami quas intra limina fundunt?
Non, ita me divi, vera gemunt, juverint.
Id mea me multis docuit regina querelis,
Invisente novo prælia torva viro.
Et tu vero orbum luxti deserta cubile,
Et fratris cari flebile discidium:
Quum penitus mœstas exedit cura medullas.
Ut tibi tunc toto pectore sollicitæ
Sensibus è rectis mens decidit? at te ego certè
Cognoram à parva virgine magnanimam.
Anne bonum oblita es facinus, quo regium adepta es
Conjugium, quod non fortior ausit alis?
Sed cum mœsta virum mittens, quæ verba locuta es?
Juppiter, ut tristi lumina sæpe manu.
Quis te mutavit tantus deus? an quod amanteis
Non longe à caro corpore abesse volunt?
At quæ ibi, pro cunctis, pro dulci conjuge, divis
Non sine taurino sanguine pollicita es,
Si reditum tetulisset. Is haut in tempore longo
Captam Asiam Ægypti finibus addiderat.
Queis ego pro factis cælesti reddita coetu
Pristina vota novo munere dissoluo.
Invita, o regina, tuo de vertice cessi,
Invita. adjuro teque, tuumque caput
Digna ferat, quod siquis inaniter adjurarit.
Sed qui se ferro postulet esse parem?
Ille quoque eversus mons est, quem maximum in oris
Progenies Thiæ clara supervehitur:

Quum

Quum Medi peperere novum mare: quumque juventus
Per medium classi barbara navit Athon.
Quid facient crines, quum ferro talia cedant?
Juppiter, ut celtum omne genus pereat.
Et qui principio sub terra quærere venas
Institit, ac ferri fingere duritiem.
Abruptæ paulo ante comæ mea fata sorores
Lugebant, quum se Memnonis Æthiopis
Unigena impellens nutantibus aera pennis
Obtulit Arsinoes Chloridos ales equus.
Isque per ætherias me tollens advolat umbras,
Et Veneris casto conlocat in gremio.
Ipsa suum Zephyritis eo famulum legarat,
Gnata Canopiis in loca litoribus
Sidere ibi vario ne solum in lumine cæli
Aut Ariadneis aurea temporibus
Fixa corona foret: sed nos quoque fulgeremus
Devotæ flavi verticis exuviæ.
Uvidulum afluctu cedentem ad templa deum me
Sidus in antiquis diva novum posuit.
Virginis & sævi contingens nanque leonis
Lumina, Callisto justa Lycaonida,
Vertor in occasum tardum dux ante Booten,
Qui vix sero alto mergitur Oceano.
Sed quanquam me nocte premunt vestigia divum,
Luce autem canæ Tethyi restituor:
Pace tua fari hæc liceat Rhamnusia virgo:
Nanque ego non ullo vera timore tegam,
Non si me infestis discerpant sidera dictis,
Condita quin veri pectoris evoluam.

Non

Non his tam lætor rebus, quam me abfore ſemper,
Abfore me a dominæ vertice diſcrucior.
Quicum ego, quum virgo quondam fuit, omnibus expers
Unguentis, murræ millia multa bibi.
Nunc vos, optato quæ junxit lumine tæda,
Non poſt unanimis corpora conjugibus:
Tradite nudantes rejecta veſte papillas,
Qua iucunda mihi munera libet onyx:
Veſter onyx, caſto quæris quæ jura cubili.
Sed quæ ſe impuro dedit adulterio,
Illius ah mala dona levis bibat inrita polvis.
Nanque indignatis præmia nulla peto.
Sed magis, o nuptæ, ſemper concordia voſtras,
Semper amor ſedis incolat adſiduus.
Tu vero, regina, tuens quum ſidera, divam
Placabis feſtis luminibus Venerem:
Sanguinis expertem non verticis eſſe tuam me,
Si potis es largis adfice muneribus.
Sidera quur iterent? utinam coma regia fiam,
Proximus Hydrochoi fulgeret Oarion.

Vix elegantius carmen Romano ſermone ſcriptum haberemus, ſi quemadmodum illud è Callimacho expreſſit Catullus, ita quoque hoc noſtro legeretur ſeculo. Nunc vero cum ut ubique, ſic etiam in Catullo graſſata ſit temporum injuria, quodque prius cultiſſimum, idem jam omnium mendoſiſſimum factum ſit poëmatium, nec hilum profuerint doctorum medicinæ, qui bene ſuo ſe functos officio credidere, quod ulceribus librariorum cicatrices induxerint; non ingratum veteris literaturæ amantibus fore confido, ſi deterſo ſitu & vetuſtate, poëtarum doctiſſimo antiquum reddam nitorem, efficiamque ut non in cœlo tantum, ſed & hic quoque lucidum ſplendeat Berenices capillitium.

Omnia

Omnia qui magni dispexit lumina mundi] Scripti libri habent *munera* non *lumina*. Omnino Catullus scripserat *mœnia*. Passim in veteribus libris hæc vocabula sibi invicem permutantur, munia, mœnia, munera, mœnera. Mœnia mundi vocari cœlum notius est quam ut moneri debeat. Sic passim loquuntur non poëtæ tantum sed & Seneca Philosophus, ideo nempe quod ut ipse Natural. lib. VII. cap. XIII. ex quorundam opinione scribat; *summa cœli ora solidissima est & in modum testei durata*. Ineptum est quod vulgo legitur *tecti*.

Ut Triviam furtim sub Latmia saxa relegans] Latinus insula nec non & Latmus Cariæ mons satis est notus. Sed vero libri veteres legunt *sublimia*, aut *sub Lamia*, quod postremum verum est. Lamia saxa sunt juga Oetæ montis, ad cujus radices sita est urbs Lamia, quæ etiamnum hoc nostro seculo nomen suum retinet. Ab hac dictus sinus Lamiacus, idem qui Maliacus, licet diversa ratione, nam Meliacus seu Maliacus à Meliensibus dictus, Lamiacus vero à Lamia urbe. Utrique enim sinum hunc accolebant & Melienses & Lamienses. Apud Scylacem cum post Μηλιεῖς recenset Μαλιεῖς omnino Λαμιεῖς scribendum. Μετὰ δὲ Λαμιεῖς ἔθνος. Ἔστι δὲ Λαμιεῦσιν ἡ πρώτη πόλις Λάμια, ἐσχάτη δὲ Ἐχῖνος. Sic quoque postea. Hac ratione omnia plana fiunt in hoc vetustissimo scriptore, qui certe errare non potuit in re omnibus Græcis notissima. Multus est in hoc Scylacis loco vir doctus Jacobus Palmerius, ubi excutit observatiunculas, quas pueri olim edidimus, sed ut hoc, ita quoque cæteris in locis feliciorem instituere potuisset censuram. Pluribus de his alibi. Porro quod ea, quæ de Endymione traduntur, non Latmo Cariæ, sed Lamiis saxis, id est Oetæ monti, adscribat Catullus, in eo secutus Rhianum, & Nicandrum, qui in secundo de Europa, & in Ætolicis idem prodidere. Vide scholia in Apollonium & Nicandrum, & Etymologici magni scriptorem in Ἀσέληνα ὄρη. Ex istis cognosces ambulatoriam fuisse istam de Endymione fabellam, nec unam fuisse gentem, quæ hunc Lunæ sibi vindicarit concubinum, cum & Cares, & utrique Locri Epionemidii inquam & Ozolæ, & insuper Ætoli & Elienses de hoc litigarint Heroe. Patet itaque in hoc Catulli loco Lamia saxa recte se habere, & Endymionem æque bene Lamium ac Latmium dici. Patet quoque, cum Endymion in Oeta habitasse dicatur, quare & Ætoli, & utrique Ozolæ hunc sibi vindicarint, cum mons Oeta utranque contingat gentem, ut ex iis, quæ supra de Helicone & Oeta diximus, manifeste colligi potest.

Dulcis amor gyro devocet aërio] Non damnarem hanc lectionem, nisi veteres libri meliorem suggererent. Statius in suis exemplaribus scriptum se reperisse testatur, non *gyro*, sed *givodero*. Posteriores duæ syllabæ manifeste ex repetione sequentis vocabuli *devocet* accrevere. *Givo* vero mutandum est in *clivo*, quomodo in melioribus libris scriptum inveni. Non potest luna deliquium pati & nobis deficere nisi sit supra horizontem, & versetur in clivo æthereo, uti eleganter vocat fornicem seu clypeum cœli, id est hemisphærium nobis conspicuum. Non habet palatum nec aptus est ad literarum studia, qui hanc non admittit lectionem.

Idem me ille Conon] Quantus ille vir fuerit, licet ex iis quæ Archimedes de spiralibus scripsit lineis abunde constare possit, longe tamen illustrior est versibus hujus Veronensis poëtæ, quam præconio mathematicorum coryphæi, & quidem tantò magis, quanto à pluribus semper lecta fuere Catulli carmina, quam scripta Archimedis. Ex hoc vero loco apparet Cononem non geometrica tantum, sed & astronomica scripsisse. Qui Hamium vel Hamæum hunc geometram fuisse dicunt, illi gentile faciunt à gente quæ nusquam fuit. Non tantum ex Hygini astronomico, sed & ex Pappo teste certissimo colligo Samium fuisse. Is quippe Mathematicarum collectionum lib. IV. Proposit. XIIX. Cononem hunc vocat Samium geometram. Commandinus vitiosum secutus exemplar Hamium reddidit, unde forsan error ad alios propagatus. Hujus quoque Cononis meminerunt Glossæ quæ Philoxeno tribuuntur, in quibus similiter Samius vocatur mathematicus. Male vero non tantum apud Pappum, sed & passim apud Archimedem Κώνων legitur, pro Κόνων. Priorem enim syllabam corripiunt Callimachus & hoc loco Catullus. Ὑπηνήτην seu galeatum ea vox notat, à κώνος seu κόνος, idem quod κῶνος, quod & galeæ & barbæ naturalis ea sit figura. A κωνῶ enim, pro quo Æoles & Bœoti dicunt κωνή, est κωνῶος, κοῖνος, κόνος & κόνος, à galeis enim desumtæ figuræ conicæ.

Celesti numine vidit] Legendum *celesti in lumine vidit*. Sic Callimachus;

Ἐῦ

Ἠ' δὲ Κόνων μ' ἔβλεψεν ἐν ἠέρι τὸν Βερονίκης
Βόστρυχον ὅν κείνη πᾶσιν ἔθηκεν θεοῖς.

Idem vero dicunt Callimachus & Catullus, cum hic deas, ille deos nominet, quibus Beronice suos consecrarit capillos. Græci enim de deabus passim loquuntur ac si dii essent, nam ὁ θεὸς sæpe illis idem quod ἡ θεός. Imitantur idipsum nonnunquam Latini, ut Virgilius & ante eum Calvus, è quo affert Servius, *Pollentemque deum Venerem.* Licet *deum* hoc loco accipi possit pro *deorum.* Sic quoque idem Callimachus ἄνα dixit pro ἄνασσα in versibus, qui apud Eusebium de præparat. occurrunt lib. III. cap. VIII. Adscribemus illos, prout emendandos esse existimavimus, idque eo libentius, quod viri docti eos admodum difficiles esse crediderint;

Οὔπως κλείνιον ἔργον ἔης ξόαν', ἀλλ' ἐπὶ τεθμῶ
Δὴν δηναιογλύφω ὦ ἄνα ἦσθα σανίς.
Ὧδε καθιδρύοντο θεοὺς τότε· καὶ γὰρ Ἀθήνης
Ἐν Λίνδῳ Δαναὸς λιτὸν ἔθηκεν ἕδος.

Τεθμῶ idem est quod θεσμῶ. Nequaquam, inquit, præclarum opus fuisti o statua, quippe tu, o dea, super struem ligneam antiqui & simplicis operis fuisti aliquando asser seu pluteus, ut de hac Samia dea habet Arnobius. Neque id mirum debere videri, cum & signum & templum primitivum Minervæ Lindiæ à Danao consecratum, simplicis & vilis admodum fuerit operis, & hinc in scholiis Pindari ad oden VII Olymp. templum hoc vocatur Ἀθηνᾶς δηναίας; nisi tamen hoc loco malis Λινδίας.

Quam de virgineis gesserat exuviis] *Gesserat*, pro habuerat. Vide Nonium in *gerere.* Ut vero hic Catullus *gerere rixam*, sic Cyprianus scripto de Mortalitate dixit *gerere parricidium.* In sequenti versu libri veteres *atque parentum*, non *anne parentum*, quod invitis libris & sensu viris doctis placuisse miror.

At tu non orba luxti deserta cubile] Hæc neque cum præcedentibus,

 neque

neque cum iis quæ sequuntur satis conveniunt. Jam enim dixit non veras esse lacrimas, quas novæ nuptæ fundant, & mox id ipsum confirmat, cum subjicit amantes non libenter abesse ab amato corpore. Cum itaque in libris manu exaratis scriptum invenerim. *Et tu vero orbum*, vix dubito quin prius fuerit;

Et tu vero orbum luxti deserta cubile
Et fratris cari flebile discidium.

Tibi, inquit, o Berenice, longe major lugendi fuit causa, tum quod sola & deserta jaceres in cubili vere orbo, tum quoque propter cari fratris discidium. Separationem conjugum vocat discidium. Glossæ *Discidium*, διάλυσις γάμου. Sane multis in locis apud veteres scriptores melius discidium quam dissidium legas. Infra vocat *innuptas nuptias*.

Sensibus ereptis mens excidit] Sic mutarunt viri docti, cum prius legeretur *sensibus erectis*. Sed vero exigit sententia, ut legamus, *sensibus è rectis mens excidit*. Id est ὀρθῆς φρενὸς vel ὀρθόφρονος.

Atque ego certe Cognoram à parva virgine magnanimam] In quibusdam libris *Ast ego certe*, non male, melius tamen legas *At te ego certe*. Quare vero magnanimam vocet nemo melius dixerit Hygino in Astronomico, ubi agit de coma Berenices. Eum consule. In sequenti pentametro lege è libris, *quod non fortior ausit alis*. An oblita es facinus, quo regium adepta es conjugium, quale nemo alius quamvis te fortior ausit?

Sed tu mœsta virum mittens] Hanc lectionem exhibent quædam exemplaria, licet antiquiores libri habeant, *sed quom mæsta*. Paulo post pro *tersti*, in iisdem legitur *tristi*, pro trivisti.

Atque ibi pro cunctis, pro dulci conjuge] *Cunctis*, id est illis qui regem comitabantur. Sic Festus; *Cuncti, significat quidem omnes, sed conjuncti & congregati: at vero omnes, etiamsi diversis locis sint*. Et sane hoc verum, sive à coago coactum, sive à concio, concitum, vocem hanc arcessas. Errant itaque qui *cunctis* construunt cum *divis*. Non pro fratre tantum, sed & pro toto exercitu ejus Berenicen vota facientem introducit Catullus.

Si reditum tetulisset] Sic supra in Galliambo, *reditum ad vada tetulit*,

tulit, & ibidem, *reditum in nemora ferat.* Sequentia male corruperunt interpretes, cum recta sit veterum librorum scriptura;

Si reditum tetulisset. Is haut in tempore longo
Captam Asiam Ægypti finibus addiderat.

Forsan aliquis malit, *Is autem tempore longo*, sed non ego.

Progenies Phthia clara supervehitur.] Adeo male hæc accepere interpretes plerique, ut vix pejus potuerint. Ut enim taceam ordinem & structuram verborum prorsus Catullo indignam, quis adeo ineptus fuit unquam, ut Atho montem in Phthiotide situm esse somniaret? Sane vetus lectio *Phytia*, quæ in omnibus libris, ut & Statius monet constanter reperitur, erroris eos admonere debuerat. Omnino sic scripserat Catullus;

Ille quoque eversus mons est quem maximum in oris
Progenies Clytiæ clara supervehitur.

Ex Æëta & Clytia Oceani filia nata est Medea, ut testatur Hyginus haud procul initio. A Medea autem seu filio ejus Medo & nomen & originem traxisse Medos credidere plerique veteres. Medi itaque Clyties progenies, quam recte claram vocat, quoniam Æëta Solis dicitur fuisse filius. Quod autem idem Hyginus alibi, & Apollonius & complures alii matrem Medeæ faciant non Clytiam, sed sororem hujus Idyiam, & ipsam Oceani filiam, ex eo nihil aliud confici potest, nisi id solum, fabellas raro sibi constare. Hesiodus filias Oceani & Tethyos enumerans utranque conjungit; Κλυτίη τε Ἰδυῖά τε Πασιθόη τε. Diodorus Siculus neutram nominat, sed Æëtæ conjugem tribuit Hecaten, filiam nempe Asteriæ nymphæ & Persis, qui fuit frater Æëtæ. Quod autem *Phthia* vel *Phytia* pro Clytiæ in veteribus libris legatur, id ex eo forsan factum, quod confuderint duas Clytias, quarum illam, quæ Amyntoris fuit pellex, Phthiam quoque appellatam fuisse testatur Tzetzes ad Lycophronem. Medos autem ut hic, ita quoque passim alibi Persas appellari, nemo, ut opinor, est qui nesciat. Illos itaque hoc loco Catullus vocat progeniem Clyties, quam alii, ut diximus, Idyiam vocarunt. Attamen, ut verum fateamur,

teamur, licet sic olim existimaverimus, nunc tamen, aucto forsan judicio, malumus pro *Phthia* vel *Phytia* legere *Thia*. Thiam Hyperionis conjugem matrem creditam fuisse Solis, & proinde etiam Æëtam, Medeam & Medum, unde dicti Medi, recte dici Thiæ progeniem, omnibus ut puto notissimum.

Cum Medi peperere novum mare] Sic legendum esse hunc locum monuimus in iis quæ ad Melam scripsimus. Haud aliter locutus est Virgilius XI.

> *Egregias animas quæ sanguine nobis,*
> *Hanc patriam peperere suo.*

Manilius lib. V. de eadem hac Xerxis fossa agens dixit *facere mare*. Sed operæpretium fuerit versus ejus insigni laborantes mendo emendatos hic adscribere. Sic itaque ille:

> *Tolle istos partus hominum sub sidere tali*
> *Sustuleris bellum Trojæ classemque solutam*
> *Sanguine & appulsam terris: non invehet undis*
> *Persida, nec pelagus Xerxes facietque tegetque*
> *Certa Syracusis Salamis non merget Athenas.*

Sic omnino habet optimum nostrum exemplar, nisi quod ubi vulgo legitur *sidera*, scriptum in eo sit *per sidera*, unde fecimus *Persida*. Certam Salamina vocat quam alii veram Salamina, navem nempe Salaminiam Atheniensium prætoriam, quam dicit suo casu non simul mersuram esse apud Syracusios Atheniensium fortunam. Sic quoque in declamationibus loquitur Himerius; Μικρὸς ἦν ἐν Ἀρτεμισίῳ Θεμιστοκλῆς· μείζων ἐν Ψυτταλίᾳ, μέγας ἐπὶ Σαλαμῖνα· ἐβάδιζε γὰρ ὅλην ἐκεῖ τὴν Ἀσίαν μαχόμενος.

III. *Jupiter ut Sicelicum omne genus pereat*] Sic quidem Scaliger*, sed profecto non sic scripserat Catullus. In libris vetustis constanter legitur *celitum*, unde Politianus faciebat *Chalybon*, nempe quia apud Callimachum legebatur χαλύβων ὡς ἀπόλοιτο γένος. Hæc lectio melior ac sit illa Scaligeri, nam certe Sicelicum usus nullus est prorsus

ſus in fodiendo aut excidendo ferro. Proculdubio ſic ſcripſit Catullus,

Juppiter ut celtum omne genus pereat.

Amat doctus noſter Veronenſis iſtiuſmodi ſyllabarum hiatus præſertim in media ſede pentametri. Celtis eſt ſculptorum & lapicidarum inſtrumentum, idem nempe quod cœlum. In inſcriptionibus antiquis non ſemel occurrit hoc vocabulum, quando marmora aut ſilices dicuntur inciſi eſſe celte & malleo. Sumitur vero non tantum pro dolabra & *σιδηροτρυπάνῳ*, ſed etiam pro lima, quoniam etiam hac quoque ferrum finditur. Gloſſæ *ῥίνη celtis*. Pereant inquit fabrorum & foſſorum non inſtrumenta tantum ſed & foſſores ipſi. Quia tamen apud Callimachum Chalybes populi nomen eſt, non metalli; fieri poteſt ut duplici ſignificatum accipi debeat vocabulum celtum, & pro inſtrumentis foſſorum, & pro iſtis Celtis, qui quod ferrum effoderent, Chalybes vocabantur. De his Juſtinus libro poſtremo; *nec ullum apud eos telum probatur quod non aut Bilbili fluvio, aut Chalybe tingatur. Unde etiam Chalybes fluvii hujus finitimi appellantur; ferroque cæteris præſtare dicuntur.* Κάλιπος vel Καλίπους flumen hoc appellat Ptolemæus, & ex eo Marcianus. Situm vero eſt in illis Celtis qui inter Anam & Tagum habitabant, qui primi Celtorum tali vocabulo cogniti fuere à Græcis. Multa de his alibi diximus. *Ut pereat* vero hic ponitur pro utinam pereat. Quamvis hoc monitu vix dignum videatur, ſæpe tamen hærent in eo etiam viri doctiſſimi, ut cum alibi, tum quoque in illo obſcœno carmine quod incipit, *O non candidior puella Mauro.* Ubi enim in eo legitur; *Manes hic licet ut libenter ires*, intempeſtive admodum repoſuerunt *mantes*. Vera enim ſcriptura eſt,

Manes hinc licet ut libenter ires.

Utinam inquit libenter & volens ires ad Manes. *Licet* permittentis eſt, ut *amabo* blandientis particula: Licet utranque ſæpe redundare & nullius eſſe ſignificationis affirment Grammatici.

Et ferri frangere duritiem] Melior lectio habet *fingere* non *frangere*.

Abrupta paulo ante coma] In nullo libro ſic ſcriptum invenimus. Sed

Sed omnes conspirant in ea quam reddidimus lectione, quam male explodit vir magnus. Nescio quid sibi voluerit Tatianus, cum scribit post mortem demum Berenices cælo consecratam fuisse hanc comam; ἧς ἐστιν ὁ Βερενίκης πλόκαμος, ποῦ ᾖ οἱ ἀστέρες αὐτῆς, πρὶν τὴν προειρημένην ἀποθανεῖν. Sed proculdubio scripserat ἀποτεμεῖν.

Cum se Memnonis Æthiopis Unigena] Hæc sic construenda & intelligenda sunt; sorores abjunctæ paulo ante comæ residuæ, lugebant mea fata, cum obtulit se equus ales Arsinoës Chloridos, unigena Memnonis Æthiopis, impellens aëra pennis nutantibus. Equus ales est Zephyrus, quem pennatum faciunt cum alii, tum quoque Lucretius lib. v.

Veneris prænuntius ante
Pennatus graditur Zephyrus.

Chloris vero eadem est quæ Flora Zephyri conjux, unde Lucretius eam mox Zephyro subjungit.

Flora quibus mater prægpargens ante viai
Cuncta coloribus egregiis & odoribus opplet.

Vide quoque Ovidium V. Fast. & Lactantium, qui & ipsi Chloridem seu Floram Zephyri faciunt conjugem. Hinc est quod Argestes seu Japyx ventus, χλωρὶς seu χλωρῆς à Græcis magistris appelletur. Arsinoe itaque Chloris, est Arsinoe quæ Chloridis seu Floræ deæ habitu colebatur in Zephyrio promuntorio. Dubitari tamen possit num hoc signum Chloridis, idem fuerit quod Veneris. Veneri quippe Arsinoe templum hoc dedicatum fuisse ex Athenæo bene ostendit Turnebus. Sed vero Catullus carmen hoc expressit è Callimacho; is vero videtur Venerem distinxisse ab Arsinoe Zephyritide, ut Stephanus docet; Ζεφύριον ἐστι καὶ ἄκρα τῆς Αἰγύπτου, ἀφ' ἧς ἡ Ἀφροδίτη, καὶ Ἀρσινόη Ζεφυρῖτις ὡς Καλλίμαχος. Alia itaque Venus Zephyritis, alia vero Arsinoe seu Chloris Zephyritis fuere. Et sane plurium dearum signa in hoc templo collocata fuisse apparet ex Catullo,

Catullo, & ex iis quæ attulimus Callimachi verbis. Omnium harum dearum statuas equestres fuisse puto, ita ut singuli equi singulos exprimerent ventos. Chloridos seu Floræ equus est ventus Argestes. Hunc Catullus facit unigenam id est fratrem Memnonis Æthiopis. Ut enim Memnon filius Auroræ, ita quoque ventos Aurora prognatos canit Hesiodus in Theogonia.

> Ἀστραίῳ δ' Ἠὼς ἀνέμους τίκε καρτεροθύμους.
> Ἀργέστην ζέφυρον, βορέην τ' αἰψηροκέλευθον.

Fingebant autem veteres ventos plerosque esse equos alatos, unde Euripides in Phænissis ζεφύρου πνοαῖς ἱππεύσαντος ἐν οὐρανῷ. Non potest autem hic equus Chloridos idem esse ac Bellerophonteus Pegasus, quem poëtæ fabulantur Auroræ postulanti quo maturius cursum suum perageret à Jove fuisse concessum. Is quippe, ut notum, non erat Auroræ filius, nec Memnonis frater, sed ex Neptuno & Medusæ sanguine prognatus. Hæc de expositione loci, qui multis visus est difficillimus, dicta nobis sufficiant. Unum tamen addam, non recte Achillem Statium expuncta voce *Chloridos*, quæ veterum librorum auctoritate fulcitur, aliam conatum fuisse inducere lectionem. Nam quod Floram demum Pompeii tempore dearum numero aggregatam existimat, in eo plurimum fallitur. Floræ signum à Praxitele formatum memorat Plinius. Sed vero longe antiquiora sunt Floræ sacra, utpote quæ jam Romuli temporibus à Tatio & Sabinis inducta fuisse docent cum alii, tum præcipue Varro de LL. lib. IV. & iterum lib. VI.

Isque per ætherias me tollens advolat umbras] Sic & nos in libris nostris reperimus, non *auras*, noctu enim ut recte monet Scaliger è templo sublata fuit coma. Zephyritis vero licet & de Flora accipi possit, per me tamen licet ut digniori significatu de Venere accipiatur. Hujus famulum vocat Zephyrum equum, bajulum nempe deæ.

Grata Canopeis incola literibus] Pro *incola* legendum *in loca*. Miror tam turpe mendum hactenus non suboluisse tot tantisque interpretibus.

Ludit ubi, vario ne solum in limite cæli] Frigida est omnino Scaligeri ad hunc locum conjectura. Librorum veterum hæc est lectio;

Hi dii ibi vario ne solum in numine cœli.

Mediolanense exemplar habet, *Si dii neu ibi vario.* Unde certa emergit lectio;

Sidere ibi vario ne solum in lumine cœli.

Sic Manilius lib. 1. de eadem corona, *Luce micans varia.*

Uvidulam à fluctu cedentem ad templa Deum me] Muretus *uvidulam à fletu*, ac si coma flere posset. Scaliger *Vividulum à flatu*, nihilo melius. Optime se habet vulgata lectio. Ut animæ defunctorum antequam ad campos Elysios, aut sedes superas penetrarent, Oceanum transire credebantur, ita quoque Catullus Callimachum imitatus fingit comam Berenices roscido Oceani ære madentem in cœlum esse delatam. Animas vero defunctorum Oceanum transire passim apud veteres scriptores legitur, quamvis non eadem id accipiatur ratione. Quidam enim Oceanum aerem interpretantur, ut cum alii, tum Hesychius; Ὠκεανοῖο πόρον, τὸν ἀέρα εἰς ὃν αἱ ψυχαὶ τῶν τελευτώντων ἀποχωροῦσι. Dicebantur vero transire per Leucada petram. Item Hesychius; Λευκάδα πέτραν· διὰ ταύτης λέγεται τῆς πέτρας τὸν ὠκεανὸν φέρεσθαι. Ipse hoc de dentibus accipiendum putat, quod nempe dentes albi sint & per eos egrediatur anima. Sic solent Grammatici ineptire. Platonici quamvis nec illi eadem sentiant, in eo tamen fere conveniunt animas humanas per Oceanum tendere ad insulas beatorum, ubi postquam rite purgatæ sint per tropicum Cancri ad superos evolare, unde demum aut in eadem, aut in alia descendant corpora. Vides non Poetas tantum & Grammaticos, sed & Philosophos nonnunquam nugari. Et tamen, quod magis mirere, etiam Essenorum fuisse sententiam animas morientium ad Elysios ultra Oceanum sitos evolare campos testatur Josephus. Ex Catulli vero mente comam Berenices per Oceanum in cœlum tranasse, ex eo quoque patat, quod Zephyrum accersitum comam Venus mittat Hesperia. Sed & Memnon frater Zephyri versari dicebatur ultra Oceanum in beatorum insulis, ut nos docet Pindarus Olymp. Od. secunda. Eo enim à diis translatus Memnon, utpote cujus mortem adeo planxerint ipsi quoque cælites, ut diem quo obierit anniversario luctu & jejunio celebrandum esse censuerint, quemadmodum Aristo-

Aristophanis testantur scholia. Hanc humentem comam à Venere locatam fuisse fingit noster Poëta prope Virginem & Leonem, nempe in statione satis calida, quo citius siccaretur. Similis prorsus de umbris, quæ ad inferos descenderent veterum fuit opinio: nam & illæ humorem conceptum ex Lethæi fluminis transitu ad *Αὐαίνυ λίθον* deponere credebantur, ut nos docet Aristophanes in Ranis.

Condita quin vere pectoris evoluem] Melius *veri pectoris*, uti est in quibusdam libris. Quin ego coma loquar quæ sunt veri pectoris, neque enim coma habet pectus. Attamen cum comam loquentem inducat & sensibus præditam, quidni æque pectus ac linguam habeat? Nihil itaque mutavimus. Nam sane secundum veterum sententiam, coma cælo illata & sidus facta, æquè ac cætera signa & sidera, facta quoque fuit animata.

Omnibus expers Unguentis una millia multa bibi] Multi hunc locum interpretari conati sunt, sed intempestive prorsus, cum manifeste vitiosus sit. In quibusdam libris legitur *unguentorum*, in aliis *unguentum* vel *unguentim*. Parum hic juvant libri, sola hic prodest ratio, quæ jubet ut legamus;

Quicum ego dum virgo quondam fuit omnibus expers
Unguentis, murra millia multa bibi.

Error ex eo provenire potuit, quod *muna* scriptum fuerit pro *murra*, prior nempe litera adhæsit voci quæ præcessit: *Expers unguentis* pro expers unguentorum, quomodo & Lucretius dixit *expers diis*. Vix sane aliter potuit scripsisse Catullus. Constat quippe virgines honestiores abstinuisse olim ab unguentis, quod solo uterentur oleo. Sic Diana apud Callimachum, sic quoque Pallas respuit unguenta & alabastros & solo ungitur oleo;

Μὴ μύρα λωτροχόοι τᾷ Παλλάδι, μηδ' ἀλαβάστρως
Οὐ γὰρ Ἀθηναία χρίματα μικτὰ φιλεῖ.

Sed & apud Theocritum in epithalamio Helenæ inducuntur virgines χρισάμεναι ἀνδρειστὶ παρ' Εὐρώταο λοετροῖς. Par ratio erat in ve-

 stibus

stibus & coronis & in superfluo ornatu quo fere abstinebant virgines, utpote quæ simplicibus uterentur vittis, non autem coronis floreis, quales demum nuptis & brevi nupturis concedebantur. At vero iisdem licitum erat murra seu stacte aut simplici oleo ungi. Olim quippe murra & stacte non accensebantur unguentis. Unguenta enim proprie illa demum dicebantur quæ è multis erant composita odoribus. At vero murra erat unius tantum plantæ pinguedo. Recte itaque Varro lib. v. de LL. & Plinius lib. XIII. cap. I. murram ab unguentis distinguunt, quod ipsum quoque facit Theophrastus in scripto de odoribus; ἐκ τῆς σμύρνης κοπτομένης ἔλαιον ῥεῖ· στακτὴ δὲ καλεῖται, διὰ τὸ μικρὸν στάζειν· ὃ δὴ μόνον τινές φασιν ἁπλοῦν εἶναι καὶ ἀσύνθετον τῶν μύρων, τὰ δ' ἄλλα πάντα σύνθετα, πλὴν τὰ μὲν ἐκ πλειόνων, τὰ δ' ἐξ ἐλαττόνων. De hac simplici unctione accipienda sunt pleraque Homeri & vetustiorum Græcorum loca, nam sane plurimum fallitur doctus adversariorum scriptor cum mendacii non insimulat tantum, sed & condemnat ita de unguentis scribentem Plinium; *Quis primus invenerit non traditur; Iliacis temporibus non erant, nec thure supplicabatur.* Quæ ex simplici oleo, aut ex una tantum planta conficiebantur unguenta, proprie neque unguenta à Latinis, neque μύρα à Græcis dicta fuere, ut ex iis quæ jam diximus satis liquet. Ex eo itaque quod Homerus nusquam μύρου fecerit mentionem, sed simplicium tantum meminerit oleorum, recte concludit Plinius, Iliacis temporibus ignota Græcis fuisse unguenta, utpote quorum notitia & usus post bella demum Persica ad Græcos pervenerit. Quam vero antiquus apud Ægyptios, Syros & Persas unguentorum fuerit usus satis nos docent sacræ literæ. Apud Persas quidem eundem qui apud Græcos & Romanos morem viguisse, ut nempe virgines murra, mulieres vero unguentis uterentur colligo ex loco Estheræ cap. II. v. 12. ubi antequam regi nubat Esthera per integrum annum eunuchis unguenda traditur, per sex quidem menses murra, tanquam virgo, per alios vero sex menses aromatis & unguentis muliebribus velut nuptura & sponsa. Manifeste id ipsum indicant verba quæ adscribere non pigebo. Οὗτος δὲ ἦν καιρὸς κορασίου εἰσελθεῖν πρὸς τὸν βασιλέα, ὅταν ἀναπληρώσῃ μῆνας δεκαδύο· οὕτως γὰρ ἀναπληροῦνται αἱ ἡμέραι τῆς θεραπείας· μῆνας ἓξ ἀλειφομέναις

μέναις ἐν σμυρνίνῳ ἐλαίῳ καὶ μῆνας ἓξ ἐν τοῖς ἀρώμασι καὶ ἐν τοῖς σμήγμασι τῶν γυναικῶν. Sex tantum menses huic θεραπείᾳ adscribit Josephus, omissis sex aliis mensibus, quibus tanquam virgo simplici uncta fuit murra. Ignoratio hujus moris effecit ut eruditi nonnulli verba Josephi corrigere conati sint: sed quam bene, satis ex iis, quæ diximus, liquet.

Non prius unanimis corpora conjugibus] Libri veteres plerique, *Non post unanimis*. Nempe *post* hic accipitur pro posthac.

Vester onyx casto quatitis quæ jura cubili] Sic supra *tremulique quassa Lecti argutatio*. Achilles tamen Statius in suis libris reperit *quæritis* non *quatitis* quemadmodum etiam nos in plerisque quæ consului exemplaribus antiquis exaratum invenimus. Puto sic scripsisse Catullum;

Vester onyx casto quæris quæ jura cubili

Nempe pronomini pluralis significationis, plurale quoque verbum addidere inepti librarii, in quo quantum eos fefellerit ratio norunt ii, qui Latine sciunt. Nec Latini tantum, ut cum dicunt *præsente nobis*, & *Vos o Calliope*, sed & Homerus & Græci passim sic loquuntur. Si quis tamen scriptorum librorum lectionem velit retinere, & hoc quoque per me licebit, ut enim supra in *Auruncaleja*, & in *exules*, & infra in *singulum*, ita quoque hoc loco fieri potest ut exteratur medium in *quæritis*. Sic *capte* pro capite dixit Lucretius lib. VI. *Submerso capte putandum est*. Ita enim ope librorum reformandus ille locus, ubi vulgo inepte *submersaque saxa putandum est*. Eadem syncope usus jam ante Ennius; *Captibus nutantes pinus*. Idem quoque dixit *tra*, pro teræ, id est terræ, in Telamone apud Nonium in *Squalam*.

—— Strata tra
Lavere lacrimis vestem squalam & sordidam.

Sic libri veteres plerique, non *terra*, quod versus respuit. Sed & in *uberi* mediam literam elidit Lucilius Sat. IV apud Nonium in *Sumen*;

Quod si nulla potest mulier tam corpore duro
Esse tamen, tenero manet quin sucus lacerto,

Et manus uberi lactanti in fumine sidat.

Versus illi vulgo apud Nonium leguntur corruptissime.

Namque ego ab indignis præmia nulla peto] Omnino reddenda vetus lectio, quæ in melioribus compareat libris, quam non admissam fuisse miror;

Namque indignatis præmia nulla peto.

Indignatis id est ab illis quæ indignæ fuerint judicatæ, quemadmodum *dignatus* pro eo qui dignus creditus. Unde Virgilius;

Conjugio Anchisa Veneris dignate superbo

Sanguinis expertem non votis esse tuam me] Insipida lectio & prorsus Catullo indigna. Monent Scaliger & Statius in libris veteribus legi non *votis*, sed *vestris*, quomodo & nostra habent exemplaria. Ut veram haberemus lectionem, non multum nobis laborandum fuit. Sic itaque scribito;

Sanguinis expertem, non verticis esse tuam me
Si potis es, largis effice muneribus.

Apud Lucretium similiter *potis es* in *potius* mutatum à librariis invenias lib. IV. ubi postquam recensuit herbas acrem exspirantes odorem hæc subjungit;

Quorum unumquodvis leviter si forte duobus
Quin potius noscas rerum simulacra vagari
Multa modis multis, nulla vi, cassaque sensu.

Hæc est scriptura veterum librorum, unde ut puto veram eruas lectionem si scribas;

----- Leviter si forte evolvas
Quin potis es noscas.

Quin pro *etiam*, ut sæpe apud Terentium & Plautum.

Proximus Hydrochoi fulgeret Oarion] Bene Politianus lectionem pri-

priscam omnium librorum testimonio suffultam reduxit. Bene quoque Scaliger neglectis iis quæ Muretus & alii obstrepunt, sententiam Politiani asseruit & stabilivit. Sed vero sensum horum verborum dum explicare conatur, plurimum à mente Catulli aberravit. Utinam, inquit coma, denuo reddar capiti unde avulsa sum, per me licet ut Hydrochoo proximus sit Orion, quantumvis à se mutuo remoti, & ut totius cœli situs & ratio invertatur, dummodo votis fruar & pristino restituar loco. Bene vero conjungit Orionem Hydrochoo, cum non hic minus quam ille pluvius censeatur. Ac si ostendere voluisset, non se morari cœlum, & permissuram libenter ut aquosissima duo conjungantur sidera & ut diluvio denuo pereant omnia, dummodo ipsa amato restituatur capiti. *Fulgerare* vero pro *fulgurare* dixit quoque Pacuvius apud Diomedem Grammaticum lib. III. ubi dicit versus vocales dici, qui sonantibus literis universam dictionem illustrant. quales sunt illi Pacuvii;

Memnonio Oceano Hyperion fulgerat Euro
Arctoo, plaustro Boreas bacchatur aheno,
Hesperio Zephyro Orion volvitur haustro
Fulva Paratonio juga Cynthia prorutit Austro.

Versus istos insigniter vulgo corruptos, & à multis frustra tentatos, emendatos adscripsimus. Achilles Statius ad ista Catulli *Ipsa levi fecit volitantem flamine currum*, ita è veteri libro producit prius hemistichium *Omnem non meo Oceano*, unde fecimus *Memnonio Oceano*. Est vero Memnonius Oceanus, idem qui Indicus seu Orientalis, sic dictus à Memnone Auroræ filio, unde Memnones & Memnonidæ, qui ad Solem orientem habitant. Nec defuere inter veteres, qui apud Homerum ubi vulgo est

Ζεὺς γὰρ ἐπ' ὠκεανὸν μετ' ἀμύμονας Αἰθιοπῆας
χθιζὸς ἔβη μετὰ δαῖτα.

Legendum censuerint μετὰ Μέμνονας Αἰθιοπῆας.

AD JANUAM MOECHÆ CUJUSDAM.

CAT. O dulci iucunda viro, jucunda parenti,
Salue, teque bona Juppiter auctet ope
Janua: quam Balbo dicunt seruisse benigne
Olim, quum sedis ipse senex tenuit:
Quamque ferunt rursus voto seruisse maligno.
Postquam es porrecto facta marita sene.
Dic agedum nobis, quare mutata feraris
In dominum veterem deseruisse fidem.

JAN. Non, ita Cæcilio placeam, quoi tradita nunc sum,
Culpa mea est, quanquam dicitur esse mea.
Nec peccatum à me quisquam pote dicere quidquam.
Verum isti populo janua quid faciat?
Qui quacunque aliquid reperitur non bene factum,
Ad me omnes clamant: Janua culpa tua est,

CAT. Non istuc satis est uno te dicere verbo:
Sed facere, ut quivis sentiat, & videat.
Quid possis, nemo quærit, nec scire laborat.
Nos volumus. Nobis dicere, ne dubita.

JAN. Primum igitur, virgo quod fertur tradita nobis,
Falsum est. non qui illam vir prior attigerit,
Languidior tenera quoi pendens succula beta
Nunquam se mediam sustulit ad tunicam.
Sed pater ille sui nati violasse cubile
Dicitur, & miseram conscelerasse domum:
Sive quod impia mens cæco flagrabat amore:
Seu quod iners sterili semine natus erat.
Quærendumque necunde foret nervosius illud,
Quod

Quod posset zonam solvere virgineam.

CAT. Egregium narras mira pietate parentem,
Qui ipse sui gnati minxerit in gremium.

JAN. Atqui non solum hoc se dicit cognitum habere
Brixia Cycnea supposita specula:
Flavus quam molli percurrit flumine Mela:
Brixia Veronæ mater amata meæ:
Sed de Posthumio, & Corneli narrat amore:
Cum quibus illa malum fecit adulterium.
Dixerit hic aliquis, Qui tu isthæc, Ianua, nosti,
Quoi nunquam Divum limine abesse licet,
Nec populum auscultare: sed huic suffixa tigillo
Tantum operire soles, aut aperire domum?
Sæpe illam audivi furtiva voce loquentem
Solam Cæciliis hæc sua flagitia,
Nomine dicentem, quos diximus: utpote quæ mi
Speret nec linguam esse, nec auriculam.
Præterea addebat quendam, quem dicere nolo
Nomine, ne tollat rubra supercilia.
Longus homo est, magnas quoi lites intulit olim
Falsum mendaci ventre puerperium.

Postquam est porrecto facta marita sene] Multa quidem ad hunc locum Scaliger, sed nihil omnino quod Catullo aliquid adferat lucis. Si januam maritam dici existimemus ea ratione qua Livius dixit maritas domos, nihil etiamnum efficiemus. Liber scriptus qui olim fuit Hieronymi Commelini aliam hic lectionem suppeditat, istam nempe.

Postquam est porrecto facta marita sorer.

Licet commodior videatur hæc lectio, & sensum contineat aliquanto planiorem, attamen de ejus sinceritate nihil omnino affirmare ausim, cum & historia & personæ de quibus hic agit Catullus prorsus incognitæ sunt, & non supervacuum tantum, sed & stultum sit nostro hoc seculo de iis velle divinare quæ vivente etiam Catullo à paucis duntaxat rei gnaris intelligerentur. Quamvis autem historia lateat, rectius tamen, nisi fallor, in hac lectione soror, quæ nupserit suo fratri, dicitur marita facta, quam janua. Sed non satis constat an *projecto*, an vero *porrecto* legendum sit, utrunque enim invenio in libris veteribus. Sive hoc, sive illud malueris, subintelligendum *sene*, quod præcessit, & verisimile illud interpretationis loco adscriptum in causa fuisse, ut vox *soror* absit ab aliis libris. *Projecto* id est expulso, vel dimisso & derelicto, ut Nonius interpretatur. *Porrecto* vero id est mortuo, translato vocabulo à situ mortuorum & dormientium, quorum naturalis maxime status est ut sint extenti & recti. Varro Endymionibus, apud Nonium in *Exporrectum*. *Quare si in somnum reciderit, ex loripede eris iterum exporrectus.* Ita feliciter nisi fallor emendamus hunc locum, quem frustra alii aggressi sunt. Loripedes enim ut notum opponuntur rectis, & notum dormituros licet curvi jaceant, mane tamen recto inveniri corpore. Nec mirum debet videri Latinum vocabulum Græco permutatum, cum id alibi in ipso quoque factum sit Nonio, ut in Agrypnuntibus Nævii, & aliis licet raris. Longe enim crebrius, ut Græca Latinis scribantur literis vocabula. Cum pluribus aliis in locis, tum quoque in alio id factum Varronis loco, eodem capite apud eundem Nonium in *Temulenta*. *Varro, est modus matula, περὶ μέθης. Quis in omni vita* Ἡ'λίοιο δέπας, *olfacit temetum.* Poculum nempe seu scyphus Solis, vocatur mare, hujus namque aquis pasci Solem multorum semper fuit opinio. Notum vero Solis poculum Herculi propter bibacitatem, ut Athenæus & alii scribunt, ab Apolline donatum, quod tantæ fuisse capacitatis dicunt mythologi, ut navigii loco usus sit. Recte itaque Ἡ'λίοιο δέπας de temulento & bibace accipitur. Simili, nisi fallor, ratione Tertullianus in carmine de Jona, nondum quod sciam hactenus edito, mare vocat poculum cæli;

Fit poclum cœli pelagus, niger ambitus undas
Inficit, in tenebras ruit æther & mare surgit.

Verum

Verum isti populo janua qui te faciant] Hæc est lectio cum aliorum librorum, tum etiam Mediolanensis codicis, qui cæteris est vetustior. Ego posthabitis cæterorum conjecturis, quæ nec commodum fundunt sensum, & plurimum sæpe recedunt à veteri scriptura, non dubitavi rescribere,

Verum isti populo janua quid faciat?

Languidior tenera cui pendens sicula beta] Licet clarum sit quid hoc loco per siculam intelligat Catullus, tamen cum in optimo exemplari scriptum invenerim *succula*, non dubitavi istam lectionem alteri præferre cum nemini eorum, qui veteres libros versare assueverunt, ignotum sit, solere librarios ignotiora vocabula notioribus permutare. Quamvis vero utroque modo sucula & succula in veteribus libris scriptum reperiatur, rectius tamen sucula dicetur, si etymologiam spectemus. Est vero sucula lignum teres, vel trabs minuta. Glossæ *sucula*, δοκίς. Græci vocant διωστῆρα, aliquando ὄνον sive asinum, nonnunquam etiam ἄξονα ἐν περιτροχίῳ. Attamen sciendum suculam non notare, totam machinam, sed tantum axem seu trabem, quæ centro peritrochii seu tympani inseritur. Quædam enim suculæ carent tympano, si nempe sint perforatæ & transmissis vectibus aut porculis, ut loquuntur Latini, circumagantur, tunc quippe porculi vicem præstant tympani seu peritrochii. Pluribus hæc alibi persequimur. Nam sane infeliciter in his versati sunt mathematici, ac pejus etiamnum Grammatici, isti rerum, alii vero verborum ignoratione. De sucula sic Festus. *Sucula est machina genus, teretis materia & forata ac crassa, quam ut uber scrofa, porci circumstantes versanteſque ductario fune volvunt. Eodem nomine stellas quinque dicunt, quas aliter appellarunt à pluvia* Ὑάδας *Græci. Nostri existimant eas à subus dici, unde Latine loquentes dixerunt eas suculas.* Ita constituendus est locus.

Et quærendum unde foret nervosius illud] Hæc longe recedunt à lectione veterum librorum, in quorum optimo sic scriptum invenimus;

Quærendumque necunde foret nervosius illud

Quemadmodum in suis quoque libris reperit Parthenius. *Necunde* ut necubi & alia id genus. Glossæ; *Necunde*, μηδόθεν.

Brixia Chineæ supposita speculæ] Nusquam hujus speculæ nomen invenias. In libris nonnullis veteribus legitur *Ciconia* non *Chineæ*. Vera lectio est *Cycnea*. Collis iste, in arce Brixiensi hoc tempore etiamnum conspicitur, sic dictus à Cycno rege Ligurum, propinquo, ut fingunt, Phaethontis, quem istic loci habitasse ex Ovidio & Pausania constat. Scholiastes Germanici; *Cycnus quoque rex Liguria Phaëthontis propinquus dum fleret, in cycnum conversus est, ideoque moriens flebile canit*. Sic lege.

Cui nunquam Domini limina abesse licet] Hæc quoque perperam mutata sunt, cum libri meliores habeant *divum limine*. Divi vel divi fratres, passim appellantur lares & penates. Lex XII tabularum; *Divos, & eos, qui cœlestes semper habiti, colunto, & ollos, quos endo cœlo merita vocaverint, Herculem, Liberum, Æsculapium, Castorem, Pollucem, Quirinum*. Supra nominavit *Divos parentes*, ubi vulgo *penates* legebatur. Proprie lares dicebantur defunctorum animæ; itaque non recte cum geniis confunduntur. Genius enim est cujuscunque rei etiam inanimæ natura. Lares vero nunquam, nisi de animatis, aut iis quæ aliquando animam habuere accipiuntur. Regum itaque & Imperatorum & fortium virorum animæ, postquam ipsi è vita excessissent, Laribus accensebantur, ac tum demum eorum statuæ aut sigilla in lararii collocabantur. Hinc Lampridius in vita Alexandri Severi; *Matutinis horis in larario suo, in quo & divos principes sed optimos electos, & sanctiores animas, in queis & Apollonium & quantum scriptor suorum temporum dicit, Christum, Abraham & Orpheum & Dioscoras habebat ac majorum effigies, rem divinam faciebat*. Sic emendari debet hic locus, qui multum viros eruditos exercuit. Hinc patet quid sit lararium, pro quo male apud Suetonium in Domitiano legas *horarium*. Recte vero se habent versus Calpurnii Ecl. I. in quibus frustra se torquent viri docti.

Nec prius ex meritis defunctos Roma penates
Censeat, occasus nisi cum respexerit ortus.

Optat ut vel semper vel quam diutissime vivant Cæsares & ut illos defunctos Roma non prius accenseat penatibus, quam ortus attingat occasum. Nihil clarius. Non recte vero confundunt quidam lares familiares

miliares & cœlestes. Familiares enim lares sunt θεοὶ κατοικίδιοι, qui in penetralibus ædium colebantur, quosque infra Catullus vocat penetrales deos. Lares vero cælestes credebantur versari in eo spatio, quod Lunam & terras interjacet, quam stationem Heroum animis tribuunt plerique Græci & Latini. Hinc cœlo potentes dicuntur in inscriptione antiqua, apud Tertullianum libro de spectaculis cap. v. CONSUS CONSILIO, MARS DUELLO, LARES COILLO POTENTES. Sic habet liber Agobardi; unde Salmasius faciebat COLIO. A *colo* nempe ipse formabat *colium*, pro loco qui incolitur. Mirifice sane. Ecquis vero dubitare possit quin COILO hic scriptum fuerit antique pro *cælo?* Lares cœlo potentes, sunt lares cœlestes. Mirum tamen virum eruditum adeo sibi placuisse in hoc vocabulo ut inde quoque formarit *coliginem*. Apud Arnobium quippe lib. II. sic rescripsit; *In penetralibus coliginis perpetuos fovetis focos?* Istiusmodi vocabulis tuto carere possit lingua Latina. Longe rectius legas, *cœligenis*. An inquit in penetralibus ædium perpetuos ignes fovetis laribus cœligenis? Attamen cum Lipsius in scripto de Vesta & Vestalibus moneat in veteri libro ita hunc Arnobii locum concipi; *In pene in penetrabilibus & colignis perpetuos fovetis focos*, rectius sic scribas; *In peno, in penetralibus & colinis perpetuos fovetis focos?* Penus Vestæ quid sit notum ex Festo & aliis. Hinc penates iidem qui lares, quorum signa canina pelle contecta custodiæ gratia collocabantur in peno, in culinis circa focum, & denique in cavædiis & penetralibus qua fumus exiret, aut ubicunque eorum tutela prodesse credebatur.

Solam conciliis hæc sua flagitia] Ita habent libri veteres quod alii aliter, ego sic mutandum esse arbitror, *Solam Cæciliis hæc sua flagitia*. Cum enim hæc scriberet Catullus Cæcilio inserviebat janua, præcessit enim

Non ita Cæcilio placeam cui tradita nunc sum.

Intelligit vero Cæcilium Metellum Consulem, de quo postea, & simul hujus fratres vel gentiles. Ex hoc vero loco & ex altero satis colligi potest istos Cæcilios mœchos fuisse insignes. Inducitur autem hic janua loquens Romæ, non Brixiæ aut Veronæ ut existimabat Scaliger. Bona enim ista mulier de qua hic agit Catullus relicta Roma una cum suis amatoribus mœchatum se contulerat Brixiam. Ideo subjicit, qui tu istæc janua nosti, cum semper limen servare cogaris nec liceat tibi peregrinari & vagari ut solent mœchæ, & φοιτάδες uti à Græcis appellantur. Istiusmodi mœchas & meretrices Latini vocant limaces, id est γυμνοκοχλίας, quæ nempe versantur & vivunt extra testas, & opponuntur cochleis, quibus æquè ac testudinibus comparantur mulieres castæ, quæ nempe domum servant. Ita accipiendum hoc vocabulum apud Plautum & Varronem, frigida enim sunt quæ istic annotarunt viri docti.

Speraret nec linguam esse nec auriculam] Reposui è libris;

Speret nec linguam esse nec auriculam.

Quare hæc lectio displicuerit doctis, nescio, cum prorsus sit Catulliana, ut jam sæpius monuimus.

AD MANLIUM.

66 QUOD mihi fortuna, casuque oppressus acerbo,
Conscriptum hoc lacrimis mittis epistolium:
Naufragum ut ejectum spumantibus æquoris undis
Sublevem, & à mortis limine restituam:
Quem neque sancta Venus molli requiescere somno
Desertum in lecto cœlibe perpetitur:
Nec veterum dulci scriptorum carmine Musæ
Oblectant, quum mens anxia pervigilet:
Id gratum est mihi, me quoniam tibi ducis amicum:
Muneraque, & Musarum hinc petis, & Veneris.
Sed, tibi ne mea sint ignota incommoda Manli,
Neu me odisse putes hospitis officium:
Accipe queis merser fortunæ fluctibus ipse,
Ne amplius à misero dona beata petas.

Tem-

Tempore quo primum vestis mihi tradita pura est,
Jucundum quum ætas florida ver ageret:
Multa satis lusi. non est dea nescia nostri,
Quæ dulcem curis miscet amaritiem.
Sed totum hoc studium luctu fraterna mihi mors
Abscidit. o misero frater adempte mihi.
Tu mea, tu moriens fregisti commoda, frater.
Tecum una tota est nostra sepulta domus.
Omnia tecum una perierunt gaudia nostra,
Quæ tuus in vita dulcis alebat amor.
Quoius ego interitu tota de mente fugavi
Hæc studia, atque omnis delicias animi,
Quare, quod scribis Veronæ turpe Catullo
Esse: quod hic quisquis de meliore nota
Frigida deserto tepefecit membra cubili:
Id Manli non est turpe: magis miserum est.
Ignosces igitur, si, quæ mihi luctus ademit,
Hæc tibi non tribuo munera, quum nequeo.
Nam quod scriptorum non magna est copia apud me,
Hoc fit, quod Romæ vivimus. illa domus,
Illa mihi sedes, illic mea carpitur ætas:
Huc una ex multis capsula me sequitur.
Quod quum ita sit, nolim statuas me mente maligna
Id facere, aut animo non satis ingenuo:
Quod tibi non utriusque petenti copia posta est.
Ultro ego deferrem, copia si qua foret.
Non possum reticere, deæ, qua me Manlius in re
Juverit, aut quantis juverit officiis:
Ne fugiens sæclis obliviscentibus ætas

Illius

Illius hoc cæca nocte tegat studium.
Sed dicam vobis. vos porro dicite multis
Millibus. & facite hæc charta loquatur anus.
*   *   *
Notescatque magis mortuus, atque magis:
Ne tenuem texens sublimis aranea telam,
Deserto Manlii nomine opus faciat.
Nam mihi quam dederit duplex Amathusia curam,
Scitis, & in quo me torruerit genere:
Quum tantum arderem, quantum Trinacria rupes,
Lymphaque in Oetæis Daulia Thermopylis,
Mœsta neque assiduo tabescere lumina fletu
Cessarent, tristique imbre madere genæ.
Qualis in aerii pellucens vertice montis
Rivus, muscoso prosilit e lapide.
Qui quum de prona præceps est valle volutus,
Per medium densi transit iter populi,
Dulce viatori basso in sudore levamen,
Quum gravis exustos æstus hiulcat agros.
Ac velut in nigro jactatis turbine nautis
Lenius aspirans aura secunda venit,
Jam prece Polluces, jam Castoras implorante:
Tale fuit nobis Manlius auxilium.
Is clausum lato patefecit limite campum,
Isque domum nobis, isque dedit dominam:
Ad quam communes exerceremus amores.
Quo mea se molli candida diva pede
Intulit, & trito fulgentem in limine plantam
Innixa, arguta constituit solea:
Conjugis ut quondam flagrans advenit amore,

Pro-

Protesilaeam Laodamia domum
Inceptam frustra, nondum quum sanguine sacro
Hostia cælestis pacificasset heros.
Nil mihi tam valde placeat, Rhamnusia virgo,
Quod temere invitis suscipiatur heris.
Quam jejuna pium desideret ara cruorem,
Docta est amisso Laodamia viro
Conjugis ante coacta novi dimittere collum,
Quam veniens una atque altera rursus hyems
Noctibus in longis avidum saturasset amorem,
Posset ab innupto vivere conjugio.
Quod scibant Parcæ non longo tempore abesse,
Si miles muros isset ad Iliacos.
Nam tum Helenæ raptu primores Argivorum
Cœperat ad sese Troia ciere viros:
Troia nefas, commune sepulchrum Asiæ, Europæque,
Troia virum, & virtutum omnium acerba cinis.
Quæ met & id nostro letum miserabile fratri
Attulit. hei misero frater ademte mihi!
Hei misero fratri jucundum lumen ademptum!
Tecum una tota est nostra sepulta domus.
Omnia tecum una perierunt gaudia nostra,
Quæ tuus in vita dulcis alebat amor.
Quem nunc tam longe non inter nota sepulchra,
Nec prope cognatos compositum cineres,
Sed Troia obscœna, Troia infelice sepultum
Detinet extremo terra aliena solo.
Ad quam tum properans ferventior undique pubes
Græca penetralis deseruere deos:

Ne Paris abducta gavisus libera mœcha
 Otia pacato degeret in thalamo.
Quo tibi tum casu, pulcherrima Laodamia,
 Ereptum est vita dulcius atque anima
Conjugium. tanto te absorbens vortice amoris
 Æstus in abruptum detulerat barathrum:
Quale ferunt Graii Pheneum prope Cylleneum
 Siccari e mulsa pingue palude solum.
Quod quondam cæsis montis fodisse medullis
 Audet falsiparens Amphitryoniades:
Tempore quo certa Stymphalia monstra sagitta
 Perculit, imperio deterioris heri:
Pluribus ut cæli tereretur janua divis,
 Hebe nec longa virginitate foret.
Sed tuus altus amor barathro fuit altior illo,
 Qui in vita indomitum ferre jugum docuit.
Nam neque tam carum confecto ætate parenti
 Una caput seri nata nepotis alit:
Qui quum divitiis vix tandem inventus avitis
 Nomen testatas intulit in tabulas,
Impia derisi gentilis gaudia tollens,
 Suscitat a cano volturium capite;
Nec tantum niveo gavisa est pulla columbo
 Compar, quæ multo dicitur improbius
Oscula mordenti semper decerpere rostro,
 Quam quæ præcipue multivola est mulier.
Sed tu olim magnos vicisti sola furores,
 Ut semel es flavo conciliata viro:
Aut nihil aut paulo cui tu concedere digna
 Lux mea se nostrum contulit in gremium.
Quam circum cursans hinc illinc sæpe Cupido

Fulg.

Fulgebat crocina candidus in tunica.
Quæ tamen etsi uno non est contenta Catullo,
 Rara verecundæ furta feremus heræ:
Ne nimium simus stultorum more molesti.
 Sæpe etiam Juno maxima cælicolum
Conjugis in culpa flagrantem quottidiana,
 Noscens omnivoli plurima furta Jovis:
Atqui nec divis homines componier, æquum est:
 Ingratum tremuli tolle parentis onus.
Nec tamen illa mihi Vesta deducta paterna
 Fragrantem Assyrio venit odore domum.
Sed furtiva dedit mira munuscula nocte,
 Ipsius ex ipso dempta viri gremio.
Quare illud satis est, si nobis is datur imus,
 Quem lapide illa diem candidiore notat.
Hoc tibi quod potui confectum carmine munus
 Pro multis aliis redditur officiis:
Ne vostrum scabra tangat robigine nomen
 Hæc atque illa dies, atque alia, atque alia:
Huc addent divi quamplurima, quæ Themis olim
 Antiquis solita est munera ferre piis.
Sitis felices & tu simul, & tua vita,
 Et domus, ipse in qua lusimus, & domina:
Et qui principio nobis terram dedit, auctore
 A quo primo sunt omnia nata bona:
Et longe ante omnis mihi quæ me carior ipso est
 Lux mea: qua viva vivere dulce mihi est.

Accipe quis merser fortunæ fluctibus ipse] In quibusdam libris *verser*, non *merser*, sed non illud magis, quam alterum rectum. Sic quoque Horatius Epist. 1. lib. 1. *mersor civilibus undis*, quamvis & illic varient exemplaria.

Quod hic quisquam de meliore nota] Hæc non sunt sincera. Antiqua exemplaria habent *quisquis*, non *quisquam*, & mox pro *tepefecit*, optimus liber habet *tepefiant*. Vix dubito, quin sic scripserit Catullus;

---- Quod hic vix cui de meliore nota
Frigida deserto tepefiant membra cubili.

Veronæ erat Catullus, unde ut Romam revertatur hortatur Manlius, ea præcipue de causa, quod non putaret Veronæ esse amicas, quarum consuetudine melioris notæ homines possent affici & detineri, cum ex omnibus Italiæ urbibus & provinciis quidquid pulchrum esset Romam conflueret. Hanc malo sententiam, quam legere *tepefactat*, quemadmodum in suo libro supra scriptum invenit Statius Achilles, qui de Lesbia accipiendum putabat, cujus lectum absente Catullo frequentarent, quotquot Romæ essent melioris notæ. *Vix cui*, pro vix cuiquam.

Quod tibi non utriusque petenti copia facta est] Reduxi veterem lectionem quæ in plerisque manu exaratis comparet exemplaribus.

Quod tibi non utriusque petenti copia posta est.

Sic Græci, sic quoque Latini passim loquuntur.

Omnibus inque locis celebretur fama sepulti.] Abest hic versus a libris, quibus usi sunt Scaliger & Achilles Statius. Sane non esse Catulli etiam lippus viderit. Mediolanense exemplar, cæteris omnibus vetustius, alium exhibet versum, aliquanto quidem meliorem vulgato, non tamen Catullianum, hunc nempe;

Omnibus & triviis vulgetur fabula passim.

Margini adscriptum erat eadem vetusta sane manu SENECA SUPPLEVIT. Quisnam iste Seneca fuerit non multum scire laboro. Recordor me vidisse exemplar in quo Seneca dicebatur auctor esse quatuor versuum, qui Æneidi præfiguntur. Sed & in pluribus Lucani codicibus, dicitur is ex abrupto exorsus suum poëma addito hoc scholio, *hos versus primos* VII *Seneca dicitur addidisse, ut quidam volunt, avunculus Lucani.* An hoc verum sit alii arbitrentur. Florum quendam fuisse, qui & ipse Seneca fuerit dictus, cujusque nonnulla exstant epi-

epigrammata inter ea, quæ Pithæus edidit; & alia nonnulla quæ in Anthologia Luxorii occurrunt, & hoc quoque constat; sed an hic Florus historicus, an alius, non satis certum. Hujus quoque Flori seu Senecæ creditur esse Pervigilium Veneris, quod inepte Catullo tribuitur. Sane quicunque demum iste fuerit, magnum bonorum librorum insessorem & interpolatorem eum fuisse constat.

Nec tenuem texens sublimis aranea telam] *Subtilis* pro *sublimis* habent libri nonnulli. Sed & alterum rectum. Ἀερσιπότητος ἀράχνης dixit Hesiodus.

In deserto Allii nomine opus faciat] Quod in libris veteribus *Alii* constanter scriptum reperiatur, ideo hunc Manlium seu Mallium, dictum quoque fuisse Allium existimabat Scaliger. Putat quippe hunc Mallium ex Allia fuisse gente, adoptatum autem in Manliam, vocatumque Manlium Allienum, pro quo Allium metri gratia dixerit Catullus. Sed vix, ut puto, cuiquam docto istud persuaserit. Proculdubio sic scripserat Catullus;

Deserto Malli nomine opus faciat.

Nominibus propriis passim in veteribus libris desunt literæ initiales, quæ postea à librariis rubrica addebantur. Qua in re quam sæpe negligenter versarentur, nemo qui vetera trivit exemplaria potest ignorare, utpote in quibus crebræ ubique istiusmodi compareant lacunæ, quas unusquisque postea pro suo resarciret captu.

Nam mihi quam dederit duplex Amathusia curam] Duplicem viri docti accipiunt hoc loco pro dolosa & versuta, ut Horatius Ulyssem vocat duplicem Od. VI. lib. I.

Nec cursus duplicis per mare Ulyxei.

Verum id aliter sese habet, neque enim duplex hic dicitur Ulysses, sed *duplicis* hic ponitur pro *duplices*. Errores duplices Ulyssis ideo dixit, quod multi è veteribus crediderint, illum non totum consumsisse decennium dum in mari vagatur interno, sed & externum mare seu Oceanum sulcasse, & condidisse in Lusitania Ulyssipona, & in Germania Ἀσκιβούργιον, & alibi alias civitates. Hujus erroris mentionem quoque facit Manilius, initio lib. I. cum sic canit;

Erroremque ducis totidem quot vicerat annis.

Instantem bello, geminata per æquora ponti.

Ita quoque meus liber, qui longe Gemblacensi est melior & emendatior. Male autem hæc à viris magnis immutata & accepta fuere, cum geminata Ponti æquora, ea qua diximus ratione exponi & intelligi debeant. Quandoquidem ergo duplex pro doloso ne quidem satis videatur Latinum, superest ut per duplicem Amathusiam, amorem quo utrumque sexum persequebatur intellexerit Catullus, utpote qui non Lesbiam tantum, sed & complures deperiret adolescentes. Hunc verum esse sensum, vel ipsa satis ostendat quæ in Amathunte Veneris olim fuit effigies, de qua sic Hesychius; Ἀφρόδιτος· Θεόφραστος μὲν τὸν ἑρμαφρόδιτόν φησιν. ὁ δὲ τὰ περὶ Ἀμαθοῦντα γεγραφὼς Παιᾶνι ἴσον ἄνδρα τὴν θεὸν ἐσχηματίσθαι ἐν Κύπρῳ λέγει. Sic concipiendus est iste Hesychii locus. Παιᾶνι id est Apollini vel Æsculapio, nam & hic quoque aliquando imberbis fingebatur teste Pausania. Hæc est nempe Venus illa ἀνδρόγυνος quæ ut nunc, ita quoque olim, non à Cypriis modo, sed & multis quoque aliis colebatur gentibus & promiscue quidem ab utroque sexu, quodque magis mirere sine invidia. Qui enim puerorum tenentur amore contemnunt mulieres, κλειτοριάζουσαι vero contemnunt viros. Pertractando enim & fricando crescit clitoris etiam ad magnitudinem membri virilis. Hinc κλειτοριάζειν à Polluce exponitur τὸ διαψαθαλάσσειν τὴν κλειτορίδα. Vulgo tamen pro διαψαθαλάσσειν legas διαψᾶν καὶ μαλάσσειν, quam lectionem licet Eustathius aliqua ratione confirmare videatur, eo tamen minus sequor, quod alteram in optimo meo libro, quique raro & fere nunquam fallit, invenerim. Nam sane in re Venerea notum, quid sit ψαθάλλειν seu ψαλάσσειν. Nec tamen adversabor siquis existimet vocem διαψαθαλάσσειν ex varia lectione διαψαθάλλειν & διαψαλάσσειν formari potuisse, quibus demum glossematis loco accesserit διαψᾶν καὶ μαλάσσειν. Ut ut sit constat in mulieribus æque ac in viris partes istas tractando crescere; cujus rei vel è pueris castratis sumas licet documentum, illis enim si à Venere abstineant, nunquam ea pars cum reliquo augetur corpore. In mulieribus vero exemplo sint hermaphroditi, qui ut plurimum veræ sunt mulieres, non discrepantes à

cæteris,

cæteris, nisi excessu membri, quo viros imitantur, quoque omnia ea quæ viri peragant, non in suum tantum, sed & virilem quoque sexum prodigiosam frangendo Venerem, ut merito Seneca epist. xcv de illis dixerit; *Dii illas deaque male perdant: adeo perversum commenta genus impudicitiæ; viros ineunt.* Talis quoque apud Martialem tribas Philænis, quæ pueros pædicabat. Nec dubitandum quin istiusmodi quoque fuerint istæ feminæ, quas in mares permutatas fuisse, testantur Plinius & Phlegon in mirabilibus & complures alii. Olim prodigiis accensebantur, & vel mari mergebantur, vel deportabantur ad insulas. Sed vero suo tempore in deliciis habitas fuisse scribit Plinius.

Lymphaque in Oeteis Malia Thermopylis] Ita hunc locum restituit Scaliger, non male quidem, dubito tamen an vere. Libri scripti habent *Maulia*. Jam sæpe monuimus non nimium esse fidendum literis initialibus, utpote quæ à veteribus absint exemplaribus. Cum vero in eo codice qui olim fuit Hieronymi Commelini scriptum sit *Daulia*, utique non rejiciendam existimo eam lectionem. Daulis oppidum Phocidis situm est in excelso jugo ad pedem Oetæ montis, unde Daulia regio, quæ aliter Drymæa appellatur. Cum vero Thermopylæ in Phocide collocentur, Daulia vero regio ea fuerit Phocidis pars quæ Oetæ monti adjacet, manifestum est quare Catullus in Daulide ponat Thermopylas, quas tamen alii in Meliensi seu Maliensi tractu collocant. Iidem vero sunt Melienses & Malienses, quamvis Scylax eos distinguat. Sed apud illum ubique legendum *Λαμιεῖς*, non *Μαλιεῖς*. Porro quod de Daulidis etymo scribunt veteres, eam dici quod arboribus opaca sit, id an verum sit dubito. Δαῦλος non tantum δασὺ, sed & facem & incendium notat, idem nempe quod δάλος à δαίω. Non enim aquas tantum, sed & flammas aquis permixtas vomit mons Oeta, ut non solum ex hoc Catulli loco, sed & ex Timone Luciani colligere est. Negat tamen id ipsum vetus Scholiastes, qui ad hunc locum notat; *Οἴτη ἔστι μὲν τῆς Φωκίδος ὄρος ὑψηλὸν, οὐ μέντοι καὶ πεφυκὸς φλόγας ἀνιέναι. πῶς οὖν τοῦτο λέγει νῦν; Ἔοικέ μοι διότι ἐκεῖ Ἡρακλῆς τὸ τελευταῖον κατ' ἰδίαν ἀξίωσιν ὑπὸ Φιλοκτήτου ὁλοκαυτώθη.* Sed isti Scholiastæ, quando recedit à Grammatica, nihilo plus tribuenbuendum quam aliis Grammaticis. Ignes huic monti subesse sive illi sint conspicui, sive occulti, ipse aquarum fervor vel potius ardor declarat. Attamen ut credam nonnunquam flammas & incendia, etiam cum accolarum damno, eructare hunc montem, præter Catulli & Luciani testimonia, facit quoque Papinii Statii locus in Epicedio Pileti Ursi;

----- Si vel fumante ruina
Ructassent dites Vesuvina incendia Locros.

Locros dites vocat Locros Opuntios, qui ditissimos & felicissimos possidebant campos, cum & Epicnemidii & alii Locri montani, æque ac eorum vicini Λιμοδωριεῖς, terram inhabitarent admodum famelicam. Non intellexere hunc locum Statiani interpretes. Non posse vero hæc incendia accipi, nisi de incendio Oetæ montis, quem accolebant Locri Opuntii, libenter ut puto fatebitur, siquis Strabonem & veteres consulat Geographos. Olympum pro Oeta posuit Manilius lib. I.

Sunt autem cunctis permixti partibus ignes,
Qui gravidas habitant fabricantes fulmina nubes
Et penetrant terras, Ætnamque minantur Olympo,
Et calidas reddunt ipsis in fontibus undas.

Sic recte habent libri veteres. Manifeste hic agit de Thermis Locrensium, quæ erant in Oeta monte, non autem in Olympo. Attamen fieri potest, ut & in Olympo monte istiusmodi fuerint loca sulfurea, nam certe & huic vicini fuere campi Phlegræi, & hinc forte Gyrtonii, qui ad pedem Olympi habitabant, dicti Phlegyæ. Cum vero dicit *Ætnamque minantur*, intellige incendium simile Ætnæo, pari ratione ac apud Statium *Vesuvina incendia* accipi debent, pro incendiis, quæ similia sint Vesuvinis. Auctor Etymologici magni istum fervorem à Minerva monti huic inditum esse scribit, idque in gratiam Herculis. Φιλέας δὲ θερμοπύλας λέγει καλεῖσθαι ἐπεὶ ἐκεῖ ἡ Ἀθη-

νᾶ

νᾶ θερμὰ λυτρὰ Ἡρακλεῖ ἐποίησε. Vide Parœmiographos in Ψῶρα Ἡρακλεῖος.

Dulce viatori lasso in sudore levamen] Cum in plerisque libris vetustis scriptum sit *basso in sudore*, utique eam lectionem amplexi sumus. Bassus idem est quod crassus & pinguis. Glossæ; *Bassus* ἰσχυρός. *Bassulus* παχὺς ὑποχονδριακῶς. *Bassilitas* παχύτης. Sed & in Latinis Glossis passim invenias, *Bassus, pinguis, obesus*. Hinc Bassus & Bassa cognomina apud Romanos. Est vero hoc vocabulum ab eadem origine, qua πίασος & πιάσων, quo & Homerus utitur. Hesychius Πιάσονα παχύτερον ἢ πλατύτερον καὶ πίασυς εἶναι. Ab eadem origine possit videri Germanicum *vas*, *ves*, seu *vet*, quod pinguem notat, nec incommode omnia derives à πίω & πιαίνω. Sed analogice magis deducas à παχὺς, παχίων, πάσσων, unde πάσος; & item à βαθὺς, βαθίων, βάσσων, & βάσος, unde βάσσον χωρίον apud Epicharmum pro pingui, βαθυτέρῳ καὶ ὑγιεῖ, ut interpretatur auctor Etymologici. Bassus itaque sudor est pinguis & copiosus.

Jam prece Pollucis jam Castoris implorata] Castorem & Pollucem cœlo receptos à Jove patre impetrasse sibi stationem istiusmodi, ubi commode navigantibus possent prodesse, ac propterea θεοὺς σωτῆρας appellari, ex fabulis notum. Sed vero illos post hoc beneficium opus habuisse, ut in singulis navigantium periculis, apud Jovem intercederent, id nescio an alibi invenias. Quare videndum num melior librorum quorundam scriptura;

Jam prece Polluces jam Castoras implorantes.

Quod si istud πλοκοφανὲς displiceat, rectius *implorante* legas, ut nempe construatur cum *prece*. Notandum vero Dioscororum opem non olim invocari solitam, nisi vel metus vel periculum præcessisset, quod ipsum quoque hic observat Catullus. Artemidorus Oneir. II. cap. XLII. de Dioscoris; Σωτῆρες γὰρ εἰσὶν οἱ θεοὶ, ἀλλὰ τῶν πρότερον ἐπὶ ξενὶ φόβῳ ἢ κινδύνῳ γενομένων. Hinc παρὰ μικρὸν θεοὶ à Laconibus dicti, ut docet Simplicius ad secundum Physicæ acroaseos librum, ideo nempe quod non nisi parum à morte remotis auxiliarentur. Sed & ἀμπελίδες simili plane de causa nominantur iidem

Dioscori. Uti enim post gravium & periculosorum declinationes morborum, ista circa aures apostemata seu inflammationes solent provenire, ita quoque & Dioscori, non, nisi jam in mortis periculo constitutis, opem ferre credebantur.

Arguta constituit solea] Arguta accipi hoc loco possit pro brevi & exili, quemadmodum Servius interpretatur illud Virgilii III. Georg. *Argutumque caput*, ubi de equis agit. Sic quoque Gloss. Græcolat. in quibus argutum redditur ἐλάχιστον, non male, cum notum sit non minus in matronis & puellis pedum, quam in equis capitum commendari exilitatem. Commode tamen hæc interpretaberis de arguto sono quem edant soleæ, cum eadem ratione *argutum nemus* & *argutum pectinem* idem dixerit Virgilius. Notum quid in soleis seu crepidis Veneris notarit Momus, quod nempe hirundinum instar trissarent & nimis essent garrulæ, ὅτι τρύζοι αὐτῆς τὸ ὑπόδημα καὶ λίαν εἴη λάλον. Crepant autem soleæ cum novæ sunt, aut cum ad ignem siccantur, aut cum arte construuntur. Ut olim ita quoque nunc in gentibus quæ elegantiori student luxui frequentissimus passim occurrit tinnientium crepidarum usus. Κρούπεζα vocabant Græci à sono quem edunt, & hinc Bœoti κρουπεζοφόροι olim dicebantur. Pollux; Κρουπεζοφόρους δ' εἶναι τοὺς Βοιωτοὺς Κρατῖνος, διὰ τὰ ἐναυλητικὰ κρούπαλα. Ita legendum. Alia longe ratione κρουπέζια ligneæ dicebantur soleæ, quibus uvas & oleas calcabant Bœoti, quia nempe ipsi æque ac fullones solerent pedibus argutari. Verum istiusmodi κρουπέζια erant rustica, & nihil minus forsan quam ἐναυλητικά. Sonantibus crepidis accensendæ quoque sunt ἄρβυλαι vel ἀρβυλίδες, non sic dictæ παρὰ τὸ ἁρμόζειν, ut nugantur Grammatici, sed ab ἀραβεῖν, unde & ἀραβύλαι apud Hesychium. Theocritus Idyll. VII.

— ὥς τοι ποτὶ νισσομένοιο
Πᾶσα λίθος πταίοισα ποτ' ἀρβυλίδεσσιν ἀείδει.

Euripides Oreste, λεπτὸν ἴχνος ἀρβύλης τιθεῖτε μὴ κτυπεῖτε. Sed & Ἀμυκλαΐδες & complura alia crepidarum & calceorum sonantium genera huc referri possint, aliæ ornatioris, aliæ simplicioris

stru-

structuræ. Quod siquis scire desideret, cui demum usuiste inservi-ret tinnitus; is mulierum consulat ingenium. Quotaquæque enim est, vel paulo formosior, quæ non eminus quoque audiri spectarique ge-stiat, quæque si liceret, tota tintinnabulum fieri non cupiat? At vero longe alia erat ratio, si mœchatum ire vellent. Tunc nempe *μοιχικὰ* usui erant ὑποδήματα, qualia erant κονίποδες, tunc ut fures spongiis pedes substernebant, tunc quoque lanatæ imprimis placebant soleæ, utpote quæ maxime essent taciturnæ & ad fallendos miseros maritos aptissimæ. Hinc est quod nocturnis usibus potissi-mum destinarentur. De his Martialis;

Defueris si forte puer, soleasque libebit
Sumere, pro puero pes erit ipse tibi.

Ita concipitur hoc distichon in veteribus membranis & recte omnino. Ludit in vocabulo *pes*, quod & soleam & puerum notat. Græcum enim παῖς, & Latinum pes, Martialis ætate eodem sonabat modo. A Tiberii & Caligulæ impp. temporibus, tam apud Romanos quam Græcos, mos obtinuit, ut diphthongus AI, velut E simplex pro-nuntiaretur, ut fusius alibi ostendimus. Pari fere ratione factum, ut apud Æoles & Spartanos πὲς & puerum, & pedem significaret. Ut vero ad sonantes redeam crepidas, elegantissimæ omnino sunt illæ, quæ à Persis & Indis nonnunquam ad nos deferuntur, prorsus similes veterum scabillis quorum figuram videre est apud Rubenium de re Vestiaria, quamvis nec is, nec alii rationem illorum satis percepe-rint. Compingebantur illa è duabus tabulis buxeis æqualibus & ejus-dem prorsus figuræ ac sit planta pedis. Hæ tabellæ ea fere ratione qua æoli seu folles conjunctæ erant corio plicatili, ita ut adductione aut impositione pedis comprimi & laxari possent. Habebant vero duo foramina, quorum unum admittendo aëri inserviebat, alteri vero inserebatur fistula ærea aut ferrea, per quam aer pressione pedis elisus sibilum ederet. Istam fistulam Libanius vocat κανόνα σιδηροῦν. In Indicis scamillis, quæ sunt concinnioris formæ, ac sint illa, quæ in marmore Etrusco visuntur, fistula hæc assurgit inter maximum pedis digitum & illum qui huic est proximus. In apice hujus fistulæ conspi-citur vel rosa vel alius flos, qui alternis clauditur vel aperitur. Pede sublato clauditur, eodem vero appulso ad terram reseratur, ac totam fere superiorem pedis superficiem purpureis convestit foliis. Accedunt nonnunquam tintinnabula musica, quibus fabricandis excellunt Indi. Verum talis habitus mimis & theatris convenientior, quam matronis. Rideant nonnulli crepitantes istiusmodi soleas, & tanquam barbarum concentum aspernentur, sed vero aliter sensuros esse arbitror eos, qui aures habent teretes, & quod plus est, exercitatas, quique norunt nullam esse gratiorem musicam, quam quæ ex sonis constat dissonis quidem, sed tamen ad numerum redeuntibus. Ecquis neget crotalistrias concinno pedum manuumque plausu gratiores concitare affectus etiam apud viros musicæ peritissimos, quam integri sæpe possint musicorum chori? Apud veteres quidem perfectissima omnino sacerdotum magnæ matris fuit musica, utpote quibus in tam copioso castratorum grege præstantium cantorum magnus semper esset delectus. Illi ipsi tamen harmoniæ suæ aliquid deesse existimabant, nisi etiam accederent cymbala, crotala, tympana, scabilli, flagella & difformes ululatus, quo nempe ex tam dissono strepitu, numeris tamen & mensuræ adstricto absolutior & ornatior emergeret symphonia, & ut contraria contrariis apposita magis elucescunt, ita quoque in communi harmonia rudior & incomtior sonus meliori succineret, ipsaque famulantium sonorum multitudo & varietas apparatum faceret & majestatem concentui conciliaret. Qui musicæ sunt ignari difficulter hæc accipient, sed vero qui aures habent eruditas, hoc quoque largientur, si centum sint voces discrepantes quarum nulla melior esse fingatur quam sit clamor corvi aut bubonis, aut latratus canis, aut denique quicunque alius ingratus & inarticulatus strepitus, & contingat ut soni isti dissoni ad numerum & mensuram artificiose disponantur, ita ut fiat harmonia; illam harmoniam longe gratiorem & meliorem fore, quam si centum exaudiantur testudines, licet pari artificio ab optimis pulsentur magistris. Verum hæc sunt alius loci, itaque obiter attigisse sufficiat.

Quod temere invitis suscipiatur heris]. Scaliger in suo libro monet se reperisse *Quam temere*, & explicare conatur, sed non persuadet. Antiquiora exemplaria vulgatam confirmant lectionem, quæ sensum continet meliorem.

Quam jejuna pium desideret ara cruorem] Laodamia multis hostiis cæsis.

cæsis placare deos conabatur, non tamen satisfecit, utpote quibus non nisi sanguine illius, qui primus è navibus Græcorum egrederetur, esset litandum. Clarum itaque, quare dicat aram jejunam, non quemlibet sed tantum pium & legitimum desiderare sanguinem. Nihil huc facit νηφάλιο βωμὸς & νηφαλία θυσία, in illa quippe etiam mactabantur pecudes, ideoque tantum sic dicta, quod vinum in hoc sacrificio non libarent. Pro *desideret* notant docti viri legi in veteribus libris *disgeret*, quemadmodum & nos in antiquis membranis scriptum invenimus. Forsan scripserat Catullus;

Quam jejuna pium divos roget ara cruorem.

Posset ut abrupto vivere conjugio] Recepi lectionem libri Mediolanensis;

Posset ab innupto vivere conjugio.

Innupto conjugio, id est innuptis nuptiis. Homerus de hac ipsa re agens vocat δόμον ἡμιτελῆ.

Qua (ve te) nostro letum miserabile fratri] Sic quidem Scaliger, sed nemini, ut opinor, persuaserit ita scripsisse Catullum. Veteres libri habent *Qua vetet id nostro*, unde fecimus

Quæ met & id nostro letum miserabile fratri.

De hac syllabica adjectione diximus supra in epigrammate ad Varum.

Ad quam tum properans fertur undique pubes] *Feruntur* habent libri manu exarati. Statius in suis monet se reperisse *ferretur*. In sequenti versu iidem libri habent *deseruere focos* aut *deseruere deos*. Noli dubitare quin sic scripserit Catullus

Ad quam tum properans ferventior undique pubes
Graca penetrales deseruere deos.

Sic quoque Valerius Maximus lib. I. cap. VIII. scribit *Penetrales deos Æneam Troja advectos Lavinii collocasse.* Ita enim legunt libri veteres.

Pheneum prope Cylleneum] Pheneum Ἀρκαδικοῖς quoque dici monet Stephanus. Idem ejus situm docet quam exactissime cum scribit, ἔστι δὲ πόλις Ἀζανίας· ὁμορεῖ δὲ ἐκ τῶν πρὸς βορρᾶν μερῶν τῇ Κλιτορίᾳ· ἐν δὲ τοῖς πρὸς ἄρκτους Αἰγείροις καὶ Πελλήνῃ ταῖς Ἀχαϊκαῖς πόλεσι. Sic lege. Boream antiquo Græciæ more vocat Cæciam. Si itaque à septentrione ducas rectam per Ægiram & Pellenam, ac item aliam rectam à Cæcia per Clitoriam vel Clitorem, scito ubi illæ duo rectæ concurrunt, istic situm fuisse Pheneum oppidum. In positione Clitoris peccat Ptolemæus, dummodo numeri vitiati non sint, is quippe nimium facit australem. Callimachus hymno in Delum oppidi hujus nomen effert per diphthongum, Φεῦγεν δ' ὁ γέρων μετόπισθε Φενειός. Sed ut puto rectius Φενεαῖος scripseris, ut nempe fiat synizesis. Benè vero Cyllenæum vocat Catullus, sita quippe erat Pheneus in monte Cyllene, κεῖται δὲ ὑπὲρ τὸ ὄρος τὴν Κυλλήνην, ut habet ibidem Stephanus, quamvis Eustathius non ὑπὲρ, sed ὑπὸ habeat. Pheneatibus quod Cereri quærenti filiam Proserpinam barathrum ostendissent, quo ad inferos descensus pateret, beneficium à Dea collatum fuisse scribit Conon narratione XV apud Photium, ut nunquam plures quam centum Pheneates bello caderent, unde colligo non admodum frequens fuisse hoc oppidum. Ut autem Catullus, ita quoque Pausanias & complures alii voragines istas paludinosas ab Hercule effossas tradunt. Strabo tamen & Plinius terræ motui hoc adscribunt. Ab utrisque recedere videtur Theophrastus lib. III. cap. I. qui naturæ & tempori tribuit quod obstructa ea fossa quæ aquarum in barathris stagnantium esset receptaculum, voragines denuo comparuerint.

Quod divum domitum ferre jugum docuit] Non placet hæc lectio & longe recedit à scriptura veterum librorum, in quibus constanter legitur, *Qui tuum domitum*, unde feci; *Qui in vita indomitum ferre jugum docuit.* Laodamia viventem maritum flectere non potuit, quo minus se relicta Ilium proficisceretur. Mortuo persuasit ut relictis inferis ad se rediret. Nota est historia.

Impia derisi gentilis gaudia tollens.] Non recte hoc loco vir magnus ab aliorum interpretum expositione recessit, cum tollere gaudia eadem ratione accipi vult, qua tollere risum. Tollere hic est auferre, ut semper, & petit omnis venustas si aliter interpretemur.

Suscitat à cano vulturium capite] Nihil mutandum. Vulturius &

vultur

vultur idem, utroque enim modo dicebantur hæredipetæ. Seneca Ep. XCV. *Amico agro aliquis adsidet, probamus; at hoc si hæreditatis causa facit, vultur est, cadaver exspectat.*

Nec tantum niveo gavisa est ulla columbo] Liber antiquus habet *vulla columbo*, unde feci *pulla*, quam veram esse lectionem ostendunt sequentia, quæ perperam mutarunt viri docti legendo, *seu quidquid dicitur improbius*. Dicit enim pullam columbam conjunctam niveo, multo improbiora decerpere oscula, quam faciant ejusdem coloris columbæ.

Quantum præcipue multivola est mulier] Libri scripti habent *Quamquam præcipue multivola est mulier*, ut & Statius monuit, unde fecimus *Quam quæ præcipue*. Sensus planus est nec eget expositione. Dicit non tantum esse gaudium quod iis contingit, quibus in extrema senecta nepos nascitur, nec item nigellæ voluptas columbæ niveo conjunctæ marito; quam sit amor seu furor potius mulierum, quæ natura sua sunt multivolæ. Attamen licet tam multiplex harum sit amor, Laodamiam nihilominus omnes mulieres furibundo amore superasse dicit, utpote quæ post fata Protesilai, impetrata à Plutone venia semel revisendi mariti, in ejus amplexibus exspirarit: ita enim intelligendum id quod sequitur, *Ut semel es flavo conciliata viro*. Protesilao enim cum alii, tum quoque Philostratus flavum tribuunt capillitium.

Aut nihil aut paulo quoi tum concedere digna] In libris invenio, *cui tu concedere digna*. Quod non temere rejiciendum, cum sæpe probatissimi etiam scriptores istiusmodi affectent solæcismos. Sic apud Charisium ex antiquo poëta; *Vosque lares tectum nomen qui funditus curant*, pro *curatis*, ut hic *contulit* pro *contulisti*.

Fulgebat crocina candidus in tunica] Ut in aliis multis, ita quoque in hoc imitatur Sapphonem Catullus, quod Amori vestem tribuat. Locus Pollucis unde hoc constat, ita è veteribus debet refingi libris; Πρώτην δέ φασι χλαμύδα ὀνομάσαι Σαπφὼ ἐπὶ τοῦ Ἔρωτος εἰποῦσαν, ἐλθόντ' ἐξ οὐρανοῦ πορφυρᾶν ἔχοντα προϊέμενον χλαμύν.

Conjugis in culpa flagravit quotidiana] Ita quidem correctores reposuere, sed non sic libri veteres, in quibus constanter *flagrantem* scriptum invenias, non *flagravit*, & in sequenti versu *facta* non *furta*.

Licet

Licet solæcismus possit videri *flagrantem* pro *flagrans*, nos tamen non dubitavimus lectionem eam reducere, cum passim apud optimos etiam scriptores istiusmodi σολοικοφανῆ occurrant, & subintelligendum hoc loco sit novimus vel audivimus. Sic Homerus Iliad. Z,

> Καί ποτέ τις εἴπῃσι πατρὸς δ' ὅγε πολλὸν ἀμείνων
>
> Ἐκ πολέμου ἀνιόντα.

pro ἀνιόντα ἰδὼν vel μαθών. Sic & Ὀδ. A. Μητέρα δ' οἱ θυμὸς ἐφορμᾶται γαμέεσθαι. Pomponius Præcone posteriore apud Nonium; *Quod letitias insperatas modo mihi irrepsere in sinum.* Asianum schema vocat Lesbonax, & frequens admodum Græcis Siculis id fuisse scribit; ut cum dicerent, οἱ θέλεις ἀναστάντα κλεῖσαι τὴν θύραν, pro ἀναστάς. Huic contrarium schema fuisse monet illud; Λέγεται Ἀλέξανδρον Μακεδόνα πρῶσαι τοὺς Πέρσας ἐλθὼν εἰς χωρίον τῆς Περσίδος. pro ἐλθόντα. Et apud Homerum, καταπαῦσαι ὑπερμενέα Κρονίωνα Ἀστράπτων, pro ἀστράπτοντα. Utrumque schema in hoc Catulli loco agnoscas licet, sive *flagrantem* accipias pro *flagrans*, sive *Juno noscens*, positum sit pro *Junonem noscentem*.

Nec tamen illa mihi dextra deducta paterna] Liber Mediolanensis pro *dextra* habet *veta*, unde fecimus *Vesta*. Non enim à patribus deducebantur sponsæ, sed à parochis seu paranymphis, qui παραλαβόντες τὴν νύμφην ἐκ τῆς πατρῴας ἑστίας ἐπὶ τὴν ἅμαξαν ἄγουσιν εἰς τὰ τοῦ γαμοῦντος ἑσπέρας ἱκανῆς, ut habet Etymol. magni auctor in voce Ζεῦγος ἡμιονικόν. Idem passim & apud alios legas Grammaticos.

Sed furtiva dedit nigra munuscula nocte] *Mira munuscula nocte.* Ita habent plerique veteres libri, quod non erat mutandum. *Mira*, id est præclara, egregia. Sic supra in Epithalamio Thetidis; *Heroum mira virtutes indicat arte.* Ita quoque in carmine ad Januam *mira pietate.* Sed & apud Lucretium & alios passim sic hoc vocabulum accipitur, ut opus non sit remotiorem aliquam significationem huic affingere, quemadmodum suspicantur nonnulli. Nonius in *Conticinium*. *Auctores multi sunt miri, sed auctoritate deficiunt.* Sic enim habent libri veteres, quod non erat mutandum.

Et

Et qui principio nobis terram aufert A quo sunt primo omnia nata bona] Hæc est veterum librorum lectio, quam varie immutarunt. In uno tamen invenimus *aufer*. An vere conjecerimus nescio, certe non longe à scripta recessimus lectione;

Et qui principio nobis terram dedit, auctore
A quo sunt primo omnia nota bona.

Jam sæpius monuimus Catullum amare versus hypermetros. *Terram* vero retinuimus, superius enim dixit;

Is clausum lato patefecit limite campum.

Perturbato ordine ut mos est amantium singula enumerat Manlii beneficia, bis aut etiam ter eadem repetens.

AD RUFUM

Noli admirari, quare tibi fœmina nulla, 67
Rufe, velit tenerum suppoſuisse femur.
Non illam raræ labefactes munere vestis,
Aut perluciduli delitiis lapidis.
Lædit te quædam mala fabula, qua tibi fertur
Valle sub alarum trux habitare caper.
Hunc metuunt omnes: neque mirum. nam mala valde est
Bestia, nec quicum bella puella cubet.
Quare aut crudelem nasorum interfice pestem:
Aut admirari desine, quur fugiunt.

Valle sub alarum trux habitare caper] Quidam *subalarum* junctim scribendum existimarunt, quod non probo. Neque enim sequitur quod subalaris, ideo quoque subala sit Latinum. Nec juvant optimæ Glossæ in quibus legas; Μάλη ἀνθρώπου, *subraco*, *subala*. Male enim utrunque, cum scribendum sit; *sub brachio*, *sub ala*. Non ignoro Hispanis alam dici *sobaco*, sed sciendum ab iisdem plenius hoc vocabulum exprimi cum dicunt *sobraco*, unde manifestum & hoc quoque factum ex *sub brachio*, siquidem Hispanis *braco* est brachium. Hinc *sobracados* suffraginati. Non minus peccant qui *grandebalas* dicunt vocari pilos istos subalares, cum in iis glossis, unde desumta hæc vox, *grandebalas* corruptum sit ex *grandes alas*; ex hoc nempe Juvenalis loco;

Et grandes miretur Lalius alas.

Tuto sane lingua Latina carere possit istiusmodi vocabulis.

Quare aut crudelem nasorum interfice pestem] Sic *interficere messes* Virgilius, & *interficere virginitatem* Apulejus. Græci ῥινόφθορον ὀσμήν. Attamen hoc potius accipi possit de flatu ventris, quem & ῥινόφθορον αὔραν & ῥινοβόλους ἀνέμους dixerunt. Nec tamen in malam partem ista semper abeunt epitheta: siquidem & vinum optimum quod sui fragrantia nares feriat & alliciat, id ipsum quoque à Græcis ῥινόβολος & ῥινηλάτης οἶνος dicitur. Apud Hesychium pro ῥινηλάτην οἶνον vulgo legas ῥινηλάτην ὄνον, in quo miror hæsisse viros doctos.

DE INCONSTANTIA FOEMINEI AMORIS.

68 Nulli se dicit mulier mea nubere malle,
Quam mihi: non si se Juppiter ipse petat.
Dicit: sed mulier cupido quod dicit amanti,
In vento, & rapida scribere oportet aqua.

In vento & rapida scribere oportet aqua] Atqui Ariadna id ipsum supra viris objicit, unde videas omnibus ex æquo amantibus tribui perjuria, quæ ut arenæ, vino, aquæ aut ventis inscripta cito deficiant & dissipentur antequam deorum aures contingant, quo licet perveniant, ipsis tamen sint ludibrio diis. Sed hæc velut notissima libenter mittimus.

A.D.

AD VIRRONEM.

SI qua, Virro, bono sacer alarum obstitit hircus 69
Aut si quem merito tarda podagra secat:
Æmulus iste tuus, qui vostrum exercet amorem,
Mirifice est, ac tu, nactus utrunque malum.
Nam quoties futuit, toties ulciscitur ambos,
Illam affligit odore, ipse perit podagra.

Si quoi, Virro, bono sacer alarum obstitit hircus] In vetusto Mediolanensi libro sic scriptum reperi; *Si qua viro . . . . . . se . . . . . obstitit hircus.* Forsan pro *si quoi virosus . . . . obstitit hircus.* Attamen cum in plerisque aliis invenerim,

Si qua viro bono sacrorum obstitit hircus,

vulgatam maluimus admittere lectionem; nam certe *bono* recte hic ponitur adverbialiter ut apud Ciceronem; *Quibus occidi Roscium bono fuit*, convenitque cum *merito*, quod est in sequenti versu. Cessit enim in beneficium Virronis quod alter iste ipsius æmulus eodem quo ipse malo affligeretur, utpote qui nunquam cum amica Virronis rem haberet, quin & se, & illam excruciaret. Virronum vero appellatio nota erat apud Romanos, & bene hominem alarum vitio laborantem sub hoc introducit nomine. Est enim Virro à βειρὸς, βερρὸς & βιῤῥὸς, quæ omnia δασὺ seu pilosum interpretatur Hesychius, nempe ab ἔριον seu εἴριον, addito pro more B loco digammatis. Hinc *birrus* apud Latinos pro lanosa & hirsuta lacerna quam & bebrum posteriores appellarunt Latini, ac si ex fibrinis id est castoreis fuissent contextæ pilis. De bebro & castoreo exstat Claudiani epigramma;

Nominis umbra manet veteris, nam dicere birrum
Si castor niteat, castoreum nequeo.

Dicit birrum seu bebrum retinere quidem umbram antiqui nominis, quia bebrus dictus sit à fibro, id est castore; sed cum castorum pili

 niteant,

niteant, utique istas lacernas, quæ nihil habeant splendoris & tam vili emantur pretio, non esse ex veris castoreis contextas pilis. Nam ut nunc, ita quoque olim præcipue laboratum fuit in eo, ut lanæ castoreum inducerent splendorem. Sive is conchili succo, ut habet Suidas, sive alia ratione esset inducendus. Porphyrius in Isagoge ad apotelesmata Ptolemæi tincturam hanc vocat *βαφὴν καστορίζουσαν.*

Mirifice est à te nactus utrunque malum] *A te* interpretantur tua imprecatione, quod non probo. Viri docti in suis libris repererunt *actu*, unde Muretus faciebat *astu*, sed vera scriptura est, *ac tu.*

AD LESBIAM.

70 Dicebas quondam, solum te nosse Catullum,
Lesbia: nec, præ me, velle tenere Jovem.
Dilexi tum te, non tantum ut vulgus amicam,
Sed pater ut gnatos diligit & generos.
Nunc te cognovi. quare, etsi impensius uror,
Multo mi tamen es vilior & levior.
Qui potis est? inquis. Quod amantem injuria talis
Cogat amare magis, sed bene velle minus.

Quod amantem injuria talis] Libri vetustiores; *Quid amantem injuria talis cogit*, Pro, *Quia amantem* &c.

IN INGRATUM.

71 Desine de quoquam quicquam bene velle mereri,
Aut aliquem fieri posse putare pium.
Omnia sunt ingrata: nihil fecisse benigne est:
Imo etiam tædet statque magisque magis.
Ut mihi, quem nemo gravius nec acerbius urget,
Quam modo qui me unum atque unicum amicum habuit.

Imo etiam tadet statque magisque magis] Alphenum Varum Jurisconsultum hoc epigrammate perstringi recte monuerunt viri docti. Sed de veritate lectionis non satis constat. Guyetus sic emendabat olim;

> *Omnia sunt ingrata, nihil fecisse benigne*
> *Prodest, imo etiam tadet obestque magis.*

Vulgata tamen lectio, quæ in pluribus comparet libris, non temere rejicienda est. Probum enim & Latinum est *benigne facere alicui*, quomodo etiam Cicero in oratione pro Planco locutus est. Nec displicere debet *magisque magis*, pro *magis magisque*. Nam & apud Suetonium in Tito haud procul initio *magisque ac magis deinceps* in libris antiquis scriptum invenias. Etiam absque conjunctione veteres dixisse *magemagis* ex optimis cognoscas glossis. Attamen siquid in hoc Catulli loco sit mutandum, sequar libenter eam quam & Achilles Statius & Muretus dedere lectionem;

> *Imo etiam tadet tadet obestque magis.*

Nam pro *statque*, vel ut habent antiquiores libri *stetque*, in aliis veteribus scriptum invenies *obestque*. Notum vero geminatas voces à librariis negligi & semel tantum poni. Itaque cum bis scribendum esset *tadet*, & hiatus compareret, bis posuere *magis*, qui versui consulere voluerunt.

IN GELLIUM.

> Gellius audierat, patruum objurgare solere,
> Siquis delicias diceret, aut faceret.
> Hoc ne ipsi accideret, patrui perdepsuit ipsam
> Uxorem, & patruum reddidit Harpocratem.
> Quod voluit, fecit: nam, quamvis irrumet ipsum
> Nunc patruum, verbum non faciet patruus.

Et patruum reddidit Harpocratem] Patruum obscœno silentio compescuit. Harpocratem esse silentii deum norunt pueri. Sed Harpocrates & Harpocratiacos etiam accipi de formosis quidem, sed tamen ineptis ad res Venereas pueris, id non perinde est notum. Ptolemæus in tetrabiblo lib. III, ubi de monstris agit, meminit Harpocratiacorum, & conjungit cum androgynis. Viri docti balbutientes hoc loco intellexere. Sed vero de mutilatis inferiori corporis parte accipiendam esse hanc vocem, clare satis colligi potest ex Plutarchi de Iside & Osiride scripto, ubi dicit Harpocratem, intempestivis mensibus natum & imbecillem inferioribus fuisse membris, ἠλιτόμηνον καὶ ἀσθενῆ τοῖς κάτωθεν γυίοις. In Græcis anonymi ad hunc locum scholiis editis Basileæ, legas ἀρπεκλόρες, pro Ἁρποκράτης vel Ἁρποκρατιακοὶ, quomodo & Proclus habet. In numismatis, gemmis & amuletis apud antiquarios, crebro occurrit imago Harpocratis, sub specie pueri formosi, sed loripedis, & non stantis, sed ἀναβάδην insidentis floribus loti arboris. Illud quoque observatione dignum cœlo ab Ægyptiis donatum fuisse hunc Harpocratem & inter cœlestia relatum signa. Nam qui Engonasin seu ingenicla dicitur, quemque Herculem esse Græci existimarunt; illum Harpocratem esse ex sententia Ægyptiorum colligo ex Manilio libro V.

Nixa genu species, & Graio nomine dicta
Engonasi, ingenicla vides sub origine constat.

Sic liber Gemblacensis: optimus vero meus codex non *vides* sed *laudes*. Nempe scripserat Manilius *Claudens ab origine constat*. *Claudens* id est claudicans; loripes enim ut diximus, natus est Harpocrates. Chaldæos & Ægyptios aliis formis & nominibus expressisse signa cœlestia certissimus testis est Hero in astronomicis.

IN LESBIAM

73 Nulla potest mulier tantum se dicere amatam
Vere, quantum à me, Lesbia, amata mea es.
Nulla fides ullo fuit unquam fœdere tanta
Quanta in amore tuo ex parte reperta mea est.
Nunc est mens adducta tua, mea Lesbia, culpa,
Atque ita se officio perdidit ipsa pio:

Ut

Ut jam nec bene velle queam tibi, si optima fias,
Nec desistere amare, omnia si facias.

Licet non libenter admittam trajectiones & transpositiones versuum, aut etiam integrorum epigrammatum, præsertim si invitis fiant libris, hoc tamen in loco non possum non probare sententiam Scaligeri, discreta longo spatio epigrammata ita commode & feliciter conjungentis, ut cum neutri quidquam decedat, copulata digna prorsus Catullianæ possint videri elegantiæ.

DE LESBIA.

Si qua recordanti bene facta priora voluptas
Est homini; quum se cogitat esse pium:
Nec sanctam violasse fidem, nec fœdere in ullo
Divum ad fallendos numine abusum homines:
Multa parata manent in longa ætate Catulle
Ex hoc ingrato gaudia amore tibi.
Nam quæcunque homines bene quoiquam, aut dicere possunt,
Aut facere: hæc à te dictaque, factaque sunt.
Omnia quæ ingratæ perierunt credita menti.
Quare jam te quur amplius excrucies?
Quin te animum offirmas atque istinc te reducis,
Et, diis invitis, desinis esse miser.
Difficile est, longum subito deponere amorem:
Difficile est: verum hoc qua lubet, efficias.
Una salus hæc est, hoc est tibi pervincendum:
Hoc facito sive id non pote, sive pote.
O dii, si vostrum est misereri, aut si quibus unquam
Extrema jam ipsa in morte tulistis opem:
Me miserum adspicite: &, si vitam puriter egi,

Eripite hanc pestem, perniciemque mihi.
Seu mihi subrepens imos, ut torpor, in artus,
Expulit ex omni pectore lætitias.
Non jam illud quæro, contra ut me diligat illa,
Aut, quod non potis est, esse pudica velit:
Ipse valere opto, & tetrum hunc deponere morbum.
O dii reddite mi hoc pro pietate mea.

Divum ad fallendos numine abusum homines] *Nomine* reposuimus à libris, & hanc veram esse lectionem, facile intelliget, qui noverit hoc tritum, pueros talis, viros jurejurando optime falli.

Multa parata manent in longa ætate Catulle] Nihil minus quam senex fuit Catullus, cum trigesimum & sextum non excesserit ætatis annum & junior ista scripserit. Longa itaque ætate, sic accipe, ac si dixisset, si longa sibi contingat ætas. Vel potius longa hic est misera & tædiosa. Miseris vero, qualem & hic & passim alibi sese profitetur Catullus, omne tempus longum est & tædiosum. Sic Martialis lib. x. Ep. v, Decembrem vocat longum, quem triste frigus extendat. Sed & Juvenalis hac eadem ratione longum annum vocavit Sat. VII.

Plebejum in circo positum est & in aggere fatum
Quæ nudis longum ostendit cervicibus annum,
Consulit ante phalas delphinorumque columnas,
An saga vendenti nubat caupone relicto.

Annum reposuimus pro *aurum*, uti vulgo inepte legitur, & ineptius etiamnum à viris doctis exponitur. Longum nempe annum vocat, quem longum & tædiosum faciat frigus. Hanc emendationem nostram confirmant sequentia, ubi muliercula ista quærit, num rectius factura sit si caupone relicto, nubat negotiatori sagario, qui nempe frigus arceat.

Quin te animo affirmas atque instinctuque reducis] Vanæ ad hunc locum sunt doctorum conjecturæ, ea Catullo affingentium, quæ ne ipsi

ipsi quidem velint scripsisse. Cum in veteri nostro libro ita scriptum invenerimus,

Quin tu animo affirmas atque instinctoque reducis,

facile fuit veram lectionem eruere. Sic nempe scripserat Catullus;

Quin tu animum offirmas, atque istinc te reducis.

Reducis pro *reducas*, ut solet. Sed & cum prima in hoc verbo producitur, & hoc quoque fit ex more veterum. Sic supra;

Nunc jam illa non vult, tu quoque ipse te reduc.

Quæ mihi subrepens imos ut torpor in artus] Longe aliter habet liber vetustus,

Quæ mihi subrepens imos velut anguis in artus.

Sed cum nimium hæc lectio recedat à cæteris exemplaribus, suspicor esse antiqui alicujus interpolatoris commentum. Sequenti versu pro *lætitias*, libri quidam habent *delicias*.

AD RUFUM.

Rufe mihi frustra, ac nequicquam credite amice.
Frustra? imo magno cum precio, atque malo:
Siccine subrepsti; meque intestina perurens
Mi misero eripuisti? omnia nostra bona
Eripuisti, heu heu nostræ crudele venenum
Vitæ, heu heu nostræ pestis amicitiæ?

Heu heu nostræ pestis amicitiæ] In libris antiquis invenias *pectus*, non *pestis*. Martialis. IX. Ep. XV.

Hunc quem cœna tibi, quem mensa paravit amicum,
Esse putas fidæ pectus amicitiæ.

In hoc autem Catulli loco aut ironice intelligendum, aut potius subintelligendum *olim*, *quondam*; quomodo & apud Papinium Sylvarum IV in fine carminis ad Marcellum; *neque enim Tirynthius almæ pectus amicitiæ*, quod non erat sollicitandum.

DE GALLO.

76 Gallus habet fratres, quorum est lepidissima conjux
Alterius, lepidus filius alterius.
Gallus homo est bellus: nam dulces jungit amores,
Cum puero ut bello bella puella cubet.
Gallus homo est stultus, nec se videt esse maritum,
Qui patruus patrui monstret adulterium.
Sed nunc id doleo, quod puræ impura puellæ
Suavia conjunxit spurca saliva tua.
Verum id non impune feres: nam te omnia secla
Noscent; &, qui sis, fama loquetur anus.

Sed nunc id doleo] Hos sequentes quatuor versus, suo movit Scaliger loco, & ei quod præcessit ad Rufum conjunxit epigrammati. Non probo, neque enim isti magis, quam huic conveniunt loco. Reduxi itaque ad sedem pristinam, illam forsan non naturalem, attamen à pluribus possessam seculis, & unde nullo ejiciantur jure, quamdiu legitima iis non adsignetur statio.

IN LESBIUM.

77 Lesbius est pulcher: quidni? quem Lesbia malit,
Quam te cum tota gente, Catulle, tua.
Sed tamen hic pulcher vendat cum gente Catullum
Si tria natorum savia reppererit.

Lesbius est pulcher] Sunt qui *Gellius*, non *Lesbius*, in quibusdam libris reperiri scribunt. Plerique tamen, quos ego vidi, eam, quam dedi, exhibent lectionem.

Si tria natorum savia repererit] Non recte hæc mutarunt viri docti. Nati vocabantur à Romanis qui clari & nobiles essent, ut contra qui obscuri, illi ne nati quidem dicebantur. Martialis lib. IV Ep. LXXXIII.

Nec

Nec quisquam liber, nec tibi natus homo est

Sic idem alibi, sic Plautus, sic Cicero, sic quoque alii. Est autem inprimis observandum, ex hoc loquendi genere provenisse, ut siqui ad honores olim promoverentur, eos diem, quo melior ipsis affulsisset fortuna, pro natali coluisse, ac proinde regum & imperatorum natales dies habitos potius fuisse quo imperium essent consecuti, quam quo lucis facti essent participes. Neque aliter accipienda Herodis *γενέθλια* in Evangeliis. Quamvis autem non ignorem notos accipi pro amicis & propinquis, perperam tamen id ipsum Scaliger adstruere conatur ex istoc Nævii loco, qui apud Charisium lib. II legitur

----- Nunquam quisquam amica
Amanti amico nimis fiet fidelis,
Nec nimis erit morigera nota quisque.

Postrema enim separanda sunt verba & sic legenda; *Nota quisquam.* Nempe sunt ipsius Sosipatri Charisii, monentis notandum esse *quisquam* feminine, more antiquo. Porro epigramma hoc interpretari minime opus est; palam enim in hoc pulchello notat oris obscenitatem.

AD GELLIUM. 78

Quid dicam, Gelli, quare rosea ista labella
  Hiberna fiant candidiora nive
Mane domo cum exis & cum te octava quiete
  E molli longo suscitat hora die?
Nescio quid certe est. An verè fama susurrat,
  Grandia te medii tenta vorare viri?
Sic certe: clamant Victoris rupta miselli
  Ilia & emulso labra notata fero.

E molli longo suscitat hora die] *Molli* construi debet cum *quiete:*

Miror hic hæsisse virum magnum, cum plana sit lectio, & longe melior ea, quam ipse substituit.

AD JUVENTIUM.

79 Nemone in tanto potuit populo esse, Juventi,
Bellus homo, quem tu diligere inciperes,
Præterquam ille tuus moribunda à sede Pisauri
Hospes, inaurata pallidior statua,
Qui tibi nunc cordi est, quem tu præponere nobis
Audes? Ah nescis, quod facinus facias.

Moribunda à sede Pisauri] Etiam hoc tempore oppidum istud, licet non inamœnum, male tamen audit propter aeris intemperiem, quæ efficere creditur, ut rari ibi senes compareant. Non desunt tamen qui hujus rei causam nimiæ fructuum ubertati adscribant. Quamvis vero in hoc loco libri veteres nonnihil discrepent, ita tamen scripsisse Catullum patet etiam ex Vibio Sequestro; *Pisaurus* [*qui & Isaurus ut Lucanus*] *à quo civitas Pisaurum* [*de qua Catullus moribunda à sede Pisauri*] *decurrit in Adriticum.* In scriptis tamen Vibii istius exemplaribus uncis inclusa non comparent. Et sane falsum est Pisaurum amnem à Lucano Isaurum dici. Quo enim loco apud illum legitur *& junctus Sapis Isauro*, vel puer videat scribendum esse *& junctus Sape Pisaurus*. Apage itaque istam licentiam poëticam, qua Lucanum Isaurum pro Pisauro dixisse volunt viri eruditi.

Hospes inaurata pallidior statua] Furium notat cujus paupertatem superius descripsit. Recte vero non aurea, sed inaurata statua pallidiorem esse dicit, ut ostendat, eum non esse id quod velit videri, sed pauperem & ligneum, quemadmodum supra matrem ejus ligneam vocavit. Istiusmodi homines Græci ὑποξύλους appellant, ab inauratis statuis sumto vocabulo. Scholiastes anonymus ad Hermogenis Rhetoricam capite περὶ σεμνότητος. Ὑπόξυλα κυρίως καλοῦνται τὰ ἀγάλματα οἷς ἐκ ξύλων κατεσκευασμένοις ἐπιπολῆς ἐπελήλαται ἄργυρος ἢ χρυσός. κεῖται δὲ ἐπὶ τῶν λαμπρῶν μὲν ἔξωθεν καὶ ἐπιεικῶν, πονηρῶν δὲ τὰ ἔνδον. καὶ Μένανδρος ἐν τῇ Νε-

ελυθίᾳ

ἐλυθίας φησίν; οὐδ' αὐτὸς εἰμὶ παρὰ θεοῖς ἀπόξυλος. ἀντὶ τοῦ κίβδηλος καὶ οὐ γνήσιος. Ita reformandus est locus, qui vulgo male se habet. Sed & Eustathius ad K. Iliad. notat ludibrio olim habitos aurei & buxei coloris homines velut ictericos & cadaverosos. Ridebantur illi à magis nigrientibus, veluti Ægyptiis, Mauris & Cyrenæis. Verum ipsi vicissim ridebant albos & glabros, veluti fatuos & qui nihil præter corium boni haberent. οὐδὲν λευκῶν ἀνδρῶν ὄφελος ἢ σκυτοτομεῖν.

AD QUINTIUM.

Quinti, si tibi vis oculos debere Catullum,
Aut aliud, si quid carius est oculis:
Eripere ei noli, multo quod carius illi
Est oculis, seu quid carius est oculis.

Seu quid carius est oculis] Rectius omnino, *si quid carius est oculis*, ut paulo ante. Nam certe omnium gentium consensu nihil in hac vita carius luce & oculis esse potest. Hinc Græcis φάεον non tantum oculum notat, sed & quidquid est dulce & jucundum.

AD LESBIÆ MARITUM.

Lesbia mi præsente viro mala plurima dicit.
Hoc illi fatuo maxima lætitia est.
Mule nihil sentis. si nostri oblita taceret,
Sana esset. quod nunc gannit, & obloquitur,
Non solum meminit: sed, quæ multo acrior est res,
Irata est: hoc est uritur, & loquitur.

Gannit & obloquitur] Gannire est proprie canum, de quibus Lucretius; *gannitu vocis adulant*, & forsan factum est gannire ex canire. Nec obstat syllabæ modulus, qui in derivatis sæpe mutatur. Hinc *gannire ad aurem* apud Nonium ex Afranio. Sed & Juvenalis Sat. VI. *Apula gannit Sicut in amplexu.* Græcis ποππύζειν, & ποππύσματα quæ equis indomitis adhibentur blandimenta. Hinc apud Pollucem ex Sophocle ποππύζει· ζαγήλατεις. Sic enim habet liber meus. Sed nemo rectius quid sit gannire explicet, quam ipse Catullus, cum mox subjungit, *hoc est uritur & loquitur.* Ita nempe præsente marito obloquebatur Catullo Lesbia, ut simul quoque loqueretur quid vellet, & se uri amore significaret.

DE ARRIO.

Chommoda dicebat, si quando commoda vellet
  Dicere, & hinsidias Arrius insidias.
Et tum mirifice sperabat se esse locutum,
  Quum quantum poterat, dixerat hinsidias.
Credo sic mater, sic Liber avunculus ejus,
  Sic maternus avus dixerit, atque avia.
Hoc misso in Syriam, requierant omnibus aures,
  Audibant eadem hæc leniter, & leviter.
Nec sibi post illa metuebant talia verba,
  Quum subito adfertur nuntius horribilis:
Jonios fluctus, postquam illuc Arrius isset,
  Jam non Jonios esse, sed Hionios.

Arrius hinsidias] *Arctius* non *Arrius* habent libri veteres, forsan pro *Actius*.

Credo sic mater sic Liber avunculus ejus] Non defuere quidam, qui hos versus ita legendos esse existimarent.

Credo sic mather, sic Liber Havunculus eii est
Sic Mathernus, Havus dixerit, atque Havia.

Sic legentes probat Scioppius. Sed hac ratione epigramma alias nobile, ut judicat Quintilianus lib. 1 cap. v, prorsus illepidum fiet & invenustum, ne dicam insipidum. Dicit Catullus in domo Arrii seu Actii omnes sic fuisse locutos, matrem nempe, avunculum, avum denique & aviam. Hunc vero sonum quantumvis asperum, lenem tamen & le-

& levem visum fuisse omnibus propter longam consuetudinem. Actio vero peregrè profecto. & absorpto à mari Jonio, tum demum cognovisse soni hujus asperitatem mari Jonio converso in hionium. Miror vero quamobrem Scaliger inquiat, Politianum non ex toto menti Catulli satisfecisse: utique enim non ignoravit ille poëtam lusisse in vocabulo hionii, ac si ab hiatu ita appellari potuerit.

IN LESBIAM. 83

ODI, & amo. quare id faciam, fortasse requiris.
Nescio: sed fieri sentio, & excrucior.

IN QUINTIAM ET LESBIAM. 84

QUINTIA formosa est multis: mihi candida, longa,
Recta est. hoc ego: sic singula confiteor.
Totum illud, formosa, nego. nam nulla venustas,
Nulla in tam magno est corpore mica salis.
Lesbia formosa est: quæ cum pulcherrima tota est,
Tum omnibus una omnes surripuit Veneres.

Nulla in tam magno corpore mica salis] Epigramma hoc luce quidem clarius, & quibusvis etiam intelligendum pueris, cum nulla quantumvis barbara gens reperiatur, quæ non illa ipsa loquendi utatur formula; à Quintiliano tamen meras huic offundi tenebras credidere complures, cum sic scribit lib. VI. cap. III. *Salsum in consuetudine pro ridiculo tantum accipimus: natura non utique hoc est: quanquam & ridicula oporteat esse salsa. Nam & Cicero, omne quod salsum sit, ait esse Atticorum. Non q. ia sunt maxime ad risum compositi. Et Catullus cum dicit;*

Nulla in tam magno est corpore mica salis,

hoc dicit nihil in corpore ejus esse ridiculum. Putant viri docti Quintilianum non intellexisse hoc Catulli epigramma. Sed quod pace illorum dictum sit ipsi non intellexere Quintilianum. Ridiculus non tantum is est, qui risu dignus est, sed & iste qui alios jocis & facetiis suis facit ridere.

ridere. Tales erant Attici, qui non, ut loquitur Cicero, facie magis quam facetiis erant ridiculi, id est urbani; sed qui compositi & gravitate servata jocabantur. Passim apud Plautum, Ciceronem & alios ridiculum pro salso & γελωτοποιῷ positum invenias. Nec aliter accipiendus Nonius cum horrendum interpretatur ridiculum, quamvis malè & hoc & aliis in locis sugilletur ab erudito castigatore. Sed quid opus testibus, cum ipse Quintilianus plus etiam hoc loco affirmet, & ridiculum tantum pro salso accipi scribat? Complures istiusmodi ambiguæ significationis invenias voces temere à viris doctis explosas. Sic horror, non tantum quod horridum est, sed & quod facit ut horreamus. Sic præmium pro munere, & pro pœna. Sic detrimentum non tantum pro damno, sed & pro eo quod damnum & nocumentum affert, uti apud Cæsarem. Sic & emolumentum, non tantum pro lucro, sed & pro impensa apud eundem Cæsarem. Complura istiusmodi in optimis scriptoribus à viris eruditis immutata reperias.

IN GELLIUM.

Quid facit is, Gelli, qui cum matre atque sorore
 Prurit, & abjectis pervigilat tunicis?
Quis facit is patruum qui non sinit esse maritum?
 Ecquid scis quantum suscipiat sceleris?
Suscipit, o Gelli, quantum non ultima Tethys,
 Non genitor Nympharum abluit Oceanus.
Jam nihil est quidquam sceleris, quod prodeat ultro,
 Non si demisso se ipse voret capite.

Quantum non ultima Tethys] Sufficeret vel Tethyn vel Oceanum nominasse, sed utraque posuit numina, quia Tethys est conjux Oceani, è quibus quinquaginta nymphas Oceanitidas natas fuisse fabulantur poëtæ. Tethyos vero sedem ab iis qui accuratius loquuntur, semper in Oceano locari, superius monuimus.

Non genitor Nympharum abluit Oceanus] Sic libri veteres & recte. *Abluit* more antiquo pro *abluat*, & sic passim Catullus. Notum vero hoc

hoc expiationis genus, quo olim non tantum androgyni & monstrosi partus, sed & parricidæ & similibus obnoxii criminibus mari submergebantur. Nempe quod crederent ῥυπτικὸν εἶναι φύσει τὸ τῆς θαλάσσης ὕδωρ, ut habet Eustathius ad A. Ιλ. ideo quælibet λύματα seu καθάρματα ad mare deportabantur: ad purgandum siquidem quælibet mala, nihil marinis esse efficacius credebant aquis. Euripides; Θάλασσα κλύζει πάντα τ' ἀνθρώπων κακά. Ipse videlicet aquæ marinæ beneficio curatus à sacerdotibus Ægyptiis, ut docet Diogenes Laertius in Platone. Constat sane ex Aristophane & aliis, etiam ab Atheniensibus sceleratos ad mare deportatos fuisse & præcipites datos cum acclamatione περίψημα ἡμῶν γενοῦ. Leviora crimina sola lotione purgabantur, quod si longius abesset mare, fluviali id ipsum fiebat aqua. Moris hujus crebra invenias exempla apud Persium, Juvenalem, Pausaniam & alios. Non autem solis Græcis, Romanis & Ægyptiis, sed & Judæis idem olim usitatum fuisse, satis docet Hemerobaptistarum secta singulis diebus mari aut fluminibus abluendorum criminum gratia mergi aut lavari solitorum. Nec tamen uni huic sectæ mos iste adscribendus, cum omnium potius Judæorum olim ea fuerit consuetudo. Apud Aristæum legas LXX interpretes singulis diebus mane in maris litore lavasse manus, & tum demum adorato deo, operi se accinxisse. Orationes litorales vocat Tertullianus scripto ad Nationes lib. I. cap. XIII. Sed & in fluminum ripis orationes seu proseuchas factas fuisse apparet ex Act. Ap. cap. XVI. Verum ut liquidius innotescat quantopere olim Judæis familiares fuerint orationes in maris litore, adscribam decretum Halicarnasseorum, quo Judæis licentia à Romanis conceditur, ut ritu patrio preces fundant litorales.

ΨΗΦΙΣΜΑ ἉΛΙΚΑΡΝΑΣΣΕΏΝ. Ἐπὶ ἱερέως Μέμνονος τοῦ Ἀρισείδου κατὰ δὲ ποίησιν Εὐωνύμου Ἀνθεστηριῶνος. ἔδοξε τῷ δήμῳ εἰσηγησαμένου Μάρκου Ἀλεξάνδρου, ἐπεὶ τὸ πρὸς τὸ θεῖον εὐσεβὲς καὶ ὅσιον ἐν ἅπαντι καιρῷ διὰ σπουδῆς ἔχομεν, κατακολουθοῦντες τῷ δήμῳ τῶν Ῥωμαίων πάντων ἀνθρώπων ὄντι εὐεργέτῃ, [illegible] περὶ τῆς Ἰουδαίων φιλίας καὶ συμμαχίας πρὸς τὴν πόλιν ἔγραψεν, ὅπως συντελῶν αὐτοῖς αἱ εἰς τὸν θεὸν ἱεροποιίαι καὶ ἑορταὶ αἱ εἰθισμέναι καὶ σύνοδοι, δεδόχθαι ἡμῖν Ἰουδαίους τοὺς βουλομένους ἄνδρας τε καὶ γυναῖκας τά τε σάββατα ἄγειν, καὶ τὰ ἱερὰ συντελεῖν κατὰ τοὺς Ἰουδαϊκοὺς νόμους καὶ τὰς προσευχὰς ποιεῖσθαι πρὸς τῇ θαλάσσῃ κατὰ τὸ πάτριον ἔθος. ἂν δέ τις κωλύσῃ ἢ ἄρχων ἢ ἰδιώτης, τῷ δὲ τῷ ζημιώματι ὑπεύθυνος ἔστω καὶ ὀφειλέτω τῇ πόλει. Integrum adscripsi ψήφισμα, quoniam & hoc æque ac reliqua decreta, quorum mentionem facit Josephus, absunt à vulgatis hujus scriptoris exemplaribus. Manifeste vero his verbis proseucharum seu precum Judaicarum litoralium observatio velut legitima & longo usu recepta confirmatur, utpote quarum cultus cum cultu sabbati conjungatur. Et profecto videri potest jam à temporibus Moysis & transitu maris Rubri mos iste obtinuisse. Si quis causam quærat, certe eam non aliam fuisse existimo, quam quæ multas quoque alias gentes ad idem faciendum persuasit. Cum enim crederent deos non esse adeundos, nisi prius lustratis, nec ullæ aquæ majorem purgandi vim habeant quam marinæ, utpote quæ solæ ab omnibus seculis perstent incorruptæ; mirum videri non debet, si convenientissima precibus habita sint litora, ubi nempe precaturis præsto essent purgatrices aquæ. Hinc est quod Ægyptiorum sacræ ædes vicinæ fluminibus, ripas semper fluminis spectarent. Porro licet in usum precantium exstructa quoque fuerint diversoria, quæ & ipsa proseuchæ dicerentur, preces tamen istas litorales seu ripenses sub dio ut plurimum institutas & celebratas fuisse constat ex iis quæ jam diximus & præterea ex Tertulliano libro de Pudicitia cap. XVI.

Non si demisso seipse voret capite.] Locus Ciceronis quem Statius & Scaliger adducunt, ut ostendant eandem ab illo, atque hic à Catullo obscænitatem perstringi, nihil huc pertinet. *Dimisso capite seipsum vorare*, id est seipsum irrumare. Infra disticho ad Nasonem eandem turpitudinem notat, cum dicit illum in se descendere. Artemidorus in Oneirocriticis lib. V. cap. XXXI. ipsum hoc vocat ἑαυτὸν περαίνειν. Translatum est proculdubio hoc loquendi genus à Priapis ligneis, unde, ut puto, ipse hic noster Catullus apud Nonium in ligurrire de Priapo dixit, *de meo ligurrire libido est.* Vide quoque Martialem lib. VI. Ep. XXXVI.

IN GELLIUM.

Gellius est tenuis, quidni? cui tam bona mater, 86
Tamque valens vivat, tamque venusta soror,
Tamque bonus patruus, tamque omnia plena puellis
Cognatis. quare is desinat esse macer?
Qui ut nihil attingit, nisi quod fas tangere non est,
Quantumvis quare sit macer, invenies.

IN EUNDEM.

Nascatur Magus ex Gelli, matrisque nefando 87
Conjugio, & discat Persicum haruspicium.
Nam magus ex matre & gnato nascatur oportet
(Si vera est Persarum impia religio)
Gnatus ut accepto veneretur carmine divos
Omentum in flamma pingue liquefaciens.

Persarum impia religio] Propter nuptias cum matribus & sororibus passim religio Magorum & Persarum impia appellatur. In veteri epigrammate de sacris ad evocandum umbram Pompeii Magus Persa vocatur, *Impius infandæ religionis apex.* Istiusmodi Persarum nuptiæ, Thyesteæ leges dicuntur in collatione legum Mosaycarum & Romanarum capite de Mathematicis & Manicheis. Nam quo loco vulgo legitur *execrandas & istebas leges Persarum*, omnino *Thyesteas* scribi debere existimo.

IN GELLIUM.

Non ideo, Gelli, sperabam te mihi fidum 88
In misero hoc nostro hoc perdito amore fore:
Quod te cognoscem bene constanterque putarem

Haud posse à turpi mentem inhibere probro.
Sed neque quod matrem, neque germanam esse videbam
Hanc tibi, cujus me magnus edebat amor.
Et quanvis tecum multo conjungerer usu,
Non satis id causæ credideram esse tibi.
Tu satis id duxti: tantum tibi gaudium in omni
Culpa est, in quacunque est aliquid sceleris.

In misero hoc nostro perdito amore fore] Libris auctoribus reduxi veterem scripturam;

In misero hoc nostro hoc perdito amore fore.

DE LESBIA.

89 Lesbia mi dicit semper male, nec tacet unquam
De me: Lesbia me, dispeream, nisi amet.
Quo signo? Quia sunt totidem mea, deprecor illam
Assidue, verum dispeream, nisi amo.

Quasi non totidem mox deprecer illi] Ante complures annos monuimus locum hunc ita esse legendum prout in veteri libro Mediolanensi concipitur.

Quo signo? Quia sunt totidem mea. Deprecor illam
Assidue: verum dispeream nisi amem.

Quia sunt totidem mea, supple *maledicta*, quod ex præcedentibus subintelligitur. Vitiose quoque hic versus legitur apud Gellium lib. VI. cap. XVI. Eum de hoc loco consule.

IN CÆSAREM.

90 Nil nimium studeo, Cæsar, tibi velle placere:
Nescio, utrum sis albus, an ater homo.

Nec scire utrum sis albus an ater homo] In libris antiquis *Nec si ore* unde aliquis existimet legendum

Nescio ore utrum sis albus an ater homo.

Verisimile ita censuisse rescribendum hunc locum, quibus displicebat hiatus. Sed quam dedimus lectionem, illa magis est Catulliana. Est vero hoc epigramma, quamvis breve, virulentum tamen, propter summum Cæsaris contemtum, nec potuit scriptum fuisse illo tempore, quo solus rerum potiebatur Cæsar, ut jam supra ostendimus. Florente Republica & superstite Catone impune hæc scribere licebat Catullo, qui si non tam bonus imperator, longe tamen melior Cæsare fuit poëta. Nam & Cæsarem carmina scripsisse nihilo meliora carminibus Ciceronis, docet scriptor dialogi, qui Quintiliano tribuitur. Felix itaque Catullus, cujus complura etiamnum supersunt carmina. Sed & Cæsar felix, quod pleraque ejus poëmata una cum orationibus & multis aliis perierint scriptis. Porro non recte vir magnus distichum hoc cum sequenti in Mamurram conjungit disticho, cum nullus sit orationis nexus & nihil quidquam cum illo habeat commune.

IN MENTULAM. 91

Mentula moechatur; moechatur mentula certe.
Hoc est quod dicunt, ipsa olere olla facit.

Certe, Hoc est quod dicunt ipsa olera olla legit] Recte quidem monent eruditi epigramma hoc scriptum esse in Mamurram, quem & hic & infra obscœno nomine signat, sensum tamen epigrammatis nemo hactenus perspexit. Fingit Mamurram postquam omnia sua bona dilapidasset, nec quidquam superesset quo cujusquam pudicitiam labefactare & redimere possit, eo redactum esse inopiæ, ut non jam in alieno, sed in proprio corpore luxuriam frangere & seipsum vorare cogatur. Id vero quid sit, paulo ante monuimus. Pro interpretamento hujus loci possit esse id, quod narrat Artemidorus in Oneirocriticis lib. v. cap. xxxi. de quodam divite publicano, qui in somnis visus sibi fuit seipsum inire, quem dicit post hoc visum eo redactum fuisse egestatis & desperationis, ἀλλὰ τὸ μήτε βίνειν δύνασθαι μήτε ἀναλίσκειν ἔχειν, ut seipsum tandem vita privaret. Proverbium vero *ipsa olera olla legit*, vel potius ut habent alia exemplaria, *ipsa olere olla facit*, tralatum est ab ollis Græcorum quæ in Anthesteriis circumducebantur, in quas comportabantur omnis generis olera, quæ tamen nemo degustaret. Vide Parœmiographos Græcos & Aristophanis Scholia in quibus expositum invenies quid sit χύτραν τρέφειν & χύτρας καθιδρύειν. Sed & Telemachi olla præcipue hic locum habere possit, de qua vide Athenæum lib. IX & Eustathium ad Α. Οδ. qui breviter paroemiam sic explicat; Σημείωσαι δὲ ὅτι ἡ παροιμία ἡ λέγουσα Τηλεμάχου χύτρα ἐπὶ τῶν διὰ πενίαν ἐν ὀστρείοις ἢ ὅλως εὐτελέσιν ἐδεσμοῖς πολυφαγούντων, οὐκ ἐκ τοῦ Ὁμηρικοῦ εἴληπται ἥρωος; ἀλλά τινος Ἀττικοῦ Τηλεμάχου Ἀχαρνέως τὸν δῆμον, ὅς φασι κυάμων χύτραν ἀεὶ σιτούμενος ἦν. Clarum hinc quid sibi velit Catullus, cum Mamurram ollæ comparet, quæ solo sacra faciat olere. Porro ut & hoc quoque moneam, non ita pridem vir doctus, mihique perquam amicus, significavit mihi locum hunc sibi intelligendum videri de authepsa, vase nempe seu olla, ut putabat, quo sponte sua olera coquerentur, cujus mentio apud Ciceronem in Verrinis. Verum non facile quis vel sensum vel acumen epigrammatis hac ratione expediat. Ut sciamus quid apud Ciceronem sit authepsa operæpretium fuerit verba antiqui interpretis, Vulcatii, ut puto, Gallicani, adscribere. Sic itaque ille ad hunc locum; *Authepsa vas est aquarium, quod interjecta lamina fabricatis arte fornacibus compendium portat: insimul ignis contrarii elementi defensa vicinitas.* Hinc ut opinor non difficulter conficias, authepsam non fuisse ollam qua olera coquerentur, sed ἰπνολέβητα seu vas miliarium, sic dictum vel à pondere mille librarum, vel quod mille caperet mensuras, quemadmodum apri milliarii, quod & ipsi mille essent librarum & milliarium aureum & clivus miliarius à mille passibus; non enim recte sentiunt, qui à milio coquendo sic dictum esse existimant. Erant autem vasa miliaria κυλινδροειδῆ, & latentem intus continebant fornacem, præcipuusque horum erat usus in eo, ut nunquam aqua deesset calida, quamobrem & θερμαστρείδες à Græcis dicta fuere. Plura aliquando intus continebant loculamenta, & præter anguem æneum duos præcipue tubos, quorum quantum aquæ frigidæ uni infundebatur, tantumdem aquæ calidæ per alterum effluebat. Rationem horum facilem

petas

petas licet ex pneumaticis Heronis, qui illos exactissime describit, licet in schemate nonnihil peccatum sit. Varia autem erant miliariorum genera, quædam enim ignem fundo appositum habebant, ut apud Palladium, quorundam fornax erat in medio, alia in summo carbones locatos habebant, ut apud Heronem & Lucianum in Lexiphane, ubi miliarii seu ἰπνολέβητος ignem à bulliente aqua in caput astantis excussum fuisse scribit. Sed tamen etiam illis subjectum fuisse ignem necesse est, cum tota miliarii ratio in dracone constaret æneo, qui spiræ instar crebris convolutis orbibus omnia intus ambiret latera, ut nempe tam longo ductu & multiplici contactu distractus & dissipatus omnis carbonum spiritus ante exitum in ipso deficeret miliario. Seneca Natural. III. *Facere solemus dracones & miliaria & complures formas, in quibus ære tenui fistulas struimus, per declive circumdatas: ut sæpe eundem ignem ambiens aqua per tantum fluat spatii, quantum efficiendo calori sat est. Frigida itaque intrat, effluit calida.* Vide & reliqua. Propter magnitudinem vero summis culinarum tabulatis suspendi solita fuisse, colligo ex eodem Seneca Epist. LVII, ubi agit de crypta Neapolitana ad Pausilypum; *Quid enim interest, utrum supra aliquem miliarium ruat, an mons? nihil invenies.* Inepte ibi vulgo *vigiliarium* legas. Porro istiusmodi ἰπνολέβητες seu miliaria ænea hoc quoque tempore ab Amstelodamensibus construuntur, quæ quovis minuto igne & furni & plurium ollarum vicem præstant, quæque & compendii gratia & quod minus ab illis quam à caminis metuendum sit incendium, navalibus aliquando destinantur usibus. Eadem arte veteres solitos fuisse superiora conclavia calefacere, alibi docemus. Verum hæc de authepsa seu miliario dicta sufficiant, præsertim cum ad Catullum nihil faciant, veraque sit omnino ea quam prius dedimus expositio.

IN SMYRNAM CINNÆ. 94

Smyrna mei Cinnæ nonam post denique messem
Quam cœpta est, nonamque edita post hiemem,
Millia quum interea quingenta Hortensius uno
* * * * * * *
* * Cavas barathri penitus mittetur ad undas.

Smyrnam incana diu sæcula pervoluent.
At Volusii annales Aduam morientur ad ipsum
Et laxas scombris sæpe dabunt tunicas.
Parva mei mihi sunt cordi monimenta * *
At populus tumido gaudeat Antimacho.

Smyrna cavas Atracis penitus mittetur ad undas] Quæ ad hunc locum annotarunt viri eruditi, prorsus aliena sunt à mente Catulli. In veteribus libris ita hæc concipiuntur.

Zmyrna cavas barrathi penitus mittetur in undas
Zmyrnam cana diu secula pervoluent.

Proculdubio ita scripserat Veronensis noster;

* * *cavas barathri penitus mittetur in undas*
Zmyrnam cana diu secula pervoluent.

Non tantum quartus hujus epigrammatis versiculus deest, sed & initium quinti, cui ut succurrerent librari aut intempestivi correctores, è sequenti versu illum supplere conati sunt. Quam vero inepte id ab iis factum sit, satis perspiciat qui vel aliquid in his literis profecerit. Licet enim Cinnæ poëma suis posthabeat laboribus, si tamen vera sit lectio, de qua mox dicemus, nihilominus illud laudat, & in multa iturum promittit secula, cum Hortensii & Volusii carmina mox peritura esse existimet utpote vestiendis tantum nata scombris & barathro digna. Nemini vero ignotum, ut puto, quæ luce indigna sunt, ea barathro digna censeri quod Græcis est βαραθρίζειν. Translatum id vocabulum ad homines, qui si barathro digni essent, & ipsi quoque barathri dicebantur. Hinc apud Ammonium Moschopulum & alios Grammaticos invenias; Βάραθρος ὄρυγμά τι εἰς ὃ τοὺς κακούργους ἐνέβαλλον. ἀπὸ τούτου λέγεται καὶ ἄνθρωπος βάραθρος, ὁ ὀλέθρου ἄξιος. Utitur hoc vocabulo etiam Lucretius lib. III.

Aufer abhinc lacrimas baratre & compesce querelas.

In

In hac enim lectione conspirant vetera exemplaria. Reddendum quoque hoc vocabulum veteri epigrammati quod Pithœus edi curavit titulo de vita tranquilla.

> *Atria quod circa dives tegit omnia cultus*
>
> *Hoc animos tollit nempe baratre tuos.*

Male vulgo *barate* legitur. Hinc quoque dicti videntur baratrones seu balatrones, utroque enim modo scribi monent & Acro & alii vetusti grammatici.

Zmyrnam cana diu secula pervoluent] Zmyrnam per Z scribunt libri veteres, & recte omnino. Sic sæpe scripsisse vetustissimos Græcos, constat è nummis & inscriptionibus antiquis. Idem affirmant vetera in Homerum Scholia. Pari ratione & ζμικρὸν, ζμινύλιο, ζμάραγδος, ζμῆγμα & complura alia veteribus usurpata apud Grammaticos invenias. Nec dubitandum quin mollioris soni gratia prælata fuerit hæc litera literæ Σ, cujus odiosus semper visus est sibilus, cum contra litera Z sonum edat gratissimum, quod & Quintilianus monuit. Hoc quoque tempore cultiores gentes uti Hispani, Galli & Itali, carent fere sibilante ista litera, nec unquam apud eos auditur nisi in mediis tantum dictionibus, aut in fine. Si initiale sit S, semper ab ipsis pronuntiatur velute Z, hoc est velut ut ipsi scribunt. Nec tamen opus erat novum fingere characterem, cum litera Z eundem apud Græcos & Romanos olim sonum obtinuerit, quam hoc tempore. At vero vulgo à plerisque fere gentibus Z majore & longiore profertur cum sibilo quam S, ita ut consonarum olim suavissima, omnium hoc tempore facta sit odiosissima. Sed ut ad institutum redeam hoc Cinnæ scriptum laudatur etiam à Virgilio. Novem annos in eo elimando insumsisse testatur quoque Quintilianus. Servius etiam decem.

At Volusi annales Paduam morientur ad ipsum] Initialibus literis non esse fidendum jam aliquoties monuimus. Ingeniose itaque Scaliger *Paduam*, quod est vocabulum nihili, in *apuam* mutavit. Apuam esse minutissimi genus pisciculi unde garum fiat, notum è Plinio & aliis. Glossæ veteres *apuam* interpretantur *mel mapinum*. Nempe quia adeo confertæ nonnunquam maribus innatant apuæ ac si melle candido aut nivibus æquora constrata essent, ut canit Oppianus. Ἀφύης ἀφρὸν ideo vocat Aristoteles, alii ἀφύης φῦκος. Veneri dicati olim hi fuere pisciculi, quod æque, ac illa, è spuma maris originem suam trahere credebantur, ut habet Athenæus. Sed & memorabiles olim fuere Athenis duæ sorores meretriculæ dictæ & ipsæ ἀφύαι, quod minutæ staturæ, albicolores, & simul magnis & nigricantibus præditæ essent oculis. Cæterum ut hæc placere possit lectio, non tamen ausim affirmare eam esse Catullianam. Siquidem & sic possit videri scripsisse.

At Volusi annales Aduam morientur ad ipsum

Adua Transpadanæ regionis flumen notissimus, Polybio Ἀδόας, Straboni Ἀδούας. Diximus de eo nonnulla in nostris ad Melam castigationibus. Insequentibus seculis geminata secunda litera Addua appellatus fuit, ex qua vitiosa scriptura occasionem sumpsisse videtur Cassidorus in Variis ut perquam ineptum hujus fluminis comminisceretur etymum. Ex hoc vero loco adparet Volusium istum fuisse Catulli contemaneum, Transpadanum nempe. Hujus annales dicit morituros ad ipsum Aduam, nec egressuros natale solum, utpote destinatos salsamentariis, quibus jampridem provisum sit, ne tam commoda ad scombrorum peplos materies ipsorum evadat manus.

Parva mei mihi sunt cordi monumenta sodalis] Ultimum verbum ab omnibus abesse libris affirmat Achilles Statius. In quibusdam tamen invenimus *laboris* sed utrumque videtur esse glossema. Rectius tamen retineas *sodalis*, vel *tribuni*, siquidem tribunum fuisse hunc Cinnam constat è Suetonio, neque enim verisimile de poeta quem tantopere laudat Virgilius, adeo contemtim sensisse Catullum, & sane si quis epigramma hoc quantumvis lacerum excutiat, nihil magis à mente Catulli alienum inveniet, quam ut quoquo modo amicum in animo habuerit lædere. Sed obstat hic vir magnus, qui Cinnæ Smyrnam magnum & prolixum poema fuisse multis adstruere conatur. Sed vero eum plurimum falli *ipse* satis declarat Catullus, cum Cinnæ in scribendis carminibus longam moram opponit celeritati Hortensii & copiæ Volusii. Sed & Quintilianus lib. x. cap. IV idem clarissime testatur; *Temporis quoque esse debet modus. Nam quod Cin-*

na

na Smyrnam novem annis accepimus scriptam, & panegyricum Isocratis, qui parcissime, decem annis dicunt elaboratum, ad oratorem nihil pertinet: cujus nullum erit, si tam tardum fuerit auxilium.

At populus tumido gaudeat Antimacho] Volusii & Hortensii scripta comparat cum carminibus Antimachi, quæ & longa & tumida seu inflata fuisse constat; prorsus gemina versibus Papinii Statii; quamvis longe meliora, utpote cui consensus Grammaticorum secundas post Homerum tribuerit. Adrianus Cæsar non dubitabat illum ipsi quoque præferre Homero. Inter reges nempe & principes reperiuntur quibus æque ac populo, non tam limata, quam quæ ex tempore subito profunduntur placent poemata. Sed quid Adrianum memoro Cæsarem, cum & Platoni adeo placuerint carmina Antimachi; ut illum non tantum Chœrilo sed & aliis quoque præposuerit poëtis, & amico suo Heraclidi Pontico ad conquirenda pleraque Antimachi scripta Colophonem adire persuaserit? Verum ex iis quæ cum alii, tum quoque Plutarchus in vita refert Lysandri satis colligas, non veritati, sed amicitiæ quæ Platoni cum Antimacho intercessit tribuendam esse nimiam istam laudem. Hoc, ut puto, argumento inducti Callimachus & Duris negabant Platonem idoneum & sufficientem esse poëtarum judicem, ut docet Proclus primo commentariorum ad Timæum, quamvis is contraria sentientem producat Longinum; qui non Platoni modo, quod constat, sed & suis potest videri favisse laboribus, utpote qui voces Antimachi & Heracleonis peculiari persecutus sit scripto, cujus mentionem facit Suidas in voce Λογγῖνος. Cæterum quamdiu poetæ fuere, tam etiam diu controversia istæc poeticæ exercuit studiosos, utri nempe præferendi, qui plura, an vero qui meliora eodem temporis intervallo possint scribere carmina. Hac olim ratione Callimachum Apollonius Rhodius; Horatium Crispinus; & Martialem Papinius Statius provocarunt. Quin & sæpe de illis triumphasse libenter credo, cum sciam quantam apud indoctos extemporale dicendi & scribendi valeat genus. Attamen notandum non tam poetis, quam oratoribus & causidicis necessariam esse hanc facultatem, quam si quis non sit assecutus, illum debere civilibus renuntiare officiis, recte monet Quintilianus. At vero longe est alia ratio in poetis, qui frustra perennem exspectant gloriam, si properanter scribant. Nihil vel

 Plato-

Platonis, vel Adriani Cæsaris studia, vel Longini labores in conservando profuere Antimacho, cum ex tam vasto poemate, quale ejus fuit Thebais, ne decem quidem supersint versus. Et miror inter Latinos evasisse Papinium Statium, cum tot alios longe eo meliores oblivionis flumen absorpserit poetas.

AD CALVUM DE QUINTILIA.

93 Si quicquam mutis gratum acceptumve sepulchris
Accidere à nostro, Calve, dolore potest,
Quo desiderio veteres renovamus amores,
Atque olim amissas flemus amicitias:
Certe non tanto mors immatura dolori est
Quintiliæ, quantum gaudet amore tuo.

Atque olim amissas flemus amicitias] Sic è libris veteribus reposuimus.

IN ÆMILIUM.

94 Non, ita me dii ament, quicquam referre putavi,
Vtrumne os an culum olfacerem Æmilio.
Nil immundius hoc, nihiloque immundius illud.
Verum etiam culus mundior, & melior.
Nam sine dentibus est. hoc dentis sesquipedalis,
Gingivas vero ploxemi habet veteris.
Præterea rictum, qualem defessus in æstum
Mejentis mulæ cunnus habere solet.
Hic futuit multas, & se facit esse venustum.
Et non pistrino traditur, atque asino?
Quem siqua attingit, non illam posse putemus
Ægroti culum lingere carnificis?

Gingivas vero ploxemi habet veteris] Capsam incisio interpretatur Festus. Quamvis vero Quintilianus lib. I. cap. v. affirmet Catullum

hanc

hanc vocem, in Gallia reperisse, putant tamen viri docti Græcam esse, dicique quasi πλέξιμον ἀπὸ πλέκω, quia nempe a vimine flecti soleret. Ego aliter existimo. Quod scripturam attinet, rectius forsan legas *ploxeni* vel *ploxini*, quomodo non tantum in memorato Fabii loco, sed & in plerisque manu exaratis Catulli exemplaribus vocabulum istud concipitur. Vocem si spectes, eam omnino Celticam esse existimo, ejusdemque prorsus originis ac sit *plogum* vel contracte *ploum*. Ploum vero Glossæ antiquæ vehiculum quod duas habeat rotas. Pro aratro accipitur in legibus Langobardicis. Nostro seculo manet significatio, *plo* quippe vel *plog*, *plaug*, aut etiam *plouwen* pro diversitate dialectorum aratrum notat. Non ignotum Plinio fuit istud vocabulum. Is quippe lib. XVIII. cap. XVIII. ait Gallos vomeribus suis addidisse rotulas, quod genus aratri ipsi appellarint *plaumorati*. *Ploum*, nempe ut diximus aratrum, *rat* vero rotam notat. Græci ῥυμὸν vocant, Aeolos vero βρύμον, à quo non multum abest *ploum* vel *plum*, ut merito videri possint hæc vocabula ejusdem esse originis. Nam sane plerisque Europæ gentibus, unam eandemque olim fuisse linguam, adeo est certum, ut nemo de eo dubitare possit qui vel aliquid de veteri Celtica aut Germanica degustarit lingua. Cum vero gingivas Æmilii comparat ploxeno veteri, manifeste satis docet illum οὔλων ἀποστάσει laborasse & παρουλίδας & ἐπουλίδας habuisse, quando nempe gingivæ à dentibus recedunt, & purulentas agunt fissuras, unde dirus & pestifer oritur halitus. Gingivam stygiam vocavit Andronicus Divortio;

Mulier, noverca nomen huc adde impium,
Spurca gingiva anne Stygia, haud dici potest.

Sic os stygium Ovidius de dracone.

Præterea rictum, qualem defessus in æstu] Notum proverbium λυδὸς ἐν μεσημβρίᾳ, cui geminum est αἶπολος ἐν καύματι. Cum autem veteres libri habeant *in æstum*, videtur sic scripsisse Catullus.

—— qualem defessus in æstum
Mejentis mulæ c. habere solet.

Desissus pro *dissessus* more antiquo.

Et non pistrino traditur atque asino] Asinus in pistrino appellatur superior molæ lapis, ut inferior μύλη. Hesychius; μύλη λέγεται ὁ κάτω τῆς μύλης λίθος, ὁ δὲ ἄνω ὄνος. Idem alibi, ὄνος ὁ ἀνώτερος λίθος τοῦ μύλου. Helladius apud Photium contrarium statuit dicens ἀλετῶνα vocari τὸν ἄνω τοῦ μύλου λίθον, ὄνον δὲ τὴν κάτω μύλην. Sed proculdubio errat: Nam & Xenophonti Anabas. I. ὄνος ἀλέτης dicitur asinus molarius, superior nempe lapis qui est versatilis. Quin & Polluci lib. VII. cap. IV. nec non lib. X. cap. XXV. vocatur ὄνος ἀλετών, quamvis utroque loco vocabulum istud corrupte legatur in vulgatis exemplaribus. Hesychius; Ἀλετῶνες οἱ τοῖς μύλοις ἐπιτιθέμενοι λίθοι. Sic scribe. Par ratio est in aliis instrumentis mechanicis in quibus asini semper vocantur eæ partes quæ sunt versatiles non autem quiescentes. Hinc asinus machinarius & asina molendaria in Jure, non pro animali, sed pro ipso lapide qui rotatione sua fruges diffringit & comminuit. Tales lapides præcipue proveniebant in Antroniis & Acharnensibus, unde paroemia *Antronius & Acharnensis asinus*, de lapidibus qui cæteris ad molendum præstare credebantur. Recte itaque se habet hæc Catulli lectio, nec audiendi sunt, qui legendum censent;

Et non pistrino traditur atque asinus.

Quod autem vir magnus *tradi asino*, hic accipi velit, pro suffici in locum jumenti, id minime admittendum existimo. Nam quod Juvenalem ita locutum arbitretur, in eo fugit ipsum ratio.

---- *Sed tu jam durum Postume jamque*

Tondendum, eunucho Bromium committere noli.

Hæc non ita, ut ipse vult, sed longe planiori sensu interpretanda sunt. Eunuchis nempe tradebantur qui castrandi erant, horum quippe id erat officium. Vide quæ superius de Gallis & archigallis diximus.

Ægroti c. lingere carnificis] Carnificem accipiunt pro farciminoso, quod

quod non placet. Statius reponit *Argoti*, ut sit nomen proprium. Mihi non displicet vulgata lectio, cum pallidus & luridus sit ægrotorum color. Carnificibus autem non male cadaverosus idemque qui morti tribuitur color, cum sint Mortis prænuntii. Manilius V.

Carnificisque venit mortem ducentis imago.

IN VETTIUM.

In te, si in quemquam dici pote, putide Vetti
Id quod verbosis dicitur, & fatuis:
Ista cum lingua, si usus veniat tibi, possis
Culos & crepidas lingere carbatinas.
Si nos omnino vis omnis perdere Victi,
Hiscas: omnino quod cupis efficies.

Et crepidas lingere carpatinas] Recte hæc interpretatus est Politianus, frustra reclamantibus aliis, qui nescio quæ vocabulorum monstra Catullo affingunt. *Carbatinæ* seu *carpatinæ* quales fuerint nemo melius dixerit Xenophonte, qui Ἀναβάς. δ. docet eas ἐκ νεοδάρτων βοῶν sive è crudo corio fuisse contextas. Μονοπέλμους id est ex uno solo compositas fuisse testatur Hesychius καρβατίνη μονόπελμον καὶ εὐτελὲς ὑπόδημα ἀγροικικόν. Idem καρπάτινον ἀγροικικὸν ὑπόδημα μονόδερμον. A Caribus sic appellatas præter alios indicat quoque Pollux; καρπατίνη ἀγροικικὸν μὲν ὑπόδημα κληθὲν ἀπὸ Καρῶν. Eadem ratione subsolanum ventum quod è Caria flaret καρβάνζα vocarunt nonnulli, & καρβάζειν Carice loqui. Harum solearum mentionem quoque facit Lucianus in Philopseude ad quem vetus scholiastes hæc notat; καρβατίναι τὰ ἀγροικικὰ καὶ ποιμενικὰ ὑποδήματα, ἃ καὶ ἀρβύλας φασίν. Verum errat. ἀρβύλαι quippe erant calcei sonori ut superius ostendimus, tales autem esse non possunt si è recenti consuti sint corio. Quare vero Carbatinas potius quam aliud crepidarum genus hoc loco nominarit Catullus, nemo ut opinor quæret, qui norit quam gravis & pestilens sit odor calceorum seu crepidarum

darum, quæ è crudis & non bene præparatis contextæ sint pellibus.

Dicas omnino quod cupis efficies] Recte hæc interpretatus est Lipsius in variis; sed longe fiet clarior hic locus, si pro *discas*, quomodo est in omnibus libris scriptis, legas *hiscas*. Hiscere proprie est submisse & in aurem loqui. Exprobrat Vettio obscœnitatem oris, utpote qui pateretur etiam capiti suo illudi. Si hiscas inquit, Vetti, illico nos perdet, & inpuri oris tui flatu tanquam peste conficies. Simile est Martialis Epigramma XVII. lib. III. de Sabidio, cum dicit illum solo afflatu scriblitam adeo conspurcasse, ut merda fieret. Vide quoque Epigr. XCIII. lib. VII. Salse vero in alium sensum verbum detorquetur. Vettio enim subornato à Cæsare ut falsis criminibus omnes Pompejanos ipsi redderet suspectos Pompejo, quo hac ratione è medio tollerentur; respondet Catullus, hiscas modo, Vetti, & omnino, quod cupis, efficies, solo tuo impuro flatu. Inter hiare & hiscere quod sit discrimen, nemo melius dixerit Varrone in Marcipore apud Nonium in *hiare*. Verba ejus in veteribus libris sic concipiuntur; *Quicquid evidenter circumstant non rident: credo ridere: hiantes video, bibentes non audio.* Scribe; *Qui quidem videntes circumstant, num rident? Credo ridere, hiantes video, hiscentes non audio.* Sed & hiare in obscœnum sumitur sensum, unde apud Aristophanem in ἐκκλησιαζούσαις Aristyllus inducitur, ὃς δὴ αἰσχρουργίαν ἀεὶ ἐκεχήνῃ.

AD JUVENTIUM.

96 Surripui tibi, dum ludis, mellite Juventi,
Saviolum dulci dulcius ambrosia.
Verum id non impune tuli. namque amplius horam
Suffixum in summa me memini esse cruce:
Dum tibi me purgo, nec possum fletibus ullis
Tantillum vostræ demere sævitiæ.
Nam simul id factum est, multis diluta labella
Guttis abstersti omnibus articulis:
Ne quicquam nostro contractum ex ore maneret,

Tan-

Tanquam comminctæ spurca saliva gulæ.
Præterea infesto miserum me tradere amori
  Non cessasti, omnique excruciare modo:
Ut mi ex ambrosio mutatum jam foret illud
  Saviolum, tristi tristius helleboro.
Quam quoniam pœnam misero proponis amori,
  Non unquam posthac basia subripiam.

Guttis abstersisti omnibus articulis] Pro *abstersi*, quomodo est in libris manu exaratis, rescripsimus *abstersti*, quales hiatus amat Catullus.

Tanquam commista spurca saliva lupa] *Tanquam committe spurca saliva gutta.* Ita habet codex Mediolanensis, unde fecimus

Tanquam commicta spurca saliva gulæ.

Commictam gulam quid vocet, minime opus est ut explicemus.

Ut mi ex Ambrosia] *ambrosio* reposuimus è librorum veterum auctoritate. *Suaviolum ambrosium*, ut *ambrosiæ dapes*, & *ambrosia coma* apud Homerum & Virgilium, & ἀμβροσίῳ ἐλαίῳ & similia. Porro ut hic ambrosiæ opponitur helleborus, ita Aristophanes in Equitibus eidem opponit σκοροδάλμην.

DE CÆLIO ET QVINTIO.

Cælius Aufilenum, & Quintius Aufilenam 97
  Flos Veronensium depereunt juvenum,
Hic fratrem, ille sororem, hoc est, quod dicitur illud
  Fraternum vere dulce sodalitium.
Quoi faveam potius? Cæli, tibi. Jam tua nobis
  Perfecta est igitur unica amicitia
Quum vesana meas torreret flamma medullas.
  Sis felix Cœli, sis in amore potens.

Cælius Aufilenum] *Gellius*, non *Cælius* legitur in scriptis libris. Porro quod Achilles Statius dubitat, num *Aufidenum* legi debeat, in eo peccat. Aufilenorum familiam non ignotam olim Veronæ fuisse, patet è duabus inscriptionibus istic olim repertis, in quibus Aufillenæ primigeniæ fit mentio.

Nam tua nobis Perspecta exigitur] Sic reposuere viri docti, sensu utique nullo aut admodum diluto, cum in libris scriptis legeretur,

Jam
Perfecta est igitur unica amicitia
Cum vesana &c.

Optime omnino. *Jam igitur*, id est *jam tum*. Antiquos *igitur* pro *tum* posuisse docet Festus. Pro *enim* apud Plautum & alios sæpissime. *Perfecta* hic ambiguum, nam perficere & facere, etiam apud Catullum, obsceno sensu accipitur, quemadmodum & apud Græcos *περαίνειν* & *ῥέζειν*.

INFERIÆ AD FRATRIS TUMULUM.

98 Multas per gentis, & multa per æquora vectus
Advenio has miseras, frater, ad inferias:
Vt te postremo donarem munere mortis,
Et mutum nequicquam alloquerer cinerem.
Quandoquidem fortuna mihi tete abstulit ipsum,
Heu miser indigne frater adempte mihi.
Nunc tamen interea prisco quæ more parentum
Tradita sunt tristis munera ad inferias,
Accipe fraterno multum manantia fletu:
Atque in perpetuum, frater, ave, atque vale.

Advenio has miseras, frater, ad inferias] Recte quidem inferiæ dicuntur, quæ inferuntur tumulis mortuorum, sed vero inferias dici ci ab inferendo, id neque puto, neque verum esse potest; nisi etiam credamus præpositionem infra seu infera similiter factam ab inferendo, quod imprimis absurdum. Omnino infra seu infera, ut veteres scribebant, est ab ἰν ϝέρᾳ, id est ἐν ἔρᾳ, & ἴνϝερον id est ἔνερον, idem quod κάτω, & ἴνϝεροι iidem qui ἔνεροι, quomodo mortuos & subterraneos vocari notum est omnibus. Veteres Atticos & complures Græciæ gentes [illegible] fuisse & ἄρα seu ϝέρα dixisse pro ἔρα, satis constat. Pro ἐν vero seu ἐν Macedones, Cyprios & alios Asiæ populos ἰν dixisse, quemadmodum & Latini, & hoc quoque constat ex Hesychio & aliis Grammaticis pluribus in locis. Iidem quoque dixere ἴνδον pro ἔνδον, quemadmodum & Latini *endo* & *indu*. Hinc ἴνδυρος *talpa*; quod ἔνδον ἔρας versetur, idemque quod ἔνερος. Patet itaque inferias non ab inferendo, ut vulgo putant, sed ab inferis dici. Eadem ratione vinum inferium est quod inferis, id est mortuis libatur, calpar nempe seu vinum novum. Quamvis enim lex Numæ vetaret vino rogum respergere, quod indecens in luctu sit crapula, musto tamen utebantur, veluti quod minus inebriaret. Vinum vero inferium fuisse vinum novum, quamvis & alii, præcipue tamen docet Lucretius lib. VI. ubi de causis terræ motuum agit, cujus versus vulgo sic leguntur;

Ut vas in terra non quit constare, nisi humor
Destitit in dubio fluctu jactarier intus.

Ita nullo prorsus sensu edidere viri docti, cum libri scripti habeant, *Ut vas inter non quit constare*. Sed ratio ipsa clamat sic scripsisse Lucretium; *Ut vas inferii non quit constare* &c. Quis enim nescit vinum novum non contineri vasis aut doliis, si non satis deferbuerit?

Et mutum nequicquam alloquerer cinerem] *Mutam* non *mutum* habent scripta exemplaria, & sic omnino scripserat Catullus, quemadmodum & supra *acerba cinis*. Nonius; *Cinis feminino apud Cæsarem & Catullum & Calvum lectum est, quorum vacillat autoritas.* Sic lege.

Fortuna mihi tete abstulit ipsum] *Te abstulit ipsum*. Sic libri veteres,

res, & recte nisi fallor, cum hiantes istiusmodi syllabas amare Catullum toties jam monuerimus.

Hei miser indignè frater ademte mihi] Lege *misero*. Sic supra ad Mallium,

Hei misero frater ademte mihi.

Nunc tamen interea] *Hæc tu interea.* Ita scribitur in libro Mediolanensi. Estque ea lectio magis Catulliana, quam vulgata.

AD CORNELIVM.

99 Si quicquam tacito commissum est fido ab amico;
Quojus sit penitus nota fides animi:
Me æque invenies illorum jure sacratum,
Corneli, & factum me puta Harpocratem.

Me unum esse invenies] Idem exemplar habet *Meque invenies*. A sequenti autem versu abest *esse* in veteribus quibusdam libris. Itaque non dubito quin Catullus sic scripserit;

Me æque invenies illorum jure sacratum.
Corneli, & factum me puta Harpocratem.

AD SILONEA.

100 Aut sodes mihi redde decem sextertia, Silo;
Deinde esto quamvis sævus & indomitus.
Aut, si te nummi delectant, desine quæso
Leno esse, atque idem sævus & indomitus.

Redde decem sestertia Silo] Libri nonnulli *Sylio* vel *Sillo*. Vide quæ de hoc notavimus superius in epigrammate ad Licinium Calvum.

Ad

AD COPONIUM.

Credis, me potuisse meæ maledicere vitæ,
Ambobus mihi quæ carior est oculis?
Non potui, nec si possem, tam perdite amarem:
Sed tua, Coponi, omina, nostra facis

Sed tu cum caupone omnia monstra facis] Locus inquinatissimus, nec placent quæ viri docti ad hunc annotarunt locum. Lectionum discrepantiam vide apud Statium & alios. In quibusdam libris sic scriptum invenimus; *Sed tu cuncta pone*. In aliis, *Sed tuta pone*, quæ omnia nihili sunt. Manifeste deest nomen ad quem scriptum sit hoc epigramma. Cum autem passim in libris veteribus *omina* & *omnia*, & item *nostra* & *monstra* invicem permutentur; credo omnes istas varietates ex eo provenisse, quod pro Coponii nomine indocti librarii coponem vel cauponem substituerint. Itaque sic olim scriptum fuisse existimo;

Sed tua, Coponi, *omina*; *nostra facis*.

Hiatus istiusmodi amat Catullus, nisi pro *omina* malis *crimina*. Coponius, quem hic perstringit poeta, is, nisi fallor, ille ipse est, de quo in linteis Pontificum libris hæc olim scripta legebantur. *Q. Stertinio Pratori jus dicenti nuntius allatus est de morte filii, fictus ab amicis Coponii rei de Veneficio, ut concilium dimitteret. Ille perturbatus domum se recipiebat, sed re comperta perseveravit in inquirendo.*
C. Actius Coponium veneficii postulavit.
Divinatio inter Actium & Capasium minorem de accusando. Actius obtinuit quod Capasii uxor soror esset nurus Coponii.

Facta hæc sunt anno V. C. DCXCI, D. Junio Sillano & L. Licinio Murena COSS. V. Kal. Sept. quo die Cicero causam dixit pro P. Cornelio Sylla, quoque Cæsar ex Prætura profectus est in Hispaniam ulteriorem, diu prius retardatus à creditoribus, quo denique ipso die multa quoque alia contigere, quæ sigillatim in istis memorantumorantur ephemeridibus. Eo autem libentius hæc moneo, quod necdum in lucem prodiere hæc fragmenta. Partem duntaxat exhibuit Pighius in suis Annalibus, sed longe plura sunt, quæ penes me sunt, quæque ipse non vidit, quamvis utraque ex eodem Ludovici Vivis vetustissimo ut opinor exemplari fuerint descripta.

IN MENTULAM.

Mentula conatur Pimplæum scandere montem.
Musæ furcillis præcipitem ejiciunt.

M. conatur Pipleum scandere montem] Sic libri. Utrunque enim rectum & Pipla & Pimpla. Sed vero perperam omnino *scandere* reposuerunt viri docti, cum in omnibus libris *scindere* legatur. Verbum hoc in obscæna significatione accipitur etiam in lusibus Priapeis, *Furum scindere podices solebam*, & alibi;

CD. *Si scribas temonemque insuper addas,*
Qui medium te vult scindere pictus erit.

Martialis;

Mavis cocum scindere, quam leporem.

Laberius apud Nonium in voce *Eugium*; *Quare tam arduum ascendas, an concupisti eugium scindere.* Sed & idem Laberius Lacu Lavernæ apud eundem Nonium in Catullire; *Scinde una exoleto impatienti catullientem lupam.*

DE PVERO ET PRÆCONE

Cum puero bello præconem qui videt esse,
Quid credat, nisi se vendere discupere?

Cum puero bello præconem qui videt esse] Frustra in hoc disticho interpretando sudant viri docti. Recta est vetus lectio;

Cum puero bello præconem qui videt, ipse
Quid credat, nisi se vendere discupere.

Ipse

Ipse, nempe spectator qui videt præconem cum bello puero, quid aliud existimet, nisi præconem semetipsum velle vendere. Nam bellus puer & bona merx non egent præcone. Viliora solum mancipia à præconibus divendi solita, testantur cum alii passim, tum quoque Lucianus scripto de mercede conductis. Πλὴν εἰ μὴ ἀποχρῆν σοι πρὸς ἀλήθειαν νομίζεις τὸ μὴ Πυῤῥίαν, μηδὲ Ζωπυρίωνος υἱὸν εἶναι, μηδ᾽ ὥσπερ τις Βιθυνὸς ὑπὸ μεγαλοφώνῳ τῷ κήρυκι ἀπημπολῆσθαι. Rarioris formæ pueri in arcanis solum prostabant catastis, ut ex Martiale constat. Clarum itaque quare Catullus dicat præconem qui formosum liciret puerum, non puerum, sed se velle vendere.

AD LESBIAM.

Si quicquam cupidoque optantique obtigit unquam
Insperanti, hoc est gratum animo proprie.
Quare hoc est gratum, nobis quoque carius auro:
Quod te restituis Lesbia mi cupido.
Restituis cupido, atque insperanti ipsa refers te
Nobis. o lucem candidiore nota.
Quis me uno vivit felicior, aut magis est me
Optandus vita, dicere quis poterit?

Si quidquam cupidoque Optantique obtigit unquam] Aliter libri scripti melioris notæ,

Si quidquam cupido optanti contigit unquam;

Non male, si pro *cupido*, legas *cupide*.

Aut magis est me Optandus vita] In libris antiquioribus *Aut magis me est*. Scripserat ut puto Catullus; *aut magis esse Optandus vita*, neque enim aliter constat sensus. Quis me, inquit Catullus, vivit felicior, aut quis dicere poterit, aliquem esse, qui magis optandus sit vita; id est cui magis optanda sit vita. Additum à librariis *me*, quod tamen opus non erat. Ut vero versus constaret, *esse* mutatum in *est*.

IN

IN COMINIUM.

305 Si, Comini, arbitrio populari cana senectus
Spurcata impuris moribus intereat:
Non equidem dubito, quin primum inimica bonorum
Lingua execta avido sit data volturio:
Effossos oculos voret atro gutture corvus:
Intestina canes, extera membra lupi.

Si, Comini, arbitrio populi tua cana senectus]. *Si, comini, arbitrio populari cana senectus.* Sic libri veteres, quod reducendum existimavimus. Cominios magna infamia flagravisse, quod vendidissent silentium magna pecunia, testatur Asconius.

Lingua exsecta avido sit data vulturio] Vulturium pro vulture dixit quoque superius. Exsectam vero linguam ideo dicit, quod maledicis hæc conveniat pœna. Attamen non est rejicienda lectio, quæ in plerisque vetustis comparet libris.

Lingua exserta avido sit data vulturio.

Exsertam nempe linguam dicit exprobrans ei oris obscœnitatem. Quamvis enim irrisionis proprie sit indicium exserere linguam, quia tamen hoc ipsum membrum turpioribus quoque inservit usibus; non male ut opinor locum hunc de impuritate oris accipias. Nec aliter intelligendum scomma illud Crassi oratoris, cui cum testis compellatus instaret; *Dic ergo, Crasse, qualem me reris? Talem inquit, ostendens in tabula pictum inficetissime Gallum exserentem linguam.* Plinius lib. XXXV. cap. 4.

Atro gutture corvus] *Atro gurgite corvus.* Sic libri antiquiores. *Atro*, id est, infausto & obscæno.

Catera membra lupi] *Extera membra lupi.* Hæc est veterum librorum scriptura, & sic quoque infra, *extera sunt maria,*

AD

AD LESBIAM. 106

Jucundum, mea vita, mihi proponis amorem
Hunc nostrum inter nos, perpetuumque fore.
Dii magni, facite, ut vere promittere possit:
Atque id sincere dicat, & ex animo,
Ut liceat nobis tota perducere vita
Æternum hoc sanctæ foedus amicitiæ.

Tota perducere vita] *Producere* habent libri nonnulli, & mox, *Æternum hoc sanctæ munus amicitiæ*, melius nisi fallor. Alternum enim non recte dixeris de mutuis & iis quæ simul contingunt. Scio quidem adduci cum alia, tum præcipue Senecæ locum lib. VII. cap. XII. de reb. Nat. *Nempe sic, quemadmodum rubicunda fit nubes solis incursu, quemadmodum vespertina ac matutina flavescunt, quemadmodum alterne arcus solis visitur*. Sed vero vacillat scriptura. Optimæ membranæ legunt, *Quemadmodum arcus alter nisi sole vincitur*, unde veram erues lectionem scribendo, *quemadmodum arcus ac terni soles visuntur*. Qui locum & rem perpendat, fatebitur, nisi fallor non potuisse aliter scribere Senecam.

AD AUFILENUM. 107

Aufilena, bonæ semper laudantur amicæ.
Accipiunt precium, quæ facere instituunt.
Tu quod promisti mihi, quod mentita inimica es,
Quod nec das, & fers sæpe, facis facinus.
Aut facere ingenuæ aut non promisse pudicæ,
Aufilena, fuit. Sed data corripere
Fraudando, effesti plusquam meretricis avaræ,
Quæ sese toto corpore prostituit.

Bonæ semper laudantur amicæ] Malam faciendo distinctionem, male quoque hæc interpretatur Muretus.

Aut facere ingenuæ est] *Aut facere ingenuæ, aut non promisse pudicæ*

Aufilena fuit. Sic omnino scripserat Catullus. Sic quoque ῥέξαι apud Græcos accipitur pro μιχθῆναι, uti apud Homerum:

Fraudando efficitur plus quam meretricis avara] Sic reposuerunt viri docti, pro eo quod in veteribus legitur libris *effecit* vel *effexit*. Noli dubitare, quin sic scriptum reliquerat Catullus.

Fraudando effexti plus quam meretricis avara.

Subaudi *rem*, ut sæpe. Laudat hoc loco Catullus bonas amicas, quæ cum mercedem accipiunt, sui quoque faciunt copiam. Vituperat vero Aufilenam, quod cum pretium voluptatis perciperet, sæpe tamen frustretur amantes. Debere itaque eam si ingenua sit, aut non accipere, aut etiam justa persolvere. Sed vero illam dona corripiendo & fraudando amatores, nec quidquam permittendo, turpius quid committere, quam faciant illæ meretrices, quæ plus præstent quam promiserint, quæque non legitima tantum partes, sed & totum corpus & ipsum quoque caput prostituant.

AD AUFILENAM.

Aufilena, viro contentas vivere solo
Nuptarum laus è laudibus eximiis.
Sed cuivis cuivis potius succumbere fas est,
Quam matrem fratres efficere ex patruo.

Sed cuivis quamvis potius succumbere fas est] Libri veteres habent;

Sed cuivis potius succumbere par est.

Proculdubio scripserat Veronensis noster;

Sed cuivis cuivis potius succumbere par est.

Multus homo est, Naso, neque secum multus homo qui
Descendit? Naso, multus es & pathicus?

Mul-

Multus homo es Naso, neque tecum multus homo qui] In hoc epigrammate corrigendo & explicando mirificè cæcutiunt interpretes. Frigida sunt quæ Scaliger ad hunc locum annotavit, nec meliora multo quæ Salmasius ad Historiam Augustam contulit. Scripturam quod attinet, ea istiusmodi in libris veteribus comparet.

Multus homo es Naso neque cecum multus homo qui
Descendit.

Indubitanter affirmare audeo sic scripsisse Catullum;

Multus homo es Naso. Neque secum multus homo qui
Descendit. Naso multus es & pathicus.

Explicemus singula. *Multum* interpretatur Salmasius φορτικὸν, non satis bene. Quamvis id vocabulum absolute positum varias videatur habere significationes, eodem tamen omnes redeunt. Multus enim dicitur in quacunque re aliquis est nimius, qui sit omnia solus & ter unus ut Martialis loquitur, vel qui turbam reddit in uno ut Manilius. Ita quoque Græci accipiunt πολὺν ἄνθρωπον, quod Eustathius explicat, οὐ μέγαν τινὰ ἢ σοφὸν, ἀλλὰ χυδαῖον & temere loquacem. Talem Cicero primo de legibus vocat Acrum Historicum. *Nam quid Acrum numerem? cujus loquacitas habet aliquid argutiarum (nec id tamen ex illa erudita Græcorum copia, sed ex librariolis Latinis) in orationibus autem multus & ineptus. Datio summa impudentia.* Sic è vetustissimis nostris membranis reformavimus locum Ciceronis, qui pessime, & sine ullo sensu vulgo legitur.

Neque secum multus homo qui Descendit] *Descendere in sese* licet probo sensu accipiatur, pro seipsum cognoscere, hic tamen obscœnitatem notat. Idem nempe crimen Nasoni exprobrat quod supra Mamurræ. Vide quæ monuimus ad illum versum, *Non si dimisso se ipse voret capite.*

Multus es & pathicus] Tu quidem Naso multus homo es inquit Catullus, attamen qui seipsum demisso capite vorat, non multus est, sed solus. Concludit itaque, multus es & pathicus. Multus cui aliquid superest, pathicus cui quid deest, aut aliqua in re laborat.

AD CINNAM.

109 Consule Pompeio primum duo, Cinna, solebant
Mœchi. illi ab facto consule nunc iterum
Manserunt duo. sed creverunt millia in unum
Singulum. fœcundum semen adulterio.

Mœchi illi ab facto consule nunc iterum] Et hic quoque in tenebris temere oberrant interpretes, nec se expedire possunt. In compluribus scriptum inveni *Mechilia*, unde demum variæ istæ prodierunt conjecturæ. Sed vero bene se habet scriptura optimi exemplaris;

Consule Pompejo primum duo, Cinna, solebant.
Cæcilio facto consule nunc iterum
Manserunt duo.

Pompejus primum consul anno urbis DCLXXXIV. una cum Licinio Crasso. Sequens vero annus consules habuit Cæcilium Metellum Creticum & Q. Hortensium. Clarum itaque quid velit Catullus. Hujus Cæcilii supra quoque meminit in Epigrammate ad Januam. Plures autem fuisse illo tempore Quintos Cæcilios Metellos testatur Asconius Pædianus in præfatione orationis pro Cornelio. Quem autem præcipue perstringit Catullus, is videtur fuisse Q. Cæcilius Metellus Nepos, quem malum fuisse civem & Ciceronis inimicum, idem docet Asconius.

IN MENTULAM.

110 Firmano saltu non falso, Mentula, dives
Fertur. qui quot res in se habet egregias?
Aucupia omne genus, piscis, prata, arva, ferasque.
Nequicquam. fructus sumtibus exuperet.
Quare concedo sit dives, dum omnia desint.
Saltum laudemus, dum modo ipse egeat.

Firma-

Firmano saltu non falso M. dives] Nescio quid viros doctos moverit, ut pro Firmano saltu Formianum substituerint, invitis omnibus antiquis libris. Nam quod Formianus fuerit Mamurra, id nihil ad rem facit, cum supra Mamurram liberalitate Cæsaris consecutum fuisse dixerit quidquid Gallia & Britannia uncti haberet, ut opus non sit divitias ejus natali tantum includere solo. Firmanus autem tractus, siquis alius, frequens saltibus; utpote in Piceno situs, in quo omnia hæc, quæ Catullus memorat, copiose reperias. Recte vero Mamurram divitem vocat propter saltum Firmanum. Nota enim parœmia de valde felicibus, cum dicuntur saltus possidere. Notum quoque illud Juvenalis, *unde igitur tot Quintilianus habet saltus*? Sed & à Græcis ἀλσυνίζειν dicuntur, qui admodum sunt divites.

Nequidquam: fructus sumtibus exuperet] Hæc est omnium, quos vidi, librorum scriptura, quæ mutanda non fuerat, est enim ellipsis *si* vel *cum*.

IN EUNDEM.

Mentula habet instar triginta jugera prati,
Quadraginta arvi. cætera sunt maria.
Qur non divitiis Crœsum superare potis sit,
Uno qui in saltu totmoda possideat?
Prata arva, ingentis silvas, saltusque, paludesque
Usque ad Typerboreos, & mare ad Oceanum.
Omnia magna hæc sunt, tamẽ ipse & maximus, ultro,
Non homo, sed vere mentula magna, minax.

Mentula habet justa triginta jugera prati] Sic quidem Scaliger, sed hanc lectionem non succedere & *instar* recte se habere jam aliis observatum. Quod enim Græcis est ὡς, ὥσπερ, & ὅσον, id Latinis est *instar* vel *ister*, nam & sic quoque veteres adverbium hoc extulisse docent optimæ glossæ, in quibus sic scriptum invenias; *Ister* ἔθος, συνήθεια, τύπος, τρόπος. A Græcis & hanc quoque accepere vocem Latini. Ab ἴσος enim fit ἰσόω ἰσῶ unde ἴστω vel ἄστω. inde ἰστὴς idem qui δεικηλιστὴς, ὁμοιωτὴς, qui scilicet quaslibet

libet res & personas, vultu & gestibus exprimere & reddere norit. Nec dubito, quin hinc quoque arcessendum sit histrionum vocabulum. Nam ab Histris seu Istrianis barbaris & inficetis omnino gentibus, Græcos & Romanos histrioniam accepisse, minime est verisimile.

Cætera sunt maria] *Maria* pro infinitis opibus, ut θάλασσαν χρυσοῦ. vel etiam pro qualibet re magna, ut apud Callimachum;

Οὐκ ἄγαμαι τὸν ἀοιδὸν ὃς οὐχ ὅσα πόντος ἀείδει.

Ponto nempe comparabat Apollonius Rhodius magnum poema, quale volebat credi suum quod scripserat Argonauticon, alludens simul ad nomen Ponti Euxini, qui velut operis argumentum constituit. Sic quoque pelagus malorum legas apud Manilium lib. v.

Et quod erat regnum pelagus fuit una malorum.

Attamen sequentia efficiunt ut locum mendosum esse existimem, & sic refingendum;

Et quod erat regnum, pelagus fuit. Una malorum
Non exstincta lues, semperque recentia flammans.

Manifeste alludit ad nomen Ponti, quod & regnum, & simul pelagus. *Flammans* pro *inflammans*. Sed neque hoc prætermittendum locum hunc Catulli in quibusdam libris sic concipi; *Extera sunt maria.*

Saltumque paludesque] Saltus in saltu sitos memorat, simulque ingentes silvas, quæ omnia melius Firmanæ, quam Formianæ conveniunt coloniæ.

Tamen ipse est maximus ulstro] Ita quidem Scaliger, sed non persuadet. Longe melior sensus efficietur, si pro *ultor*, quod est in omnibus libris antiquis, legas *ultro*.

Omnia magna hæc sunt, tamen ipse & maximus, ultro
Non homo, sed vere m. magna, minax.

Ultro

Ultro hic ponitur pro *ultra*, vel *insuper*, ut passim. Dicit magnas quidem istas esse opes, tamen Mamurram esse longe majorem sive maximum ultro, non quidem maximum hominem, sed maximam mentulam, cujus prodigalitas major sit, omnibus istis quantumvis magnis proventibus.

Sæpe tibi studioso animo venanda requirens
   Carmina uti possem mittere Battiadæ,
Queis te lenirem nobis, neu conarere
   Telis infesto mi icere musca caput:
Hunc video mihi nunc frustra sumptum esse laborem,
   Gelli, nec nostras hinc valuisse preces.
Contra nos tela ista tua evitamus amictu.
   At fixus nostris tu dabi supplicium.

Infestum telis icere musca caput] In veteri libro sic scriptum inveni;

Infesta in nostrum mittere tela caput.

Verum ut neque huic adquiescam lectioni, facit liber Mediolanensis, in quo nihil de hoc versu adparet, nisi hoc tantum principium & ipsum quoque vitiosum;

Hati infesta ———

Reliquæ scripturæ ab otiosis nisi fallor propagatæ hominibus; quibusvis pro suo captu istam cupientibus resarcire lacunam.

Contra nos tela ista tua evitabimus amica] Hæc est fere meliorum librorum scriptura, unde docti homines fecerunt *evitamus amictu*, quod explicat Lipsius de iis, qui veste aut sinu tela eludunt. Sed vide num melior fiat lectio, si sic scribamus;

Contra nos tela ista tua evitabimus: hamis
   At fixus nostris tu dabis supplicium.

LECTORI

S. P.

Duo ſequentia epigrammata, quæ Muretus & alii carmini ad Coloniam ſubjunxere, ſeorſim exhibere maluimus. Deprompta vero ſunt ex luſibus in Priapum, ſive Catalectis Virgilianis ut vulgo appellantur, quam recte non ſat ſcio. Cum Mediolani verſarer vidi librum qui iſtos luſus contineret cum hac epigraphe;

Cata dicta veterum poetarum in Priapum.

Varro *cata dicta* interpretatur *acuta dicta*. Eſſe autem Catulli ſequens epigramma, de eo minime dubitandum eſſe exiſtimo, cum conſtet ludicri hoc genus metri præcipue eum frequentaſſe. Terentianus Maurus poſtquam iſtos quatuor Catulli recenſuit verſus;

Hunc lucum tibi dedico conſecroque Priape,
Qua domus tua Lampſaci eſt, quaque ſilva Priape:
Nam te præcipue in ſuis urbibus colit ora
Helleſpontia, cæteris oſtreoſior oris.

Addit;

Et ſimiles plures ſic conſcripſiſſe Catullum
Scimus.

A Græcis, ut omnia, ita hoc quoque carminis genus accepere Latini. Apud Hephæſtionem in enchiridio iſti occurrunt verſus;

Ἠρίστησα μὲν ἰτρίου λεπτοῦ μικρὸν ἀποκλάς.
Οἴνου δ' ἐξέπιον κάδον, νῦν δ' ἁβρῶς ἐρόεσσαν
Ψάλλω πηκτίδα τῇ φίλῃ κωμάζων παιδ' ἁβρῇ.

Sic enim levi mutatione conſtituendi ſunt iſti verſus, qui nulla in re differunt à Catullianis, niſi quod in prima ſede ſpondeum habeant pro

pro trochæo, unde neceſſario fit, ut propius ad heroicos accedant, à quibus non aliter diſcrepant, niſi quod in tertia ſede Creticus pro dactylo aut ſpondeo occurrat. Archilochum primum fuiſſe qui majeſtatem Heroici carminis tam ludicro motu enervarit ſcribit Plutarchus. Quod autem Muretus ex male intellecto Terentiani loco etiam Virgilium in hoc carminis genus aliquando incidiſſe exiſtimat; in eo omnino fugit illum ratio. Nam plerique, qui ab eo adducuntur verſus, puri ſunt heroici, abeſt ubique Creticus, qui tamen ſolus formam immutat carminis, & concinnum quidem & elegantem, ſed tamen jocoſum minimeque ſerium inducit motum. Propter obicem in medio verſu occurrentem anaſpaſticis metris hoc carminis genus accenſet Hephæſtio. Itaque ſuaviſſimos hos Sapphonis ſubjungit verſus;

Γλυκεῖα μᾶτερ οὐ τοὶ δυνάμαι κρέκεν τὸν ἱςὸν
Πόθῳ δαμεῖσα παιδὸς βραδινὰν δι᾽ Ἀφροδίταν.

Imitatus eſt Horatius in illis;

Tibi qualum Cytherea puer ales,
Tibi telas operoſaque Minerva
Studium aufert, Neobule, liparei nitor Hebri.

Sed ut ſupra monuimus Catullum in reddenda Sapphonis oda non ſibi ſatisfeciſſe, & velut indignantem in medio conatu ſubſiſtere & quaſi abrumpere; ita neque Horatium valde ſibi placuiſſe puto, utpote cujus verſus licet hoc in loco rapidi ſint & præclari, nihilo tamen feliciores ſunt Catullianis, cum neuter ad elegantiam muſæ aſſurgat Lesbiæ. In concitatis vero iſtis Sapphonis numeris medius antiſpaſtus, pes nempe refractarius, ſauciam amore puellam & ingratas procul à ſe rejicientem telas, adeo pulcre exprimit, ut quæ non ſunt, ea tamen te videre exiſtimes, acriuſque animum tuum feriant non viſa, quam ſi ea coram contemplere. Sed veniamus ad jocoſum Catulli carmen, quo hortorum præſidem ita loquentem inducit.

AD LECTOREM.

PRIAPVS.

Hunc ego juvenes locum, villulamque paluſtrem,
Tectam vimine junceo, cariciſque maniplis,
Quercus arida ruſtica fomitata ſecuri
Nutrio magis & magis ut beata quotannis.
Hujus nam domini colunt me deumque ſalutant,
Pauperis tuguri pater, filiuſque tenellus.
Alter aſſidua colens diligentia, ut herba
Dumoſa aſperaque, à meo ſit remota ſacello:
Alter parva ferens manu ſemper munera larga.
Florido mihi ponitur picta vere corolla
Primitu, & tenera virens ſpica mollis ariſta:
Luteæ violæ mihi, luteumque papaver,
Pallenteſque cucurbitæ, & ſuave olentia mala,
Uva pampinea rubens educata ſub umbra.
Sanguine hæc etiam mihi, ſed tacebitis, arma
Barbatus linit hirculus cornipeſque capella.
Pro queis omnia honoribus hæc neceſſe Priapo
Præſtare, & domini hortulum vineamque tueri.
Quare hinc ô pueri malas abſtinete rapinas.
Vicinus pro dives eſt negligenſque Priapus;
Inde ſumite, ſemita hæc deinde vos feret ipſa.

Quercus arida ruſtica conformata ſecuri] Sic vulgo legebatur, unde vir magnus faciebat *confomata.* Fomites proprie dicuntur τὰ ἀποπελεκίσματα, minuta nempe ligni ramenta igni accendendo idonea. Hinc *defomare* ἀποπελεκίζειν, ſive fomites facere. Huic contrarium, dummodo Latinum ſit, *confomare*, pro, fomites conferre, quod huic minime aptum eſt loco. Cum in omnibus antiquis quos vidi libris ſcriptum invenerimus *formidata*, non dubitavimus reponere

nere *fomitata.* Festus; *Defomitatum, à fomitibus succisum, quibus confoveri erat solitum.* Mollior quoque hac ratione fit versus, qui non libenter in illa sede spondeum pro trochæo admittit.

Sanguine hanc etiam mihi, sed tacebitis, aram] Sic vulgo, sed nos librorum veterum scripturam reduximus. Non enim ara, sed palus, qui ab inguine propendebat, sanguine linebatur. Quænam sint arma Priapi, opus minime fuerit explicare. Sic quoque Propertius; *Osculaque admota sumere & arma manu.* Non recte & hæc quoque sollicitant viri docti.

PRIAPVS.

Ego hæc ego arte fabricata rustiea,
Ego arida, ô viator, ecce populus
Agellulum hunc sinistra tute quem vides
Herique villulam, hortulumque pauperis
Tuor, malasque furis arceo manus.
Mihi corolla picta vere ponitur,
Mihi rubens arista sole fervido,
Mihi virente dulcis uva pampino,
Mihi glauca duro oliva cocta frigore.
Meis capella delicata pascuis
In urbem adulta lacte portat ubera.
Meisque pinguis agnus ex ovilibus
Gravem domum remittit ære dexteram
Teneraque matre mugiente vaccula
Deum profundit ante templa sanguinem.
Proin viator hunc deum vereberis,
Manumque sorsum habebis: hoc tibi expedit.
Parata namque trux sine arte mentula.
Velim pol, inquis: at pol ecce villicus
Venit; valente cui revulsa brachio
Fit ista mentula apta clava dexteræ.

 Mihi-

AD LECTOREM.

Mibique glauca duro oliva frigore] E libris reposuimus, *Mihi glauca duro oliva cocta frigore.* Notum vero est olivas frigore coqui, cum hyeme maturescant. Nec offendere quemquam debet primus pes, cum is & tribrachyn & anapæstum admittat, sicque soleat etiam puros jambos interpolare Catullus.

Parata nam crux sine arte m.] Legendum *Trux sine arte m.* quemadmodum & in veteribus invenimus libris.

FINIS.

IN-

INDEX SCRIPTORUM,

Qui in his Obſervationibus illuſtrantur, explicantur aut emendantur.

ACcius apud Nonium emendatus. 170
Achilles Tatius. 63
Acta Apoſtolorum. 14
Adriani epiſtola ad Severianum explicata & emendata. 28
Æſchylus. 11
Anaſtaſii Sinaitæ hexahemeron. 29
Anonymi verſus apud Hephaſtionem emend. 344
Andronicus apud Nonium emendatus. 325
Anthologia inedita. 42
Apollonii Grammatica. 116
Apulejus explicatus. 153
emendatus. 103
Ariſtophanes explicatus. 164. 165
illuſtratus. 197. 328
Arnobius - explicatus. 164. 165
emendatus. 277
Athenæus - emendatus. 227
Auſonius - emendatus. 86

C.

Cæcilius explicatus. 13
Cæſar explicatus. 312
Callimachus illuſtratus. 294. 342
emendatus. 259
Calpurnius explicatus. 276
Catalecta veterum poëtarum emendata & explicata. 75. 76
Catullus paſſim. idem apud Nonium explicatus. 314
Cebetis tabula emendata. 222
Chronici Alexandrini auctor. 144
Claudianus explicatus & illuſtratus. 97. 197. 299. 300.
Cicero emendatus. 53. 69. 84. 113. 126. 339
explicatus. 88. 213. 318.
Columella explicatus. 76
emendatus. 215
Coluthus emendatus. 223

D.

Dicæarchi Fragmentum ineditum. 231. 232
Dion Caſſius explicatus. 200
Dion Chriſoſtomus explicatus. 164
Dionyſius Halicarnaſſenſis. 5
emendatus. 189

En-

INDEX

E.

Ennius emendatus. 269
Epicharmus illustratus. 289
Esthera locus illustratus. 268
Etymologici Magni auctor emendatus. 169. 210. 123
Euangeliorum locus explicatus. 27
Eunapius emendatus. 108. 118. 234. 235
Eupolidis locus explicatus. 235
Eustathius reprehensus. 166
Euripides emendatus. 116
explicatus. 12. 250. 251 265

F.

Festus emendatus & explicatus. 274
reprehensus. 229
Festus Avienus explicatus. 77
Florus explicatus. 199
quater emendatus. 175. 176

G.

Galenus emendatus. 107
Genesis locus explicatus. 100
Glossæ emendatæ 140. 217. 297 298
Gratius emendatus. 35

H.

Harpocrationis Lexicon emendatum. 4
Heliodorus seu Damianus Larissæus in Opticis explicat. 245
Hephæstionis enchiridion. 344. 345
emendatum 162. 163
Heronis automata. 51
explicata. 245
Hesychius emendatus. 25. 26. 41. 53. 43. 61. 84. 112. 114. 116 137. 138. 144. 171. 173. 227 228. 229. 232. 233. 204. 208 286. 298. 326.
illustratus & explicatus. 25. 26. 58. 70. 79. 97. 122 156. 190. 197. 232. 239.
Hipparchus explicatus. 63
Hippiatrica Græca. 48
Hipponax explicatus. 226
Homerus. 10. 19
explicatus. 48. 204. 212
emendatus. 153
vetus lectio reddita. 247
Horatius explicatus & illustratus 109. 239. 240. 251. 285.

I.

Inscriptiones antiquæ explic. 59. 62
Josephus emendatus. 103
Isidorus emendatus 237
Judaicarum & Romanarum legum collatio emendatus. 315
Justinus emendata. 110
illustratus. 263
Juvenalis explicatus. 42. 52. 53. 59. 164. 165. 167. 168. 200 326

emen-

emendatus. 55. 56. 139. 304

L.

Laberius apud Nonium. 334
Lampridius emendatus. 276
Laurentius Lydus. 47
Lex XII. *Tabularum illustrata* 276
Lintei libri Pontificum. 73
Longinus emendatus. 98
Lucanus emendatus. 219. 220. 308
Lucianus explicatus. 41
Lucilius emendatus. 9. 35. 61. 94. 95. 124. 269. 270
Lucretius emendatus. 6. 77. 113. 167. 170. 173. 191. 215. 227. 228. 230. 234. 249. 269. 270. 320. 321. 331
illustratus. 220
Lusus in Priapum. 263
emendantur. 334

M.

Manilius illustratus. 327
emendatus. 65. 66. 77. 80. 202. 204. 211. 227. 262. 285. 286. 288. 302
Martialis explicatus. 6. 58. 69. 172. 175. 215. 224. 305. 334
emendatus & pluribus locis restitutus. 23. 36. 37. 41. 42. 52. 53. 126. 127. 128. 142. *bis* 147. 171. 224. 225. 229. 235. 236. 291
Menandri locus apud Nonium correctus. 240
Mimnermus. 14
Moschus. 6

N.

Nævii locus apud Charisium emendatus. 307
Nicander explicatus. 160. 161
Nonius Marcellus emendatus. 142. 331
explicatus. 312

O.

Ovidius. 27
explicatus. 27. 108. 165
emendatus. 215. 221

P.

Pacuvius apud Diomedem emendat. 271
Papinius Statius emendatus. 171
explicatus. 162. 288, 305
Pappus emendatus. 258
Pauli locus ad Corinthios explicatus. 98. 223. 224
Persius explicatus. 34. 52. 117
Petronius emendatus. 58. 90. 92. 143
explicatus. 153. 198. 199. 213
Philo mechanicus illustratus. 98
Pindari Scholiastes explicatus. 259

Plato explicatus. 97
Plautus emendatus. 196. 215
illustratus. 195. 278
Plinius defensus. 268
explicatus. 336
emendatus. 2. 32. 71. 140
169
Plinius Junior in Panegyrico emendatus. 139. 140
Plutarchus emendatus. 94. 118
Poëta anonymus. 74
Pollux explicatus. 286
emendatus. 5. 48. 53. 98.
120. 121. 171. 219. 286. 295
310. 326
Pomponius Comicus apud Nonium emendatus. 141
Priapeorum carmen emendatum. 2
Priscianus correctus. 92
Propertius emendatus. 108. 161
226. 237
explicatus. 107. 214. 345
Ptolemai Geographia emendata. 145
in tetrabiblo explicatus. 302

Q.

Quintilianus emendatus. 155
explicatus. 311

S.

Sabini parodia emendata. 11
Sappho explicata. 213. 345
emendata. 113. 114. 115
116. 117. 153
eadem apud Pollucem emendata. 295
Scholiastes Germanici emendatus. 276
Hermogenis emendatus. 308. 309
Luciani vetus. 42
Scholiastes ad tetrabiblum Ptolemai emendatus & explicatus. 302
Scriptor de dialectis emendatus. 217. 218
Scylax Caryandensis emendatus. 257. 287
Seneca emendatus. 87. 98. 125. 257.
287. 319. 337
explicatus. 319
Servius emendatus. 90
Simonides. 19
Spartianus emendatus. 58
Stephanus emendatus. 203. 293.
294
Strabo. 25
Suetonius emendatus. 25. 37. 38
276. 301.
illustratus. 194. 224
Synesius illustratus. 145. 146

T.

Tarasii Patriarcha epistola. 29
Tatianus emendatus. 264
Telestes apud Athenaum emendat. 227
Tertullianus emend. 25. 274. 277

expli-

explicat. 33. 34. 97. 229
Theocritus. 7
emendatus. 240
illustratus. 239. 290
ejus Scholiastes emendatus. 247
Theognis illustratus. 224
Theophrastus emendatus. 207
Tibullus emendatus. 100. 215. 249
Trebellius Pollio illustratus. 238

V.

Valerius Maximus illustratus. 56. 142
emendatus. 293
Variorum in Priapum lusus emend. 58
Varro explicatus. 76. 173. 174. 200. 278.
emendat. 23. 47. 123. 140
Idem apud Nonium. 140. *bis* 142
explicatus. 214
emendatus. 27. 84. 214. 218. 227. 228. 236. 274. *bis*
Vetus epigramma emendatum. 321
Virgilius emendatus. 17. 18. 39 126. 223
explicatus. 146. 150. 151. 152. 192. 214. 219
reprehensus. 150. 151
In Copa emendatus. 165
Vitruvius emendatus. 193. 198
Vopiscus emendatus & explicatus. 28
Vulcatii Gallicani expositiones in aliquot Ciceronis Orationes. 144

X.

Xenophon emendatus. 48
explicatus. 002

Z.

Zozimus. 46

FINIS.

INDEX RERUM ET VERBORUM.

ACetum vocabulum sordidum. 98
Accusandi casus pro recto, & contra. 296
Ἀχιλλεῖς dicuntur radii qui ab aqua tremula in laquearia repercussi proveniumt. 245
Acrostolia seu aplustria navium captarum diis olim consecrata. 10. 11.
Adua Transpadanæ regionis fluvius. 322
Ægyptiorum templa ripas fluminum spectabant. 314
Æoles solebant liquidam λ geminare. 116
Æsculapius aliquando imberbis fingitur. 286
Æthiopibus capilli loco pharetræ. 97
Agamemnon meridiari solitus. 79
Ἀγρεῖ Æolicum pro αἱρεῖ. 114
Ai quando apud Græcos & Latinos cessarit esse diphthongus. 291
Aidoneus pro Adonis. 71
Αἰπόλος ἐν καύματι. Parœmia. 325
Ἀγκαλίδας quid & unde. 25 26
Ἀκτὴ peninsula. 138
Ἀλαβαστὸς vel ἀναβαστὸς baculus. 42
Alauda a sono dicta salpicta. 119
Albi homines a nigrientibus pro fatuis habebantur, & qui nihil præter corium boni haberent. 309
Albius Maximus præfectus ærarii. 23
Alcæus quomodo periit. 42
Alexandrini felices in somniando. 28
Alexandrinos Christianos addictos fuisse magiæ. 30

Ἀλ.

Α'λλ☉ Æolicum pro ἄλλαλ☉. 115
Αλωπίζειν, saltus possidere. 341
Alucitæ dicti ab aluco. 90
Amabo, sæpe redundat, ac si nullius esset significationis. 252
Amabo blandientis particula. 263
Amineæ uvæ. 155. Ubi & quomodo nascantur. ibid. Picentium terra olim Aminæa dicta. 155. 156. Αϐίλλιον idem quod Aminæum. ibid. Campi Aminii prope Salernum. ibid.
Ammonis oraculum in Cyrenaïs quibusdam. 17
Α'μπρον protelum unde. 123
Αμυκλαίδες calcei sonantes. 290
Ανδρόγυνω☉ πέλληξ. 9
Ανεμότρεφες ἔγχ☉ apud Homerum. 204
Anguinus non anguineus dicendum. 215
Animæ defunctorum qua via cœlum conscendant secundum Platonicos. 266
Antii Restionis lex sumtuaria. 102
Antimachum Homero præferebat Adrianus Cæsar. 323 A Platone quoque laudatus. ibid. De Antimachi vocibus librum scripsit Longinus. ibid.
Antispastus pes refractarius. 345
Antistans. 21
Antrum Attinis in marmore expressum Romæ. 161
Α'φρόδιτ☉ pro hermaphrodito, & Venere utriusque sexus accipitur. 286 Ανδρόγυν☉ quoque dicta. ibid.
Απτίζειν quid. 7
Apuæ, mel marinum 322. Sic quoque dictæ duæ sorores meretriculæ Athenis. ibid.
Arbores vento robustiores fiunt. 204
Αρϐύλαι quale calceorum genus. 327
Archilochus primus heroïcum carmen enervavit inserendo Creticum. 345
Arctus mons Cyzici, & in eo lucus, & antrum magnæ matri & Attini consecratum. 160. 161
Ardes pro ardore. 175
Argo navis fabricata a Minerva. 191
Argutæ soleæ quomodo accipiendæ. 290
Α'ρχοι & ἄρκτοι idem. 160
Asculi pro assiculi. 45
Α'σέλλωα ὄρη in quibus vixit Endymion. 257
Asiana mensa & Asiaticum dicendi genus, quomodo accipiendum sit. 137
Asia unde dicta. 108
Asinius Pollio Marrucinus. 33
Asinus Vestæ sacer. 165
Asinus, superior molæ lapis. 326

Asinus Antronius, Acharnensis, machinarius, molendinarius, pistrinarius &c. lapidem non jumentum notant. 326
Aspendius citharista. 144. 145
Athenæ ante Theseum minutum oppidum. 203
Athenienses Erechthidarum præcipue gaudebant nomine. 220
Attis Catulli quisnam fuerit. 159
Αὔτη & αὕτη idem. 112
Attici δασυντικοί. 331
Aves dextræ & sinistræ. 105
Ἔξεδροι ibid.
Aufilena familia olim nota Veronæ. 330
Αὔλιος ἀστὴρ quare Hesperus dictus. 153
Avocationes pro negotiis jucundioribus. 110
Aurei velleris fabella unde originem traxerit. 189. 190
Auriga qui quævis cantica flagello exprimeret. 225
Aurunceja & Aurunculeja familia. 138
Authepsa quale vas. 318

B.

Babylonicorum & Alexandrinorum peristromatum eadem ratio quoad picturas. 197
Balteus unde. 56
Barathri dicti qui barathro digni essent. 320
Bassus pro pingui, unde 289
Βάστικες lecticarii. 26. Βάστα-κες. ibid.
Benigne facere alicui. 301
Berecyntes olim Phryges dicti. 228. Iidem quoque Bryges, Briges, aliisque appellati nominibus. ibid.
Berenices coma qua via cœlum conscenderit. 266
Birrus quid & unde. 299
Bithynia quæ producat. 64
Bœoti olim κρεμπιζοφόροι dicti & quare. 290
Bœotiæ longitudo. 138. in ejus mensura quantum peccarit Ptolemæus. ib. Bœotia isthmus est Atticæ. ibid.
Bodem Teutonicum a βυθμός. 212
Bottiæi Cretensium coloni. 209
Botto Cretensis Bottiam condidit. 210
Βρίζαι, μεσημβριάζειν, meridiari. 79. Βρὶξ lactucæ genus dicta Ἀγαμεμνόνη. ibid.
Βροχέας Æolice pro βραχείας. 114
Βρύμος Æolicum pro ῥυμός. 326
Buffa, colaphus. 119
Buffones unde. ibid.

Cæci-

C.

Cæcilii Metelli insignes mœchi. 277

Calcei sonantes ἀρβύλαι dicti, quasi ἀραβύλαι. 290

Calcei ferrei, spartei & coriacei equorum.

Cameli apud Asiaticas gentes recentibus pellibus calceantur. 48

Campi Phlegræi prope Olympum & his vicini Phlegyæ unde dicti. 288

Canis vinculi genus. 101

Cappadocum mala fides. 34. Quo fortiores essent ad patienda tormenta, ipsi sibi equuleum struebant. *ibid.*

Capte pro capite, & captibus pro capitibus. 269

Caput asini in templo Jerosolymitano. 197

Carbatinæ seu Carpatinæ soleæ e crudo corio. 327 A Caribus seu Carpathiis sic dictæ. *ibid.*

Earum gravis odor. *ibid.*

Cata dicta pro acutis dictis. 344

Catagrapha quid apud Catullum. 63. 64

Catamitus unde. 212

Cattica spuma. 142

Catullus Epithalamia Sapphus Latine vertit. 189

Catulli prænomen Cajus non Quintus. 1. 2. Opus suum Vestæ inscripsit. 3. 4. Ubinam dedicarit Phaselum suum. 11

Catullus adeo Sapphonis studiosus, ut & amicam suam Lesbiam vocarit. 189

Catullus pauper fuit. 66

Catullus quando natus & quamdiu vixerit. 83

Cayster Phrygius. 108

Celtiberorum nomen latius patet quam Celtiberiæ. 95. Celtiberi avari. *ibid.* lotio lavant dentes. *ibid.*

Celtis idem quod cœlum. 263

Ceres dicta Ἀυλακία, Ἐυκλία & Παμμηνά. 84

Cesti Julii Africani. 30

Cestius & Gestius idem nomen. 103

Χαλκόποδες equi apud Homerum quid. 48

Chalybes etiam in Hispania Celtarum ultimi. 263

Χαμαίπεζ ἄμπελοι. 155

Charta anus & charta virgo. 21

Charta pro volumine. 3. Χάρται volumina dicuntur. 3

Charta regia tenuissima. 51

Chartæ e papyro conficiendæ ratio. 52

Char-

Charta barbata quomodo fieret. 52
Castor & Pollux quare dicantur ex ovo prodiisse. 91
Chaldæi & Ægyptii signa cælestia aliis olim formis & nominibus exprimebant ac Græci. 302
χελιδὼν, κορώνη, & ἀηδὼν pro obscœno membro. 6
Cherubini & Seraphini ornamenta monstrosa. 196
Chloris eadem ac Flroa Zephyri conjux. 264
Chordæ pro tibiis. 167
Chironis posteri in Pelio monte habitantes herbarum gnari. 232
Χρηματίζεσθαι quid. 27
Cimex pro sponda lecti. 58
Cinerarii & ciniflones mulierum servi, unde dicti. 142
Citrus pro flagello. 224
Cinis feminino genere. 331
Citharæ pro tibiis aliquando accipiuntur & αὐλιστρὸς pro κιθαρωδία. 167
Claudens pro claudicans. 302
Cliviæ aves. 62. Clivia auspicia. ibid.
Cnidus arundinosa. 89
Cochleis & testudinibus comparantur mulieres honestæ. 278
Colchi ultimi ad Orientem aliquando crediti. 14
Colchicæ mulieres omnium formosissimæ. 88
Colles etiam magni appellantur montes. 136
Colonia pro prædio rustico. 45
Coma pro flagella. 225
Consomare. 347
Coniferæ arbores ablato vertice moriuntur. 236
Conon Samius fuit Mathematicus. 258. Κόνων non Κώνων vocatus. ibid. Unde hoc nomen derivatum. ibid.
Convivia tempestiva. 109. 110
Coponius reus veneficii. 333
Cornua flebilem edunt sonum. 226. Canum ululatum provocant. ibid.
Creta centum urbibus habitata. 207
Cretensium quanta olim fuerit potentia & quæ loca tenuerint. 205. 206. 207
Crines sparsi super busta & cadavera. 246
Crissare cum dativo. 123
Crotala diversæ formæ & materiæ. 226
Crotala unde πλάγια dicta.
Ctesias pleraque monstra & portenta Indica ex Judæorum in Babylonia habitantium tapetibus hausisse videtur. 197
Cuncti & omnes diversæ significationis. 260

Cur-

Currus pro navi. 191
Cycnus rex Liguriæ. 276. Ab eo dictus collis Brixiensis. ibid.
Cylindri pro voluminibus. 51
Cyzicus frigida. 107

D.

Dædalus Cumarum in Campania conditor. 206
Dama nomen sordidum. 98
Daps unde. 203. Daps pro sacro epulo. ibid. Daps genitivum facit dapsis & daptis. ibid.
Δαῦλος non opacum tantum, sed & facem notat. 287
Daulis unde dicta. ibid.
Desomare & desomitare. 347
Δειλίπῃ, vespertini seu nocturni fures. 153
Delus Bœotiæ flumen. 84
Δῆμος absolute pro Atheniensium populo. 220
Desposias & Damasias arbores apud Eunapium. quænam istæ arbores fuerint. ibid.
Detrimentum pro damno & pro eo quod damnum infert. 312
Dia insula Cretica vulgo Standia dicta. 201. Naxos appellata. ibid. Sed & altera Naxos vocata fuit Dia a quibusdam. ibid. Quinque olim insulis Diæ nomen attributum. ibid.
Diana μυελώνυμος. 84
Διαψαθαλάσσειν quid. 286
Dioscuri Castores & Polluces dicti.
Dioscori non invocari soliti, nisi periculum præcessisset. 289 Hinc ἀπὸ μικρὸν θεοὶ dicti. ibid. Iidem eadem de causa appellati παρωλίδες, ibid. sequenti pag.
Δίθυροι libelli, quomodo & a quibus conficerentur. 64
Dividere carmen. 239. 240
Docti quinam vocentur a Nonio. 174
Domina proprie mater deorum dicitur. 176
Dormituri licet curvi jaceant, mane tamen recto jacent corpore. 274
Ductor ferreus insularis, pro Vulcano Lemnio. 58
Duicensus pro servo præcipuo. 141
Duplex non recte accipitur pro doloso. 285. 286.
Duplex Amathusia seu Venus quomodo accipiendum. 286
Dyrrachium Adriæ taberna. 89

E.

Εχιοδιώκται Psylli & Marsi dicti. 222
Ἠελίοιο δέπας de bibace & temulento. 274
Ἐκμαγεῖον quid. 96. 97

Ἐλωδὸς, Vulcanus. 58
Ἐμβασικοῖται quinam dicti. 71
Emolumentum pro lucro & pro impenſa. 312
Endymionem varii populi ſibi vindicarunt. 257. Non in Latmiis, ſed in Lamiis ſaxis eum vixiſſe quidam ſenſerunt. *ibid.*
Ἔνεροι unde dicti. 331
Ἓν ποθ᾽ ἐν ἅδειν. 240
Epheſiorum & Alexandrinorum in Troade nummus explicatus. 206
Ἐπικυλικίδιος ζεὺς unde dictus. 216
Ἐπιφάτνιος ἀστὴρ, quare Heſperus dictus. 142
Equi apud Seras corio calceantur. 49
Equorum & mulorum ſoleæ ferreæ. 48
Erica Anauri filia quare dicta. 232
Erythron tractus Cyrenaicæ arenoſus, a quo pulvis Erythrius Catullo. 145
Es pro *edis*. 49
Eſſeni credebant animas morientium ad Elyſios ultra Oceanum ſitos migrare. 266
Eumenidum thalami aliis ferrei, aliis ſaxei. 223
Euripides aquæ marinæ beneficio curatus a ſacerdotibus Ægyptiis. 313
Europa unde dicta. 108
Ex alia, id-eſt ex alia parte. 221

F.

Famelici ad Venerem proni. 50
Ferrugineus color quis. 217. 218
Flagella loco tubarum olim uſitata. 161
Flagellorum uſus apud Indos & Seras. 215
Flagellorum ſonus muſicæ inſerviens in choris bacchantium & gallantum. 225
Flexilia multa, quæ tamen non ſunt lenta. 213
Floralia quando incæperint. 265
Florus quidam Seneca olim dictus. 284. magnus bonorum librorum interpolator, 285
Fluſtrum quid. 229. 230
Fomitare id eſt fomites facere. 347
Fomites, πελεκίσματα ſeu ligni ramenta quibus ignis accenditur. 346. 347
Frontes voluminum. 2
Fulgerare pro fulgurare. 271
Fullones ſaliares dicti. 196. Fullonius ſaltus. *ibid.*
Furiarum capilli. 215
Furibus nebulæ magis placent quam noctes. 154

Ganni-

G.

Gannire quasi canire. 309
Galli Matris magnæ muliebri semper veste in antiquis comparent marmoribus. 167. 168
Galli Matris magnæ unde dicti. 162. 163. Causa quamobrem olim castrabantur. ibid.
Gallorum recentium gravis halitus. 172
Γελάις Æolice pro γελᾷν. 114
Gerere ri . am. 259
Γέρον γράμμα, γέρων μῦθος & similia. 21
Glus, glutis & glutinum unde. 214
Glyphiæ & Gnyphę nymphę 138
Gortynæ nomen unde. 202
Γραμμίζειν quid. 63
Gratiæ curas & molestias sopire credebantur. 170. 171. Quare Εὐδαλεγῖνες & πεγίτιδες dictę. ibid.
Gratię Oblivionis seu Lethes filiæ. 171
Gregorii Metropolitæ Corinthiorum scriptum de dialectis, inepte Corintho tribuitur. 240

H.

Halicarnasseorum decretum, quo Judæis in maris litore proseuchas exstruere conceditur. 313
Harpæ vulgares hujus temporis, dictæ olim lyræ Barbarorum. 145
Harpocrates loripes. 302. Idem qui Engonasin. ibid.
Harpocrates & Harpocratiaci dicuntur inepti ad Venerem. 302
Helicon amnis. 226
Helix explicata seu evoluta. 54
Hemerobaptistæ singulis diebus mari aut fluminibus se immergentes lavabantur. 313
Hermophroditi ut plurimum veræ sunt mulieres. 286. 287
Herodis γενέθλια in Evangeliis quid. 307
Herculis sagittæ breves. 98
Hesperus quare ἐπιφάτνιος dictus. 153
Hiare sensu obscœno. 328
Hillel seu Illel patriarcha. 29 Idem Ullus, Huillus, Iulus. ib. Hujus synagoga Alexandriæ. ibid.
Hircis tussi laborantibus præsens remedium si nares eorum fimo oblinantur. 47
Hiscere & hiare, quomodo differant. 328
Hispanus vel Bæticus color idem qui pullus. 169
Histriones qui & unde traxerint nomen. 342
Homero ignota fuere unguenta. 268

Horatius quando natus & quando mortuus. 82. 83
Horatius non expressit vim & elegantiam versuum Sapphonis. 345
Horrendum pro ridiculo, uti larvæ & personę. 312
Horreum unde. 122
Humor, non ventus, alit flores. 154. 155
Ὑπόξυλος quid. 308

I.

Janus primus æra signavit. 219 220
Ida mons Cretæ aliquando habitatoribus frequens. 207
Ida mons Lucifero sacer. 150. 151 ex illo Sol & sidera spectantur duabus horis citius orientia, quam oriantur illis, qui in plano versantur. *ibid.*
Idomene Macedoniæ civitas. 209. 211
Idriades dictæ urbes in monte Idro sitæ. 236
Igitur pro *tum.* 330
Illel seu Hillel patriarcha. 29
Incohare unde. 85
Incubare ἐγκοιμᾶν quid. 27
Inferiæ unde dictæ. 331
Instar, unde. 341
Intercalarium versuum ratio. 241 245
Interdiarii fures ἡμεροκλέπται. 153
Internuculi fures, ἡμεροκοῖται. *ibid.*
Intus canere quid. 144. 145
Jovis Fidii templum in Capitolio tectum habebat perforatum. 200. Templum hoc instauratum post bellum Marsicum, eoque translata a Pompejo vitis aurea. *ibid.*
Jovis Urii templum. 13. 14
Ipsilę, ipsules, subsiles, & ipsulices quid. 46
Ἱπνολέβης quale vas. 318
Istapte pro ista ipsa. 16
Itonus Amphictyonis filius. 219
Judæi in mari manus lavabant. 313
Judæorum preces littorales. *ibid.* Judæorum proseuchæ in litore maris & ripis fluminum. *ibid.* Judæis permisere Romani ut in maris litore proseuchas haberent. *ibid.* & *seq.* Quam antiquus iste mos fuerit. 314
Julii Africani ætas, patria. 30 Auctor cestorum & quid illi continerent. *ibid.*
Junonis risus serenitatem inducit. 216. eadem moto throno tempestates inducit. *ibid.*
Jupiter nutu tempestates inducit. *ibid.*

K.

Καρβάζειν Carice loqui. 327
Κάρβας ventus è Caria flans. *ib.*

Καρ-

Κάρτη Cretensibus bos. 203
Καπήλεφος quid. 63
Καταπυγίζειν postergare. 56
Καταπίτλωσις. 41
Καπρωπα Æolicum pro καὶ ἐπίρωθε. 116
Κήλων, asinus. 163
Κλυδώνιον apud Euripidem quid. 229
Κόλλοψ flagellum. 223
Κολοκτεύων. 229
Κολόκυμα quid. 228. 229. Σκώληξ idem. ibid.
Κόλος in compositis vocibus quid notet. 229
Κολοπαιδίον pumilio. ibid.
Κονίποδες quales soleæ. 291
Κράββατος unde. 25
Κρουπέζια rusticorum qualia. 290

L.

Lac, lacte & lactis in casu recto. 250. In sacrificiis olim lacte pro vino utebantur. ibid.
Lacedæmonius orbis pro disco. 59
Læna Gallica vestis. 238. 239
Lætare id est lætum facere. 234
Λαμαποδίας quis. 235
Lamius non Latmius Endymion quibusdam. 257
Lamiacus & Maliacus sinus idem. ibid.
Lanuvini dentati. 94. 95
Lares qua ratione a geniis distinguuntur. 276. Lararium quid. ibid. Lares familiares quomodo a cælestibus distinguendi. 277. Lares cœlo potentes pro Laribus cælestibus. ibid. Larum cane pelle contecti ubinam collocarentur. ibid.
Laserpicium unde. 17
Laternę vox sordida. 98
Lectica non ignota Græcis. 26
Lectica Bithynorum inventum. 24
Lecticarii recto & procero olim corpore. 25
Lentus unde. 214
Lentus multas & sibi contrarias continet significationes. 212
Leonis catulus plus quam ipse leo. 100
Leones galli Matris magnæ mansuetos faciebant tympanis. 174
Lesbonactis scriptum de schematibus. 296
Lethargus curatur aquæ frigidæ aspersione. 47
Λευκαίνειν pro ἐρέσσειν. 192
Librorum compingendorum ratio apud antiquos. 51
Libri seu codices quadrati quando fieri cæpti. ibid.
Librorum circumcisio quorum inven-

inventum. 53. Quomodo ea facienda. 53. 154
Libri & libelli, pro tabernis librariorum. 120
Lienosis & hepataris os olet. 99
Ligurii fossa apud Veronenses. 47
Limaces seu γυμνοκοχλίαι dictæ meretrices vagæ 278
Lintei Pontificum libri & ex iis fragmentum. 333
Λίπος unde. 214
Λιτροβάραξ lecticarius qui obolo conducebatur. 26
Lobrinæ specus. 161
Λογεῖον quid. 69
Loca ignota & inexplorata pro sacris habebantur. 192
Locrorum Opuntiorum nummi, in quibus Hesperi sidus exprimitur. 151
Locrorum Ozolarum nummi in quibus Hesperi sidus exprimitur, & quare. *ibid.*
Longus december, longa ætas & longus annus pro tædioso & molesto. 204
Lover vel laveren. 13
Lucillii nomen unde. 69
Lucretius quando natus & quando mortuus. 82. 83
Ludicrum pro ludo, vel pro loco lusui apto. 137
Λυδὸς ἐν μεσημβρίᾳ Parœm. 325
Lupanaris & lupanare. 100
Lusus in Priapum explicati. 248
Lyra Barbarorum, harpa vulgo dicta. 145
Λαῖμα quid. 238

M.

Mæander in Phrygia nascitur, unde Phrygium vocat Ovidius. 108
Magisque magis, pro magis magisque. 301. Mage magis idem *ibid.*
Maleæ promuntorium quomodo à recentioribus Græcis appellatur 62
Maliacus & Lamiacus sinus idem. 257
Mamma pro nutrice & contra. 193
Μαράγναι seu σμαράγναι flagella sonantia. 225
Mare poculum Solis. 274. Poculum solis, quo Hercules navigii loco usus. *ibid.*
Mare Ponti, flumen Rheni & similia quomodo accipiendum. 211
Maria, pro magna affluentia. 342
Maris singulis partibus, singula preesse numina olim creditum. 76. 77
Marrucini fide & probitate conspicui. 34. Ponticis opponuntur a Tertulliano. *ibid.*
Marsupium pro mantica quæ est a ter-

a tergo. 56
Marsyam quare excoriatum, alii vero flagellis cæsum tradiderint. 224
Mattiacæ pilæ. 142
Me, περίλλκει. 31
Medea quare Solis filia dicta. 14
Medea Clytiæ filia secundum quosdam. 261
Medulla anseris pro subtilioribus ejus plumis. 61
Melos prima longa apud Persium. 117
Memnon in campis Elysiis. 266. Ejus mortem adeo planxerunt dii, ut anniversarium jejunium instituisse credantur. *ibid.*
Memnonius Oceanus pro Indico seu Orientali. 271. Memnones & Memnonidæ dicti Orientales a Memnone Auroræ filio. *ibid.* Apud Homerum pro μετ' ἀμύμονας Αἰθιοπῆας, quidam olim legendum censuerunt μετὰ Μέμνονας Αἰθιοπῆας. *ibid.*
Metropoles plures in una provincia. 23. 24
Mihipte & mepte pro mihi ipsi & meipsum. 14
Miliaria vasa ubi hoc tempore conficiantur. 319
Miliarium vas quale & unde dictum. 318
Minervæ Lindiæ signum a Danao consecratum quale fuerit olim. 259
Minium prius ochra. 64
Minois ætas, & an plures fuerint Minoes. 205
Minotaurus aliter a poëtis describitur, aliter in nummis comparet. *ibid.*
Minotauri & Minois concordia. 206. 207
Minotauro sublato desiit potentia Cretensium. 207
Mira, id est egregia &c. 296
Μοιχικὰ ὑποδήματα quæ. 291
Momus quid reprehenderit in soleis seu crepidis Veneris. 290
Morti nulla fiunt sacrificia. 247. 248
Muci & pituitæ differentia. 59
Multa pro culpa. 214
Multus quod modis accipiatur. 339
Μύρκος. 100
Musica sacerdotum magnæ Matris qualis fuerit. 292
Murænarum animæ in cauda. 236
Murcidus unde. 100
Murra & stacte olim non accensebantur unguentis. 268

N.

Natalis anus. 21
Natalis regum & principum ille vo-

vocabatur dies, quo ad regnum & supremos promovebantur honores. 307

Nati pro claris & nobilibus. 306. 307

Necunde pro μήποθεν. 275

Nebulas magis amant fures, quam noctes. 154

Nebulones unde dicti. 153. 154

Νηφάλιος βωμὸς & νηφαλία θυσία quænam. 293

Neptunus uterque quomodo intelligendum. 76. Επιλίμνιος dictus, quatenus etiam dulcibus præest aquis. 78

Nicæa æstuosa & simul frigida. 107

Nuntium pro re nuntiata. 173. 174

Nuptiis Thetidis & Pelei quinam interfuerint. 233. 234

Nymphæa & antra Nympharum qualia. 137. Nymphæum χθονίων. ibid.

O.

Ocimum damnosum stomacho. 103

Odor quam late propagetur. 208

Oea civitas amplissima. 139

Oeta mons incendiis obnoxius. 287. 288

Oeta mons Lucifero consecratus. 150. ex eo Sol & sidera videntur duabus horis post occasum. 151. Idem mons Hymenæo sacer. ibid.

Olympiaci ludi primum annui, dein triennales & postea quinquennales. 249. 250

Olympus mons ab aliquibus ardere dictus. 288

Omina dextra & sinistra. 105

Ὁμόσιποι & ὁμόσπλοι qui. 169

Ὀμπνηλικλῶ facere quid Ciceroni. 84

Ops unde & quid. 23

Ὄνος ἀλέτης vel ἀλετών de lapide pistrini. 326

Ὀνήρ pro ἀνήρ. 114

Opisthographa quid. 51

Opulentissime pentasyllabum. 37

Oscines aves unde dictæ. 63

Ὠρήσσω, custodio. 122

Ὦρος vel οὖρος custos. ibid.

P.

Pamphilium mare periculosum navigantibus. 12

Panis biseus Gallis quis & unde. 218. 219

Παραλλαγμὸς apud Græcos quomodo fieret. 41

Parcarum habitus. 237. 238

Παρεία seu πυρίας serpens. 222 A Pario oppido dictus. ibid.

Parnassus non Apollini tantum, sed

sed & Baccho sacer. 250

Parthicæ pelles & inde Parthicarii. 190

Παρυλίδες & ἐπυλίδες gingivarum morbus. 325

Pasitheæ nomen unde. 171

Πασιπόρνη. *ibid.*

Patriarchas soli Judæi & Ægyptii habebant, non autem Christiani. 29

Patroa virgo, id est Vesta. 3

Πατρῷοι θεοὶ quinam vocentur. 4. 5

Pectine diviso, id est partito labore. 149. Pectinis usus in lanificio. *ibid.*

Pelctronius mons unde dictus. 232. 233

Pellere lanam. 239

Περαίνειν sensu obscæno. 330

Percellere idem quod prosternere. 246

Perficere sensu obscæno. 330

Περίψημα quid. 98

Περιχηλῶσαι quid. 48

Persæ Græcos vocant Jannos id est Jaonas. 220. Janus ex Thessalia venit in Italiam. *ib.* Ejus nummi. *ibid.*

Pes in navibus quid. 12. utroque pede navigare. *ibid.*

Πεζαϊνὰ vitis qualis. 155

Πηλὸς pro homine contumelia digno. 101

Περισπᾶσθαι in malam partem. 215

Φαιὸς vel κυανεος color, est is, quem vulgo violaceum aut pavonaceum appellamus. 218

Pharsalia secunda concepta. 195

Phaselorum celeritas unde. 11. A phaselis naves hoc tempore vascelli & vaisseaux dicuntur. *ibid.*

Pheneatibus a Cerere collatum beneficium. 294

Pheneatarum voragines ab Hercule effossæ. *ibid.*

Phædra Ariadnæ soror Theseo nupta. 219

Φλέγμα unde. 37

Φιλέρως & παιδέρως res sordidæ. 98

Φάεον pro oculo, aut si quid carius est oculis. 309

Philoxeni glossæ emendatæ. 119

Pictores qui monstra pingunt, non egent graphidis peritia. 199

Pileati fratres quare sic dicti. 90. 91

Pilei Laconici & Macedonici differentia. 91

Pinus congesta quæ. 204

Pipiare. 9

Pipiunculi. *ibid.*

Piræeus portus necdum erat temporibus Thesei. 216. 217

Pisaurum quare moribundum vocarit Catullus. 308

Πισσοκονία quid. 41

Plagiaulus tibia recta. 166. 167
Planctæ insulæ seu scopuli potius unde dictæ. 231
Plangor maris unde. *ibid.*
Πλατεῖν, postergare. 56
Platanus aurea Xerxis. 234. 235
Plaudo a Dorico πλαδῶ vel πλάσδω. 231
Plaumoratum veteres Celtæ aratrum rotulis instructum vocabant. 325. Unde sic dictum. *ib.*
Plenus, flenus & blennus pro stupido. 37
Πλόκαμοι & πλοκαμῖδες pro flagellis. 224
Ploxemum vel ploxenum quid & a quibus originem traxerit. 325
Plumbi usus ad dirigendos scripturæ versus. 54. 55
Plutonia fana quænam dicta. 248
Pœni sæpe de Romanis triumpharunt. 56
Poetæ extemporales qui alios meliores provocarunt. 323
Pollicis usus variis artibus attributus. 239
Polymitariæ artis antiquitas. 196
Pomum in obscena significatione. 253
Ποππύζειν quid. 310
Πὸς & puerum & pedem notat. 291
Præductal ἀνδραχαφος. 54
Prætoriaapum. 123
Priapei carminis ratio. 344. Affinitas cum heroico. 345
Priapei versus in Virgilio nulli occurrunt. 345
Priscus pro severo. 209
Prora vocalis & fatidica Argo navis. 192
Protesilai capilli flavi. 295
Proteus qua maris parte regnare creditus. 78
Ptolemæus Philopator gallus quare dictus. 169
Pueri vilioris formæ solum a præconibus vendebantur. 335
Pueri a nova nupta tondebantur. 141
Pulegium & acetum res sordidæ. 98
Pullus color. 168. 169. unde dictus. *ibid.*
Pullus vel ferrugineus color, non est ater. 218
Putra pro putris. 2

Q.

Quantus, qualis, talis, & similia nomina sæpe ponuntur sine relativis. 111
Querecu amictæ Parcæ quomodo & quare. 238

R.

Refertum munus pro pleno. 38

Remi quomodo lenti dicuntur. 212. 213
Remi nepotes pro secundarii ordinis Quiritibus. 125
Renidere quid. 94
Res pro *re familiari.* 71
Ῥέζειν sensu obscæno. 330
Ridiculus pro salso & qui facetiis aliis risum movet. 312
Ῥινοβόλος & ῥινηλάτης vini epitheta; at vero ῥινοβόλοι αὖραι ἢ ἄνεμοι de crepitu ventris accipiendi. 298

S.

S litera odiosa. 321
Saso vel Savo flumen Campaniæ. 13
Salapitta, salviton, salpitton &c. varie detorta nomina unde & quid significent. 118
Saliorum in monte Sublicio saltantium mos translatus a Græcis. 46
Salisubsili vox nihili. *ibid.*
Saltus possidere, de valde divitibus. 341
Sappho scripsit epithalamiorum librum. 189
Sappho Amori vestem tribuit. 295
Scabilli qua ratione compingebantur. 291. Scabilli Indici quales. *ibid.*
Scaligeri de ætate Catulli errores. 82
Scamandri vocabulum durum visum antiquis. 247
Scelerati olim mari mergebantur. 313
Scindere in obscœna significatione. 334
Scribo, prima brevi. 65
Scylaceum unde sic appellatum. 299
Scythis olim pro lictoribus utebantur Græci. 224
Scyros a Thessalis possessa. 194
Seculares ludi quando & a quibus celebrati. 81. 82
Serapis unde. 28. Omnium deorum virtutes continere creditus.
Serpentibus flagellorum loco utebantur Bacchantes & Furiæ. 222. 223
Σέσηγε a σίζω. 114
Sextus Julius Africanus. Vide Julius Africanus.
Σκύλλα seu κύλλα canis. 208
Σκώληξ in mari quid. 229
Sibellinæ pelles pleræque ex Siberia. 190
Sibellinæ vel Zibellinæ pelles unde. *ibid.*
Siberiæ nomen detortum ab Iberia. *ibid.*
Sibylla Erythræa unde dicta. 146
Sidera quando citius, quando serius orientia & occidentia è montibus spectentur. 151. 152

Sile-

Sileni quare Nyſigeni vocentur. 221
Simmor animal olim quoque Iber. 190. Vulgo Sabel, vel Zibel dictum. *ibid.*
Σιττύβαι quid. 53
Sobaco Hiſpanicum unde. 297
Socer generque ſæpe non cognationis, ſed nequitiæ nomina. 73. 74
Solœciſmorum ſeu potius σολοικοφανῶν varia exempla. 295. 296
Soleæ argutæ. 290
Soleæ lanatæ. 291
Sopiones quid. 91. 92
Sphæræ armillares veterum coloribus diſtinctæ. 63
Specus ſeu antrum Chironis in monte Pelio, & aliud apud Pergamenos. 231
Splenia quid. 98
Spongia & pumix ſpeculis appenſa. 97
Spongiæ vocabulum ſordidum. 98
Sponte unde. 113
Στιχομυθεῖν. 240
St nota ſilentii. 139
Στόλος pro clavo gubernaculi apud Euripidem. 12
Στομολίμναι vel στομάλιμνα quid. 247
Suapte unde. 113
Sucula pro membro virili. 275
Sucula quid apud mechanicos & architectos. *ibid.*
Sufflettus unde. 119
Suffraginati dicuntur, qui ligneis fulcris utuntur. 143
Surdi & cæci fluctus quinam dicantur. 229
Syri aperti quinam appellentur. 87

T.

Tallæi montes unde dicti. 122
Talos gigas cuſtos Cretum. *ibid.* Pro ſole acceptus. *ibid.* Rhadamanthi amator. *ibid.*
Tanuſii annales. 87
Tapetia belluata Alexandrina. 196. Nullas neque hominum neque animalium veras continebant imagines. *ibid.* A Judæis Alexandrinis & Babyloniis texebantur, quibus lex vetabat veras hominum aut animalium ſimilitudines exprimere. *ibid.*
Tapetia Judæorum qualia monſtra continerent. 197
Telemachi olla, quid notetur. 318
Tempeſtates in Oceano majores fiunt ceſſante flatu. 230
Terra virgo. 168. 169
Terræ habitatæ minus frigidæ, quam inhabitatæ. 207
Terres pro terrore. 175

Theseus Siciliam adiit. 210
Theseus Athenas repetens in qua insula exposuerit Ariadnen. 201
Thessaliæ oppida masculino & feminino genere proferuntur. 219
Thessalia olim Thracia dicta. 195
Thetidis & Medeæ de formæ præstantia contentio. 210
Θερμαστρίδης qualia vasa. 318
Thiæ progenies quomodo Medea dicta. 262
Thyesteæ leges quæ. 315
Θυρωρὸς unde. 122
Tibia olim Phrygia dicta. 226. 227. Inde tibiæ dictæ. *ibid.*
Tibia barbara, id est Phrygia. *ibid.* & póstea.
Tibicines quid. 143. maritus tibicen domus. *ibid.* claudi & loripedes utuntur tibicinibus. *ibid.*
Tibie quanto longiores & tenuiores, tanto graviorem edunt sonum. 166
Tondere pro lucerare, vellicare &c. 125
Trahi pedibus. 41
Træ pro teræ vel terr. 269
Triscurria vox nihili apud Juvenalem, pro quo legendum strictoria. 56
Tristi pro trivisti. 260
Τυίδε Æolicum pro τῇδε. 116
Tunica molesta. 41. Christianorum olim supplicium. *ibid.* & postea.
Turpis resina quid apud Martialem. *ibid.*
Tympana olim digitis non plectris percutiebantur. 226
Tympani antiqui descriptio. 161
Tyro nympha lanifica apud inferos. 237. Vestem Parcarum ora purpurea ornasse credita *ib.* Quare candida dicta. *ibid.*

V.

Valet pro prodest. 14
Vaisseau & vascello unde. 11
Velleris aurei possessores Colchi. 190
Ventorum statuæ olim equestres. 265
Vent de bise Gallis dictus, unde habeat nomen. 218
Vertices Idæ pro arboribus Idæ. 172, 173. Πόδες Ἴδης eodem sensu. *ibid.*
Vestæ omnium rerum primitiæ offeruntur. 3
Vilici etiam urbani dispensatores dicuntur. 141
Vinum inferium, seu calpar id est vinum novum inferis libatur. 331
Virgines rosæ. 21
Virgines olim abstinebant ab unguentis. 267
Virginis defloratæ signa. 248

Virgilius non tectediem ab Oeta oriri dixit, uti neque Seneca & Silius. 151
Virgilius quando natus & quando mortuus. 82. 83
Virro unde. 299
Vitis aurea in templo Jerosolymitano, non continebat veræ vitis imaginem, sed multarum rerum monstrosam congeriem. 199. Τερπωλὴ seu paradisus dicta. ibid.
Vitis aurea Xerxis. 234. 235
Ulysses Spartana civitate donatus. 90. 91. Ulyssem quis primo pileatum expresserit. ibid.
Ulysses etiam Oceanum navigasse creditus. 285. 286 Ulyssiponam & Ἄσυ Φεύγιον in Germania condidisse tradidere nonnulli. ibid.
Umbræ mortuorum humorem ex Lethæi fluminis transitu contractum, ad Αὔαίνω lapidem siccare creditæ. 267
Umbri pingues & venari addicti. 94
Unguentum Veneris νάρδος dictum. 37. Idem νάρδος ἀφροδίτης dictum. ibid.
Unguenta post bella demum Persica Grecis innotuere. 268. 269
Unguenta proprie quid sint. 268
Vocare & revocare quid. 110
Volumina e papyro Ægyptia usi olim habebantur pretio. 52
Volusius poëta Transpadanus. 322
Vorare seipsum. 317. 318
Urtica gravedini curandæ utilis. 103
Vulcanus in nummis aliquando pileatus, aliquando galeatus. 91

X

Xerampelinus color qualis. 168
Xerxis epistola ad montem Atho missa. 21

Z

Z litera quomodo olim sonaret. 321. ejus sonus jucundus, cum contra S. literæ sonus admodum sit insuavis præsertim in initio. ibid.
Zabel vel Sabel non sint mustelæ aut mures Pontici, sed animal sui generis. 190
Zephyrus equus quo Venus & Flora vehuntur. 265
Zephyrus creditus nutrire flores, 154. 155
Zonæ æreæ & ferreæ ad conservandam puerorum & puellarum integritatem. 7
Ζωφὸν unde. 67

FINIS.